U0042563

百年追夢‧二之二：自選文集‧人生情緣

【目次】本書總頁數576頁

人生情緣

寫在書前

◎鄭貞銘（中國文化大學榮譽文學博士）

人的一生因不同的際遇，而有不同的人生情緣，無論情深情淺，均是人生難得的福分。

我的人生很平凡，但因為許多貴人的襄助而並不平凡。他們在不同的人生階段，給我關懷，給我幫助，也給我愛。我也以劉真老師贈書法「有愛無恨」，回報給每一人生階段的有緣人。

隨著丁士軒君為我所寫的傳記《百年追夢》同時發行的附冊，一為「人生情緣」，由部分人生不同階段所認識的有緣人撰寫我們的情分，篇篇真摯，字字感人，我由衷感到榮幸的是與您們的人生結緣。當然還有更多無法執筆的有緣人，但這絲毫無損您們在我心中的地位。

「人生情緣」的執筆人，出現在我人生的不同階段，讀著您們的文字，我們的往事，歷歷在目。

有人說時間如大盜，奪走了我們的體力、健康、青春與理想。我們確有光陰似箭，歲月如梭之歎，但凡走過必留下痕跡，它們永遠刻劃在我們心中。

我酷愛寫作，曾說寫作是我的第二生命，所以先後也出版了近六十種書籍，不論是專書論著或人生抒懷，都是我誠摯的人生語言，因為冊數太多，也不知將來是否有幸集結為全集出版，但如今出版《百年追夢》之際，選擇在每個人生階段所寫的若干不同文字，這些都是我喜歡的，也都反映了我不同的人生階段，提供朋友們鑑賞，並有所指教。

人生如棋，有勝敗盈虧，留待後人評說，但如果每個人都將人生這一局棋的成果略加保存，對後人來說或許有些值得參考、借鏡之處。

富蘭克林說：「愛生命者絕不可浪費時間。」我接受胡適之博士的啟發，從大學時代起忠實寫下每一天的日記，如今已逾一百多冊，在二〇一七年十一月十六日，政大在台復校第一屆同學會邀我演講「人生軌跡」時，我提到這點，大家報以熱烈掌聲。我知道，不論是否有價值，我此生有這一堅持，便算不辜負自己。

土耳其國王馬穆斯一世，是印度的第一個征服者。臨終前，將畢生搜括的寶物羅列身前，向左右近侍低語道：「你們可知道我為了這些東西，經歷什麼樣的冒險嗎？為了保存它們，又耗費了何等心力？時至今日，它們仍不歸於我。還有什麼能在冥冥之中寬慰我呢？」

法王查理九世，曾於祭壇上虐殺多名犯人，臨終喪膽，心生恐怖，對其御醫道：「祭壇上那些屍骸，近日總映入我眼簾，滿面流血，死狀悽慘，但他們都是無辜的弱者，死狀怎能如此猙獰？」

康德病劇時，坦然對其家人說：「你們不必為我悲泣，倘若今天是我最後的日子，我將格外感謝神靈，讓我能到最安全的地方去。幸而一生所為，未有辜負同胞之處，否則我身心將不能如此安泰。」

費爾基在西班牙王宮觀賞曠世巨作《最後的晚餐》，一位年邁的僧侶邁近對他說：「我每天看這幅畫，前後已經卅年。在這卅年裡，我默計前來觀畫的達官顯貴，死去者殆以百計。但畫中人物的丰采，一如我初見時別無二致，有時我

竟覺得畫中人才是實體，而我們不過是他們的幻影。否則何以看畫者來來去去，消滅得如此迅速呢？」

世界萬物，皆有所終。書有最後一行，劇有最後一幕，詞有最後一句。人生的價值，必然不是清算自己的財產，而是取決於留在人世的善行。我希望所有的好朋友，都活出人生真正的價值。

銘軒工作室

2017 年 11 月 18 日

自選文集

媽媽的終生教誨——寫在媽媽逝世廿五週年

　　媽媽鄭陳瑛女士離世廿五週年，已經是四分之一世紀了，我何嘗一日忘懷媽媽的慈愛、教誨，終生為子女操勞的艱困日子。

　　清明節日，外甥李克定開車陪我去慈恩園掃墓，寧靜的慈恩園天主教堂停歇著一位偉大的母親，她勞苦了一輩子，她歇憩了。

　　媽媽出生於福州書香門第，嫁到閩侯縣籍的爸爸，卻從此操勞一生。那時日寇佔據福建，人民衣食無著、民不聊生，爸爸在打游擊一兩年後，只有異地求生，到南洋謀生，卻從此音訊全無。

　　台灣光復，媽媽攜帶四個子女投奔台灣的舅舅，我的舅爺張復奇在台灣鐵路局當處長。他是當時大家心目中的接收大員，媽媽是他唯一的外甥女。

　　人能救急很難救窮，舅爺雖對我們很照顧，但也不可能長期養一家五口。於是，媽媽幫人家做女紅，大姊燕萍成了她的重要助手，去中央銀行做數鈔票的女助理，我與弟妹貞浚、小雲則在求學。

　　記得在那間破舊的小屋中，媽媽坐在破桌對面做女紅，並督導我念書。年前繪畫大師歐豪年送了我一幅畫，老鼠在地上爬竄，上面是一盞油燈，兩冊書，兩隻老鼠，這畫立即觸動我那童年的記憶。

歲月是艱困的，記憶中，大姊燕萍每天要到很遠的地方打水，家裡才有水喝；要到很遠的地方砍柴，我們的爐火才有柴燒。

　　大姊懂事、堅毅且公正，又會照顧弟妹，最得媽媽歡心，她給我記憶最深刻的話是：「弟弟，我們家的米缸再過三天又沒有米了。」有一回，我聽到媽媽在隔壁房哭泣，姊姊出來後，我問她媽媽為什麼哭？她說：「因為媽媽在發愁，下學期又繳不出你的學費了。」

　　我自認聰明也用功，最得媽媽的喜愛，但是有時我又因媽媽的嬌寵顯得叛逆，常拂逆媽媽的意志，讓她傷心。

　　我們初到台北，住永和邊的斜坡建築，雨下大了水浸滿地，有一次颱風雨淹半屋，家具都浸在雨中，媽媽把我最喜歡的報紙，一張張鋪在地上曬陽光，那一份母親愛孩子的心教人永生難忘。

　　媽媽對我的教育形成了我人生信念。

　　媽媽說：「愛是不求報償，也是無價的，只有它能越過偏私和藩籬，擊潰仇恨與殘酷。」

　　我曾經受人欺騙，媽媽的義子騙走我辛勞的積蓄，我心中耿耿於懷，又不敢告訴媽媽，那時她已病重，我怕她因此而加重病情，心中有說不出的苦。以後大教育家劉真寫書法「有愛無恨」贈給我，我瞭然其中深邃的意涵。

　　媽媽說：「無論你此生的決定為何，一定要誠實地對待自己。」

　　那時台灣的社會流行「來來來，來台大；去去去，去美國」。去台大是所有高中畢業生的夢，但我喜歡新聞與教育，高中畢業後沒有像一般青年以台大為志願，我參加聯考

的第一志願是政大新聞系，第二志願是師大教育系，我終生從事新聞與教育，至今無怨無悔。

不久，我們搬到和平西路，鄰居都是本省籍同胞，媽媽與人為善，大家相處和睦，民國卅七年，台灣發生「二二八事變」，大家都驚惶不已，我們家不但沒事，還受了鄰居的暗中照料。

有一天，突然門聲大作，媽媽去應門，只見一位被打得滿身是血的外省人，被推進門內，門口十幾個彪形大漢把這位服務郵局的青年人推進我家，說了句「這家是外省人」，然後揚長而去，我們家沒有受傷害，那位「外省人」則在我們家休養了兩個月。

媽媽說：我們要與人為善，本省外省祖先都是來自大陸的中國人，怎可互相傷害？媽媽的好人緣，保護了全家。

媽媽說：「若與魔鬼接近，則天使就會不翼而飛。」

媽媽教我不能結交引導你走入魔鬼世界的壞朋友，而要結交良師益友。我聽取媽媽的教誨，一生結交許多肝膽相照的好友。

媽媽說：「與不熟悉的人分享是緣分，與熟悉的人分享是幸福。」

所以，我珍惜每一份緣分，以誠相待，尤其對於學生更是視若家人，一生以建立師生情為職志，晚年，仍有許多昔日學生來關懷，來照顧，來探訪。

媽媽原患有糖尿病，嚴重影響視力，我們兄弟姊妹總是小心翼翼，悉心照料；有一陣子我工作忙，大姊燕萍與小雲妹悉心照顧，姊妹每個禮拜帶她上醫院、上教堂，照顧生活；外甥李克定並在我家住了七年，陪伴外婆，養成他終生

孝敬外婆。

　　媽媽賢慧，總是強調吃虧哲學，我們家境稍有改善，她只要力所能及，總是對親友與我的學生無條件付出，她說：「有能力幫助都要盡力；不要等到沒有能力時，雖有心卻無能為力。」

　　我在文大新聞系任教，學生常到我家探訪，媽媽總是盡力招呼，作她最拿手的福州芋泥，學生也常到家裡來包餃子，雖窮寒而樂趣無窮，精神上的滿足是我們師生愛的最大動力。

　　我有一次訪紐約，學生劉心遠已成大企業家，在紐約邀請近十桌的華僑領袖辦歡迎餐會，我意外驚喜地在紐約讀到一篇《世界日報》常誠容的專訪，劉心遠對她說：「那時，我們常到鄭老師家包餃子吃，把鄭老師都吃窮了。」

　　媽媽病了，我的學生李濤、高信疆、宋晶宜、周荃、趙俊邁、鍾惠民、詹長皓等都一再到醫院探視。媽媽的血醣雖得到控制，卻不想又罹患腦部腫瘤，嚴重影響她的視力。我們全家慌亂了，想到媽媽勞苦終日，為子女付出一生，我們絕不放棄媽媽的生命。她是我們一生的恩典。

　　媽媽離去的前三個月，我終獲當時總政戰部主任許歷農上將協助，安排媽媽到榮民總醫院。那時我在文大新聞系教書，並不認識許上將，他知道了媽媽的病，不僅安排了病房，而且在第三天我不在醫院陪伴媽媽的時候去探望，並致送一萬元治療費，我對許上將無私的愛心終生感念。

　　與媽媽相處的最後三個月，我每天在報社上班或在文大上課後，就立即趕到榮總陪伴媽媽，那是我們相處更相知的美好日子。我知道媽媽已經原諒了我所有年輕時的叛逆與倔

強。

那段日子，媽媽的病讓我天昏地暗，似乎天和地一起都要崩塌下來，我在媽媽床上偷偷裝了一個錄音機，半夜她也不知那時幾點，只要醒來就搖一搖鈴，我睡在她床邊，聽鈴聲就醒來陪她聊天，她訴說著一生的辛苦，訴說著對我們子女的愛，我悄悄擦拭眼淚。

孫運璿先生說：「對母親，不覺得是責任，是份自然的感情。」我完全有這個體認。我偷錄母子對話廿九卷錄音帶，那是媽媽最後的遺音，現在的我都不敢去聽，因為聽媽媽的聲音就要流淚。

服務《中央日報》的小雲妹在媽媽過世後寫過兩篇動人的紀念文字，小雲說：「每次下班去探望她老人家，媽媽卻難有真正的清醒時刻，當時心中充滿焦慮、惶恐與沮喪。」

她說：「媽媽對自己的一生，沒有抱怨，也從未出現難耐的表情。反而惦念著我們兄弟姊妹的勞苦奔波。」

我曾請聽懂福州話的學生整理過媽媽的遺音，她辛苦地積蓄，幫助一些親友；那些親友後來也不還，媽媽說：「不要怪他們，他們也不是不還我，因為沒有人還他們。」

媽媽總是這樣愛人以德，後來我決心從事兩岸交流，為媽媽設紀念獎學金，讓媽媽的愛傳播更多兩岸的青年。這是她最希望我做的事。

我認識了對岸的丁士軒、汪雨、孟濤、郭毅與安劍奇，並收他們為義子；不辭辛勞每年在兩岸辦大師講座，丁士軒等給我的愛，相信是媽媽的遺澤，清明節前週，士軒說：「今年媽媽過世已廿五年，你多麼幸運，能受媽媽的陪伴五十五年，而我與自己的媽媽相處卻只能有廿八年。」克定外

甥也說：「外婆離開我們已四分之一世紀，但我從未曾忘懷與她相伴的七年。」

媽媽離去曾使我近三年走不出來，我的學生楊國琪自美國來信說：「親慈謝世的痛，我十七歲就經歷過了，然而令人驚心的是：對有些人，這痛好似不會痊癒，事隔近三十年，每每念及，依然揪心的痛，這也是我最不放心您的地方。真心希望您能比我堅強，比我開朗，比我豁達。」

媽媽的愛是永生的恩典，有媽媽的恩典，我的人生永不疲乏。

107 年 5 月 20 日

母親逝世二十五週年

國語實小，奠定愛的基石

在人生成長路上，小學時代不僅令人難忘，更是一生奠定價值觀的基礎。民國三十六年，我隨母親從福建省林森縣遷至台北，家住和平西路，靠近植物園附近。那時我在大陸已完成小學四年級的學業，因此我以插班生的身分進入國語實小五年級就讀。

國語實小是當時台北最好的三所小學之一，與女師附小、北師附小齊名，至今出了不少傑出的校友，我與瞿樹時、林佩娟、洪鐵生（洪炎秋教授之子）等同學的相處仍然記憶猶新。

而短短兩年受教育的過程中，最難忘的自然還是我的導師──張書玲女士。她當時正從北師畢業來到實小教書，一位漂亮的小姑娘，綁著兩條可愛的小辮子，充滿青春活潑和陽光；更重要的是對我們極富愛心、愛護備至。她是我們國語老師，上課時她清脆的聲調在我們耳中就好像在聽音樂一般，她經常以義大利名著《愛的教育》作為教學藍本，她春風化雨的教育讓我們聽得入神。

張老師愛的教育，使我走在杏壇之路上亦以「無愛不成師」作為我終生的教育理念；若沒有愛，孩子的心中就不會有火焰和光芒，也不會有正確的價值觀。

豈能忘情母校教育
——為紀念政大畢業四十年而作

　　為了歡迎來自全球各地的同學回到母校政大慶祝五月二十日的校慶，也為了紀念我們畢業四十週年。當年指南山麓的同窗好友，在許鳴曦兄的召集下，林秋山、石永貴、陳啟家、潘家慶、毛勤昌與筆者等組成了歡迎的籌備小組。一聲令下，豪情不減，歲月儘管無情，而友誼卻是長存的。

　　前年我到南京，特別回到政大舊址瞻仰，緬懷蔣公與許多教育先進為理想與培育人才所作的貢獻，不禁百感交集。想到曾任政大（前身為中央政治學校）教務長的羅家倫先生所說：「政治的好壞，繫於一種風氣；學校的好壞也繫於一種風氣。風氣一經養成，則在這風氣感召之下的人，自然感覺到一種環境的壓力——這就是道德的壓力，使善者日趨於善，惡者不敢為惡。潛移默化，一道同風。」

　　政大的創辦，當時主要的目的在培養政治人才。羅家倫說：「各位將來在政治上一定不能隨波浮沉。一定要轉移風氣。要肅清貪污風氣而樹立廉潔風氣；要打開無動為大的風氣，要樹立果敢有為的風氣；要破除狹小傾軋風氣，而樹立廣博雄厚的風氣。律己要嚴正、對人要寬厚。做的雖是小事，顧的要到大局，我們要從良好的學風，進而建立良好的政風。」

　　民國四十四年，政大研究所在台復校開學時，擔任教育

部長的張其昀強調：「希望革命火炬，在台北縣木柵新址熊熊地升起，多少年代以後，歷史家寫道：這是中國學術發展史上重要的一日。」

傾囊相授，主動求知

政大復校之初，師生就是秉持這一份信念與抱負，而辦學、而求學。追憶這一段日子，深深感受到：人雖窮而志不窮，人雖貧因擁有師恩、友誼而富有。

描述校園文化最讓我感動的一段話是：

「老師傾囊教授，學生主動求知，師生間相激相盪，既增長知識，也凝聚感情。」

政大復校之初，給我的感受就是這樣。二十七歲即擔任政大法律系主任的阮毅成老師，自巴黎學成歸來，教授我們「法學概論」，口若懸河，談笑風生。他的課減一分太少、增一分太多，筆記就有如一份著作。鄒文海老師的「西洋政治思想史」，思想嚴謹，無懈可擊，他對於同學們在學問的尊嚴方面極富啟迪，其他如張金鑑老師的「政治學」、李其泰老師的「國際組織」，都豐富了我們社會科學背景。

在新聞專業課程方面，老師更懷有一種「恨鐵不成鋼」的心理，希望把知識與技能一股腦都推銷到我們腦海中。曾虛白老師、謝然之老師、錢震老師、余夢燕老師、成舍我老師、王洪鈞老師、陸以正老師、徐佳士老師、沈宗琳老師等……，他們給予我們的，不僅是知識，更是人格的感召與專業精神的培養。他們讓我們感受到學海的無涯，與經師人師「春風化雨」的力量。

我們的校長陳大齊，是屬於國寶級的大師，他是總統蔣

公的老師。平日謙謙學者的風範，有一種自然的感召力量，同學口服心服。我在民國四十五年十月二十二日的日記上，曾記載著陳校長在周會上對我們講的一席話。他主張情緒要熱烈化，因為不熱烈不足以鼓動行的邁進；理智方面則主張清明化；如此互為配合，個人修養才會達到巔峰。陳校長不愧是一代理則學大師。

浦薛鳳教務長是政治學大師，年前在美過世，令許多同學懷念。他的博學是國際聞名的。而吳兆棠訓導長的親和力，更像同學的大家長，這位德國教育學博士，曾深受經國先生的倚重，擔任過救國團的副主任。

我印象最為深刻的，是吳訓導長告誡我們的一段話。他說：

「因為人受挫折，易灰心，所以古人說『容一番橫逆，增一番氣度』；謙讓的態度不易養成，因此古人說：『學一分謙讓，討一分便宜』；因為要體貼人談何容易，所以『加一分體貼，知一分情禮。』」

在日記上翻閱當年的恩師教誨，以及師長們的殷殷寄望，我的心仍是熾烈的。

專家演講，啓人深省

一種令人追懷的教育。是一種在日常生活中無所不在的教育。

政大求學階段，每週的專題演講也使我們永難忘懷。講演不僅使我們眼界開闊，更能在旁徵博引中，養成我們獨立判斷的精神。

張其昀先生曾勉勵我們學新聞的青年，研究新聞學「不

僅在技術方面，業務方面，其尤要者，為培養言論家的風格。」他說：

「我們要能查求實，明辨是非，知懷疑之要而不流於虛無，知信仰之要而不流於獨斷，知批評之要而不流於憤世嫉俗的犬儒主義。有如是的風格，方能成為捍衛國家的鬥士。言論家必須有廓然大公之心、不拘於故常、不囿於私見、不立異以高鳴、不譁眾以取寵，發言務求正確，不做荒誕之辭。此種自由之心，乃為實現民主政治的基本條件。」

張其昀博士的這段話，應是今日新聞界的暮鼓晨鐘；近年來個人對於新聞事業與新聞傳播教育之漸趨功利化、技術化，而使新聞與輿論最重要的中心思想逐漸淪喪，不免有杞人之憂心。

胡適之博士在一席演講中力倡傳記文學，也養成我對傳記文學的終生喜好。傳記不是向壁虛構，它是人活生生的記錄。一本好的傳記，也必有真性情在。所以有人說，良好的傳記，不啻是偉人的再生，我們可以從傳記中得到鼓勵、得到啟示，也得到教誨。這些年我常鼓勵看《富蘭克林傳》、《紐約時報一百年》、《孫運璿傳》、《報人王惕吾》等等，也無非是希望學生能從傳記中受益。

曾任大使的沈覲鼎與繆培基，在演講中不僅分析國際情勢，更對外交官的使命有所闡述，對外交官條件有所提示。沈大使嚴肅，繆大使風趣幽默，各有不同風格，也帶給同學不同的學習，我在日記上寫到：

「聽了兩位大使演說，讓我們對外交系同學的似錦前途充滿羨慕，但這許多嚴格的條件，也是對外交系同學極深的警惕，極嚴格的挑戰。」

今日雖然風雲變色，但外交系同學蕭萬長、李鍾桂、程建人、邱進益、王飛、關中、宋楚瑜、邵玉銘、胡志強、朱建一、李本京、吳子丹、林基正等……依然在有關戰場上奮戰不懈，無負當年師長教誨，令人相信教育是永恆的事業，它的貢獻是長遠的。

榜樣教育，一生嚮往

王洪鈞教授曾提倡榜樣教育。所謂「士先器識而後文章」、「教人比教書重要」，我深然其說。

我想在政大所以能受好教育，也的確受了好榜樣的影響。

政大新聞系人才濟濟。許多學長都是「好榜樣」。

在馬星野老師率領下，曹聖芬、錢震、毛樹清、黎世芬、陳裕清、潘煥昆、徐鍾珮、沈錡、陸鏗、龔弘、周天固……，每一個新聞系學長都成了我們偶像，我們很有興趣去探索他們如何學習，如何工作，如何成功；尤其是馬星野老師，他的新聞教育理想及為新聞教育而犧牲奉獻的精神，更成為我一生的嚮往。

徐詠平先生在描述星野先生時，曾有一段說：

「馬先生有無比影響力。他似一顆明星，受人敬仰，又似一盞明燈，引導我們的新聞工作。他有他『得意』的學生，但不囿於小範圍；他沒有『不得意』的學生，困守而無發展。或大或小的都有成就。」

在民國八十五年五月二十三日的日記上，我記載著讀徐鍾珮學長《英倫歸來》一書的感想：

「……《英倫歸來》是徐學長到英國倫敦當兩年特派員

回國的作品，那時抗日戰爭雖然是勝利了，但是社會卻充滿許多畸形的現象，尤其是上海，那種紙醉金迷的現象使這位新歸來的愛國者大為失望。在文章中，她提了許多有啟發性的意見，促請大家覺醒。可見一個好的新聞記者，必須時時做暮鼓晨鐘。徐學長是政大的光榮。」

至於復校後的研究所學長，其艱苦奮鬥的精神與苦學的意志，更是我們所親眼目睹的。邱創煥、許水德、姚朋（彭歌）、李瞻、張宗棟、荊溪人、李雲漢、高銘輝、傅宗懋、張豫生、林恩顯、白秀雄、周道濟、朱堅章、徐有守、雷飛龍、金耀基、曹伯一、王壽南、張治安、楊日清……，無一不是苦學青年。木柵那荒僻鄉野，一時因這些青年充滿書香與文化氣息。學風的良好一時無雙。

但在生活上，大家都是匱乏的。當時研究部宿舍的背後有條溪流，是指南宮兩旁的小溪，在研究部宿舍旁匯流後經校區流入景美上游的一段。沿溪有幾處小橋，進入山的小路，的確為學校風景增色不少，只是一入夏季山洪爆發，或颱風來臨，引起氾濫，就災情慘重。有一年，陳大齊校長為洪水所困，還是學生游水救出來的。師生之親如家人可以概見。

住校生活增進友誼

我始終認為，大學生活如無一段住校生活是一種缺憾。當年東海大學曾約農校長重視學生住校，曾以十分理想的校舍為學生求學奠定良好的環境，令許多青年羨慕、嚮往。

在困阨的家境中，媽媽主張我住校以安心求學，在這一段黃金的住校日子，我不僅找到求學的理想環境，也感受到

溫馨的同窗情誼。

那年在政大二〇一寢室中，住著「大學聯考」狀元陳品全，他的苦學成了大家的榜樣。我們每晚，就抱著一大堆書，邁向圖書館。不到熄燈，絕不離去。陳品全外、魏鏞、蕭萬長、朱建一、華文衡、吳子丹、鍾榮銓、唐啟明、馬兆昌、陳漢強、許鳴曦、毛勤昌、李本京、林顯恩、黃紹雄、黃荔韶、列國梅、薄慶玖、林秋山、徐文閣……，都是經常的座上客。

晚餐後入圖書館前，我們常常會買一根甘蔗，在校園往指南宮的路上漫步，大家邊走邊聊，抒發自己的理想與抱負。那一份少年痴狂，今天想來也充滿豪氣。

在民國四十六年三月二十日的日記上，我曾寫著這樣一段話：

「今晚提前從圖書館出來。看到許多同學還在館內加油。陳品全、蕭萬長、吳子丹、馬兆昌，他們的苦學精神很令我佩服。我走出圖書館抬頭望月，一陣輕鬆的感覺襲上心頭，這世界太美了，也太令人留戀。艱苦的日子能有機會念書，真是此生莫大的福分。只是大多數人都在這良辰美景中進入夢鄉了。」

住校不僅便於自修，更重要的是增加同學的了解以培養同學的情誼，友情在日常生活中因了解而更加堅固。

有一年耶誕，現任《大成報》發行人陳啟家送我兩瓶魚肝油，並附一張卡片。上面寫著：「貞銘，假如你把它當禮物，那就太見外了。因此，我也只把它偷偷地放在你桌子裡，千萬別再提，你不怕臉紅，我還怕呢！一笑！聖誕快樂。」

這只是許許多多溫馨友情中的小片段。

有一天的日記上我寫著：

「今天又沒有錢，再借乃江的車票去學校。」

又一天的日記上寫著：

「兆昌今天很鄭重來商量，希望找乃江、啟明合拍一張照片作紀念。並希望以後每年都能合拍一張。」

這些小小片段，織成溫馨永恆的友誼與回憶。

英才早逝，令人感傷

在大二、大三的暑假，曾經參加兩次救國團的活動，令人難忘。

大二那年，參加了在北師專舉辦的文藝隊。臨座的王尚義那時是許多青年心目中的偶像，但我知道他念得很苦。尚義那時在台大醫學院念書，但他真正的興趣是文學與哲學。

為了不辜負父親的希望，他考上台大醫學院，但是他念得很苦，尤其在實驗室裡看到許多待解剖的生命，他有不忍人之心。他喜愛的是文學與哲學，尤其是風靡一時的存在主義哲學，但又不為父親所喜。

於是他白天照應學校的功課，晚上追尋自己的理想。體力透支的結果，當他從畢業典禮禮堂走出，就走進了醫院急診室，並從此不再出來。

尚義的死讓我首次對生命懷疑，對不合理的制度抗議。雖然他那《野鴿子的黃昏》風靡一時，但畢竟太早摧殘了一位天才。

文藝營中，雖然許許多多的先進，如謝冰瑩、姚夢谷、穆中南、梁又銘、鄧禹平、趙友培等啟迪了我，卻怎麼也抵

銷不了尚義的死對我的衝擊。

死亡，原無那麼可怕，但政大當年的許多同窗好友，如黃紹雄、翁林傳、陸劍鴻等這幾年都傳來過世的消息，不能不令我們悵然若失。

次年暑假，我又參加了救國團暑期新聞報導隊。經過名師指點與在校所習得的專業心得，派出去擔任「幼獅社」特派記者，顯得信心滿滿。各大報暑期活動板經常刊登我們的消息，一個記者的信心被培養起來了。

新聞原是理論與實務兼顧的學科。救國團當年所組成的新聞報導隊，不知培養了多少新聞界的優秀人才。這種成績，我們不要把它忘懷才好。

我常說：「走過的必有痕跡」。

慈母恩德，永世難忘

一個短短大學教育的完成，其實是親情、師恩、友誼集成的日子，還有是社會上許多功德人士的陰德。我姓鄭，鄭氏宗親會每年頒獎學金，我感謝宗長鄭彥棻、鄭為元、鄭玉麗。我是福建籍，福建省政府每年也給了閩籍子弟不少的鼓勵，而新聞界在政大新聞系所設的獎學金更不知嘉惠多少青年學子。

當然，最要感謝的，是那勞苦功高，含辛茹苦的偉大媽媽。有好幾次我想棄學幫助家計，都被她那老人家堅毅的眼神與語氣否決。

「媽媽說，這次獎學金如果得不到就算了，急什麼，有錢固然好，沒錢就克儉些。留得青山在，哪

怕沒柴燒。往後的機會還多呢！」（四五、十、廿
一日記）

「今天回到家，見媽媽流淚了些時，姊姊偷偷告訴
我：媽媽因為愁你過幾天的學費交不出。」（四
六、七、一日記）

「錢震老師讓你到《中央日報》上班，應該好好
做，並謝謝老師。你的身體也要顧，不要累倒
了。」（四六、十、二日記）

　　媽媽從艱辛勞苦的歲月中走過，所以知道感恩、惜福。
更因為她有愛，所以無怨無悔。她以後照顧我的學生，想來
也是因為她老人家感謝那許許多多照顧過我的老師。

　　「學校是人間樂園」、「學生有敬，老師有愛」，這是
我的教育理想，何嘗不是媽媽的理想？「無愛不成師」會成
為我堅定的教育理念，又何嘗不是媽媽偉大的啟發。

追懷恩師，一代新聞大師──謝然之教授

　　我自幼喪父，從有生之日就幾乎沒有父親的愛與教育，全靠媽媽含辛茹苦地拉拔六個孩子長大；父親對我而言，是既熟悉又陌生的名詞，「爸爸像座山」，是多麼的渴慕與遙不可及。

　　等到考上政大新聞系，遇到系主任謝然之老師，就像是遇到父親。對我而言，謝師或許不是推動搖籃的手，卻是嘉許的手、指導的手、不僅有愛，且有著力點，我在此找到生命的動力。

　　大家都知道，謝老師被譽為是「台灣新聞教育之父」。民國四十年，政工幹校（今改為國防大學政戰學院）在復興崗開創新聞組，經國先生特請然之師開辦新聞系，篳路藍縷，以啟山林，政戰學校新聞系經過風雨的磨練，培養出許多優秀的記者與學者，如葉建麗、金永祥、張家驤、張慧元、吳東權、蔣金龍、方鵬程（文大畢業，任政戰新聞系主任）、劉建鷗、林亦堂、黃新生、樓榕嬌、陶聖屏等，都在我國新聞史上立下汗馬功勞；第一屆學生徐搏九，在金門砲戰中犧牲，為我國戰地記者立下標竿。謝師也為痛失這位愛將而哀傷不已，他與政戰新聞系也為徐搏九樹立了雕像並設立獎學金。

　　民國四十四年，謝師應政大校長陳大齊先生之邀，出任政大復校後首任新聞系主任。高齡的學術泰斗大齊先生爬上

《新生報》四樓時說：「我的年紀大了，本來沒有上高樓的力氣，不適合爬高樓，但為了學校與學生，請您勉為其難吧！」

在政大主持新聞系期間，然之師創辦《學生新聞》，邀請國外大師如美國孔慕思教授、葛萊頓教授、郎豪華博士、日本小野秀雄教授等來政大擔任客座，擴大了學生視野，奠定政大新聞系的厚實基礎，然後交棒給王洪鈞老師。

在政大新聞系期間，謝師不斷闡揚王陽明先生「知行合一」的哲學思想，灌輸「不黨、不賣、不盲、不私」的張季鸞精神，以及飲水思源的「報恩主義」，他更親書「忠於事，誠於人，克於己」的墨寶，供給我作人生座右銘。

民國五十二年，教育家張其昀（曉峰）博士創辦「中國文化學院」，再度禮聘謝師為創系主任。謝師謙辭再三，曉峰先生亦禮遇再三，並請他推薦執行秘書、代表他執行日常所有系務，我因在政大新聞研究所時，寫了中國第一篇有關新聞教育的碩士論文——《中國大學新聞教育的研究》，兼以謝師平日對我的了解，乃推薦我負責華岡新聞系的開創工作。當時王洪鈞師也要推薦我返母校政大新聞系，但因謝師是王老師的「老師」，所以尊重謝老師意見去文大。

文大開創之始，謝師身兼國民黨第四組（今文傳會前身）主任及《新生》、《新聞》兩報董事長，百務羈身，但他仍不忘關懷他在華岡的學生。他每見學生就勉以人生立志；每屆耶誕，就上陽明山與學生圍爐夜話，充滿溫馨像家的溫暖，這就是華岡新聞系今天「傳薪之夜」的由來。

謝師先後創辦台灣早期三個重要大學的新聞系。謝師說：「這種心情，絕非好為人師、貪慕虛名。而是飽經憂患

挫折，冀望以培植後進有所報效黨國，兼以答謝昔日師長們所賜與的恩澤，亦即以其所受於先師者授之於我們的後起之秀。這一意念蘊藏在內心的深處，故而不避譏讒，不辭勞怨，一再在台興辦新聞教育，從復興崗經木柵以至華岡，總是鼓起餘勇，竭智盡忠，為開拓新聞教育而邁進。」

謝師創政大新聞系復校，帶來大陸經驗與密蘇里模式；政戰學校新聞系則為國家培育許多軍中新聞人才適應時代需求，文大新聞系則是在台創辦的第一個本土新聞教育，意義尤為重大。他是新聞教育史上不朽的人物。

謝師也曾經是四〇至五〇年代台灣政壇與新聞界的風雲人物，他除創辦《新生》、《新聞》兩報外，也擔任過國民黨第四組主任、副秘書長、駐薩爾瓦多大使，與曾虛白、馬星野等同屬開明派的新聞大將。威權時代主管新聞政策不免有些不盡人意、引人不滿之處，但當時台灣社會深受日本專制統治之影響，日本文化深根於台灣社會，日本時代控制新聞傳媒專制思想，更根植於台灣社會。

當時先後主管文宣大計與新聞政策的曾虛白、馬星野與然之先生等，一方面要體察蔣公對新聞仍需「控制」的指示，一方面他們卻深受西方民主思想之薰陶與美國密蘇里、明尼蘇達等著名新聞學府之專業啟示。他們認為英美之自由思想較日本之專制主義為優，因此把台灣新聞導向尊重新聞自由、輔導健全發展、力倡社會責任、重視專業教育的方向，這在當時是極為艱難的「挑戰」，卻也是曾虛白、馬星野與謝然之師的高瞻遠矚，影響卓著的歷史貢獻。

對於我個人而言，謝師更是教育、提攜、指導我人生方向的恩師，他不僅引導我走進新聞教育大門，且每每在我遇

到困頓、挫折與灰心時，給我鼓勵。

我服務《中央日報》期間，曾經採訪到蔣夫人將訪美的獨家新聞。在《中央日報》，這種新聞往往都只是「參考消息」，當我把這新聞提供給在文大新聞系擔任兼任助教的徐隆德兄作參考時，他服務的《大華晚報》總編輯齊振一先生卻決定把它在《大華晚報》頭條新聞發表，引起社會震撼。一時風聲鶴唳，我也接到警總的約談電話。在一間神秘的小房間，一位神情嚴肅的安全人員與我對談約三十分鐘，追查消息來源。我沒有說出來源，但曾說希望隆德先生只備參考不能發表，沒想《大華晚報》卻以頭條方式發表了。

像這類白色恐怖的事，在當年稀鬆平常；受害者也不少，但我卻在約談後沒有再遭任何刁難，我自己也一直納悶不解。四十多年後，我才在海外解開這個謎底，原來恩師以主管文宣的立場向警總保證他的學生思想純正，只是一位新聞人對專業的盡忠職守罷了！

然之師思想細密，受他教誨、提攜的新聞人無數。名作家彭歌（姚朋）以及徐佳士、王洪鈞、李瞻、張宗棟、何貽謀、石永貴等新聞界名人無不感念其一生栽培。彭歌先生說，當年謝師在台灣主持《新生報》，便抱著「到台灣共赴國難」的心情前往台灣。他喻謝師是一盞明燈，一輩子都要感恩的恩師。

與然之師結緣的五十四年，無論距離多遠，他每年不忘在我生日時寄來卡片祝福，並寫數言鼓勵；而我這粗心的學生，有時反忘了對老師應盡的禮數；我的孩子鈺麟在美國南加大會計研究所畢業時，老人家寄來數百美元，並在紅色信袋上寫著「祝鵬程萬里」，我與鈺麟把美金與謝師題字裱在

鏡框，高懸書房，表達對恩師的永遠感念。

　　為紀念謝師九秩華誕，我與彭歌學長一齊編撰《新聞與教育生涯》一書，並代表同學攜往美國親向謝師祝壽。謝師不禁流淚說：「這是天上掉下來的禮物。」

　　海內外的然之師學生，近日正商討年底組團赴美為謝師祝百年長壽，卻不想傳來謝師仙逝消息，他以九八高齡福德全壽，了無遺憾。葬禮也在他的一對子女與華岡新聞系友吳章鎔全力協助下順利舉行。然之師從此長眠在洛杉磯，我以贖罪心情到玫瑰山莊墓園獻花跪拜，請老師安息。

　　　　　　　　　　　　　　寫在謝師冥誕一〇四歲紀念日

新聞界品牌與記者形象

抗戰時代《大公報》的張季鸞是我國近代新聞史上最出色的報人，在他主持《大公報》十五年中，堅持不黨、不賣、不盲、不私「四不主義」的辦報方針。而今日我國新聞界為人詬病，與若干新聞人和媒體人未能克盡自己媒體人職責自然有關，建立新聞媒體的形象，應該視為媒體人共同的職責。

每一位從事新聞媒體工作的人，應該不斷溫習新聞學的基本理念，以及新聞道德律，新聞記者信條上所標示重要的理念。例如：新聞第一任務，是真實的報導；新聞人必須忠於他的閱聽人，尤其是記者要對自己的報導嚴密求證，這是最基本也是最重要的要求。

多年前我曾訪問香港《讀者文摘》總編輯，林語堂之女林太乙女士，我們交談了很長的時間，我希望了解她如何堅守新聞報導的原則，她對我說了個故事：《讀者文摘》一向以其精鍊為特色，但即便是兩三百字的短文，他們都要非常認真地審核。有次他們收到一則投稿，說時任司法院長的林洋港先生曾在一場喜宴說了個有智慧的笑話，引得當時來賓哈哈大笑；林太乙女士收到投稿後，因無法確認作者身分和報導真實性，於是她三度致電台北，才找到林洋港先生，求證是否在某個場合說過如內文的笑話，最後獲得林洋港先生本人的證實。雖然只是三、四百字的短文，但依舊讓林太乙

女士花了許多工夫去求證，我聽聞後深受感動；林太乙女士如此認真，《讀者文摘》的品質當然是掛保證了。

新聞工作之神聖，在於它的新聞責任，一方面揭開事物本質的神秘面紗，一方面也在滿足大眾廣泛的興趣與需求。

《商業周刊》副社長、前總編輯王文靜女士在我率台北新聞界高階訪問團訪北京時共處十天。據說她為要對華人首富李嘉誠獨家專訪，前後與李嘉誠先生的幕僚郵件往返將近一百五十封信，又打了無數通電話，都沒有回音。但她並不氣餒，持續向對方表達強烈的心願，最後終於感動李嘉誠，他對這位台灣女記者鍥而不捨的精神十分欣賞，特別撥了一個週末下午的時間，讓王文靜和《商業周刊》的編輯團隊到香港專訪他；他還特別交代秘書，專訪時不接聽任何電話，讓《商周》可以沒有干擾地完成專訪。

王文靜等待這次採訪機會甚久，整理的資料自然相當充分，因此採訪過程相當順利，李嘉誠也特別分享他很多的故事，以及他自己的價值觀、金錢觀，譬如他對於「富貴」兩個字的理解：「富」從金錢來，並不難，但「貴」則要從行為來，並不容易；李嘉誠到任何地方隨身都要帶兩本書，只要有時間，他就會看書，或看好的雜誌，他說：「我現在是以『搶學問』的態度，補足我過去讀書的不足。」

《商業周刊》以李嘉誠為主題，內容精采多元，該期大為暢銷。而這次專訪，使讀者對於李嘉誠有了更深層的認識，也提升了《商業周刊》在新聞出版界的影響力和名聲。

過去美國《華盛頓郵報》的聲望與地位遠不及《紐約時報》，但後來卻崛起，迄今並駕齊驅，這與《華盛頓郵報》當年處理「水門案件」有關。年輕的三位記者，就尼克森總

統可能涉及竊聽案的消息來源，請問董事長葛蘭姆（Katharine Meyer Graham）的意見，她說：「我只問真實。」葛蘭姆女士與尼克森總統私交甚篤，但秉於新聞人的良知，勇敢披露這項事實，正是她對專業態度的堅持。

我國政府曾經邀請葛蘭姆來台灣，因葛蘭姆堅持不受任何招待，她認為媒體人做該做的事情、盡該盡的責任，怎可接受招待？這對當時招待成風的台灣新聞界有重大啟發，後來台灣開放黨禁、報禁的消息，透過《華盛頓郵報》與該報的《新聞週刊》傳遍世界；成就一樁國際傳播的重大勝利，而葛蘭姆贏得更高一層的敬重。

要真正使新聞界得到尊重，媒體人就應該明白自己的職責所在。曾任監察院長的于右任先生，曾辦過《民呼日報》、《民吁日報》、《民立報》三份報紙，他為何前仆後繼地辦報？從報紙的名字就不難了解，于右任先生明白，要改善現狀，只有人民站起來才有希望，新聞界的責任，就是要成為民意的傳聲筒，監督權力的腐化。如果第四權出了問題，人民也責無旁貸。

今天台灣新聞界不重視國際新聞，筆者早有呼籲，今天台灣的國際觀不是眾所同感，中信銀董事長童兆勤日前表示：「台灣最大的盲點就是不重視國際新聞，也不看書，經常仰賴網路上沒有查證的消息，像細胞分裂一樣，將錯誤的消息變成事實，甚至成為民意主流。」前年筆者與錢復、傅佩榮、包宗和等先生在北大舉辦「人文對談」時就指出：不重視國際傳播將促成世界性的災難。請新聞界多在國際新聞上投資，增加篇幅，不要使我們台灣人只能困在島內，走不出去。

曾虛白老師一生做過很多重要的事，他在上海曾經創辦成功的《大晚報》，擔任過行政院新聞局副局長、中廣副總經理、中央社社長等要職。可當人問他一生最榮耀的職務是什麼？他淡淡地說：「我這一生，最榮耀的職務，就是中國的新聞記者。」曾虛白新聞獎，是新聞界高度的榮譽，也是曾老師的高度象徵。

　　一個人若受到尊敬是因為形象好，「形象」代表的是「品牌」；新聞事業亦然，新聞必須建立起品牌，才能得到尊敬，新聞工作者必須忠於工作、忠誠面對閱聽人，才能為自己獻身的新聞事業建立良好的口碑。盼望年輕新聞人能建立起這樣的觀念，為新聞界樹立形象，為新聞專業建立品牌。

新聞界工作廿五年

　　我在新聞界的服務年資，亦不算短，總計約廿五年。從事的職務，包括記者、資料、編輯、主筆、董事、監事、總編輯、社長、常駐監察人、董事長。可以說從編採、言論到經理人，都嘗過滋味，也都各有收穫，雖無赫赫之功，卻也經歷了不同的歷練，對個人來說，確是難得的經驗。

《中央日報》

　　把我引進新聞界工作的，是錢震老師。他當年是台灣第一大報《中央日報》的總編輯，在政大新聞系教「新聞編輯學」。當時《中央日報》待遇優厚，每天報紙只出版一大張半（以後擴大為兩大張、三大張、四大張），所以用人不多，人事安定。民國四十三年，錢老師引進了我與同窗潘乃江入《中央日報》服務，我任助理編輯工作，乃江任校對。當時《中央日報》出版國際航空版，必須等國內版編輯完成，才能開始編國際航空版，所以每天上班的時間是凌晨一點到六點，這一年日夜顛倒的日子，迄今想來，仍然不可思議。因為那時我剛上完大三，開學後還要趕到木柵政大上課。

　　不久，我調任國際新聞版主編，國際新聞是當時《中央日報》的一大特色。在有限的版面中，卻佔了第二版全版。學弟邱榕光曾一度擔任我的助編。

徐佳士師時任《中央日報》副總編輯，負責編譯組的外電核稿工作，我們對坐了數年，我獲益很多。

當我從政大新聞所畢業，社長曹聖芬調我為外勤，先後擔任過文教、醫藥、軍事與政治等新聞採訪，不斷歷練我，且很快地擢升我為採訪組副主任，當時我廿六、七歲，在《中央日報》並不多見。不久我服役，曹社長怕我家庭斷了經濟來源，所以囑咐我讓二妹小雲到《中央日報》服務。這一照顧之情，令我終生感念。

在《中央日報》服務期間，許多同事長官如潘煥昆、林家琦、薛心鎔、趙廷俊、劉毅夫、龔選舞、汪有序、王嗣佑、蘇玉珍、石敏、胡有瑞等都是方正之士，也是報業專才；直到民國五十一年，中國文化學院創辦，我由謝然之師引薦到文大，才結束了《中央日報》近十年的生涯。

英文《中國郵報》

我服務新聞界的第二站是英文《中國郵報》（*The China Post*），時任副社長兼總編輯，為期不及一年。雖然短暫，但卻也豐富了我的報人生涯。

英文《中國郵報》是家喻戶曉的一份英文報，也是台灣最早由國人創辦發行的英文報。民國四十一年，政府初來台灣的第三年，曾任職《時事新報》的記者黃遹霈、余夢燕夫婦，來台之後為延續對報紙的理想，決定獨立辦一份報紙。

於是黃遹霈和余夢燕夫婦及余可長、屠煥然、余敏儀、周長英、雍保華等七人集資新台幣十二萬元，使英文《中國郵報》問世。

從此他們走向辦英文報的不歸路，當時中華民國剛撤退

到台灣不久，是一個物資非常艱困的年代，也是一個人文環境非常欠缺的時代，讀外文的人口不多，廣告更是貧乏。每天五百份的發行量，儘管每日只出版四開一張，卻常常因明日沒紙張可印而四處奔走。辦報第一年，他們就把五千美元的老本錢賠光了。

民國七十六年十月十四日，黃遹霈先生過世。那一天清晨，他仍然在報社完成工作，這麼一位「報人」逝世令人惋惜，但其精神仍留給世人仿效。

接著，黃致祥先生繼承了父業，在民國八十三年十一月四日大幅改版，增加了電影、休閒、娛樂、旅遊共四個休閒版。令人慶幸的是，因為它是台灣成立最早的英文郵報，創了金氏世界紀錄。

我與黃遹霈、余夢燕老師的結緣，也是受業於政大新聞系所期間。黃遹霈先生教「報業發行」，余夢燕老師教「廣告學」。兩人對我都非常喜愛，所以刻意栽培，只可惜因為不可抗拒的邀請，我一年後又轉向另一個工作崗位。

不過，我對兩位師長報人的提攜，始終不能忘。因為這兩位老師的嚴厲、專業、不屈不撓，都給了我最好的啟發。

黃遹霈、余夢燕師以及王惕吾、余紀忠、李萬居、李玉階、吳三連等民間報人的崛起，是台灣報業史光輝的一頁。

在英文《中國郵報》期間，兩位老師給我的任務是：

一、協助董事長、社長與同仁架一座溝通的橋，讓大家同心一命，為報社前途奮鬥；因為他們兩位日理萬機，沒有太多時間與同仁溝通，因此難免有「溝」，需要我去通。

這個任務讓我與當時的同仁都建立了友好的情誼；例如曾任總編輯的丘為莊，後來娶了我的學生翁碧英，採訪主任

賴勝權後來在中央社再度「同事」，成了終生好友，而阮毅成師的少爺大白也成了我的好友。

二、為《郵報》發掘人才、培養人才，作為報社與教育學術界的橋樑，我當然樂於應命；《郵報》曾設許多人才訓練班，培養人才甚多，多校學生也樂於了解而進入《郵報》工作；方蘭生、劉菊英都有很愉快的服務《郵報》經驗。

三、隨時檢驗《郵報》的新聞處理以及《郵報》的研究發展；這期間我向兩位老師提供不少意見，他們也都十分重視。陳信夫更是終生服務《郵報》逾四十年，他的敬業表現了華岡新聞的精神。

《香港時報》

我服務新聞界的第三個單位是《香港時報》。《香港時報》創刊於一九四九年八月四日，創刊詞開宗明義：「我們是一群愛國家、愛自由的人，為了國家生存受到威脅，個人自由受到危害，要救國家、爭自由才辦這一份報紙。」

懷抱著這種信念與宏願，四十多年來，不論遇到任何重大困難，處於什麼險惡環境，秉持此一信念，屹立不搖。《香港時報》經歷不知多少次借貸度日的時刻，也遭遇被左派投擲炸彈的日子，但它都沒有倒下。處於九七大限之前，香港同胞惶恐不安，它自己倒下了。壽命只有四十三歲零六個月十二天。

在經營方面，《香港時報》與《中央日報》、《中華日報》、中央社、中廣、中影、中視、正中書局一樣，都屬國民黨八大文化事業之一。

香港因為處於兩岸三邊關係的關鍵地位，《香港時報》

所扮演的角色自然廣受各方矚目，中國國民黨任命我繼彭歌（姚朋）接任《香港時報》董事長，期望我能使《香港時報》創出一番新局面來。

上任之初，我即籌備擬定了《香港時報》的革新計畫，希望從新聞言論、經營管理、社會活動等五方面來實行，而此項革新計畫需要新的投資，資源一旦充足，計畫才能逐一實現，《香港時報》新氣象才能展現在世人面前，所以我積極與中央接觸，將《香港時報》存在的必要性、未來發展空間的優勢提供中央評估。

為增加台灣各界認識《香港時報》，民國八十年四月在台北舉辦了一場社慶餐會，為了節省經費開支，我以認桌的方式，邀請各方好友共襄盛舉，不到三天就被訂位了三十多桌，沒有花報社一毛錢，卻也辦出場面浩大的餐會來。

香港時報社在香港有兩三百位同仁，台灣分社也有十位左右，也發揮了群策群力的精神，分工合作，全力以赴。除出版青年節特刊外，分社副社長蘇玉珍亦籌劃了一本命名《牽你同行》的書籍，報導當時廣受青年歡迎的各界代表性人物，由官麗嘉主編，圖文並茂，是一本對青少年具有啟發性的好書。

原先，為了號召海外華僑，《香港時報》都以台灣新聞為頭版頭條，未以香港讀者為主要訴求，此一缺失當然無法與當地民眾共呼吸；為了改革新聞，增加效果，部分內容也改採彩色印刷。

當《香港時報》虧損減少，經營漸有起色時，國民黨中央卻執意要停辦。

記得出席《香港時報》決策停刊會議當天，正是我最親

愛的母親病逝之日。這些往事令我痛徹心扉，也對政治的無情徹底失望。

每每想到《香港時報》的四十三年歷史，許多報人如許孝炎、徐亨、曾恩波、姚朋、林徵祁等用心血灌溉耕耘，卻一夜之間消失了。為《香港時報》貢獻青春的伍毓庭（總編輯，政大新聞系香港僑生）等，我也總為他們忿忿不平。

孤臣無力可回天！

對於《香港時報》這段情，留存我心中成為永遠的痛。

中央通訊社

我在新聞界服務的第四個單位是中央通訊社。

中央社於民國十三年由中國國民黨創立，民國二十一年遷出中央黨部，改為獨立自主組織，民國三十五年遷來台灣，領導中央社的董事當年可以說全是黨國大老，如黃少谷、羅家倫、沈昌煥、董顯光、謝然之、陶希聖、馬星野等。

先後擔任過中央社常務監事的包括谷正綱、莊懷義、邵恩新等。當時秘書長許水德找我到中央社，告訴我這是「過渡」，再俟適當時機「調整」。無奈政治情勢大變，國民黨聲勢江河日下，「調整」云云，自然也就消失無蹤。

我對中央社一直懷有好印象，主要是蕭同茲、曾虛白、馬星野諸先進當年為中央社樹立了好風範。我在中央社期間，蕭天讚先生任董事長，先後經歷了社長唐盼盼、施克敏、汪萬里等，也都是新聞界知名人士。

後來擔任中央社常務監事的是我在政大新聞所的同窗王應機兄。

應機兄在新聞界資歷頗豐,當年為公認的才子,在出任中央社駐羅馬分社、紐約分社主任期間卓有戰績,出任總編輯階段也銳意革新,成了中央社同仁懷念的一位長官。後來,應機兄也屆齡退休,離開中央社。

民國七十九年,中央社實施發稿電腦化,是中華民國新聞界最早利用電腦網路收發新聞的機構。此一深具遠見的計畫,立刻促使台灣各個媒體相繼跟進,在資訊傳遞中,與時俱進,向資訊高速公路進軍。但是,享有「新聞界牛耳」聲譽的中央社,因政黨輪替,在民進黨執政期間其專業引起質疑;社會認為中央社應追求卓越,還有努力空間。

在任期九年的中央社常駐監察人期間,主要負責的是監察財務運作的情況。其中第四年開始,中央社由黨營轉型為國家通訊社。而時任新聞局長的葉國興,因執意在我卸職時,拒發自國民黨營時的年資退休金,引發爭議,迄至民國九十九年底始獲部分解決,整整奮鬥,也冤屈了八、九年。

在奮鬥過程中,每一個細節都成了我終生不忘的大事,對於主持正義、協助我的朋友如吳伯雄、吳敦義、廖俊傑、陳剛信、李濤等,感激只有藏在心底的最深處。我要向他們深深地行鞠躬禮,他們使我感受到正義公理之必將彰顯,也深信世界真正所存在的真摯友情。

祝福中央社在新董事長劉克襄領導下有新的里程。

《人間福報》

作為一個濟世為懷的宗教家,佛光山星雲大師秉持關懷社會、提倡文化、教育的理念,更為因應民眾對於純淨報導的需求,特別於公元二○○○年四月一日創辦了《人間福

報》，這是第一份由佛教團體創辦的綜合日報。

《人間福報》以推動祥和社會、淨化人心為職志，以關懷人類福祉、追求世界和平為宗旨，堅持新聞著重準度與速度、廣度與深度，關懷弱勢族群；強調內容溫馨、健康、益智、環保，不八卦、不加料、不阿諛，有優質的內涵，體貼大眾身心的需要、關懷地球永續經營、延續宇宙無窮慧命，是一份承擔社會責任的報紙。

星雲法師《人間福報》聘我為主筆，我以閱讀這份報紙為樂，也以能參與其社論為榮，所以樂於應命。民國九十一、二年，我與柴松林、馬西屏兄等一同執筆的追求傳媒環保的系列社論，曾入圍卓越新聞獎的社論獎。

在上述五個單位外，我也曾擔任《中華日報》監察人、主筆；新生報業公司董事、《台灣新聞報》主筆。

錢震師任《中華日報》社長期間，聘我為主筆，有意請我擔任總編輯，我因文大系務羈身，無法應命，辜負錢老師一片盛情。

《新生報》董事則是邱創煥先生任台灣省政府主席時所聘。邱先生擔任黨政要職多年，對青年極為愛護，我的學生應正琪擔任了他多年的機要秘書。以後邱先生退出政壇，創立基金會，也聘我為顧問。

在服務新聞界期間，我也要特別感謝《中國時報》創辦人余紀忠先生。余先生愛才，且充滿浪漫情懷，他很喜歡約敘年輕人，無所不談。

我也曾是余先生經常的座上客，他總是與我們談爭取新聞自由，衝破禁忌。他的開明、遠見、勇敢與至老不服輸的精神，為台灣新聞界開拓了一條寬廣道路，也為文化事業開

創廣闊目標。

我曾應聘擔任《中國時報》顧問多年，報社繼起人才余建新、余範英、黃肇松、林聖芬諸先生，也都是新聞界可敬的朋友。現在《中國時報》由旺旺集團接替，吳根成、戎撫天、慶正等學生，都成要角撐起一片天。

寫作，是我的樂事，也是我一生的志趣。只要有時間，我幾乎每天都閱讀寫作。我常常對學生說，梁啟超一生親自創辦和積極支持的報刊有十七種，撰述的文字約一千四百萬字。依此標準，我還距離太遠。

外界評論梁啟超的文字「筆鋒常帶感情」，也是我學習的榜樣，至於學者評論梁的文字是「人人心中所有，人人筆下所無」，則更是我嚮往、追求的境界。

出席莫斯科 IPI 年會

民國八十七年，我追隨《聯合報》發行人王必成先生、中視董事長鄭淑敏、《天下雜誌》發行人殷允芃女士、《大成報》社長陳啟家等出席國際新聞協會（IPI）在莫斯科舉行的年會，並全力爭取次年在台北召開年會。事前，當然作了許多準備。其中包括在大會開辦展覽攤位，並在閉幕典禮上播放一支介紹台灣的錄影帶。衣治凡將軍擔任這十分鐘的英文演說。

國際新聞協會是以捍衛新聞自由，維護人權、民主為宗旨的組織。當台灣尚在戒嚴時期，我們的新聞自由情況是「備受國際質疑的」，那時候想要參加 IPI，在 IPI 有立足之地，談何容易；《聯合報》創辦人王惕吾先生為了力爭我國分會會籍，在菲律賓于氏兄弟案造成 IPI 執委會對我誤解，

並多次堅持要撤銷對我之承認時，絞盡腦力，栖栖惶惶穿梭國際間，隻手力挽狂瀾，甚至因而中風臥病，為的就是，要在國際新聞界前，讓我們也能揚眉吐氣。在經過了二十多年，當台灣經歷了國家結構的轉型，新聞媒體的活力也從戒嚴中舒放出來，我們的新聞自由與民主進步已發展到一定程度，再經過王惕吾、馬克任等先生年年的爭取，終於讓 IPI 肯定了台灣是個具有新聞自由的國家，而在民國八十八年選擇了台北為其年會舉辦所在地。這個重大決定，等於是向世人宣告了：台灣是個進步、民主，而維護新聞自由的國度。

民國八十八年，第四十屆年會，終於在台北舉行。這是繼東京、京都、漢城、香港之後，第五次在亞洲舉辦年會。有百餘位在國際傳播界極具影響力人士出席，就「台灣未來新形勢」、「台灣／中共：可能的演變」及「廿一世紀亞太地區的重要性」，進行多場研討會。

國際新聞協會中華民國分會能成立，惕吾先生的夢與執行力，是其中關鍵的因素。該會會員參與的條件極為嚴格，我也有幸也被邀請為會員，得以有機會參與這國際盛會。

採訪文教新聞——記者是免費的學習

　　勉勵青年學生當記者，我最常用的一個理由是：記者工作是一個不需交學費的學習。試想，我們以記者身分可以訪問許多學識淵博、經驗豐富的前輩，作為處世的參考。這不是很划算嗎？

　　這個理由也是我偏好擔任文教記者的原因。尤其是《中央日報》，一直是重視文教新聞的報紙；當時，我們念政大，畢竟還有許多他校的名師與社會上的大師，我們無法一一受教。感謝《中央日報》文教版闢專欄，把我初出道的採訪一一刊出，不僅個人受教匪淺，奠定了許多人生的價值觀，而且獲得社會普遍好評，認為是一個極有意義的專欄。

　　民國六十三年，我把這十幾篇專訪以《新聞集叢》書名出版，這是我真正出版的第一本著作（另一本是由嘉新文化基金會把我的論文《中國大學新聞教育的研究》出版，但那畢竟是學生時代的研究作品）。

　　《新聞集叢》一書，記錄了許多名人採訪。其中最令我懷念的包括陳大齊、王雲五、曾寶蓀、曾約農、傅秉常、謝冠生、薩孟武、張金鑑、唐縱、錢思亮等名家。

　　重新翻閱第一次出道的採訪寫作專欄，當然十分汗顏。但由於只有一、二年真正採訪生涯，我十分珍惜這人生的第一次。

記者的筆‧戰士的槍‧武士的劍

記者的筆，有如戰士的槍、武士的劍，它當然需要流暢與靈活自如；但最重要的，乃是劍與槍，是用來指出社會正確的方向，用來維護社會的真理與正義；而非用來作私意的攻擊與誹謗。

在《新聞採訪的理論與實際》一書中，我強調要防記者的筆成了商人、政客或為其他企圖的人加以利用。不幸這五十多年前的話，迄今毫無改善，且更為嚴重。

王雲五老師曾說：「不要只管用筆寫自己喜歡的東西，而要寫社會需要的東西。你們的筆不要讓感情的衝動來支配，應該傾聽理性的指示而寫作。」迄今仍是我寫作的重要原則。

美國以專訪聞名的電視主播芭芭拉‧華特斯曾說，她的魅力在於對採訪對象機智、老實的盤問。她說：「我不具備專長，我也不漂亮，但是我會讓人們開口。」

當然，這是芭芭娜‧華特斯謙虛的說法。她能第一位把夙有世仇的以色列總理比金與埃及總統沙達特拉在一起接受訪問；她能持續訪問利比亞狂人格達費達五個小時，她沒有專業、沒有認真、沒有對關鍵點的追根究柢、沒有臨場的應變能力，能達成這樣的採訪任務嗎？

文教新聞泛指教育、學術文化方面的動態篇，內涵深遠的文教報導或專欄，不僅是事件的闡釋，也可能影響人類思想、知識以及道德制度，對於人民的知識、社會的進步乃至國家民族的前途均有重大影響。

所以我常鼓勵年輕記者從文教新聞開始採訪，可以使自己不致馬上跌入社會深淵；相反地，可以培養自己的定力、

累積自己的深度與蘊涵。因為，文化、教育與科學，畢竟都是人類的精髓；而學人也往往是有涵養、有貢獻的人，經常與他們接觸，自己的志向也自然因而提升。跑文教新聞成功的黃肇珩就是一例。

採訪政治新聞——幾乎陷入白色恐怖

在威權時代跑政治新聞，的確是一件難事，因為有許多禁忌，不可能隨心所欲，何況《中央日報》是一份黨報，代表的是黨的立場。

不過，儘管如此，作為一個政治記者，跑新聞是職責，至於宜否發表，則由上面長官決定，絕不可因發表困難而怠惰職責。

所以當時我寫的許多是所謂「參考消息」；亦即此種新聞只能供長官作了解的參考，而不宜隨時見報。

原先跑《中央日報》政治新聞的汪有序先生，一度也擔任採訪主任，他是個謹慎穩重的記者，對於政治新聞，常是千交代、萬交代。

當時同業中跑政治新聞最有名的，是《聯合報》的于衡先生。于先生政治人脈廣、經驗豐富，又加上當時《聯合報》在掙脫控制，衝刺銷數，當然必須有一些「驚人」的消息告訴讀者，所以就構成了《中央日報》極大的威脅。

記得有一回，政府決定在聯合國，對蘇俄推動茅利塔尼亞的入會案採取否決，這是外交政策上的極大機密，于先生獲得此一機密，《聯合報》決定以一版頭條報導，引起轟動，于先生一度被總統府列為「不受歡迎」的人物。

政治新聞最重要的來源是執政的國民黨每星期三的中常會，以及每星期四的行政院會。但是事實上，星期三的中常

會更為重要，因為星期四的行政院會只是形式通過而已。

當時，《中央日報》董事長胡健中、社長曹聖芬，聯合報系董事長王惕吾、中國時報系董事長余紀忠都是國民黨的中常委。

曹聖芬社長最喜歡在星期三晚上把我找去，問我今天採訪到什麼消息，事實上，所有重要的事，他在上午的中常會上已經瞭若指掌，找我去只是在考驗我是不是能採訪到這些消息。

我大部分能交卷，但也偶爾有不知道的事。曹社長並不告訴我，因為他主要在考驗我。如果消息全由社長在會議中得來，那他豈不成為中常會的洩密者。

但，《中央日報》的政治消息不易處理。記得有一次，執政黨已決定由外交部政務次長沈錡出任外交部長，曹社長決定於星期三刊出（也就是星期三上午中常會要通過）；但當局看了早報，十分震怒，乃決定臨時撤換人選；當年的天威難測，有時代背景與環境因素，殊難用今天的眼光視之。

令人尊敬的謝東閔

因為多次參與亞洲太平洋中、日、韓教授會議，與當時政大校長歐陽勛，實踐大學校長謝孟雄及楊崇森、何景賢、陳超塵、張潤書等結伴成行，在台灣、東京與漢城均留下極深刻的足跡與記憶。

對於曾任台灣省政府主席、副總統的謝東閔，也因孟雄兄的引薦而得有親炙採訪的機會。東閔先生高風亮節的風範，也是在政治人物中的楷模。

民國十六年九月，東閔先生考上上海東吳大學法學院，

院長是鼎鼎大名的法律學大師吳經熊，胡適之教中國哲學史，潘光旦教行為心理學；剛從英國劍橋大學留學歸來的徐志摩則教英文，每次上課都由陸小曼開車送來學校，他講授內容主要是英國詩與文學。東閔先生曾說：「徐志摩老師是位羅曼蒂克的人物。」

不久，東閔先生轉學中山大學，因家庭經濟困難，決心自力更生，以投稿賺錢。他買了一本《文藝春秋》，將一篇日本社會學家所撰寫的〈接吻的起源〉翻譯，投給當時廣州最大的國民黨黨報《民國日報》，一週後見報，這給了他很大的信心與力量。從此養成他一生愛讀書報與寫作投稿的習慣。

民國卅四年四月底，重慶召開國民黨第六次全國代表大會時，東閔先生被指定為台灣代表，並經蔣委員長指定他透過中央廣播電台，告訴台灣父老「台灣光復的日子快到了」。

此時，幾位台灣青年常常聚集在一起，包括連震東、李萬居等，大家在聊述自己的志趣時，都異口同聲說辦報，李萬居想到《台灣新報》。東閔先生說：

「《台灣新報》是日本佔據時期的報紙，台灣一旦光復，不要受異族欺凌，就像新生一樣，何不改名為《新生報》呢？」

於是，他們邀請了新聞界前輩、著名的書法大師于右任為《台灣新生報》寫報頭。

自稱與《新生報》有「血濃於水」關係的東閔先生，此後擔任《新生報》董事長有十三年之久，他與報業專家謝然之先生合作，造就了《新生報》一段光輝燦爛的歷史。

民國六十五年雙十節，暴力分子以郵包炸彈炸斷了東閔先生的左手，並傷了右手。在台大醫院，每當長官、同事、親友前來致意時，東閔夫人總是對著東閔先生若無其事地說：「沒關係啦，有什麼好怕的？別說你右手還在，少了隻手又怎樣呢？那次爆炸，就當作人家雙十節放鞭砲，不小心放到家裡來，別老放在心上。」

說完，影清女士流露著堅強自信的笑容，但東閔先生卻察覺到她轉過臉，掉了淚珠。

影清女士的鎮定、沉著，在這次郵包炸彈事件中，成了東閔先生精神上的重要支柱。他曾說：「對於這次事件，我寧願忘掉它。更希望一切暴力到此為止。讓台灣地區所有的人毫無恐懼地工作、享受繁榮，提升國力，使台灣成為全中國的一座燈塔，則我雖受傷害，仍覺無礙。」

在我所接觸的台籍政治人物中，東閔先生是令人難忘的長者。

媽媽過世時，東閔先生以副總統之尊出任治喪會主委，並親臨致祭，令我感激終生。

約談神秘小房間

採訪政治新聞期間令我印象最為深刻的，是我在《中央日報》擔任要聞記者期間得知了一則新聞，那就是：蔣夫人即將訪美。對中美關係而言這是一則重要的新聞，但由於時機敏感，且由於《中央日報》的立場，所以不便發表，即使是《聯合報》的于衡先生也未發表此訊。

但是，作為一個記者，總是敏銳的。尤其對於這樣一個重要的政治訊息，不告訴讀者似乎有所失職，但是主觀情況

如此又能如何。

有一天，我按捺不住把消息悄悄告訴了在文大新聞系任助教的徐隆德，當時他另擔任《大華晚報》記者，曾當選十大傑出青年，不過我告訴他，這個消息只供參考，絕不能發表。

想不到，這則消息在第二天《大華晚報》總編輯齊振一決定以第一版頭條大篇幅報導。消息刊出，可想而知，立刻引起台北政壇的震撼。但卻也因此震驚了國家安全單位，於是立刻風聲鶴唳、充滿緊張。

某一天，我接到約談通知，在西寧南路一座圍牆內，有一間神秘小房間。一位神情嚴肅的安全人員，進來與我對談。問了這則消息的來源，以及何以透露給《大華晚報》的徐隆德。我沒有說出來源，但曾說希望隆德兄不要發表，說清楚後我就退出。全程約為半小時，卻是我一生難忘的經歷。那位問話的人員態度還算客氣，但那間有點陰森的小房間，卻使我一生難忘。

以後這件事並沒有任何新的發展，我也沒有再遭到任何刁難，四十年後才知道是謝然之老師向安全單位保證這位學生思想純正並無惡意，純粹是一個新聞記者的職業責任感，所以放了一馬，否則恐怕也要受白色恐怖之害。

一個專業新聞人，自然視新聞為生命，何敢自縛手腳；徐隆德是否因此萌退，離開國內新聞界，前往美國發展，不得而知，但培養出像商岳衡、徐隆德、宋晶宜這樣好的記者，也是《大華晚報》的一項紀錄。

黃肇珩女士在《記者》一書中除強調新聞來源保密的重要外，也在新聞與信守承諾之間畫了很重要的平衡線。她

說：

多一份求證，少一份錯誤；

多一份求證，增一份真實；

多一份求證，添一份信心；

多一份求證，贏一份信賴。

這些都是新聞人的寶貴經驗與自省。

我採訪政治新聞，其中一件是當時的執政黨中央黨部秘書長張寶樹，原已決定出任行政院院長，但由於張秘書長謙沖為懷，一直謙辭，使得此事沒有成為事實。

張寶樹先生是從勞工運動出身，原任中央黨部第五組主任（當時謝然之師出任第四組主任），他是一個默默耕耘者，在我與他無數次的採訪接觸中，對他的印象是深刻的。

在一次十分可靠的消息來源中，我獲知他即將出任行政院長，但是，社方為某種考慮，一直不肯將消息發布，終致胎死腹中，讓我扼腕歎息。

黨政新聞

我開始採訪黨政新聞，只是一個新手，但許多黨政先進——如連震東、田炯錦、王雲五、張寶樹、馬星野、成舍我等都曾給過我關懷的指導。

過去的黨工常予人「不學無術」的感受，所以才有「黨棍」之譏。四〇年代起，總裁蔣公介石引進了許多學者加入黨部服務，予人耳目一新之感。張寶樹教授與當時我的老師謝然之教授（第四組主任，文工會前身）被延攬，即是其中

明顯的事例。

許多人認為張寶樹甚為嚴肅，我則認為是「即之也溫」，也許這就是學者從政的典型。正由於他們都從校園進入黨務機構，所以並無官僚習氣，對年輕的黨員同志多提攜與愛護。

記得有一回我對張寶樹先生說，現在政治不夠清明，人民頗多失望，有志之士多萌退意，消極、頹廢思想甚為普遍。

他卻極其嚴肅而又誠懇地對我說，年輕人絕不可對自己的國家失望，正因為政治、經濟、社會各方面有待改進，所以更需要有熱忱、有理想的青年獻身其中。

老實說，從高中畢業開始，我就立定今生今世都以新聞事業與新聞教育為終生職志，所謂「一日新聞人，一生新聞人」。以後因長輩的愛護與先進之啟導，使我並不排斥黨政工作，正是張寶樹先生這樣的長輩與師長給我的影響。

我以一個新聞記者深入內幕採訪的了解，當初蔣經國先生曾有意讓張寶樹出任行政院長，但為他誠懇的謙辭婉謝，因為他盡全力輔佐中國國民黨主席蔣經國，極不願讓人誤解為輔佐必要求有所償；這一種風範，更是值得肯定與欽敬。

在採訪政治新聞生涯中，曾犯了一次錯誤很是難忘。那是民國五十二年十月間，時任行政院副院長的王雲五老師，因為堅辭，且自十月廿五日起不到院辦公，所以先後引起許多報紙推測性的報導。尤其《徵信新聞》稱陳誠院長雖面予慰留，但王氏並未打消辭意。

我作為當時最大的報紙的黨政要聞記者，對這新聞未作報導認為是不盡職的，但每向曾在政大受教的王雲五老師探

詢，他都說：「你既與我有師弟之雅，深盼能體諒我，勿增加我應付之困難。」

我不得已，乃將王師曾見示的七十六生辰述感七絕十韻為骨幹，加以推測，基本上不錯，但我卻將老師的兒子學善當作獨生子，事實上老師有七男一女，學善為其最小者。

老師的「七十六生辰」述感，其中有三段說：

一、勞勞碌碌又經年，國際風雲待轉旋，壇坫決勝
　　深謀慮，小忍方能策萬全

二、勞勞碌碌又經年，往事新編到眼前，辛勤耕耘
　　百萬字，功罪漫論付後賢

三、勞勞碌碌又經年，七二高齡未息肩，屢欲息肩
　　難啟齒，乘機勇退勿遷延

我根據王雲五師所賜示的這首詩，解讀其必辭之報導。王師在〈掛冠記〉（商務印書館：《憶往事》，民國五十九年九月一日出版）中說：

貞銘藉其對此詩之解說，作為我辭職之報導，確不失為新聞學專家，其所引的「七絕」等五首，已明示我早有辭職之決心。只是等候機會，一旦機會來臨斷斷不肯錯過。這一敘述，至少間接上對我最近辭職的動機，可以消除不少誤會。

由於政治新聞較屬硬性，不似社會新聞、影劇新聞之軟性，可讀性高，因此不得不採取一種變化較多之報導方式，

其中包括政治事務之內幕分析、專欄評論、諷刺漫畫，重要政治人物專欄介紹以及趣味性報導之應用等，使政治新聞趨向活潑性，並且因而具有更大可讀性。台北當時有于衡先生，經常執筆的「台北外記」為政治新聞創下新篇。

由於報導方式之逐漸變化，以及民眾對民主政治之關切更為普遍，政治新聞必將能引起讀者大眾對政治事務的更大興趣，這是可以斷言的，而其所肩負的任務也就更加艱鉅了。

採訪軍事新聞——壯士一去不復返？

在今天承平、沒有戰火硝煙的青年來說，當然很難體會戰爭的恐懼。事實上，從民國卅八年起，台灣一直籠罩在戰火威脅下。

民國卅八年十二月廿五日，中共發動古寧頭戰爭，實施兩棲攻擊。幸經國軍將士英勇對應，遂擊退共軍，並俘虜共軍八千人。在古寧頭卅週年時，我曾追隨團結自強協會理事長白萬祥將軍等，一起前往金門戰地紀念，追思犧牲生命的國軍袍澤，並發表演講。在一○五年十月十日，也曾隨新理事長翟宗泉先生到金門參加國慶升旗典禮。

從某個角度看，八二三砲戰對台灣意義重大，因為有了這場勝利，台灣才有以後從事建設的從容時間，改變了台灣同胞的命運。

事實上，當時的台灣的確是形成一旅孤軍，軍民合作，為國家打開一條血路。當然台灣局勢逐漸穩定下來，也是受了韓戰的幫助。前此，美國發表聲明，對大陸淪陷的責任完全推卸給國民政府，幾乎可以說放棄了台灣。正在台灣局勢一片黯淡中，韓戰爆發，美國杜魯門總統乃下令第七艦隊協防台灣，並在台灣成立美軍顧問團，以免蘇俄中共佔據台灣、控制太平洋。

對於這些歷史，錢復先生在回憶錄中說：「政府遷台不久韓戰發生，美國逐漸關注我國，開始軍經援助，兩國關係

大致融洽，一九五〇年至一九六〇年代的前半，中美主要爭議點在於蔣公積極準備軍事反攻，而美國政府竭盡一切可能阻止。」

韓戰爆發兩個月後，美國國務卿杜勒斯訪華，重申對中華民國的支持，一九五四年十二月二日，中美在華府與台北分別簽訂「中美共同防禦條約」，從此台灣的安全得到保障，但也因此阻止了當年老總統反攻大陸的計畫。舉例來說，當年的反共救國軍十分活躍，經常向大陸刺探情報，趙少康先生初三時就曾義憤填膺希望參加反共救國軍，但大隊長函勉他「先讀書再報國」。

這段時間的另一重大軍事新聞是美國認為金馬防守不易，要求撤軍並答應提供十個美國步兵師裝備作為交換，但為蔣公一口拒絕。蔣公說：「一個國家軍隊操控在他國之手，這算什麼國家？」

民國四十二年政府經過評估，大陳孤島確無國防價值，且防守不易，決定翌年撤守，當時國防會議副秘書長蔣經國親往大陳，迎接三萬三千位大陳義胞來台，冒險犯難精神，令全國同胞感動且欽敬。大陳居民也發出「拋家不要緊，勝利就回來」的誓言，唱國歌，然後上船。

韓戰爆發，軍事記者從此多事，不再寂寞，不再西線無戰事。民間動員，後勤支援，軍人之友社一度活躍，這些也都是軍事記者必須隨時注意的新聞焦點。雖然這些都只是所謂的靜態軍事新聞，但也夠大家忙個不停。

民國四十三年，在韓國戰場上的一萬四千個義士決定選擇自由，回到台灣，為新聞界增添更多報導素材，終日忙碌不堪。我在《中央日報》的同事，著名的攝影記者郭琴舫先

生因為拍攝反共義士陳永華會見母親的鏡頭，轟動一時。

　　陳永華先生在韓國戰場俘虜營中，為母親織布鞋，回到台灣，親自為母親穿上，郭琴舫先生爭取到這個溫馨鏡頭，感動許許多多的讀者。琴舫先生也因此傑作而獲得台北市記者公會所創設的第一屆新聞攝影比賽首獎。

　　琴舫先生有個胞弟郭惠煜，也在《中央日報》任攝影記者。終生奉獻，非常敬業。

　　中共對於台灣的佔領企圖，事實上未曾停止。在台灣對岸福建，開始修鐵路、建戰壕，對台灣威脅嚴重。

　　民國四十五年，空戰英雄歐陽漪棻曾在馬祖擊中中共米格十七兩架。當時他接獲命令，先擊沉共軍艦艇，其中一次起火爆炸，歐陽漪棻雖然陷入重圍，但經過多次交鋒，終於突圍，成功勝利回來，全國同胞陷入一陣勝利瘋狂。歐陽漪棻說：「當人面對死亡，對生命特別珍惜依戀。」這是英雄的真話。

八二三砲戰

　　民國四十七年，「八二三」砲戰開始，從當天下午六時卅分，中共向金門島發動瘋狂砲射，前後兩小時，就發出四千多發之多，金門軍民死亡兩百多人。

　　此後一個月，中共更加瘋狂，對金門發出四十七萬發砲彈。所幸當時金門建有地下坑道，未形成太多損害。中共經過四十四天的砲擊仍未能打下金門，乃以「單日打，雙日不打」作收場。

　　當八二三砲戰發生時，許多中外記者湧向金門，最高紀錄曾達一百多位，包括十多個國家；使這個一五三平方公里

的小島，經過國際媒體的報導，聞名世界。

據國家廣播公司記者張廣基說，當時國軍訓練嚴格，士氣旺盛，再加以美國給予的精良武器，所以固若金湯。

九月二日，當時從澎湖出發赴金門採訪的中外記者有七十一、二位，但因運補困難，所以國防部不希望記者冒險前往，發出「萬一出事，國防部不負責」的聲明，於是記者開始減少。

九月七日，載有八位中外記者的一艘 LVT 因熄火沉沒，而使得其六位記者喪生，造成轟動世界的大新聞，這六位記者包括日籍一亡、韓籍一亡、四位中國記者。另有一日本記者游泳上岸，一位中國記者則在海上漂流長達卅餘小時，後因海軍冒戰火危險搶救而獲生，這位記者後來在《青年戰士報》繼續服務，並發出「魚不吃我，我不吃魚」的誓言。

罹難的中國記者中有一位徐搏九，是政戰新聞系第一屆畢業生，謝然之師為紀念他，曾雕他的塑像在政戰新聞系大樓口，並設獎學金紀念他。

當時軍中曾發起克難運動，這種精神也延續了台灣社會刻苦的風氣。以飛機為例，在世界各國早已進入博物館，但我們還在保養下運用；而民間勞軍風氣也極普遍，能歌就歌，能舞就舞；尤其是華僑，如菲律賓、香港明星更經常組隊回國慰勞三軍。

「四海歸心，軍民一心」確是當時的寫照，而作為一個軍事記者，我更見證了此一全國相互砥礪的動人難忘歷史。

對於金門，軍事記者都有深刻記憶，而對曾任行政院長的郝柏村更有特別的感情。

四十五年前，郝柏村戍守小金門，「八二三砲戰」期間，中共發射砲彈打了四十四天，「樹都打光了，只剩下樹根」。

而小金門，更是中共迫擊砲就可以打過來的地方。郝柏村回憶說：當年每一千平方英尺就落下十三發砲彈。金門砲戰中有一半的砲彈是落在小金門。而他那時正帶領戍守的第九師，傷亡最為慘重，有五百七十八位將士陣亡。

誠然，沒有金門，就沒有台灣，所以郝先生特別選在離開行政院之前，到金門、大膽島等前線向官兵道別。

陳懷生

在採訪軍事新聞的過程，有一個人物是難忘的。他就是駕駛 U2 深入大陸刺探情報的陳懷生。在一次任務中，他為中共所擊落，犧牲了生命，當時在國內造成很大的轟動。

陳懷生與我同鄉，同是福建林森人，自幼志在報國。當時我把他與林覺民並列，崇拜不已，視為「青年人當如是」。

我記憶最深刻的印象，是當時蔣經國主任對他的推崇。蔣主任說：「懷生是一位了不起的人，就是因為他是一個平凡的人。我們在日記中看到他坦率承認自己的缺點，有嫉妒心、有私心、有偏心；然而他不斷責備自己，勉勵自己，總要使『今日之我，勝過昨日之我』。」

蔣經國說：「人都是平凡的，但總要處處時時往好處想，往好處做；能想到大處看到遠處，想到高人一等處。這就是偉人與凡人的界線。」他強調：「人不自貶，誰能貶我？」

在民國六十四年九月五日的日記上，我寫著：「陳懷生的一生，蔣主任的一席話，使我得到許多啟示。」

　　除戰場的消息外，其他的軍事新聞嚴格說來仍算靜態；例如在記憶中，當時我曾與同窗台視的李聖文、《台灣新生報》的石永貴一起採訪美國第七艦隊演習的新聞，更多次南下屏東採訪天兵演習的新聞。

　　當時的大學中，對軍事新聞唯一有課程與訓練的是政戰新聞系，所以政戰新聞在這個領域訓練的人才也多。

　　政大新聞系雖無正式課程，但也經由老師的講授與閱讀，獲知許多名軍事記者的故事，特別是曾恩波老師所稱的軍事記者典範恩尼·派爾的故事，更激發我們死在戰場的光榮意識。

　　恩尼·派爾無論在任何危險地區，都身先士卒；但是更重要的，他可以說是美國民眾最親切的朋友，因為他的努力，連結起前方的將士與後方的家庭。

　　在美軍攻佔伊江島後，恩尼·派爾也隨後上岸；一九四五年四月十日，他不幸在公路上，受到日軍機關槍的狙擊，太陽穴中了一槍，當場死亡，享年只有四十五歲。

　　恩尼·派爾殉職的消息傳開時，美國羅斯福總統才過世六天，美國全國又陷入一傷情緒中。杜魯門總統主持了他的喪禮，軍方也為他舉行一場授獎典禮，作為一名軍事記者，恩尼·派爾給了我們最佳典範。

　　恩尼·派爾的軍事報導面寬廣，而文筆又真摯感人；更重要的是，他深入基層與士兵為伍，所以當時有多達一百五十三家的報紙採用他的報導。

　　我很喜歡恩尼·派爾的一句話，亦常加以利用。恩尼·

派爾說：

> 我在戰地混得相當久，深知能打勝仗的部隊，必是
> 有士氣的部隊。而所謂士氣也者；是每個士兵都能
> 以自己的部隊為榮。同時對於並肩作戰的戰友有信
> 心。

記者竟然成為高風險的行業，這可能是許多有志記者工作的青年朋友們所不曾預料的事。大家總以為，記者常跟宴會、香檳酒結緣，事實上，記者工作之辛苦非外人所能盡知。民國四十五年，當金門砲戰發生時，連《紐約時報》的李普曼也跟中國記者一樣，在普通的運輸機上打地鋪，並且登機後就呼呼大睡，疲累至極。有人說，記者是唯恐天下不亂，因為亂了才有新聞，尤其是戰爭新聞，總是新聞的金礦。以伊拉克戰爭為例，除以美國為首的聯軍部隊，還活躍著另一支部隊，那就是來自世界各地的新聞記者。

從新聞角度看，目前伊拉克簡直是新聞天堂，有無限的新聞礦待採。可是，這種新聞金礦卻充滿了開掘風險，尤其隨著反美武裝與美軍之衝突升級，新聞記者採訪現場新聞的風險也越來越高。

為了安全問題，記者在伊拉克的採訪空間不斷被壓縮。道理很簡單，以首都巴格達為例，市區堵車現象已司空見慣，而路邊炸彈、自殺性汽車更往往在堵車時發生。幾乎防不勝防，記者把生命作賭注來換取新聞。

對於嗜新聞如命的記者而言，如何在新聞價值與生命安危間作出權衡，的確是一種痛苦的抉擇。

但巴格達就像任何發生戰爭的地方一樣，記者們每天都會面對令人感到奢侈，取之不盡的新聞資源，但開掘新聞的風險卻可能使記者不僅報導新聞，本身也可能成為被報導的一部分。

記者的採訪安全應該是當今新聞行政當局、各媒體主管與新聞教育要迫切關心的問題。台視記者平宗正因採訪新聞而遭滅頂，引發記者與媒體改造學社發表「平宗正條例」，政府主管與媒體主管都應重視。

以前採訪金馬砲戰新聞，每次出發前都要在松山機場簽切結，如有意外與國防部無關的保證，一副「壯士一去不復返」的情懷，既悲壯又感傷。

參觀世界新聞博物館

在我服務新聞專業的二十多年中，有很多的旅遊、參觀對我的專業成長有很大啟發。其中世界新聞博物館就是一例。陪同我參觀的是曾任中央社社長汪萬里。位於維吉尼亞州柯靈頓的「新聞博物館」是一九九七年四月所建造。

它是全世界第一個以新聞為主題的博物館，結合新聞和「博物館」而造出的博物館名稱「NEWSEUM」，耗資五千萬美元，七萬兩千平方呎的新聞博物館，由「自由論壇」（Freedom Forum）基金會所成立，這個無黨政色彩、非營利的國際基金會，由報業鉅子法蘭克・根尼特（Frank E. Gannett）在一九三五年建立，以保障新聞自由、言論自由和精神自由為職志，新聞博物館所在的大樓，就是「自由論壇世界中心」。

走入新聞博物館，迎面而見以全球各國媒體名稱所構築

的巨大地球高懸，地球下有五座觸鍵式螢幕，輸入你的生日，螢幕上就會顯示當天的頭條新聞，也許在你出生那刻，阿姆斯壯正踏上月球，或尼克森因水門案而下台，新聞和人人息息相關。

人類報業史的發展，從最早期簡陋人工印製的歐洲中古報紙、老祖母級的打字機、有線收音機，到最原始的黑白電視機，都一應俱全。在短短的時間內，訪客親身經歷了一趟歷史之旅。傳播科技的一日千里使人類獲得資訊的速度與數量大幅增加，以至於到現代的光纖電腦網路，均不由得教人感歎資訊高速公路的快速起飛。

新聞博物館使人聯想起華盛頓特區幾年前開幕、備受好評的猶太受難紀念館，觀眾在螢幕上鍵下身分證號的尾數，就可找到當時編號相同的受難者資料。事實上，新聞博物館和猶太受難紀念館的性質都非傳統的藝術博物館，擁有大量文件資料，卻較缺乏能吸引視覺的畫作文物，不過，猶太受難紀念館的整體氣氛較為沉重，新聞博物館則切合主題風格，顯得朝氣勃發，將「寓教於樂」充分發揚光大。

透過各種高科技設備，你可以在電腦中訪問大牌記者，可以嘗試做個記者、編輯或電視、廣播的播報員，可以當上雜誌封面人物，可以在實務操作的攝影棚或錄音間，看到新聞節目製作的幕後，並和記者對談；館內長達一二六呎長的巨型螢幕，則不間斷透過衛星傳輸和引用電視、廣播、報紙等媒體來源，播出即時新聞。

造訪新聞博物館不要錯過館外的「自由公園」（Freedom park），在這裡，有廿世紀初美國婦女爭取選舉權的遊行布幡、一九六三年馬丁路德二世被監禁的牢門、一九

八九年柏林圍牆拆下的磚、一九九一年被推翻的列寧像、一九九四年南非大選的投票箱……作為這些改變人類歷史大事的註腳，而殉職記者紀念碑，則提醒所有參觀者：新聞，也許是某些人餐桌上稍縱即逝的一瞥，卻有人畢生以赴，以身寫史。

對於突發性的災難新聞發生時，新聞博物館成了世界上最好的資訊中心，訪客們共同聚集在大電視螢幕前，接收來自不同新聞媒體的立即消息，大家如證人般地為人類歷史作見證。整個新聞博物館在那一刻，就像是個小地球村。新聞博物館裡面還有一個可容納兩百二十人的圓型劇院，寬大的高解析度螢幕放映的大多是新聞集錦，以及一些有意思的專題報導，具有教育與娛樂雙重功能。

現代人習慣把社會亂象歸咎於新聞媒體，批評新聞媒體沒有善盡社會責任，以致民心風氣大壞。這孰是孰非的爭論一直是各說各話，新聞博物館對於類似攻擊新聞媒體的話題，絕不迴避，甚至乾脆把問題攤開來，公開在新聞博物館裡討論。在新聞博物館的一項展示中，就問訪客「是否小報報紙報導得太過頭了？」同樣展示廳裡的電腦終端機也向人發問，例如：「記者可不可以用不透露消息來源的方式，揭發白宮裡的一些齷齪事？」

把記者最常碰到的難題丟給一般大眾，讓眾人一起傷腦筋，讓一般人對新聞報導有參與感，進而產生榮辱與共的感覺。而大眾的意見反應，多少也為新聞人員提供了社會對新聞倫理與道德的看法。

我參觀新聞博物館深深覺得這是進行國民「媒介素養」、「傳播學社會化」極為有效的途徑，曾向當年《中國

時報》創辦人余紀忠先生建議創辦，但因為牽涉太廣，沒有成功；如果政府真的重視「傳播學社會化」，有關當局是否能列入考慮呢？

對新聞界的諍言

從事五十餘年的研究與教學，我對於新聞學自有一套完整的理論體系；更由於從事多年的新聞實務經驗，我對於新聞事業也有一份理想的堅持。

我所執著與堅持的重點是：

・新聞的社會責任與文化使命

我特別重視新聞的社會責任和文化使命。我認為，在二次世界大戰後，許多戰敗國家在廢墟中重建，而新興國家建國，一方面發展經濟，一方面促進現代化，在這之間媒體居重要的中介變數。媒體成為國家發展之重要動力與觸媒，是學者一致公認的事實。

・視專業為終生事業

新聞人應專心致志，提升專業精神，而專業則必須提供高度特殊文化的知識服務。並且須終生奉獻，至死不渝。

我對於美國密蘇里新聞學院創辦人威廉斯博士所強調的：「吾人對於新聞事業，深具信心。」極為認同與感動。

・新聞教育是新聞事業的原動力

許多人談華岡的新聞傳播教育，總將之和我連結在一起；事實上我執教幾乎遍及所有新聞學府，包括文大、師

大、政戰、世新、淡江、輔仁、中原、玄奘、銘傳、香港珠
海大學新聞研究所以及客座大陸許多名校；我推動新聞教育
學府的聯繫合作，把傳播教育協會辦得很有活力，我更不辭
辛苦，為溝通兩岸新聞教育努力不懈。我對美國哥大新聞學
院創辦人、一代報人普立茲創辦新聞教育深為感動。普立茲
說：

> 當今培養律師、醫師、牧師、軍官、工程師、建築
> 師與藝術家已有各種專門學院，唯獨欠缺一所用來
> 訓練記者的學院……在我看來，是毫無理由的。

他質疑，「像負有這麼重要責任的事業，應該完全交付
給自我教育的人嗎？或者應該交付給批評大眾，指導大眾，
而他本身卻不需要被指導的人嗎？」

對新聞專業的信念，是我一生對新聞的堅持。

・傳媒要負起凝聚共識的責任

我強調心靈改革的工作絕非一朝一夕之功。傳播媒體首
要之責，就是要負起凝聚共識的責任，讓社會了解我們現今
面臨了什麼問題，讓大眾明白其後果的嚴重性。就像往昔國
父革命所做的推廣與宣傳工作一樣，普遍灑出改革的種子，
在各地發芽生根。

媒體雖未必是社會許多敗壞現象的罪魁禍首，但媒體如
果能從更積極、更關愛社會的角度去關懷，去做更多有意義
的貢獻，效果一定是可觀的。對於媒體在心靈改革中的角
色，我亦作如是觀。

・新聞記者絕非法官

我主張新聞從業人員應秉持客觀公正的立場去處理新聞事件，用專業的態度去面對問題。新聞記者絕非法官。我觀察媒體有關白曉燕案、清大學生悲劇等事件的報導，非常擔心基本的新聞禁忌——新聞審判，有越來越多的趨勢。新聞從業人員應回歸專業理論，以哀矜勿喜的心情，無論在報導寫作與新聞標題，都能夠以如履薄冰之心，慎重下筆。

・主筆應為民喉舌、鼓勵向善

我認為應該重視現代言論作者主筆的責任。一九九七年的日韓輿論會議，於十一月十五日在韓國的濟州島舉行，我曾應邀以貴賓的身分出席，並聆聽兩國學者對新聞言論的高見，美國報人布瑞斯本曾提出主筆的四大責任是教導、攻擊、保衛與讚美，希望輿論界朋友共同期勉。

・言論要暮鼓晨鐘

趨炎附勢以及自欺欺人的媚世心理，無法建立言論權威；而對民眾關切的問題，亦難做及時的批評與建言；這種新聞言論非僅沉悶，亦無法引起讀者興趣與關切。但握筆如劍的言論家，如果過度濫用言論自由，專以取悅、罵人為能事，自然也無法產生啟迪讀者智慧之作用。

・應致力追求真理

我認為天下事沒有絕對的，在時間絕對性的壓力下，再加以新聞來源各懷鬼胎，新聞記者如果不能時時懷戒懼之心，未能以嚴密的求證心態處理新聞，終不免要在公信力上

付出慘痛代價。亞里斯多德說：「吾愛吾師，吾更愛真理。」世上最可貴的即是「真理」。

·媒體自律是民主社會的保障

對於媒體的社會責任，我始終主張新聞媒體本身要先表達自律與自省的誠意。並且除新聞評議會之外，更能形成制度化，使此一理念能夠形成一種自主的機制。新聞從業者要清楚傳播是為歷史記載的理念。

·新聞從業者的哲學思維

倫理是哲學中的一支，它促使新聞從業人員在他們的工作中決定應當的行為。我認為，一個有「道德」的新聞從業人員應該具備「智慧、勇氣、公正」幾項條件。

·新聞自由的時代意義

我認為，國家安全利益與新聞自由究竟孰重孰輕，這是新聞學上爭訟多年的議題，也是我們今天所該嚴肅面對的問題，我們應找到平衡點。

在新聞自由與新聞控制的拉鋸戰中，新聞記者更應該堅定立場，作一個新聞自由的捍衛者。

·大眾傳播的兩大支柱

我認為大眾傳播的兩大支柱是「客觀求真，公正無私」及「開放空間，理性論辯」。所以當代新聞人的文化使命應該是：

一、正直報導以贏得尊敬；

二、媒體非利益附庸；

三、使民眾成為耳聰目明的閱聽人。

・加強新聞傳播教育的推廣

隨著科技的發展、民主政治導致的開放空間，及經濟發展、教育普及、交通發達等因素的互激互盪，媒體的影響力日益普遍、深遠，在社會公器角色的扮演上，受到更多人的重視與期許。因此，每一個閱聽人都應該有傳媒的基本知識。「媒介素養」應是教育的重大課題。

・傳播的問題與回顧

對於清淨媒體，我主張從教育做起，幾項落實的方法是：

一、落實媒體教育。

媒體教育並不單就媒體一方面而言，其涵蓋面廣遠，應落實於全民；先就媒體單方面而言，需培育專業素養之媒體人，此方面應從學校專業教育、記者公會等職業團體做起，進而影響整體媒體氛圍；就民眾方面而言，應積極培養民眾媒體識讀能力，並將之落實，在民間監督機制上，以全民利益、社會公益之角度出發，落實媒體環保。

二、商業驅力與社會公益並行不悖。

商業力乃媒體行使社會責任之底座，然需得在不致過分膨脹的情形下方得行使；就此而言，政府機制需得擬定穩當法規條款，使媒體於適度競爭空間裡盡到其應負的社會責任；而媒體自身亦需積極設立自評組織、釋放多餘頻道予弱勢族群，以清淨媒體內容、落實社會公平。

三、極力改正媒體欠缺批判力，或是批判力錯誤使用之弊。

此點專就媒體內容而言，媒體應一改過往豢養大眾之習癖，而肩負社會責任導師之責，適切地使用其社會公器、善盡第四權職責，因此需應落實於媒體監督組織與媒體根本教育上。

・名嘴的社會責任

我認為台灣傳播發展的一大問題，是少數名嘴透過傳媒的滲透性，布施其無遠弗屆的影響力。所以我強調名嘴應有社會責任感。既不宜鼓動群眾情緒，更不宜作廉價宣傳員。

對於台灣今日傳媒現象，傳播學者可以說是苦口婆心，但言者諄諄，聽者藐藐，在現實功利走向的今日台灣媒體，誰還聽得下這些所謂的書生之見？

不過，旁觀者清。美國《洛杉磯時報》北京分社社長麥馬克在二〇〇五年二月二十八日於該報發表一篇專文〈他們無法應付真相〉卻提出嚴厲批判。麥馬克長期在亞太地區任職，曾多次到台灣進行訪問。他說英國搖滾巨星艾爾頓・強抵達台灣，然而一入境就與蜂擁而上、咄咄逼人的台灣記者爆發衝突。隔天艾爾頓・強在演唱會中說：「我到過六十個國家，但是昨天那些記者是我遇過最粗魯蠻橫的一群。」

台灣媒體享有高度自由，但肆無忌憚的程度在亞洲地區數一數二。從正面看，這樣的媒體足以發揮制衡力量；但是從負面看，台灣媒體本身就是「混亂」的同義詞，有識之士亟應改革其腥色腥作風、黨同伐異、倫理敗壞、商業掛帥、為提升閱聽率而不擇手段等弊病。

台灣自一九八七年解除戒嚴、開放報禁以來，媒體蓬勃發展。但批評者指出，媒體為了拚閱聽率，導致新聞中充斥著情色、刑案與醜聞。

　　對於新聞報導不可或缺的消息查證工作，台灣許多媒體都是掉以輕心，有時甚至明知錯誤仍照樣報導。二○○四年三月台灣舉行總統大選，各家電視台在累計票數時一味求快灌票，竟然一度報出某一政黨候選人得票數比實際票數多出兩百萬票，蔚為奇觀。

　　麥馬克說，台灣媒體在政治領域也是光怪陸離。有人說解除戒嚴讓台灣媒體從「哈巴狗」變成「瘋狗」；台灣若干重要電視台仍掌握在不同政黨手中，在各項爭議趨向兩極化的台灣社會中，媒體報導的客觀性可遇而不可求。

　　政府操縱媒體——有些人說甚至操縱真相。華府「戰略與國際研究中心」的亞太事務專家葛萊儀指出：「台灣的媒體確實是弊端叢生，但是政府本身經常參與其中，雙方都可以無所保留。」

　　有鑑於政黨傾向與過度商業化已貶抑媒體告知民眾的能力，要求改革的呼聲已日益高漲。

　　但願媒體朋友聽得進這些「逆耳忠言」。

傑弗遜的故事

在此，我願向新聞界朋友講一段傑弗遜的故事。

民國八十七年十二月，經過多年苦讀的呂傑華，終於在師大三民主義研究所榮獲博士學位。我很榮幸擔任了他的博士論文《孫中山與傑弗遜新聞傳播思想比較研究》之指導教授。考試委員則有葛永光、包宗和、李本京、葉明德等。

呂傑華是我文大第二度擔任系主任的學生。我在文大兩度擔任系主任（兼開始創辦），共廿年。而呂傑華是我第二任時的傑出學生，先後讀了文大新聞系、新聞研究所，然後擔任公共電視編審、《工商時報》記者、電視文化研究委員會副秘書長、公共關係公司副總經理。榮獲博士學位後，他以任教為職志，現任國立花蓮東華大學副教授。

他熱心教育，相信「優秀是培養出來的」。當選優秀老師，是學生心目中的偶像。

呂傑華所研究的傑弗遜總統則是我最心儀的政治家之一。

每次到華府，總要設法到傑弗遜紀念館，一次又一次地去，瞻仰一代偉人對我的心靈洗滌，一位對人類社會有著不世出貢獻的政治家。

我曾向學生說，美國的總統很多，但是能夠在華府建立紀念館的寥寥可數。傑弗遜在美國歷史上的崇高地位與華盛頓、林肯、羅斯福相當。

何以故？因為傑弗遜並不愛讓人記住他曾經是個總統，這項偉大的桂冠與它的耀目光圈不會使他的靈魂得到安息，而讓他感到欣慰和感到人生價值的是他曾經從事過心靈價值的創造。

傑弗遜（1743-1826），年輕時代非常喜愛讀書。一七六〇年進威廉瑪麗學院研讀法律、哲學、科學與語文，並且將他對希臘、羅馬以及英國哲學家、詩人的嘉言語錄抄錄下來。

他所處的時代，是經歷西洋近代史三個重要時期——美國獨立革命運動時期，法國大革命以及美國建國時期，使他對民主、自由備加珍惜。

在美國兩百年歷史中，政治較偏重現實與實踐，因此較少出現重要的政治思想家；而他卻是極重要的自由主義思想家，使歐洲一些重要思想家如洛克、孟德斯鳩，以及理性主義、重農主義等思想在美國發揚光大；在政治制度方面，他肯定三權分立與分權制度，並且是美國政黨制度開創者之一；在國際政治方面，更是美國孤立主義思想的導師。

傑弗遜於一九二六年七月四日美國獨立五十週年的那天去世。他在臨終留下遺願說，倘若人們還懷念他，就請記住他一生所做的三件事：

一、美國《獨立宣言》的作者；

二、維吉尼亞宗教自由法案的作者；

三、維吉尼亞大學的父親。

這一遺願讓我們了解到，在傑弗遜的心靈裡，沒有任何權勢的位置——甚至連總統桂冠也無存放的位置。

傑弗遜是人類基本權利——生存權利與自由權利的發現

者和護衛者。他曾說：「我向上帝宣誓：我恨和反對任何形式對於人類心靈的專政。」、「上帝給予我們生命的同時也給我們自由、權力之手可以把它們毀滅，但不能把兩者分開。」

傑弗遜對於新聞輿論自由的倡導與護衛更是永遠彪炳史冊。一九八六年美國《憲法》通過，因為遺漏「權利法案」，所以傑弗遜屢次致函麥迪遜、霍普金遜等人，表達他的失望與希望補救，經過他與一些自由派人士的大力鼓吹，美國終於一七九一年通過《憲法》第一條至第十條的修正案。

傑弗遜終生運用新聞傳播媒介傳達民主理念，並抗衡異見。他認為「保障言論即新聞傳播自由。」

他曾說：「我甘願將自己作為一項偉大的試驗，以證明一個行為純正而得到人民了解的政府，即便肆無忌憚報紙的虛幻假言也不能將其推翻，至於那些遵守法律、合乎道德規範去報導事實的報紙，其攻擊當然更無妨礙。這種試驗，在向世人說明，出版自由與政府秩序不能併立的見解顯然虛妄。」

傑弗遜自擔任國務卿以後，一直到競選總統時，屢遭聯邦派報紙攻訐、謾罵及誹謗。例如競選總統時，波士頓聯邦派報紙將其比為「無恥的媳婦，放蕩的浪子」；更有的報紙對於傑弗遜的私生活，捏造許多故事，極盡污衊之能事。

但是傑弗遜對於這些誹謗，從未加以反駁。

傑弗遜親身體驗了新聞媒體濫用自由的弊病，但是他說：「我只有讓別人叫他們尊重事實。」在這種情形下，報紙才是一種高尚的機構，也是科學及公民自由的友人。所以

他說：「在有政府而無報紙或有報紙而無政府的地方，我情願選擇後者。」

　　華府一座白色渾圓的拱頂下跳躍著一顆博大的心靈，這是傑弗遜的不朽，它的光與烈焰，引導許多人走出名利的深淵、陰影與惡夢。它讓人想起哲學家尼采的一句話：「生活就是意味著不斷地將我的全部人格或經歷變成光與烈焰。」

　　傑弗遜就是贏得這種生活的幸福者。新聞界朋友要體會這位不世出政治家的思想，認清自己的角色。

與蔣家子孫三代情

人生際遇，無法理解。

以一個出身清寒、平凡家庭的一個窮小子，竟有機會與蔣家三代結成不大不小的緣分，這是從何說起？

大學在政大念新聞系二年級時，孫殿柏老師與外交系吳子丹兄（後任外交部政務次長）同時徵詢我入中國國民黨。由於大一時讀周世輔老師的三民主義，對國父孫中山先生的建國理想既景仰又欽佩，我便同意加入。當年暑假，我就被推薦參加在陽明山的革命實踐研究院，那是由蔣公擔任班主任的一個訓練班，受訓學生只有廿名。記憶中有政大王學蘭、淡江劉梅緣等同學

一個月的課程，包含主義、思想與《中國之命運》、《蘇聯在中國》，以及青年修養之類的課程；國民黨遷台，記取失敗教訓，對青年之培育極為重視，青年節前夕，召開過一次青年大會，我還被選為大會主席團的一員。

這一個月的訓練，我印象最深刻的是受蔣公召見。當時蔣公在辦公室，召見每位學員，每人談十分鐘，問了一些關於家庭狀況、未來理想等問題。由於蔣公的威嚴，被召見時內心忐忑不安，有些不知所措，但也終於度過那十分鐘的時光。

民國六十三年十一月二十四日，蔣公贈送每位學員一張紀念照，我迄今仍掛在家裡的客廳中。

首次見到蔣經國總統，則是在他擔任救國團主任期間。那時每年暑假，救國團所主辦的戰鬥營有許多營隊，令全國青年趨之若鶩。其中由幼獅社主辦的新聞報導隊，在台北師專（台北市立教育大學前身，後與市立體育學院合併為台北市立大學）舉行。新聞報導隊學員在結訓後，皆以幼獅社記者名義派駐在各個營隊報導新聞。當時的《中央日報》、《新生報》都闢有暑期戰鬥訓練的特刊，每日刊出我們的報導；初嘗記者生涯，大大的名字刊在報上，感到無比的驕傲、充實與榮譽感，也讓我體認到新聞記者真是「無冕之王」。

　　我參加的新聞報導隊是第一屆，蔣經國主任蒞臨主持開訓典禮。他勉勵我們，新聞記者肩負重任，要站在前線為民喉舌，我們應當以做一名記者為榮。

　　蔣主任後來也召見我三次，每次都令我既期待又緊張。不久，我到青年工作會任職。青工會以「為青年服務」為號召，長官、同仁也都來自校園，如王唯農、連戰、施啟揚、張豫生、關中、李鍾桂、王曾才、雷飛龍、王人傑、汪大華等，幾乎都是教授。

　　我在青工會先擔任總幹事，後升任專任委員（相當於副主任），負責中山獎學金的培訓工作，也主持歷史悠久的《自由青年》雜誌、創辦《黃河》雜誌、嵩山出版社等刊物，形成當時與民進黨《美麗島》對抗的一個重要言論陣地。蔣經國兼任黨主席期間，我被保舉為青工會特優人員，由蔣主席親授勳章與證書（過往慣例由秘書長張寶樹頒發），使我備感榮耀。

　　蔣經國出任行政院副院長，並兼任行政院經建會主任委

員，我受李煥老師推薦，以簡派專門委員名義，出任經建會發言人兼新聞組組長。

蔣經國對台灣的經濟建設，非常重視與民間工商企業界溝通，所以經建會成立之新聞單位與其他單位地位並列，是當時中央政府中第一個成立一級新聞單位的部會。蔣經國認為，台灣經濟建設要成功，必須喚起民眾的了解與溝通，那時經常舉辦新聞記者招待會，發布新聞，並因應不同媒體記者的需求，邀請不同財經單位的首長接受專訪。

我們在每個週日，都會邀請知名財經專家，剖析當時的財經問題，週一就能在各大報頭條刊出（星期日新聞通常較為平淡，所以我們的專欄經常可以在次日各大報佔有重要版面）。

新聞單位還有聯絡、出版、攝影各組。聯絡組負責人陸瀾成，接待各國來訪的記者與教授、專欄作家，協助他們進行採訪；出版組由徐佳士負責，大量翻譯先進國家財經建設的書籍，供國內參考；攝影組長歐陽道生則負責照片與動態記錄；記得當時還曾經舉辦全國經濟建設展，觀眾超過一百萬人次，轟動一時。

我始終覺得，蔣經國是最懂公關與新聞的一位首長。他常說：「公關就是積陰德。」新聞與公關就是一種誠懇為他人服務的工作，因為我們平時樂於助人，樂於為他人服務，新聞界無不感激，我後來還把這種觀念帶到文工會。

在經建會期間，蔣經國兼主委指定派我接受美國國務院開發總署的邀請，到美國訪問三個月，巡迴十一州。這次訪問，打開了我的眼界。

我是個窮孩子，念到政大新聞系最高的碩士學位後，因

家計而無法繼續出國深造，這次機會不啻比念兩個博士學位更有價值。

那是美國的鼎盛時期，開發總署每年都邀請各開發中國家的未來領袖赴美參訪，條件極為優渥，除提供來回機票、食宿外，還提供越洋電話、購書預算等，而且應邀人士想要到哪裡參觀，想見什麼人，都可以開出名單，由開發總署事先安排。

逢此難得機會，我自是充分把握，由於自己是學新聞的，所以參觀了第一流的新聞媒體。如《紐約時報》、《華盛頓郵報》、《芝加哥論壇報》、《洛杉磯時報》、美聯社、合眾社，以及三大廣播電視網 ABC、NBC 與 CBS；由於在國內從事新聞教育工作，參訪教育學府，如密蘇里、哥倫比亞新聞學院，史丹福大學、華盛頓大學、西北大學、威斯康辛大學等校。

在芝加哥適逢一場美國公共關係年會，特別趕去參加，受到莫大的啟發，當年公關新觀念正在萌芽，我蒐集大量資料，回台北後參考以前從事公關工作的實務，在五南書局出了一本《公關總論》。

在史丹福大學會晤傳播學大師宣偉伯教授長達兩個小時。宣偉伯是傳播學的開山鼻祖，影響遍及全世界，但國內除徐佳士、朱謙、朱立等少數受教於他的人以外，鮮少人真正見過他。

他告訴我一句永生難忘的話：「教育的目的不僅是給學生一張吃飯的憑證，更重要的是要讓學生得以安身立命。」

訪哥倫比亞大學，與新聞學院院長貝克與副院長喻德基博士見面，院長說：「新聞不是職業，而是事業。」喻德基

教授則是華人在美國地位最高的傳播學人，後來協助台大成立新聞研究所。

在密蘇里新聞學院與費雪院長見面，不僅達成密大與文大新聞系建立姊妹系關係，保送李濤、湯健明、李傳偉、張尊昱等優秀學生赴美留學，且促成費雪院長伉儷專程訪華，並在華岡發表「美國的報業」專題演講，張其昀創辦人設宴款待，費雪先生也訪問了新聞局與《聯合報》發行人王惕吾先生。

此外，我又前往冰天雪地的北達科他州，探訪在當地任教的政大同窗好友潘乃江君，受到熱忱招待，令人印象深刻。

我也透過安排，訪問了許多重要的旅美華人與學者，如顧毓瑞（政大前校長）、潘朝英、余英時、薛光前（聖若望大學副校長）等，並把訪問他們的過程，投稿到當時的《新聞天地》與《中央日報》發表。

與蔣經國的另一段情緣，是發生在我國退出聯合國不久，國內社會氣氛低迷，許多人紛紛移民國外。

蔣經國總統發表「莊敬自強，處變不驚」的名言，並表示「我們雖退出聯合國，但與各國人民的國民外交更顯重要。」

於是劍及履及，政府組織幾個文化藝術團體，分赴各國表演，從事國民外交，其中一個以復興劇團為班底，包括徐露、嚴蘭靜等名伶組成的國劇團，指定我擔任團長，經過一個月集訓，浩浩蕩蕩出發前往國外演出。

我們的首站在北歐挪威，抵達首都奧斯陸時天氣寒冷，第二天準備演出，怎料中共大使館收買許多左派工人，在劇

場外圍叫囂，阻撓演出。當晚我們的經紀人，維也納大學校長溫克勤率領我們到警察局抗議。第二天，左派工人繼續叫囂，警察局也派出二百多位員警加以驅趕。

劇院中，當徐露正扮演貂蟬，在舞台上唱燒三炷香的台詞時，劇院內事前潛入的數十位左派分子衝到舞台，阻止演出，徐露緩緩退出舞台，而早有準備的十餘名員警，也馬上衝上去，與左派工人扭打，警方人員個個高頭大馬，又手持警棍，大約十分鐘後便把那些工人驅趕出劇場，讓我們繼續演出。

隔天，奧斯陸的報紙以一版頭條方式報導這場混戰，並且配上了大照片。這一轟動挪威的新聞立即被國際性大通訊社如美聯社、合眾國際社、法新社發布到全世界，中央社的王應機也立即報導。

消息傳到國內，蔣經國（時任行政院長）指示教育部長蔣彥士代表他致電慰問，並發給每位團員一百元美金獎勵；隔天《中央日報》寫了社論，題為「向遙遠的前方戰士致敬」。全團讀後莫不振奮，並陸續在北歐、中歐、中南美洲及美國演出。

此後我們在各地的演出都十分順利，尤其在中南美洲，當時的駐哥斯大黎加大使吳文輝、駐薩爾瓦多大使連戰，以及駐巴西大使沈錡都熱情接待，尤其新到任不久的連戰大使，在台北時便相識。他舉辦酒會，安排晉見總統，邀請各國使節團觀賞演出，使我們這一文化出擊備極轟動。

蔣經國的「文化出擊」，用的是原先每年要繳交給聯合國的會員費，適所適用，發揮了最大功效。

全程四個月的演出結束，回到台北後，政府設宴盛大歡

迎、頒獎，蔣經國先生並頒授我一張紀念簽名照片，至今珍藏，這是我與蔣家的第二段情緣。

與蔣家三代的最後一段情緣，是因當時國內因江南案導致政局緊張，蔣經國總統宣布「蔣家第三代絕不涉入政治。」

當時蔣孝武被認為可能成為蔣經國繼承人，黨外人士憂心而發動攻擊，蔣經國為解除疑慮，乃透過行政院輔導會主委趙聚鈺成立以文化事業為宗旨的華欣文化事業中心，由蔣孝武擔任主任。

有一天我接到華欣文化事業中心董事長韋德懋（曾任中國國民黨考紀會副主委，後兼任文大印刷工程系主任）來電邀約見面，他希望我出任中心副主任，輔佐蔣孝武。

我當時不想出任，因為我時任文大新聞系主任，晚上在英文《中國郵報》（The China Post）任副社長兼總編輯（社長為余夢燕老師），工作如魚得水，進展順心而快樂。婉辭之意表達後，韋德懋先生仍然三度邀約，希望我一定允諾。

我考慮再三，十分為難，請教王洪鈞老師，他說：「不要敬酒不吃吃罰酒。」我只得允諾。

與蔣孝武先生首次見面，他謙恭順意，我倒看不出他公子哥的派頭，相處也還不錯，業務他授權，但我與他見面機會並不多，大約一個月一次。

不久，為了避嫌，我把曾與文大新聞系四位助教合力經營的莘莘出版社結束，把所有莘莘的叢書併入華欣。

莘莘是我與新聞系四位助教（張靜濤、夏訓夷、簡武雄及朱龍勳，人稱新聞系四大金剛）合力經營的事業理想，我

們想創業，出版成為我們的第一選擇。

　　成立短短一年內，莘莘出版社所向披靡，出版書籍如董顯光先生的《萬年常青》，逯耀東、張伯敏、楊允達的《又來的時候》，高希均的《萬里雲山》，高信疆翻譯的《費里尼訪問錄》……等，都暢銷一時；但為了避免與華欣事業中心業務衝突，決定停辦莘莘，至今想來十分可惜，莘莘如果經營至今，說不定是一家大出版事業。

　　蔣公子的風聞很多，但我均未涉及，也不參與，因為個性不喜歡風聞的那些事。後來他接管《中華文藝》，辦《電視週刊》、傳播廣告公司，我都不曾參與，他找了一些朋友如蔣天鋒、唐盼盼等參與這些事業。

　　不過蔣孝武對我十分客氣，後來他主持中興紡織公司所捐出的獎學基金，也聘我為審查委員，其他還包括張劍寒、傅宗懋、張豫生、朱堅章、易君博等。

　　不久，蔣孝武出任中廣公司總經理，我也提出辭呈，他聘我擔任中廣顧問，我在華欣的工作，由鈕先銘先生接任。

　　漸漸地，與蔣家三代的情緣，也漸成歷史塵埃。

大愛無涯——華岡新聞系五十年

壹、愛的教育

中國文化大學新聞系創辦五十年，是個傳奇卻也是動人的故事。五十年的歲月匆匆過去，但華岡的每一椿故事，都浮現在我的腦海，歷歷如數家珍。

我只能說，文大新聞系的故事就是一個大愛無涯的故事。創辦之初，甚至連系辦公室都沒有，我只能借助同學寢室的書桌來處理系務，創校之初，因學校缺乏經費，老師們經常無薪可領，常常要等到下學期學生註冊、有了學費才付上學期的薪俸。

但是，老師們從未懈怠他們的職責。當時的華岡大師如雲，在新聞系執教的老師也大多是新聞界名流及領導人士。

他們熱心教學，我只能用「大愛無涯」四個字來形容；張創辦人其昀原就是為報答恩師，新聞系的創辦人謝然之教授也是為了報答恩師，希望繼續把愛傳布給下一代。

我的家裡，掛有一幅大教育家，當年師大校長劉真的書法「有愛無恨」。在愛心驅使下，我們才有教育的動力。

創系之時，謝主任每年耶誕節與全體學生共聚於大成館，傳授王陽明「知行合一」的理念，奠定同學們的人生哲學；他鼓勵大家讀《富蘭克林自傳》，希望每個人心中有榜樣。這個聚會也就是本系每年「傳薪之夜」的由來。

有一年教師節，歐陽醇教授寫了一張便條給我，上面寫

著：「每個學生我都喜歡，每班上課我都認真。」短短兩句話，給我了極大感動，同學們稱呼歐陽老師為「歐陽爸爸」，因為歐陽老師給了學生們「大愛」。歐陽老師有寫信習慣，每個學生給他的信，他都珍惜，也一定回信解惑。雖是短短幾行，都讓人獲益終生。

我們不會忘記深受歡迎的廣告學老師顏伯勤，他的課經常爆滿，而擠在窗外聽課的學生更不計其數。

為了協助汪志龍同學創業，顏老師把廈門街的房子到銀行貸款借給志龍創立潤利收視率調查公司。汪志龍不負期望，成了台灣電視收視調查的先河；他為報答師恩，每年到新年就送紅包給顏老師，都為他婉謝，汪志龍為報答師恩，在大陸許多名大學辦「顏伯勤教授廣告講座」，為廣告學在大陸的傳播作了許多貢獻。

汪志龍對我說：「我感恩顏老師，既不能養其身，就只能養其志。」這是多麼令人感動的師生情誼故事。

新黨黨旗設計人翁淑媛，曾創辦一家廣告公司，當年在台北市競選立委的李慶華先生要我推薦一位廣告文宣的負責人，我推薦了翁淑媛。結果李慶華先生當選立委，他的競選文宣被獲選為全台北市前三名，李慶華先生為表達感謝，開了一張兩百萬元支票，以達謝翁淑媛與其員工近半年的辛勞，但翁淑媛婉拒了。慶華先生問：「這是妳應得的報酬，為什麼不收？」淑媛說：「幫助你是我的老師鄭貞銘交代，鄭老師交代的事，我不能收你一文錢。」翁淑媛因乳癌英年早逝，李慶華兄妹前往祭悼，她是我一生最懷念的學生。

貳、力爭上游

　　力爭上游，是文大新聞系崛起的主要動力，我們未必是聯考中的優勝者，也未必是第一等的頭腦，但是我們力爭上游的精神，是我們堅苦奮鬥的動力。

　　潘健行是我們第一屆同學的榜尾，但是他發奮圖強，不但考取了政大新聞研究所，也在中視初創以後考選記者時成了唯一的錄取考生，製作《六十分鐘》，出任外貿協會對外宣傳處長，轉戰世界各國，為國家的外貿企業開疆闢土。

　　之後又考取中山獎學金，並以國際學生會議首席代表團長的身分領導台大、政大學生到國外出席會議，其中包括曾任陸委會主委的蘇起先生。

　　第三屆的施長要曾在政大新聞研究所中榮登榜首，給大家很大的鼓舞，或許我們未能在聯考中錄取國立大學，但後續努力終能揚眉吐氣；那年政大共錄取十名研究生，文化新聞系畢業學生佔四名（政大僅兩名），我們終贏得勝利。

　　張創辦人說，成功鼓勵成功，確為至理名言。

　　民視總經理陳剛信是從草根本土奮鬥崛起的電視人，他現在已是中華民國電視公會理事長，他從一個基層廣告員一步一腳印爬到總經理的崗位，他堅毅的領導、苦幹的精神使民視的經營後來居上。

　　在校時他讀到《改變歷史的書》，他發誓此生要寫歷史，電視史上不能缺少陳剛信一頁。

　　周荃也曾是電視界的翹楚，中華民國有線電視的「媽祖婆」，她在當選立委時，就為台灣有線電視的立法努力不懈，同樣與她一起扮演立委角色的翁重鈞、沈智慧、趙良燕也都曾風雲一時，為民意盡了自己一份心力。

李濤是對台灣電視界有貢獻的電視之星，他最近暫時結束《2100全民開講》的主持工作，我對他說：「你已經寫在電視史，一生無憾。」

李濤是本系與美國密蘇里大學交換生的第一位，他是真心體認新聞人的專業與尊嚴何在的記者。

二月上旬，李濤到中心醫院探視我的病，長談兩個小時。我了解他做為一位新聞人的驕傲。

據我了解，當年政府想網羅他出任新聞局長，也要他或妻子李艷秋競選立委，但都被他們婉拒，總統也邀請他到官邸用餐，都被他婉謝。他說如果到總統官邸聚餐，豈不是表示記者和總統有私交，那又如何報導總統？評論總統？如何保持公正獨立和客觀？

李濤過的生活幾乎是一個不和任何達官顯赫交往的孤鳥。我想到我的恩師曾虛白說，他一生從事報業、廣播、新聞行政、通訊社、新聞教育、國際傳播，可說是無所不往，也無不成功，在《百年報人》中我讚他為「全方位的新聞人」，他說：「我一生最光榮的職位是做一個一輩子的中國新聞記者。」

李建榮在校就讀時就單槍匹馬採訪了當時的台北市長李登輝先生，文章刊出後，引起新聞界囑目，從此《文化一周》成了台北市新聞界的重要線索，歐陽老師給了他九十六分的空前成績。

以後李建榮以獨立記者受倚重，他新書發表時冠蓋雲集；但他除幾句禮貌話語，對這些大官未講任何諂媚的話，保持了一個獨立記者的風範。

在報業方面，華岡新聞界出身的領導人物幾乎遍布各媒

體，從社長、總編輯，總主筆、主編到專欄作家，華岡的子弟常擔任要角。吳根成現在肩負《中國時報》系的大樑，他表現傑出，為新聞界的共識。

《聯合報》方面，遍布全球的《世界日報》無論是紐約、舊金山、洛杉磯、溫哥華到巴黎、曼谷，華岡人從不缺席、擔任要角。從簡武雄、張靜濤、趙俊邁、郭俊良、宋晶宜、夏訓夷到林國泰，都是來自華岡的子弟。

文大新聞系實習報《文化一周》首先創辦攝影報，由密蘇里學成歸來的新聞攝影家蕭嘉慶負責指導，培養了許多新聞界攝影人才，現在遍布國內新聞界，例如服務於《中國時報》的王爵暐，畢業不及三年就榮獲攝影獎的最高榮譽。

文大同學對於深耕鄉土總是盡心。吳鎮坤、吳國城在台中東勢辦《山城週刊》逾三十年，從未脫節。他們服務鄉土，結合地方建設，有一年在曾虛白新聞獎中超越《天下雜誌》而榮獲第一名。

在南部深耕幾十年的莊松旺歷任幾個縣市的國民黨主委，現在又擔起復興《中華日報》的不可能任務，日以繼夜。他博覽群書，至今勤讀不輟。

大愛電視台新聞總監湯健明曾任中視副總經理，當選十大傑出青年，並曾因冒險採訪泰北難民營新聞，而榮獲金鐘獎採訪獎。

劉克襄為保護自然資源而不斷撰文呼籲，王偉忠被視為影劇界巨人，創意無限，對台灣電視台走向居於關鍵地位。劉寶傑主持功力不凡，何戎堅守崗位二十年，華視新聞採訪組長何家駒，TVBS 主播謝向榮，華岡新聞五十年，只能用力爭上游來形容。

參、專業至上

五十年華岡新聞系有太多太多的感人故事，而師友們所表現的風範更是啟發無限。

為什麼華岡新聞系有這樣的精神，因為華岡新聞系創系之初，即禮聘名師，建立制度（如月記、每週新書、每週專題演講、畢業紀念文集），並努力開拓畢業生前程，為新聞系奠定了不拔的根基。

作為大學教育的一項專業教育，新聞學當年曾被譏諷為「技術之學」，甚至被批評為「新聞無學」，發展到今天，它已成為一個熱門的「顯學」，不知是多少新聞先進與學者努力奮鬥的結果。

以文大的發展來看，當年新聞學大師與新聞界領導人幾乎都在本系任教，我們的學生完全可以與國立大學一樣，接受一流名師的教誨。

我們培養智德兼修的新聞人，不僅成為新聞實務界的一把好手，且更重視新聞倫理與道德，社會責任是我們一生最重要的精神標竿。我們一生為新聞自由而奮鬥。

《文化一周》創辦迄今近五十年，是國內大學中生命最長的大學報。這是無一分錢創辦的報紙，靠的是信心與努力，當年參與救國團的大學刊物比賽，年年榮獲首獎，在我記憶中有一屆同學未曾得第一，而獲第二名，結果那屆同學全班痛哭流涕，文大新聞系的榮譽感就是這樣培養起來的。

李廣淮、黃珊、趙靖在《中國時報》實習，經常採訪到獨家新聞，引起時報發行人余紀忠矚目，最後都被網羅入時報工作，當時時報編輯部曾流行一句笑話：「這簡直是文化大革命嘛！」

《文化一周》的發行廣告，初由林國泰任勞任怨，負責起大家都不想做的繁瑣又辛苦的業務（大部分同學都想做記者、編輯），但是這種拚命精神，使林國泰以後兼任《聯合報》、《民生報》與《經濟日報》三報業務總經理，最後被派到溫哥華《世界日報》擔任社長。他最近辭世人間，我住進榮總，醫生不准請假外出祭弔，使我遺憾萬分。

　　我們還創刊全國獨一無二的《華夏日報》（每日出版），為全國新聞系獨一無二的日報（後因報禁新聞局要求停刊，改稱華夏報導）。我們又創立《英文報》由周新、徐維中、蔣俐亞老師……輔導，創立新聞學雜誌，由張靜濤助教負責。

　　大學報要保持獨立言論的精神，當時我們有社論，也常對學校發表建言，有一天，訓導長來找我，說：「鄭主任，以後請我們校方編列預算，但可否請把《文化一周》在文稿出版前送到訓導處先看。」我當場就拒絕請求，我寧願辭新聞系主任，而不願把新聞教育中最重要的新聞自由埋葬。新聞系要獨立負起言責，而不能事先受檢查。不久，學校發出人事命令，調我擔任訓導長。我當晚寫長信給創辦人，表示我的志趣在新聞教育，不為任何名位。我忤逆了創辦人，當時也不知為什麼會有這樣的勇氣。

　　新聞教育是專業教育，新聞記者的基本責任是正確與公正，當我發現，《文化一周》四十週年特刊發現一則嚴重錯誤，刊出「于衡老師已逝世」（事實上當時的于老師還好好地活在人間），我不知道為什麼會有這麼荒謬的錯誤，求證的精神哪裡去了？

　　特刊中又有一篇校友張滋明對學弟妹勉勵的採訪特稿，

我一看驚愕不已，因為張校友早在多年前病逝，又如何能接受採訪呢？顯然是作者編造一篇假採訪，然後找一位校友的名字冠上。

我曾在系務會議中要求《文化一周》向讀者公開道歉。並處分作假的同學，因為這違反專業倫理，是絕不容許的行為。

有位同學找到一個三萬元的全版廣告，全班同學都很興奮；因為三萬元對經濟困難的《文化一周》是一筆巨額收入。但後來一看原來這廣告是延平北路「五月花」大酒家的廣告；在當時台灣社會民風純樸的氛圍，大學校園報應領導社會風氣。這廣告似乎不符合校園報的純淨性，同學們當時雖然為損失這筆收入而失望，但我們樹立了《文化一周》的風格。「專業」兩字是最簡單的音調，有時卻需要最艱苦的堅持和練習。

最近《立報》、《四方報》因假造「拒賣菲勞便當」新聞，《立報》、《四方報》總編輯下台，記者被辭退，違反專業倫理原是最嚴重的事，不如此新聞教育的價值何在？

肆、多元發展

台灣的大學因受聯考影響，私立大學吃虧甚大，大多青年以國立大學為優先志願，考入本系者，未必對新聞事業有興趣，為適應這種情勢，我們確立多元發展策略，開設許多社會學科（如經濟、政治、法律）、人文課程（如歷史、文學、心理、藝術、戲劇）等課程，鼓勵外系選修引導學生朝多元發展，以致本系畢業生有「多元發展」，「百花齊放」的效果。

我當時對新聞科系的課程設計，專業課程佔百分之四十，社會人文課程百分之三十，語文課程（中英文課程）佔百分之二十。我認為唯有這種設計才能培養出「社會的治療醫生」，而不僅是新聞匠而已。

華岡新聞系校友遍布各方，許多校友因多元發展的方向而多有傑出成就，吳章鎔、劉心遠、陳啟斌、郭聯佩、張靜濤、江陵燕、蔣永元、許國楨、張其中、鄔抗直，無論在海內外都撐起一片天。國內立委翁重鈞、沈智慧、趙良燕、議員洪玉鳳、許世程也多有表現。

伍、文風鼎盛

文大新聞五十年；文學人才輩出，甚至被譽為是自由中國報紙副刊人才的搖籃，這是有來由的。

應歸首功的是高信疆，他在大學不僅文采驚為天人，不斷寫作、不斷倡導華岡文風，余紀忠先先生慧眼識英雄，信疆以二十六歲年齡改革時報「人間副刊」，不知提攜了多少文人，為當時的海內外文壇吸引大量的文化滋養。

在他的帶領下，文大新聞系人才輩出。梅新（章益新）主編《中央日報》，連續三年獲得金鼎獎最佳報紙副刊獎。宋晶宜寫的《雅量》，獲列入國中課本成為教材，她在大學未畢業就出版了幾本大學生的讀本，成為最受歡迎的學生作家，她筆耕至今不輟；陳長華的藝術報導成為藝術家的新寵；有藝術家告訴我，「我一生中如能由陳長華寫一篇特稿為畢生光榮」，因為她的文字細膩。

鍾惠民、陳念祖、閻富萍為出版理念的堅持都各有所成，趙俊邁是另一例，他不僅作品甚多，且出任北美華人作

家理事長，和夏志清、白先勇、王鼎鈞均成莫逆。

　　丘彥明在聯合副刊服務甚久，成了瘂弦左右手，一度是主編的她悠遊四處，還不時有佳作出現；廖俊傑也因文采在各媒體遨遊，無論廣播、報紙、文學、雜誌，無役不與，且每個戰場都成功。這個文風鼎盛的時期自然與老師有關，當時大文豪彭歌（姚朋）、曾虛白、黃肇珩、琦君、周玉山都在本系任教。

　　本系之文風鼎盛與愛自由的傳統系風有關，亦與本系之包容性格有關，蘊含有北大校長蔡元培校長兼容並蓄之精神。我們邀請的「每週專題」演講不僅有報人成舍我、余紀忠、王惕吾、曹聖芬、吳俊才、錢復、呂秀蓮、更有藝文人物林懷民、沈君山、紀政等。

　　除資深新聞人之外，許多傑出中生代人物如葛永光、包宗和、李大同、李永然、詹火生、賴國洲、金溥聰、汪萬里、藍三印、彭懷恩、李念祖、蕭素翠等，都加入本系任教陣容。

陸、師友風範

　　文大新聞系因擁有一流師資而聞名。所以造就人才。王洪鈞老師、馬驥伸老師以豐富經驗在政大、師大退休後到文大領導；錢震以《新聞論》一書奠定大師地位，于衡對學生常「恨鐵不成鋼」，他與文大學生感情深厚，一篇〈一杯茶的故事〉更讓文大新聞系優良學風傳唱海內外，劉昌平、馬克任、錢存棠老師對文大的器重，讓大家在海內外報界有伸展空間。何貽謀老師在退休後寫《台灣電視風雲錄》，見證電視歷史，對他在本系的任教懷念不已。

余夢燕老師因得癌症辭了政大、政戰學校新聞系的課。她也要辭文大，我獲訊息立即前往余老師家探視，並懇求她繼續在文大執教，因為「我們最大的資產就是有最優良的師資」。她同意了。

若沒有余老師的愛護，我們哪能有翁碧英、劉菊英、方蘭生、陳信夫等校友在英文《中國郵報》施展理想？

楚崧秋老師被譽為「新聞界重要的明燈」，「我們如何從事輿論工作」、「言論是媒體的靈魂」，是楚老師教我們的。黃天才、王應機、徐維中、汪萬里老師教我們開拓國際視野，走向國際傳播。

沈慧聲、張煦華、方蘭生、徐振興、莊伯仲、羅雁紅、陳慧蓉老師都對院務與系務，付出了許多行政操勞，一棒接一棒，走過這艱苦的五十年奮鬥歷程。而賴金波、蕭嘉慶、徐維中、馬西屏、郭文耀老師都長期默默服務，更扶持了多少青年。尤其是葉明德老師今後更是任重道遠。

為什麼華岡新聞系有這樣的傳統與精神？我認為是許多小故事累積的。例如：每年春節同學分別到老師家拜年，師生間情感特別溫暖，所以師友情切。像歐陽老師離世，每年仍有許多同學去向歐陽師母拜年，辦餐敘，難怪許多老師說：「文大同學特別有情感。」因而更疼愛我們

又如許多屆同學都詳細規劃謝師宴，同學們會分組接送老師，宴會中洋溢快樂與惜別的歡笑聲。宴會結束，同學們列兩排點蠟燭，恭送老師，那真是依依不捨，戀戀師恩的難忘鏡頭。

又如徐振興主任在任時，安排在學校大禮堂的畢業典禮後，還特別安排新聞系的畢業典禮，使每位同學都能上台領

證書。這種禮遇顯示對畢業生的尊重，更是一種別致貼心的新聞系創意。

吳章鎔在校時曾經利用寒暑假，開車陪我到全省走透透，拜訪同學家庭，到成功嶺慰問受訓同學，到媒體拜訪主管，感恩他們對我們實習同學的照顧，所以我與章鎔結下了終生的革命感情。

每次到洛杉磯，他一定要我住宿他家，他安排了校友與謝然之主任的歡聚，我們也到謝主任所安葬的「玫瑰山莊墓園」，向老師獻花。

每當章鎔回台北，尚未入宿酒店，就打電話找我，安排聚晤、吃美食；他是孝順的孩子，每年一定回國到陽明山公墓為雙親掃墓。

五十年的文大新聞系老師與同學們給了我太多快樂的人生，我不能不藉此機會來表達內心的感謝。

陳剛信在電視界今天已是龍頭，以義氣聞名電視圈，他經常找我聊心事與抱負，也從不忘記季節問候，我常想，像這樣一個大忙人，怎會顧及這樣細膩的私情呢？他的女兒婚禮，邀蕭副總統、民視創辦人與我三人致詞。

來賓席中，有現任或卸任五位行政院長，還有政黨領袖，冠蓋一時，但是他們都沒有榮幸獲邀上台，這種不世俗的尊師重道，讓我覺得終生光榮，體會對剛信，對人生的思考。

我永遠不會忘記一九七五年初到紐約時，劉心遠給我莫大榮耀。他以企業名家身分邀請紐約重要華僑領袖與校友聚會，席開十餘桌，熱鬧氣氛令人感動。

劉心遠對《世界日報》記者常誠容說，當年他是學生，也常到老師家吃餃子，吃太師母的福州芋泥，把老師都吃窮

了。母親上天有知，當欣慰這樣貼心的學生。

今年廣告系推薦劉安立為廣告界的標竿，同時獲推薦的有電影導演柯一正、廣告人余珊，我認為廣告系主任羅文坤這種為廣告界找典範的舉措，是建立廣告學尊榮有意義的事。

安立北一女畢業，在校就是 CTC 的重心人物。她每年協同同學到老師家拜年，歐陽老師不在了，他們依然與歐陽師母像家人般。我退休了，她為我安排台北的辦公室，希望我有個歇腳的地方，每次我的新書發表會，幾乎都是她的熱心促成，出錢出力當作自己的事來辦，她的這份感情怎不是師生情誼的最佳註腳？

我一生旅遊六、七十國，最難忘的一次是葉乾次送我的兩張遊阿拉斯加的遊輪票。我往溫哥華出發，十天行程像夢幻，這是最難忘的生日禮物。

劉寶傑、慶正的一班也是特別精采的一班，因為血濃於水，他們成就也高。郭聯佩、邱宜寧多次為我買中美之間的來回機票；他們的目的是希望我能常去國外，和當地的校友多所聯繫，我並非買不起機票，但我無法推辭他們的盛情。

陳啟斌曾捐款改建系館，李天任、李傳偉、陳剛信、洪煌景也多次為我慶生，我何敢言壽。但大家有機會藉此歡聚一堂，又是多麼快樂的人生至情？

我們第一屆的學生畢業已經近五十年，但他們每年都有許多次聚會，尤其當葉乾次返國，他便約全班同學歡聚，約有二、三十位同學總不缺席。翁秉鈞的一班最近有個聚會，全班都去參加一位同學子弟的中午婚宴；下午聚會談天，晚上則由翁秉鈞當東道主，宴請全班師友。

趙俊邁的一班也是令人感動的，他們的聚會徜徉著歡笑聲，總是回憶起快樂的往事。

我也因為大家的愛護得過一次榮耀，其中包括世界中文傳媒協會的「終生成就獎」，扶輪社新聞教育特殊貢獻獎，紐約聖若望大學的「終生貢獻獎」，同學們總是與我一起分享榮耀。

柒、人生智慧

各位親愛的同學，在我退休這兩年，除了受些皮肉之痛，因身體出狀況而住院外，我仍生活得很愉快。

除受聘國立金門大學為講座教授，偶赴金門及大陸講學外，多以讀書寫作為樂。我願意誠懇地貢獻一些意見，供各位作為人生的參考：

健康

保持身心的健康是重要的。有一次我在廣州大學演講，一位學生在我講後走到我的身邊，悄悄地對我說：「鄭老師，請您務必保護您的健康，因為照顧好您的身體，也是您對社會的一個責任。」

我聽了這句話，更了解到這句話的深情與期許，也深責自己太不重視健康。

讀書

退休後，我有更多的時間，讀各類的書，深感到自己的無知。台灣國民的每年閱讀平均只有兩本書，這實在是太少太少。香港首富李嘉誠因為年輕時貧窮而無法升學，他現在

深知知識的重要，他每到一處，一定隨身帶一本書，隨時閱讀，他用「搶學問」來形容他今天的求知態度。

我很愛傳記，每當對一位主角深入了解時，我就有如與古人對話一般，心中充滿喜悅與快樂，有許多動容的感動。譬如說，我的老師大出版家、曾任商務印書館總經理的王雲五老師，有個外號叫「四百萬」，這是什麼意思？四：是表示他當年發明的四角號碼。百：是指百科全書，他買來大英百科全書，從第一頁看到最後一頁，花了兩年多時間，他看完大英百科全書，才開始策畫中文百科全書的出版。萬：是指萬有文庫。商務印書館，出版了三千多種書，包涵各種學科的知識，其貢獻不比十個大學差。

外交才子顧維鈞，二十四歲獲美國哥倫比亞大學博士，二十七歲任駐美國公使，三十四歲任外交部長，他在巴黎和會斡旋，列強將日本在山東半島的權益分割，在一次大戰後，我們是戰勝國，竟還要受這樣的欺凌，他拒絕簽字，消息傳到國內，北京大學發起了五四運動，顧維鈞先生曾代表我國在聯合國憲章第一個簽名，以後出任在海牙的國際法庭大法官，他的回憶錄有五百多萬字。

蔣百里是軍事家，曾任黃埔軍校第二任校長（蔣介石為第一任），他在日本士官學校念書時，獲第一名，按規定，由日天皇贈佩劍，令日本人大為尷尬，以後日本把日本學生與外國學生分班，外國學生獲第一名也無此榮譽。著名的蔡鍔將軍與蔣百里同班，並獲第二名，他在雲南起義，推翻了袁世凱稱帝迷夢。

梁啟超先生一生支持或創辦的刊物有十七種，而他所寫的文字高達一千四百萬字。梁啟超是我一生的偶像，他提倡

新民學說，近代詩人黃遵憲對他的文字評價是：「人人心中所有，人人筆下所無。」梁啟超為反對袁世凱稱帝，派兩個學生到廣州見當時盤踞廣東的軍閥龍濟光，結果兩個學生竟然被殺害。梁啟超拒絕任何護衛，隻身前往與龍濟光理論，龍在會議室接見，兩個手持手槍的衛兵也怒氣沖沖，似乎三人準備要殺害梁啟超的樣子。梁啟超不慌不亂，要他們坐下，然後開始講述必須反對袁世凱稱帝的原因；結果龍濟光不但沒有殺害他，而且跟隨他一起參加對抗袁的陣容。

梁啟超的學生徐志摩與陸小曼熱戀，要在上海結婚，引發輿論交相撻伐，徐志摩找證婚人都遭拒絕，包括胡適；後來找到梁啟超，梁在婚禮致詞中大罵徐志摩，徐只得跪地求饒。

梁啟超寫信給他的女兒說：我是喜歡志摩的，我不忍見他遭輿論界的撻伐，因此在婚禮中以師長身分大聲責罵徐志摩。意思是：我這做老師的都這樣罵了，你們外人且熄火吧！老師愛護學生有如此者。

梁啟超的生命終點，是五十六歲。原因是他的腎被西醫誤診，割錯了一半腎，徐志摩要去控告，梁啟超阻止他；因為他是提倡西醫的人，認為西醫應該早日進入中國，外界如果知道他為西醫誤診而喪命，必更延誤西醫進入中國的時間。

他用生命挺住了西醫。

金錢

對於金錢，我認為要取之以法，且不貪瀆，我們過的都不是奢侈豪華的生活，正常的工作，自然有正常的生活。

海洋之子張榮發要把終生財務捐作公益，尹衍樑先生最近設唐獎，這些義行都埋在我的心頭深處，十分欽佩，深深覺得他們都是懂人生的人。

台北科技大學某副教授因涉及南港捷運站收賄，而被判刑七年半，他的一位朋友找到我，問我新聞界能否為他申冤？我心想：「早知如此，何必當初？」

金錢是必需，但它也可能是罪惡之源。有句話說，思想是靈魂的防腐劑，有時，我們對金錢的思考，正是心靈工程學重要的一章。

在抗戰期間，西南聯大在昆明，教授與學生的生活都很苦。像梅貽琦、蔣夢麟，因為學校薪俸不夠，所以他們的夫人常常要擺地攤以補貼家用。聞一多也要經常在課餘，雕刻圖章以換取生活補貼。我們今天的生活當然不算富裕，但想想安分與樂道本是教師的宿命，我們又怎能不善自珍惜對金錢的處理呢？

我任公職時（在文工會任副主任，《香港時報》任董事長），也曾有專車、專用司機、專任秘書，公職卸任後，兩袖清風，生活更見自由，坐公車，搭捷運，也十分快樂順心，從不以為苦。

華岡新聞系五十年，有說不完的故事，也有回味不完的往事；而創系五十年，是歷史的轉折點，也是承先啟後的關鍵時刻，我們教育的目標是成就完整的「新聞人」，我們必須在未來的歲月，作更多的努力。

我堅信珍惜優良傳統，以大愛為基礎，發揮「成功鼓勵成功，人才吸引人才」的精神，以為文大新聞教育奠定更堅實的基礎。

中國第一位受新聞教育的名記者兼名作家徐鍾珮女士在本系邀請前來作第一次演講時曾說了一句名言：「當記者感到飄飄然時，正是他失敗的開始。」

　　有句話說：「權之所在，即怨之所在。」我個人始終認為教育不是權力，而是一種愛，一種服務，一種責任，需知進步永無止境，知識搜索是永遠走不完的路，且讓我們堅持信念持續努力，創造更輝煌的未來五十年。

捌、永無止境

　　美國第三任總統傑弗遜，於一九二六年七月四日美國獨立五十週年時過世，他臨終時留下遺言說，人們若還惦念他，就記住他一生所做的三件事：

　　一、美國《獨立宣言》的作者。

　　二、美國維吉尼亞宗教自由法案的作者。

　　三、美國維吉尼亞大學的創校者。

　　本校創辦人張其昀在他的墓誌銘中，記載了他生前交代的三件事：

　　一、華岡學園的創辦人。

　　二、《中華五千年史》的作者。

　　三、全神教的提倡者。

　　在傑弗遜與創辦人的心頭，即使如總統、部長的桂冠，也沒有存放的位置，在他們的心目中，只有國家的愛，民族的愛，教育的愛，與文化的愛。他們高貴的心靈，是我們追求的一生嚮往。

　　五四健將羅家倫曾說：「政治的好壞，繫於一種風氣，而學校的好壞，也繫於一種風氣；風氣一經形成，則在這種

風氣感召下的人，自然感到一種環境的壓力，這就是道德的壓力，使善者日趨於善，惡者不敢為惡，潛移默化，一道同風。這種風氣，在政治上叫做政風，在學校即叫學風。」

各位親愛的同學，我講這些故事，就是因為人生雖有限，生命卻無涯。每個人都是從出生就走向死亡。肉體生命都是有限的，但我們的精神生命卻是無限漫長，我們常聽到的一句話是，生命不在長，而在精采，活得漂亮。這是智慧的思考。

教育是一種永恆的事業，所以不同於其他以名利為出發點的事業。我曾說過：「小小的教室是大大的世界；大大的世界是小小的教室。」教育的傳承意義，我們一定要一代傳過一代，一代超越一代，人類才有更大的進步。

但時代是前進的，後繼的老師與同學們都要知道全力革新與埋頭苦幹的重要，改革是痛苦的，但也是必要的。我們對未來的文大新聞系更有無限的期待。

我們愛母校、愛母系。愛是什麼？愛是灌溉，關懷，是理解，是包容，也是責任。我的年齡已到清朝袁枚〈祭妹文〉中所說：「而髮蒼蒼，而視茫茫，而齒牙動搖。」但我仍然會追隨各位，為華岡新聞教育盡我所能的每一分心力。

名伶顧正秋說：「自古以來，多少朝代興替，多少富貴成空，但有情有義的美麗故事，卻一代傳過一代，從未消失。」

各位親愛的朋友，華岡新聞五十年，是一則美麗的故事，我們要把這美麗的故事傳留下來，傳唱下去。

民國 102 年 6 月 6 日

創業維艱——台灣廣告教育三十週年

　　民國七十四年，當我在中國文化大學擔任社會科學院院長時下轄勞工系、市政系、社工系、新聞系等學系。我個人專業在新聞學，因此對於新聞傳播教育有一套完整的構想，我希望中國文化大學能成立新聞傳播學院，以建構完整的新聞教育體系。

　　我對文大新聞傳播學院的構想，除新聞系外，希望能另成立廣告系與公共關係系，同時把原本只有夜間部的大傳系成立日間部；此外，更加上原已成立的新聞研究所，一方面使文大新聞教育體系更為完整，一方面也是使新傳學院各系之間能夠互相支援；文化大學新聞系教育在中國教育傳播史上才能樹立新的境界。

　　但是這個構想當時卻為社會保守的力量阻撓，因為他們認為廣告充其量不過就是行銷的手段，應該只是「術」而不能稱為「學」，不能在大學裡成立獨立科系；但我的看法不同，我認為成立廣告學的研究十分重要。

　　民國七十四年三月二十六日，我在日記中寫道：「我見了文大張鏡湖董事長並表達我的想法，得到了張鏡湖董事長的支持與鼓勵。」張鏡湖在回國接任文化大學董事長之後，當時文大的新發展重於科技人才的培養，而我則建言，創辦人張其昀當初以文化的理想「承東西之道統，集中外之精華」建校。因此我們在著重培養科技人才之外，更應在人

文、社會，甚至於日益發展的傳播研究上有所精進。鏡湖先生深以為然，十分支持。

校方既然在行政上願意支持廣告系的成立，因此我就多方面努力，爭取各方認同、支持與協助。我們邀請廣告業界的領袖們，舉行多次座談。

同時邀請許多學界人士參與，當時台灣的廣告教育並未在大學體制下設立學系，有的學校成立了廣告科，都是著重於技術培養，但是如何邁向學術水準，則沒有完整的規劃。當時業界領袖都對我成立廣告系的想法十分支持，他們表示無論師資、獎學金、設備，甚至學生畢業後的出路，都願意給予支援；學界方面，許多朋友建議廣告學應該做更全面性的深入研究，將傳播、企業、藝術、廣告理論、公關等相關領域都納入課程。而我特別重視廣告的文化，因為我認為文化素質、和廣告的設計，需要達到提高文化品質的水準，才能提升廣告的社會地位與文化傳播的價值。我在成立廣告系的時候，提出了「文化廣告」和「廣告文化」這一理想，說明文大廣告教育今後的走向與理想，受到各方重視。

為此，我利用走訪美日的機會，蒐集了這兩個先進國家在廣告教育所做的貢獻與成就。當時，美國已有四個大學設立廣告學博士學位，日本也有兩個大學設立廣告碩士學位。所以我在七十四年六月七日向我的老師，當時的教育部長李煥報告時說，我們台灣的進步雖不及美國和日本，難道我們連成立廣告學士學位的資格都沒有嗎？我把在美日考察的過程、業學兩界各種寶貴意見，都把它列在設立廣告系的計畫書中。

這段時間，羅文坤先生、劉建順先生、潘健行先生、劉

安立女士、王彩雲女士等，都給我了很多寶貴意見，阮大年先生是我多年好友，他是教育部政務次長，曾任東海大學校長，我也向他做了說明，當面表達成立廣告系的計畫，爭取李部長、阮次長的支持，當時歐陽醇先生也在《自立晚報》，聲援成立廣告系的論點；國華廣告公司也曾經在動員月會中，邀我專題演講，說明廣告教育的計畫與重要性。我也曾經在民國七十五年二月廿三日代表大眾傳播教育協會在聯廣公司演說，題目是「認識廣告與廣告教育」。一方面勉勵廣告界的朋友竭盡社會責任、提高文化水準，一方面爭取廣告界的支持。銘傳大學的《銘報》、王彩雲女士所辦的《動腦雜誌》，以及《文化一周》、《大夏之光》等，都曾經對這件事有所報導與鼓吹。有人說我是台灣廣告教育的催生者，或說我是文大廣告學系之父，我不敢當；但中華民國大學第一個廣告系的確是我所催生的。

　　七十五年二月十一日，教育部來了正式的公函通知，停辦文大海航學系的航海組，改成立廣告系。

　　七十五年三月十四日，文化大學教務長江義雄先生來找我，徵詢我的意見，廣告系應該屬於哪個學院，我則建議跟新聞系一樣應該列入社會科學院，作為未來成立新聞暨大眾傳播學院的基礎。不久，我出任文工會副主任，因此推薦王洪鈞老師，為新聞暨傳播學院的第一任院長。在改制的過程中，王老師對於新聞暨傳播學院當中的「暨」字相當堅持，因為他認為，新聞學與大眾傳播有相同處，並有相異處；從某個角度看，有各自獨立學科的特性，因此「暨」這個字表達新聞暨大眾傳播是獨立的學問，而彼此之間卻是相輔相成。當年，銘傳大學的《銘報》，列舉該年廣告界的十大新

聞，就包含文大成立廣告系。

事實上，政大也曾在文大成立廣告系前提出成立廣告系的申請，不過並沒有獲准。因此在文大成立廣告系後繼續向教育部提出申請，第二年也獲得同意；政大也曾為了廣告系歸屬於商學院或新聞學院，引起了強烈的爭論。因為廣告學於商業推廣與企業經營都有密切的關係，所以許多商學院的朋友認為廣告系應屬於商學院，而另一部分教師則認為它應該屬於新聞傳播學院更為合理，原因是廣告與新聞事業關係親密，廣告事業的目的不只是商業推銷，更重要的是，它是透過廣告的創意與研究，使之對於人類文化的水準有所提升，最後政大也將廣告系列入新聞傳播學院。

以民國七十三年來說，我國的廣告投資額大約是一百九十九億，雖然和廣告先進國家比較還瞠乎其後，但在亞洲地區僅次日本，和韓國在伯仲之間，因此廣告事業，要有進一步的發展，必須及早作育專業人才，好的人才必可帶動專業發展的整體進步，創造雙贏。我請教的幾位廣告先進談到這個問題時，當時國益傳播公司的總經理張我風先生就曾經指出，台北一百多家廣告公司和一百多家建築公司，就需要許多有廣告素養的專業人才，大企業也需要具備專業知識的人，所以我們培養的人才未來十年都不夠用，更何況廣告事業正在不斷的發展當中，成立廣告系特別要專注於廣告業的專業倫理和社會責任。好的廣告，不僅帶來經濟發展，而且跟社會文化發展也有密切關係，所以廣告事業的社會責任和職業倫理一天天地重要。我們知道，在工業發達的社會，人性的鑽研備受廣大的消費者所重視，物凌於人終是一個可悲的現象，因此今後的商品廣告一定要定位在人性上，人性有

某些共同的喜好，一個是隨著時代變化的流行，一個是無論時代如何變化都不會變化的喜好，廣告人若能掌握這個要訣，就能把握廣告的正確方向。那個年代廣告企業獎的各種比賽作品，特別是《中國時報》的廣告金像獎，其中參與的作品中，公益廣告的量和質都有顯著的加強與進步，看得出國內的廣告人顯然在力爭上游，他們真的不僅是產品的推銷，也深具廣告人的社會責任。這種觀念是令人尊敬的進步；的確，廣告界形象的奠定必須從提升定位開始，廣告不只是「術」，也是「學」，所以加強廣告的學術研究，與開拓性眼光，都是廣告人應該努力的目標。

我當時提出第三個的觀念，認為廣告人應該努力充實自我，因應時代的需求。民國六〇年代，在日本東京所做的調查，東京大學的畢業生，過去把廣告列為選擇職業志願排行五十位，後來升至十六位，有更多優秀的年輕人嚮往，必然是使這個行業進步的動力。學術界與廣告界人士，今後應該更密切交流，廣告人員應該持續在職進修，或參加國際性的會議，使眼光與追求理想的層次不斷上升。此外，政治宣傳活動方面也不斷借助廣告人的智慧，這是國內另一令人興奮的發展，從政治傳播的觀點來看，政治語言就是一種符號活動，政治語彙包羅萬象，除文字聲音外，也包含繪圖照片與姿態等等。譬如說這些年國防部軍事院校聯合招生，與主要黨部所做的許多輔選工作，都看到廣告的構想新穎，表現手法高明，獲得社會的肯定。

廣告的進步是一個令人鼓舞的現象，尤其當時《中國時報》所辦的時報廣告金像獎更是一個大魄力的鼓舞，周盛淵先生當時是《中國時報》總經理，推動順利，所以使廣告界

年年有豐收。余紀忠先生是有遠見的報人，在發展自我事業的過程中，做了極有意義的回饋。廣告界有句名言：「最好的創意，就是幫助人的創意。」所以廣告教育必然使廣告人進一步的發揮它的集體智慧，為社會進步的動力，也為創造更美好的明天作貢獻，筆者於民國七十四年在《我們的》雜誌十一月號「橋之語」專欄，寫了一篇文章，題目是「向廣告人致敬」，我再度以「廣告文化」與「文化廣告」作我的標題，敘述廣告系成立的動機與經過，以及早期回憶，希望我們廣告系在成立三十年之際，能夠進一步發展檢討、規劃未來，使當初成立廣告系的初衷，能得以延續並繼續發揚光大！

教育家羅家倫先生在《新人生觀》中曾說：「政治的好壞，繫於一種風氣；而學校的好壞，也繫於一種風氣，風氣一經養成，則在該風氣感召下的人，自然感到一種環境的壓力，使善者日趨為善，惡者不敢為惡；潛移默化，一道同風；這種風氣上在政治上叫政風；在學校叫學風。」

希望廣告業界與學界，都能夠牢記羅家倫先生的這段名言，力爭上游，使廣告成為使人尊敬的行業。

懷念高信疆——永遠的華岡才子

作為文大新聞系的標竿人物，高信疆是新聞教育的驕傲；他走了，也成為無可補償的損失。

信疆是台中二中畢業，大學聯考，意外失利，沒能進入「名校」，他選擇了剛成立的文大新聞系。進入華岡的第一週，我要學生寫篇個人小傳，當我看到信疆的作品時，大吃一驚，那洋洋灑灑的文字中，充滿了文化人的瀟灑不拘，我不敢相信這是剛入學的學生所寫出來的。當晚，我把這篇作品帶到我服務的《中央日報》採訪組給記者們傳閱，大家都讚歎不已。

外表上，他是過得隨心而逍遙的，然而在內心裡卻是千思百轉，對社會、對文化、對人生，充滿了無數的想法，他曾經窮得沒錢註冊，不得已去找老師，竟也感動了老師，預支薪水給他註冊。

從大一到大二，不論他是否願意，總是被他的同學推舉出來，參加校內外的各種活動。這時的他，充滿俠情豪氣、已是玉樹臨風的翩翩少年了。他的好友就曾開玩笑說：「你長得太帥氣了，帥氣得使人忽略了你的才情，忽略你木訥溫厚的本質。」

他被公認為「華岡新聞系第一美男子」，也被譽為「文大十大才子」。這樣的一個美少男，追求他的女孩自然很多，甚至有外校的校花，可他卻獨鍾美麗多才的新聞系學妹

柯元馨，他們一見鍾情，相愛到老，是華岡新聞系愛情故事中的美談之一。

　　信疆對大學教育充滿理想與期待，部分來自新聞界兼職的老師，有時因實務工作繁忙，匆匆地來去，那種師生間因知識辯論而火花撞擊的事，是信疆心中的夢，他因而失望地在文大新聞系獨創的「月記」中寫道：「老師的冷漠是學生心靈永遠的痛。」看到這句話時，我震撼不已，我當時負責文大新聞系的事務，不僅把他的這句話，給許多老師們過目，而且也決心作一個熱情的老師，不再使學生的學習變成孤獨無依。

　　民國七十六年六月十日，信疆寫了一幅對聯給我祝壽，這麼多年來，我一直視為珍寶。對聯說：「老師布局，天下一輪明月；萬里青空觸眼明，將遇良才；學生運子，世事皆沐春風；千尺絳帳拂面輕，馬逢伯樂。」

　　信疆的年齡比我小不到幾歲，我們意氣相投。在華岡新聞系四年，在名師彭歌、琦君、黃肇珩等教導下，信疆帶動文潮，使許多學弟妹受其影響，華岡新聞系培養了許多在文學、在副刊上表現卓越的校友如梅新、劉菊英（六月）、陳長華、張逸東、宋晶宜、丘彥明、劉克襄、駱紳、趙俊邁等，他們不僅是寫作能手，而且在各報頻頻得獎，華岡新聞系成為副刊人才的培養搖籃，在台灣報紙的副刊史上寫下燦爛的史頁。

　　高信疆一踏入社會就進入《中國時報》。時報的「人間副刊」創刊於一九七二年，四年後就由高信疆接手，這個時候的他，不再是夕陽下憑欄的青衫少年，而是深具使命感的

儒編。在他的倡導下，現代詩論戰、鄉土文學、報導文學、中國大陸抗議文學等相繼發起，同時也為知識分子提供了大量發言的場地，他並把「企劃觀念」引入副刊，「人間副刊」改革層峰迭起，風雲激盪，影響了整個時代的文化界，他也因此被譽為「紙上風雲第一人」。

信疆的副刊改革，與他的文學才華、文化使命有關，也與他所受的新聞教育與關懷社會的使命有關。他立即與社會新生力量結合，將內容擴張到小說、散文與詩之外，深深地「擁抱社會」。

他不間歇地舉辦各式各樣的「紙上大展」，推出各有所長的「名家專欄」，策劃全國注目的一年一度、高額獎金的小說大賽，一代代得獎新人，全成了長期合作者……，個個企劃案接踵而出，看得讀者目眩神迷。在那年代，《中國時報》的發行量，居然因副刊而快速成長，這在報業史上是極其罕見的盛事。

李歐梵曾經說：「當時國民黨經常會發重金邀請海內外專業人士，為政府建言；但是國民黨建言會的影響力，不如《中國時報》的『人間副刊』。」

高信疆是個徹頭徹尾的創新者。他改革副刊，不光是內容的擴張與深化，還兼及形式版面的顛覆，在以文字為主的版面，由專任藝術編輯每天依主題配畫。他還打破禁忌，開放編輯權，讓年輕設計家登台演出，讀者們每天除了內容的饗宴外，還有視覺上的享受。

民國九十七年二月二十六日，大愛電視台前新聞總監湯健明通知我，信疆住入和信醫院；第二天，我即前往探視，

那時知道信疆病情的人還很少，我們師生兩人促膝長談，竟達二個小時，從華岡求學到獲時報賞識，與柏楊、李敖等知友相交以及一度擔任香港明報集團編務總裁，馬來西亞《星洲日報》顧問、為慈濟編叢書且為慈濟護校寫校歌，以高級顧問角色接手北京中國青年報所屬《京萃週刊》編務工作。

他眼光閃耀著光芒，充滿著欣慰，而竟不及於自己的病情。

高信疆深耕本土，也關懷大陸，他希望《京萃週刊》是兩岸三地許多人共同發表言論的地方，尤其《京萃》在北京的定位是以年輕世代為主。他希望兩岸的的菁英，都能共同參與這份媒體。李敖曾經稱讚過高信疆，「前瞻大陸，回首台灣，人生徜徉至此，亦高人矣！」

信疆投入工作的程度有過五天四夜沒離開過報社的紀錄，疲倦了就趴在桌上睡，跟人講，兩個小時以後就把他叫醒。他說：我一天工作十五個小時以上，為什麼這麼認真工作，因為我讀「狄德羅」的傳記，看他編輯《百科全書》，開始有錢支持，幹了幾年以後沒人支持，他一直這麼工作了二十年，最後終於完成《百科全書》的編輯工作。

狄德羅有一個工作信念，他認為自己是在為人類而工作，所以他才會有巨大的奉獻精神和犧牲精神。狄德羅給他很深的感動，他覺得他是偉大編輯的榜樣。

很多朋友關懷他數十年日夜顛倒的文人生活與菸不離手的習慣，勸他少抽菸，多注意健康。信疆總說是以「使命感而不甘沉默」回應。他關懷當前道德價值幾盡崩潰的台灣社會，他說「道德是明燈」。

他在大陸上也曾寫一本企業的書，寫一個新社會的誕

生，但他未署真名，他也以朋友們送給他的醫學書籍給我看。他說，「我是醫學白癡，有醫書卻極少看，應該痛加檢討改進。」他說高行健、包可華皆得癌都能夠控制，他以「意料之外、情理之中」，表達對自己病情的樂觀。

在文大新聞系的畢業紀念冊上，信疆以「聖河」為題，寫過一段話：「你的唏噓在於穹蒼亙古的空無，我竟然覺得，我們平凡如斯。我們何曾掌握過一些什麼呢……錢財、知識、讚譽、學位，這些東西能使得我們富裕嗎？」

作為一個文人，高信疆是一個韜才雄略，有堅毅的戰鬥力及充沛精力，一天當成兩天用的紙上風雲人物第一人，但是他秉持善良，本質上敦厚溫和，他往生之後，追懷的文字在報紙上連續數月而未停歇，可見他提攜過、照顧過多少優秀人才。他在中國副刊史上，寫下最可貴的篇章，難怪有人說，以後談中國新聞史，不只有張季鸞，還有高信疆。

見證一場永生不渝的師生情

> 潘健行血液裡，流的是湖南人騾子般嫉惡如仇的性格，剛強而充滿正義感；對於有恩於他的人，他總是念念不忘；對於作風不為他欣賞的人，也絕不假辭色；他對於是非、善惡，總是這麼堅持……

從民國五十二年間開始認識潘健行君，四十二年的歲月，我見證一場永生不變的師生情。在人生旅途上，雖然說歲月無情，人情冷暖，但是一份師友情誼卻也讓我備感溫馨，倍加珍惜。

許多人說，大學裡的師生關係是：「下課鈴響分手，只求成績到手」，但我從老師曾虛白、謝然之、錢震、王洪鈞那裡，所感受到的卻是無比溫馨關懷的師生情。民國五十二年，我受大教育家張其昀、新聞大師謝然之先生之託，協助創辦文大新聞系，決心要發揮一個二十八歲年輕生命的熱情與理想，經營一個不一樣的系。

聰明而調皮的潘健行，以大學聯考分發到文大新聞系。在創校第一屆榜單上，他殿居榜尾。那時由於我與他年齡相若，因此備極親近。

據健行說，他在高中混混的時候，學校已經記了他五個大過三個小過。每次都是跟老師、教官吵架的後果，而吵的當然都不是「什麼真理」；那種年齡，那種學校，誰知什麼

是「真理」？吵到最後，教官使出的法寶當然就是記過、張榜、示眾；要不是他曾參加過幾次校際競賽，記了三大功，早就開除了學籍。

但是我看健行卻與他人不一樣。我認為健行蘊藏的潛力無限，如果善加開導，他必可較一般年輕人更有發展。適巧那時我讀了德國大教育家凱欣斯泰（G. M. Kerschensteiner）的書，他一再闡發教育對於人性啟發的積極意義。他認為，教人比教書更不容易。教書只做到表面功夫；而教人則必須貫徹受教者的內在活動。所謂變化氣質，涵養德性，潛移默化，所重視的無非是人格的感化與薰陶，所以真正的教育是結合愛心與技巧的藝術。

我受的教育，一直是新聞傳播專業，沒有修過教育的學程，但我從自己老師的身上，卻感受到無限啟發。我深信，教師好比園丁，他的主要責任在創造一個適合幼苗成長的環境。

健行令尊是黃埔軍校一期畢業生，輩分極高，但並未曾得意於軍界或政壇，但健行的母親卻是通達而慈祥的女性，她是早期留日學生，對健行這獨生子自然寄予極高的厚望。

我決定親訪潘伯母，告訴她張創辦人創校與謝然之師的創系理念，在潘伯母奔波籌措私校龐大學費的苦心後，健行遂放棄東吳而進華岡新聞系，親自參與了創校與創系的艱辛。

我因自幼清寒，當然知道這些孩子的苦。將心比心，接任系務的第一件事，就是遍訪台北新聞界，為學生籌募獎學金，並以當時兼任《中國一周》主編的身分，要他們去做一些採訪寫作，賺些零用錢，解決「飯票」問題。而系務的推

展、《文化一周》的創辦，也多由這些初生之犢發揮創意與構思。「多少中國名記者，由《文化一周》誕生」，這是當時我們的豪語；而新聞系首倡的「今日我以新聞系為榮，明日新聞系以我為榮」的口號，以後竟也為校方欣賞，擴大為「今日我以華岡為榮，明日華岡以我為榮」。

我深知：一個大學的理想，要由課程呈現；而一個課程的理想，要由名師達成；為了延攬名師，我馬不停蹄遍訪先進，除謝然之師外，理論派大師王洪鈞、徐佳士、李瞻，以及新聞實務派大師余夢燕、劉昌平、錢震、馬克任、姚朋（彭歌）、歐陽醇、樂恕人、何貽謀、顏伯勤、毛樹清、于衡、朱虛白等，紛紛來華岡新聞系執教，師資陣容之堅強，一時無雙。

學生們在名師的指引下，冶學理與經驗於一爐，無論是學識之精進，思想之啟發、經驗之傳授，都得到許多的長進。

健行在這樣的環境中如魚得水，更是飛躍成長的一位。他大三時，考取國際學生會議中華民國代表，並被推舉為團長。他所表現的眼界寬闊、氣魄雄偉以及領導作風，都為同儕所佩服（他的團員中，包括以後成名的蘇起）。

年輕的心，總是躍動；何況我們年紀又相近，所以談理想、談學問、談人生、談世局……也都如此契合。我們談一回，笑一回，默契就在這樣的環境中培養，感情也在歲月中增進。

以後，健行攤出一張張亮麗的成績單。他畢業後與同窗何家駒一起考進政大新聞研究所。不久，他又考取中山獎學金，到美國雪城大學攻讀廣播電視碩士學位，學成後，在中

視新聞部經理張繼高主持下，成了唯一錄取的新秀。

從記者轉入《六十分鐘》的製作，健行說電視節目是他的初戀情人，他在中視服務的這段歷程，寫下輝煌的紀錄。

以後，因為獲當時外貿協會秘書長武冠雄先生賞識，健行被網羅到外貿協會擔任展覽處長，不久又被派任外貿協會駐舊金山、芝加哥、維也納、匈牙利等地任辦事處主任，為開拓外貿商機，嘔心瀝血。他為了開拓對東歐與蘇聯的貿易市場，更一馬當先，備嘗艱辛，創下嶄新的紀錄。

在文大辦新聞教育，除新聞系、新聞研究所外，我念念不忘的，是要成立廣告系與公共關係系。

廣告系終於在千呼萬喚中成立了，文大廣告系是中國大學教育史上的第一個廣告系，我建議校方聘請健行擔任第一任系主任。

因為健行受過完整的新聞教育，在外貿協會服務多年，對廣告理論與實務也多所涉獵；雖然他那時公務繁忙，但卻耗盡心血，為廣告教育奠定基礎。

只要在國內服務，他也會抽時間在文大新聞系兼課，有時更身兼導師。

每次出差到健行駐紮地，我總設法與他一家人團聚，我特別喜愛怡勤準備的清粥小菜。一次，在出席芝加哥美中學術年會演講後，他更親自駕車，陪同我到春田訪昔日政大同窗潘乃江與陳品全兄。

在來回近八小時的行程中，健行與我談教育。他知道早在四十年前，我就以「橋」自我期許。他相信教育是無可取代的崇高，鼓勵我再為教育奉獻。公路上，雖有形形色色來往不停的車輛，但我們卻在車內，如徐志摩先生所說：「交

會時互放的光芒」，更珍惜「同船過，是五百年因緣」的情分。

年前我應湖南大學新聞傳播學院吳高福院長的邀請，出席第一屆「岳麓文化與傳播產業國際論壇」，來到健行家鄉長沙。他知道了，特別叮囑我要到長沙區湘江兩岸的岳麓山書院參觀。

這一片古樸、清新的優美環境，在古木參天，濃蔭蔽日下，以及雅致、端肅的建築物中，我感受到儒家士人們的嚴謹和閒適的讀書生活，更體會到湖南人的審美情趣和生活理想。潘健行是標準的湖南人，他「儒道互補」，「堅持原則」，正如在「千年學府」中一脈相承的傳統。民國八十八年，也曾作離故鄉五十年的神州之旅，他抄錄下曾任湖南大學胡庶華先生所留下的大學生人格標準給我：

「厚重端莊的外表，光明磊落的胸膛，勤敏萬能的身子，平穩穩實的肩膀，冷靜細密的頭腦，遠大深刻的眼光，慷慨熱烈的情緒，健全純潔的思想，頂天立地的志氣，急公好義的心腸。」

健行說：「岳麓書院沒有雕樑畫棟，沒有煙火膜拜，更不同於人擠人的八達嶺長城，不同於人看人的上海黃埔外灘；給人一種平和、安詳的感受，是看盡黃山，遍遊灘江所未有的心境。」

這種平和、安詳的感受與心境，正是健行一生的寫照。

近數十年，亦師亦友的師生情誼，健行視我如家人；尤其是家母辭世後，我雖有手足，但卻經常領受健行、怡勤夫婦給我的親情溫暖；工作調回台北後，我們相敘機會更多，不論是過年過節，乃至我的生日，他都要約我共敘。

有一回，他在一〇一大樓為我點名貴牛排後，我才發現他自己卻以不宜營養太過為藉口，點了簡單菜餚；去年，他還希望我與他們夫婦共度除夕，我因早與燕萍大姊及小雲妹約定，所以只好婉謝；早知如此，應該與他們共同守歲才是。

　　健行血液裡，流的是湖南人騾子般嫉惡如仇的性格，剛強而充滿正義感；對於有恩於他的人，如外貿協會前秘書長武冠雄、前海工會主任林清江、中視新聞部前經理張繼高、前駐維也納代表陸以正老師等所給予他的器重與關懷，他總是志忑不忘；對於作風不為他欣賞的人，也絕不假辭色；有一位長官因對他甚為欣賞、要安排他出任某大廣播公司副總經理，他卻嚴詞拒絕，他對於是非、善惡，總是這麼堅持。

　　在大學念書期間，健行就患了脊椎板脫出毛病，但是他戮力從公，從不顧慮自己病情，始終以平和態度，安詳心情，把自己貢獻給國家，給學生和他的家庭。

　　臥病期間，健行讀辜振甫先生人生紀實《勁寒梅香》。辜先生生前最後一段經歷，給了他不少啟發。有一回，他對我說：「我對自己病情雖然樂觀，但一旦不測，也一定會學習辜先生，以優雅的態度，度過這一段生命的終點。」

　　在病榻上，他為了要為我生平作電視紀錄片，竟不顧病情，為寫企劃而耗心血，他要我過目，我強忍著淚水，一直不能撫平激盪的心情。

　　在加護病房，健行打了針，安穩地睡著了。神態十分安詳，我俯身在他耳旁告訴他我來了，握著他那熾熱的手，他嘴角微微張開，腿輕輕抽動。潘欣說：「爸爸知道太老師來了。他高興而又激動。」

我看著健行仍然紅潤的皮膚，安詳的臉，細想著我們的一生師生情誼，我相信他永遠不會離開我們，他永遠活在我們心中。

　　健行俯仰無愧一生，他在病房曾寫道：

　　「室內無日月、窗外天地長。」

　　他雖然像辜振甫先生一樣，以優雅的氣度離開人世間，火化後立即海葬，骨灰灑向大海，瀟灑一生，但他必與窗外的天地一樣永恆。

　　（今年四月，我請文大廣告系主任羅文坤辦紀念會，以追懷潘健行對廣告系的貢獻，場面溫馨感人。）

追懷體育新聞人李廣淮

在我國體育新聞界叱吒風雲半世紀的李廣淮先生，近日傳來逝世消息，使我十分震驚與哀痛。

廣淮先生剛從文大新聞系畢業，就到《中國時報》實習，受余紀忠先生賞識，拔擢籌劃《中國時報》的體育新聞版；當時的台灣新聞界，除《中華日報》外，皆不太重視體育新聞。

事實上，強國必須強種。這是運動先驅馮約翰的名言。所以他在北京清華大學提倡運動風氣，大文豪梁實秋還差一點因游泳不及格而不能畢業。

李廣淮從小愛好籃球，在文大法文系轉進新聞系，就專注於體育新聞的研究。他學生時代就蒐集許多有關體育的資料與剪報，所以在《中國時報》擔任實習記者，每一則的內容都有內涵，因為他不僅是「報導」而已；在每一篇新聞稿中，總蘊含較其他記者更多的內涵與背景資料，識拔人才的余紀忠先生自然就發現了他，網羅他主持中時體育新聞，與高信疆在文藝副刊方面的努力貢獻一樣，成為一時無雙。

李廣淮，山東人，個性倔強，好勝心強，一件事不到十全十美，他絕不放棄，因此他也培植了不少體育新聞的後起之秀。

事實上，體育在先進國家都是重點新聞，成了發行的一大要素。體育運動的專業媒體也風起雲湧；台灣掀起一片體

育運動新聞的浪潮，李廣淮絕對是貢獻卓著的先驅。

報社退休後，他仍兼任許多運動協會的祕書長，在世界各國運動場揮舞中華民國青天白日滿地紅國旗，讓青年選手施展抱負。

2010 年，中國文化大學新聞系所重組籌備校友會，他再度被推選為第一任理事長，出錢出力，為校友服務，並辦理會刊，內容充實精采；他更在旅遊世界各地的機會中，聯繫校友凝聚向心，在各校校友會中，是一個活躍而成功的組織。

李廣淮是文大第一屆新聞系畢業生，與高信疆、潘健行等同窗，個個有理想，有志氣，表現了一段歲月的繁華景象，如今歲月如梭，英才凋零，作為他們老師的我當然不禁感傷哀悼。

李廣淮獻身體育新聞，是因為他知道體育能促成國民刻苦耐勞，合群團結，奮發向上的種種美德，是強身又強國的教育方向，所以他說，就某種觀點而言，「體育」即「國力」之表徵。

人類固有爭奇鬥勝的本性，也要有合作犧牲個人以成全群體之美德，所以體育重要的是運動家精神，遵守「運動道德遠比打勝一場勝仗更為重要」，這是李廣淮對體育新聞一直強調的觀念。

（李廣淮追思會訂今日下午 2 時起，在台北市杭州南路一段 15-1 號醒吾大樓 4 樓基督之家舉行）

2015 年 03 月 13 日 04:10 《中國時報》

令人動容的師生情

古往今來，有許多動人的師生情故事，讀後令人神往。

宋朝仁宗康定二年，范祖禹出身於四川成都，十三歲父母雙亡，寄託於范鎮家，范待祖禹如己出，家教嚴正，因范鎮與司馬光親如弟兄，乃使祖禹得以追隨司馬光學習。祖禹比范鎮年輕三十二歲，比司馬光年輕二十三歲。

由於祖禹早孤、自感身世、發奮苦讀，嘉祐八年（西元一○六三年），以二十三歲之年，考中進士甲科，授任為校書郎，出為資州龍水縣知縣。

不久，祖禹又寫了一篇〈進論〉，以求進一步加官厚爵，並求教於司馬光。司馬光閱後久久不表態度，祖禹疑惑，屢次相詢，司馬光才說：

「你的文章不是不好，但念世人絕少能考中甲科，你既考中，又寫此文急於求進。我總覺得你有點貪心，不喜歡。」

祖禹聽此言，乃焚掉〈進論〉，決定不參加賢良科考試，在洛陽城追隨司馬光，撰修《資治通鑑》，不求聞達，十五年如一日。兩人合作完成了《資治通鑑》這一部中國歷史上的鉅著。

十五年的朝夕相處，司馬光的人格與治學，對范祖禹啟發極大，而司馬光一方面視他為事業上的得力助手，一方面也視他為得意門生。公私兩事多與祖禹會商而後行，司馬光

的書信公文，也多經祖禹之手，連〈資治通鑑年表〉也由祖禹代撰。

康有為與梁啟超

康有為與梁啟超間的師徒關係，也是中國歷史上動人的一段美談。

一九〇八年，梁啟超拜康有為為師，雖然就年齡而言，康有為比梁啟超長十五歲；但就學歷而言，當時梁啟超已中舉一年，而康有為還僅是個秀才。舉人向秀才拜師，在科舉時代，實在是件不可思議的事。

康有為在教學方法上，獨具一格。梁啟超拜師於康有為門下，聽其教誨，整整四年，梁啟超在良師的指引下，吸取新知、融會貫通，形成自己的思想與見解。

由於康有為強調「志於道，據於德，依於仁，游於藝」的教育理念。所以培養了許多剛毅、忠勇、有氣節的忠義之士。

梁啟超自己後來也成為良師。風靡的電視劇《人間四月天》，描述文學家徐志摩的愛情故事，徐志摩也以自己的老師為榮。雖然徐志摩與陸小曼在完婚時，梁啟超在婚禮中大罵，而徐志摩走到老師面前，雙膝跪地求老師原諒、息怒，胡適之也在旁陪笑勸解，這才使梁啟超息怒。

不過有人認為梁啟超演的是基於師生情的苦肉計，因為徐陸的婚姻，得不到當時輿論的諒解，所以梁啟超乃在婚禮中以師長身分責罵。

梁啟超在給他子女的信上曾有這麼一段：

「徐志摩這個人其實很聰明，我愛他，不過此次看他陷

於滅頂，還想救他出頂，我也有一番苦心。」

清末，梁啟超在時務學堂裡，親自教育四十名學生，他用的是康有為在萬木草堂的教育經驗，師生打成一片。教育學生新思想、變法思想、民主思想，以培養下一代的救國人才。

他每天上課四小時，課餘辦理校務、批改學生作文和筆記，每次批答，有的在一千字以上。忙得經常熬夜，最後累出大病。這時，湖南地方的舊勢力「檢舉」梁啟超等人妖言惑眾，所以一一予以解聘，梁啟超只好由學生扶著。登上輪船，東去上海。

蔡鍔少懷大志

在學生中，有一位年紀最小的，只有十六歲，他身體瘦弱，可是靈氣過人。他一直在梁啟超身邊。替老師整理行裝。他很少說話，與梁老師從認識到相聚，也只不過短短數月時間，但梁啟超的言教與身教，卻深深影響了他。

梁啟超先用「學約十條」，開拓學生的眼界。「十條」裡告訴學生：「非讀萬國之書，則不能讀一國之書。」只有了解世界，也才能為中國定位，「孔子之教，非徒一國之治，乃以治天下。」因此為學「當求治天下之理」。

當時，中國人都是把讀書當成個人追求名利的敲門磚，當成考科舉、謀干祿、光宗耀祖的工具，梁啟超的教育，給了他們不一樣的思想與方向。

十六歲的蔡艮寅，是四十個學生中最聰明，也是最醉心於梁啟超的這種教育方式與啟發的。他在與老師的討論對答中，並不多話，但每有發言，都能把握重點，見人所未見，

所以得老師的喜愛與同學的敬重。

蔡艮寅出身湖南寶慶的農舍，七歲開始讀書，但仍一邊讀書，一邊種田。夜裡讀書為了節省油燈的開支，他每在有月色的時候，儘量利用月光伴讀。

十歲以後，他就感到無書可讀的痛苦，於是到處打聽有可能借書看的地方；他每每一走幾十里，到有書的地方就地借看，做成筆記，帶回來研習。

他十三歲的時候就已經讀了不少書。此時，他拜同縣的樊錐做老師。樊錐是一位思想高超、氣魄雄偉的人物，因在《湘報》發表〈開誠篇〉和〈發錮篇〉，招來湖南守舊勢力的憤怒，把他驅逐出境。

小小年級的蔡艮寅為樊老師整理行裝，直送老師上路，眼睜睜地看著自己的老師被趕走，他含淚點著頭，遲緩地向老師招手，並決心離開這錮人心智的地方。

三年後，他隻身到長沙，進了時務學堂，碰到梁啟超，這位比樊錐更光芒四射的老師。

樊老師使他知道中國，梁老師卻使他認識世界；樊老師使他知道家鄉以外有一片天，梁老師卻使他知道「天外有天」。可是，天道竟是如此殘忍，梁老師如今也遭到被驅逐的命運；他又背著書袋，送梁老師上船。

學生們向老師依依道別，蔡艮寅更是眼中含淚。他走最後一個，梁老師告訴他說：「艮寅，臨別無以為贈，我送你一個名字吧，艮寅的名字不好，不能跟你相配，改個單名，叫『蔡鍔』吧！鍔是刀劍的刃，又是很高的樣子，又高又鋒利，正是你的前途。至於字，就叫『松坡』吧，歲寒然後知松柏之後凋，有松樹那種節操，再加上蘇東坡那樣瀟脫，正

是蔡鍔的另一面。」

他就是那位追隨老師，留日歸國的革命主將，那位推翻袁世凱帝制的雲南將軍，將生命交付梁老師的蔡鍔。

吳大猷與兩位學生

已逝的前中央研究院院長吳大猷，也與他的兩位榮獲諾貝爾獎的得意門生——李政道與楊振寧，有過動人的師生情故事。

他們的感情奠基於抗戰時的西南聯大，當時的吳大猷正在西南聯大教書，他把國外所學的最新量子力學引進中國，培育了許多在中國物理學界有貢獻的年輕人，而楊振寧、李政道正是其中的兩個佼佼者。

他們的師生情，維繫了數十年而不變，每每吳大猷生日或其他事情，這兩位學生總是設法出席以感念老師的啟蒙之恩。

吳大猷曾在西南聯大指導楊振寧作過一篇學士論文，楊振寧認為這影響了他今後數十年的學術研究。他推崇吳大猷對於近代科學之傳入中國，發生了關鍵性作用。

李政道十八歲遇吳大猷，十九歲在吳大猷的協助下赴美留學。數十年的交往不論是求學、做人與處世，都深深受到影響。李政道說：「半個多世紀的交往，吳老師於我就如親人一樣。」當七十多歲的李政道，在北京為八十多歲的吳大猷老師推著輪椅，並人前人後地攙著吳老師上車下車，那一幕真摯的師生情，不知感動了多少人。

師承是一種生命的感動，師生情更是令人動容的篇章。

學生是老師的影子

各校正舉行畢業典禮。

在熱鬧的氣氛中，我們究竟看到了誰的影子？

有人說：學生是老師的一面鏡子。

這種想法確實是「有其師必有其生」的見證。往昔的教育，我們只要問問這個孩子的老師是誰，就大約可以了解他的品性、學養與風格。因為「嚴師出高徒」，有良師的循循善誘，自然可以教育出好青年、好子弟。

最近讀到一篇感人故事，更印證其說。

信義房屋董事長周俊吉，自稱是一個小時不學好的孩子。他不合群、功課差、被留級、被退學，聯考考了四次。

廿歲時，他在養雞場工作，每天要照顧一萬隻雞，所以他幽默地說：真正是日理萬「雞」。他一個人睡在雞舍，起床後就先餵雞喝水、給飼料、撿雞蛋、把死雞揀出來。

不過，雖然少時不愛念書，但是周俊吉卻知道自己不該只是養雞，所以他決心考大學，一直考了四次，才考上最後一個志願——文大法律系。

此時的他，依然貧窮，又因與家庭的關係沒有處理好，所以就在一家專門賣高普考用書的書店賣書，因為是新手，沒有行軍床可睡，又怕地上冷，所以他在書堆裡睡了很久一段時間。

此時，他遇到了恩師，文大法律系的王寶輝老師。王老

師在系辦公室存了一筆錢，只要是法律系的學生，去簽個名就可以領走三千元，周俊吉仍不夠用，又到王老師家借錢，一共借了五千元。當時王老師並不認識這個孩子，只知道他是文大法律系的學生。

畢業、退伍後，周俊吉想考律師、司法官，就住在王寶輝老師家，王老師家有幾個房間，只要學生沒地方住，去找他，他就給你住。

這個經驗，給了周俊吉很大的啟發。他認為，人的一輩子，至少要去做一些別人不會有任何回報的事。

認識周俊吉的人都知道，他是個很低調的人，做任何善事、好事，總是默默地、給予別人全盤的信賴。因為他認為，社會上有很多不同的人，很多人需要幫助，他們不壞，只是沒有機會。如果有些機會，他們會有很好的發展。

周俊吉廿七歲轉行賣房子。有七年的時間，都在虧損的狀態，甚至拿著太太陪嫁的首飾上當舖。但是，他並不灰心，仍然以自己堅持的「信」、「義」為信念，一天一天累積了公司的形象，也建立了自己的品牌。因為周俊吉深信，義和利並非對立，只要先義後利，可以義利兩得。義是本質，是合理、正正當當的事，如果把這些事做到了，自然而然就會得到利。

這些年，信義房屋在仲介業中獨樹一幟，有很好的口碑，且業務蒸蒸日上。周俊吉感念他的恩師王寶輝教授給他的信任與資助。

從某個角度看，學生就是老師的影子。學生好，就是由於老師的循循善誘，學生如果不好，可能就是因為老師未盡職。

康有為與梁啟超，有動人的師生情誼。康有為不愧是成功的教育家與思想家，他提出德、智、體三達德的教育方針，並為萬木草堂制定嚴格學規。梁啟超在其門下，聽其教誨整整四年，寫下一生最值得回味的一章。

物理學泰斗吳大猷生前提攜李政道、楊振寧的故事，曾被胡適之形容為「是中國教育史上最美的一個故事」，這兩位榮獲諾貝爾獎的大師，也無愧大猷先生的賞識。

所以當李政道推著輪椅陪吳大猷老師遊北京時，曾被記者爭攝這動人的「師生緣」鏡頭，因為當時李政道已七十好幾，而大猷先生八十多歲。

與中國近代史上的師生情相輝映的，當然就是西方國家希臘三哲的故事。

蘇格拉底是古希臘的哲學家與教育家，他常在街頭與青年人討論政治、倫理、社會與藝術問題，他被認為是第一位當公眾教師的雅典人。

柏拉圖是蘇格拉底的得意弟子。他師承恩師之論並發揚光大，博採名家之言，選擇吸取並改造了各學派的一些論點，建立自己的哲學體系，成為西方第一位提出並詳盡論證客觀唯心主義的人。

柏拉圖的弟子亞里斯多德則是一位百科全書式的學者。他對哲學、政治學、物理學、生物學、倫理學、邏輯學、心理學、美學等都有精湛的研究和建樹。

這希臘三哲的一脈相承，有如中國胡適之師事王雲五、蔡元培；傅斯年、吳健雄之師事胡適之。都是教育史上既美又動人的故事。

教育愛是永遠青春不老的。最近去世的新聞思想大師王

洪鈞教授曾在生前許「大自然」作為自己修身養性的根本。他致函筆者說，希望有高山的堅定、流水的活潑、白雲的優閒。

　　如是說來，王寶輝與周俊吉間的故事，以及給周俊吉的觀念：做個不期望回報的人，真是令人嚮往的境界。

　　在這畢業季節，但願大學中能多流傳這樣動人的故事。

人生十帖——勉「兩岸二十四賢」諸君子

我親愛的孩子們：

二〇一一年六月十七日，是我七十五歲的生日。這一天，我做了一件重要的決定，那就是在兩岸各成立「十二賢社」，這十二賢，在我私心裡，就如同我的孩子，我要以餘生培養這二十四位有潛力又優秀的青年，讓他們學業順利、事業成功。

過去，我年輕、有體力，所以有許多時間與我的學生相處，鼓勵他們、教育他們，使他們走向成功的彼岸，如今體力不如從前，但愛孩子的心情未曾稍減，所以選拔這二十四位青年，希望能以餘生繼續貢獻我生命的光輝。

台灣的十二位學生，是新聞系四年級的譚偉晟，三年級的林泛宇、李昫軒，二年級的王世傑、鄧崴，以及一年級的陳柏諺、陳聖瑋、許少騫、管呂浩、林希懋以及鄧凱元。

加上廣告系的游彬，以及尚未入學的新聞系一年級學生何冠毅，他們都是我心目中的可造之才，我選七十五歲生日的這天正式宣布「十二賢社」的成立，希望這十二個青年結成一心，將來以實際的成就貢獻社會，報效國家。

我是受了梁啟超「時務學堂」的影響，他灌輸新思潮給這批學堂的優秀人才，蔚為國用，這種志於道、據於德、依於仁、游於藝的教育理念，令我嚮往；梁啟超用的是康有為的經驗，師生打成一片，啟發自由思想與民主觀念。人的潛

力是無限的，我們必須相信「江山代有才人出」。所以我願意獻出餘生，做為努力的方向。

大陸的十二賢，則於二〇一一年五月十五日在上海成立，包括丁士軒（北京）、汪雨（長沙）、孟濤（青島）、郭毅（大連）、褚恆（昆明）、安劍奇、成升（武漢）、劉錕瑛（廣州）、劉兢（廣州）、劉俊、丁超（濟南）等。

成立「二十四賢社」之日，我勉勵兩岸諸君子的，是下列諸事：

一、立志

人不立志，人生就沒有方向感，雖然人生的變化很多，但是人能立永恆的志，雖遭遇困境而不會輕易妥協，總會朝既定的目標，克服困難，以底於成。

二、感恩

飲水思源是人的起碼德行，我們每個人能立足社會，是父母、師長與國家、社會無限的恩德，我們能有感恩之心，自然能回報社會，做出對國家社會有益的事，張其昀（曉峰）因感念師恩而創辦中國文化大學，羅曼・羅蘭因感恩母親的啟發，而有不朽的文學創作。

三、樂觀

人的一生，挫折是難免的。但我們永遠要保持樂觀，克服困難。

前美國副總統高爾說：「失敗改造靈魂。」因為一時的

逆境，我們徹底反思、重新出發，反而能逆轉取勝。悲觀的人開一扇窗，看到的是滿地泥濘；樂觀的人，卻看到了滿天星星。

四、傳承

我希望我的孩子們，能多讀歷史，有一種使命感，把文化的傳承勇敢地肩負起來，我們每個人都站在人類發展的中繼站，一方面承先，一方面啟後。

回顧過去，也是在記取歷史教訓，為了將來，也為了下一代。

五、盡孝

有人說，母親的召喚是世界上最悅耳的聲音。父母對我們的恩澤浩蕩，我們都應該善體父母之心，盡孝道。

我們不但要養親，而且要顯親，讓我們的每一個作為都讓父母引以為榮。

六、行善

行善是不能等待的，我們必須竭盡所能、盡自己的能力協助他人。

有人形容作家林海音「這裡拉一把，那裡拉一把」，「這裡放一馬，那裡放一馬」。這種寬容愛人之心，是來自真心的愛。愛己、愛人、愛生活、愛工作、愛國家、愛世界，推己及人，就如左宗棠所說「往寬處行」。

七、求知

生也有涯，知也無涯，在知識爆炸的時代，求知是我們一刻也不能停止的。

香港首富李嘉誠以「搶學問」形容他今天隨時隨地帶書求知的態度，是多麼令人感動。

八、惜時

拋棄時間，將來必為時間所拋棄，時間是不等待我們的，我們必須珍惜每一刻寶貴的時間，以充實自己，完成圓滿的人生。

九、健康

健康，是每個人一生事業的基礎。我們必須養成良好的習慣，衛生習慣與運動習慣，讓我們都能健健康康的生活。

照顧好自己的身體健康，也是我們對社會竭盡的一種責任。這種觀念，我們必須善加體會。

十、公理

有理走遍天下，無理寸步難行。我們有志傳播的青年，更要行得端、立得正，掌握「公理」。

掌握「理」字的人，必也謙遜。要跳得高必須先把膝蓋彎下。如此，我們必能有人生大智慧，贏得人生大勝利。

2011 年 6 月 17 日

七十五歲生日

出山要比在山清

親愛的同學們：

今天是你們一生中最重要的日子之一，你們在華岡接受了完整的學業，我要在這裡向你們、你們的家長以及你們的師長致以最誠摯的致賀之忱。

四十九年前，本校創辦人張其昀先生為報答師恩，赤手空拳在艱苦的環境中創辦本校，本校沒有財團、宗教或任何外力的資源，憑的就是創辦人的德望，向社會爭取支持；為了籌第一筆款，他在國賓飯店的 Lobby 等海外僑領陸運濤，當時《聯合報》採訪主任于衡先生到國賓參加應酬而遇見他，等到于先生兩三個小時應酬完出來，看到創辦人還在椅子上等，因為陸運濤因臨時總統召見而遲到。

創辦人創辦本校，就是這樣一點一滴的努力而興學。

我們知道，任何偉大的大學都是理念第一。創辦人是偉大的教育家，他不僅是中華文化復興運動的領袖，也是儒學復興的中堅。他禮賢下士，從善如流，高風亮節。他創辦華岡的理想是，「承東西之道統，集中外之精華」。張董事長鏡湖先生與歷任校長李天任等承襲傳統發揚光大，使華岡成為最有理念的大學，一棒接一棒，華岡精神得以發揚光大。

創辦人的教育理念，試舉一例。當年因為音樂、戲劇、舞蹈、體育等科系辦學成本高，又因聯考分數吃虧，有人建議停辦，創辦人堅持教育是為國家培養人才，我們要不務虛

名，要腳踏實地以赴，一步一腳印。今天體育、舞蹈、音樂、戲劇各系所培養的人才，不是為國家做了重大貢獻嗎？

各位，恭喜。你們在華岡畢業了，明天起走出校門，貢獻你們所學，為社會服務，我希望大家把華岡精神發揚光大，不辜負創辦人與各位師長辦學的艱辛。

俗語說：「為語橋下東流水，出山要比在山清。」你們出了校門，請一定不要忘記，懷抱飲水思源的報恩觀念。民國二十三年，我國最偉大的報人《大公報》張季鸞發表他的〈歸鄉記〉，他說：「我的人生觀很迂腐，簡言之可稱為報恩主義，就是報親恩、報國恩、報一切恩；只有責任問題，沒有權利問題，心安理得，省多少麻煩……我從孤兒的孺慕感到親恩應報，國恩更不可忘，全社會皆對我有恩，都應該報。」

各位同學，人文思想中，報恩是極重要的。因為「事有本，水有源」，創辦人為感念師恩而創辦本校，報人陳布雷為感念領袖之恩，而有「油盡燈枯，以死報國」的勇氣，富蘭克林為報親恩而有豐功偉業；羅曼・羅蘭因感恩母親思想啟發而有偉大作品。

名伶顧正秋說：「自古以來，多少朝代更替，多少富貴成空，但有情有義的美麗故事，卻一代傳過一代，從未消失。」華岡創校就是美麗的故事之一。

各位同學，人生有幾件事是不能等待的，那就是讀書、行善與盡孝。

首先說讀書。我常說，一個人為什麼行為平庸？那是因為他思想蒼白；為什麼思想蒼白？那是因為他知識淺薄。

在這知識爆炸的時代，我們出了校門更要讀書；香港首

富李嘉誠以「搶學問」來描述他的讀書，他因為小時候讀書太少，因此今天到任何地方隨身都要帶一本書。他說：「所謂富貴，人有錢就是『富』，但『貴』則要從行為中來。」

其次說行善。

胡適說：「利息在人間。」

行善不一定都要有錢，我們給人家一句安慰、一句鼓勵的話，都是一種行善；李嘉誠先生把他的財產分為三份，除給兩個兒子外，其餘成立基金會作慈善事業，幫助有困難的人。

行善的基礎是「愛」，是同理心。什麼是愛？愛是關懷，愛是責任，愛是寬恕，愛是了解。作家徐志摩說：「愛是給予，永遠不會失去。」海倫‧凱勒說：「我不會因為失去一雙鞋而傷心，因為我看到沒有腳的人。」

「愛」也是一種分享。分享的傳染力像香水，當你向別人灑香水時，你身上不可能不沾上一些香味。

再說「盡孝」，更是一刻不能等待的。我們的父母含辛茹苦地養育我們，教育我們，我們對父母的盡孝，不僅是養親，更要顯親，讓父母以我們為榮。不要等到「子欲養而親不待」，終生遺憾。

「人生沒有回頭路，親情沒有隔夜仇」，我們要更深的體會親人的可貴。

各位進入社會後要以敬業態度面對職場，珍珠放在哪裡都是珍珠。只要你敬業，盡忠職守，你們必然被重視，被重用。台灣大學校長要台灣大學同學入社會不要一開始就計較待遇，而要熱誠、敬業、重視為人處世，這是為師者在現實社會中的一片苦心，同學們要善加體會。

在社會中服務，一定要保持「謙遜」。要跳得遠，就必須先把膝蓋彎下，雖然社會複雜，但只要把握一下「理」字，所謂「有理走遍天下，無理寸步難行」。向陽的地方沒有陰影，所以人要面對燦爛。

如果遇到挫折與失敗，我們也不要灰心，美國前副總統高爾說：「失敗改造靈魂」；郭台銘先生說他念海專反倒使他更加努力，步步為營，終於達到「逆轉勝」的結果。

新聞系一位北一女畢業的女校友，當年念文化大學新聞系，覺得有點委屈。我告訴她不要緊，只要努力，今天不能做政治大學的學生，明天可以做政治大學的老師。她果然成了政治大學廣播電視系主任。她就是黃葳威。另一位北一女畢業生劉安立，在文化大學新聞系畢業，現在在台灣廣告界撐起一片天。另一位建中畢業的羅文坤，也覺得在華岡有些委屈，我寫三張紙的信穩定他的心。他果然成就不凡，他是連續擔任文化大學廣告系十餘年的系主任羅文坤。

各位同學，我們一定要努力，多方去嘗試，沒有走過，你怎麼知道一定不行？我們做老師的在學校教書，就是為了要幫助各位，就是要開礦，開什麼礦，開人才礦。

如何保持良好的師生關係，是一輩子要努力追求的。康有為與梁啟超，梁啟超與徐志摩，吳大猷與楊振寧、李振道，王雲五與胡適之，都曾有過動人的師生情誼。

當年司馬光與范祖禹的師生情誼，更是歷史的佳話。范祖禹十九歲中進士甲科，任知縣，不到一年，他寫了〈進論〉，目的是為了進一步封官加爵。司馬光長他二十三歲，認為范祖禹不夠踏實，因為他不曾為百姓做多少事，只想個人名利。范祖禹得到司馬光的教誨，焚去〈進論〉，從此不

但不再「求官」，且辭去官職，跟著司馬光在洛陽城共同纂修《資治通鑑》，十五年如一日，完成我國歷史上最偉大的名著之一。

我的老師曾虛白先生教導我要追求價值的人生，不要追求價格的人生，我跟學生最常說的幾句話是：

「老師是永遠的學生。」

「小小的教室，是大大的世界；大大的世界，是小小的教室。」

「雲的方向，由風決定；人的方向，自己決定。」我們要如左宗棠所說：「發上等願，居平常屋，往高處立，向寬處行。」

祝福各位同學：

「前程萬里。」

祝福「文化大學永遠閃耀」。

2011 年 6 月 3 日
中國文化大學畢業典禮演講

威廉斯・密蘇里・中國
——紀念密蘇里新聞學院一百一十年校慶

壹

　　新聞學與傳播學，都崛起於二十世紀，不過百餘年的時間（傳播學不過六十多年間），在學術領域都屬於年輕的學科，如今都成顯學。能不歸功於創始這兩門學科的大師——威廉斯與宣偉伯？

　　有人說，真情實感的傳記，自有使人嚮往慕效的力量。而良好的傳記，更不啻是偉人的再生；凡人親接偉人謦欬，感其威儀，慕其事功，自然滋生一種「雖不能至，心嚮往之」的境界。所以好的傳記足為青年人的導師、壯年人的嚮導、老年人的慰藉。

　　今日，當我們追慕這兩位大師，了解其生平、志願、貢獻與風範，自是一件有意義的事；我們如能從中感受其人格，尤能使我們有所啟發，使我們深感責任的重大。

貳

　　前年（2008）是著名美國新聞學校密蘇里大學新聞學院創院一百一十週年紀念。作為一所百年名校，高懸創校理想，培養新聞人才無數，特別是該校培育了許多我國著名的新聞學人與新聞事業家，如邵飄萍、董顯光、沈劍虹、謝然

之、錢震、王洪鈞等，為我國新聞事業作出重大貢獻，也為中美新聞教育交流展露重要一頁。

往昔，經驗主義論者認為新聞記者主要靠天生的稟賦和資質，後天的培養是徒勞無功的，學校的訓練只有使年輕人「眼高手低」，所以在編輯部掃地、抹桌子更較在教室裡捧書本更為有益。

但被譽為「新聞學之父」，創建密蘇里新聞學院的威廉斯博士（Dr. Walter E. Williams），否定了這個看法。他曾是一家報紙的總編輯，有豐富新聞實務經驗。但是他說：「報紙與民主政治的前途息息相關，如果我繼續辦報，了不起辦好一份報紙，但民主社會需要更多的好報紙，所以我希望與志同道合，有志報業的青年一起努力，將來辦出更多更多的好報紙，以服務民主政治。」

在威廉斯博士的理念中，新聞教育的成敗，不僅是繫乎學生的實務能力，更重要的，從事新聞工作者必須具備新聞道德與責任，不可因新聞事業之趨向商業化、職業化，而喪失新聞專業獨立高尚的精神，忽略新聞道德與報人品德的砥礪。

所以，威廉斯辦新聞教育，首先確定新聞教育是一種理論與實踐並重的教育，著名的《密蘇里人報》就是教學實習的場所。而他手創的「報人信條」（The Journalism Creed）就是道德的規範。

道德人格展現在新聞工作中的具體表現，就是獨立的精神，客觀的態度和不偏不倚的立場。在「報人信條」中，他提倡記者要獨立不撓；傲慢、權勢均不能使其動搖，「新聞記者只需寫出心目中認為真實的事物。」

這個「報人信條」不僅是密蘇里師生的共同理想，以後也為全美國新聞界接受，甚至奠定了西方新聞事業職業道德規範的基礎，影響不可謂不深遠。

一九七〇年代，我首次親訪密蘇里，親見《密蘇里人報》的作業，不僅內容與廣告一直維持一定的水準，且在發行與讀者服務的品質也一直要求甚高。

我想新聞科系學生的工作能力與專業精神，就是在這種日積月累的歲月中累積出來的。

威廉斯辦密蘇里新聞學院，執著的是他重視新聞道德教育，並開創新聞系學生思想品德培養的優良傳統。他制定的「報人信條」，是世界上最早成立的新聞道德規範，翻譯成五十多種文字，在世界新聞史上具重要地位與深遠影響。

密蘇里首將新聞學搬進大學講堂，成為一門有尊嚴的學科，他的創建貢獻與高瞻遠矚，令我們後輩所欽佩敬重。

但威廉斯所傳授給學生的不僅是技術，更是知識與人格。他訂「報人信條」，無疑是對抗黃色新聞，珍惜新聞自由與倡導新聞自律的指針。

他認為：「一個人想藉新聞為社會服務，都應當知道有三種預備功夫，便是：知識、技能與人格；而且三種功夫中，道德人格最為重要。」他說：「有了知識了，有了技能了，假設無道德，格外危險，因為他容易顛倒黑白和混淆是非，足以成為社會大害。」

他熱愛報業，也深愛朋友。他有一句名言：「四海報人皆如兄弟。」他促成首屆世界新聞大會於聖路易舉行，我國名報人謝然之教授當年也應邀參與盛會。所以威廉斯結交滿天下，並協助各國發展新聞教育。

由於威廉斯博士曾任美國編輯人協會主席、逐步在美國新聞界具有一定的影響力，因此全美各大學開始成立新聞學院或開設新聞教育課程，隨後於一九一二年時，美國「新聞及大眾傳播教育協會」（The Association for Education in Journalism and Mass communication）成立。密蘇里新聞教育模式更影響到其他地區。例如在二十世紀上半葉，中國的新聞教育模式就是美國在海外擴充的一部分，當時中國提倡西化，追求國家現代化，因為這套美國新聞教育的哲學基礎正是中國想追求實用主義的「進步運動」，所以正提供各國公民一個學習仿效的範例；其後，中國各大學的新聞系課程也向密蘇里跟進。

　　此外，密蘇里新聞教育從傳統人文科學領域轉向社會科學更進一步的研究發展是一種重要的取向。在一九三〇年之前，新聞教育與人文科學有密切關係，因此課程重視新聞報導寫作、社論寫作及新聞史部分。但在一九三〇年代後，因第二次世界大戰，經濟蕭條影響，使美國社會結構劇烈轉變，人民教育水準提高，科技及社會科學發展，滿足當時社會需要。所以，只有純淨式的倒金字塔新聞寫作，無法符合大眾需要。新聞須講求背景資料，提供更多的歷史事件的脈絡，以能對新聞事件有合理的解釋。

　　我國的新聞教育，深受威廉斯博士的影響。在一九二〇年代，在訪問我國的外國學者與報人中，他最受中國人尊敬。當時，中國的新聞學者稱讚他是「吾人師表」、「世人模範」，「與其交際者，莫不佩服其人格與學識」這個具世界影響力的報人與新聞教育家，於一九三一年冬來華訪問，

並在北京大學作「世界的新聞學」專題演講，胡適之替他做翻譯。

他在這場演講中提出研究新聞學和創辦報紙需要幾個最重要的條件：一、獨立；二、勇敢；三、正確；四、興趣；五、純淨。

這些主張對剛剛起步不久的我國新聞教育與新聞學研究，自然產生了巨大的影響。

民國十六年一月，北京新聞界人士在黃天鵬的倡議下成立「北京新聞學會」，並出版《新聞學刊》，不僅刊載威廉斯博士的生平事蹟，尤其對於他的理念加以闡揚。在吳天放寫的〈威廉斯論新聞學〉一文，他說寫此文的目的就是為自己經營新聞事業太落後，如果用威廉斯的觀點來加以權衡，則中國新聞界之當引為莫大之羞恥與懺悔，所以他要介紹威廉斯的新聞學說，「以資棒喝」。

密蘇里對我國的影響，可從兩方面觀之，一是密大美國籍教授受了威廉斯博士的感召，到中國創辦英文報紙，如密勒，於一九一二年在上海與曾任駐美公使的伍廷芳合辦《大陸報》（*China Post*）、董顯光曾受聘為總編輯與辦新聞教育；例如民國九年協助創辦上海聖約翰大學新聞系的派特遜，密大校友聶士芬亦擔任該系講師。而曾任聖約翰報學系的武道，也在政大新聞系執教，並在抗戰時期的中央宣傳部國際宣傳處任顧問。

民國十六年，燕大新聞系一度因經費拮据而停辦，聶士芬返美建議由威廉斯博士出面，在全美各地為燕大發展而募款了五萬美元。民國十八年燕大新聞系復系，聘聶士芬為主任，開拓了兩校密切的交流計畫。（燕大新聞系今已歸併入

北京中國人民大學新聞傳播學院。）

　　密蘇里新聞學院不僅關切新聞人才的培養，對於新聞媒體的進步與新聞自由之關切倡導亦從不缺席。

　　一九五八年，密蘇里成立新聞自由中心，經常蒐集全世界新聞自由、新聞法令及新聞道德之最新資料，定期出版《新聞自由中心報告》及《新聞自由文摘》，成為今日新聞自由研究的重鎮。

　　一九七五年，由歷屆普立茲獎調查性報導得主組成的「調查性報導記者及編輯人協會」，將總會設在密蘇里新聞學院，使該校無形之中成為調查性報導的研究中心，對以後新聞學與新聞寫作的發展皆有重大影響。

　　此外，為因應傳播科技的發展，密蘇里新聞學院也成立了「電訊傳播中心」。

　　密蘇里新聞學院培養的我國人才，皆在國內外作重大貢獻。前期校友如邵飄萍、董顯光、馬星野、謝然之、沈劍虹、盧祺新、江英賓、趙敏恆、宋德和、梁思純、吳嘉棠、曹聖芬、錢震、王洪鈞，以後有羅文輝、張煦華等。

　　一九三一年五月，密大創辦「新聞週」，伍朝樞前往密大接受榮譽博士學位，並代表孔祥熙博士捐贈一對石獅，至今仍雄踞在該院拱門建築前。

　　馬星野亦曾於一九八四年獲頒新聞事業傑出校友服務獎章。

　　民國六〇年代，筆者在美國國務院的一項交流計畫中訪美三個月，遍遊十一個州，其中密蘇里、哥大新聞學院（訪問喻德基博士與時任院長貝克），史丹福大學（訪晤當時所長宣偉伯博士）都是心目中嚮往的學校。

時任密蘇里新聞學院院長的費雪教授，不但接待筆者，也與筆者談妥密大與文大新聞系的合作計畫。當時密大每年選派一位研究生在台從事研究並以在台的採訪替代他在密大的碩士論文。一九七三年八月，費雪伉儷也應邀訪台。

文大新聞系傑出校友李濤、湯健明、張尊昱、蕭嘉慶、李傳偉、方怡文等也都在這項計畫下赴美深造。學成在國內的新聞傳播事業與教育都做了不同領域的不同貢獻。曾任國防部發言人，也曾在文大新聞系就讀的張慧元亦因嚮往密大而前往攻讀博士學位，並以寫作獲得費雪院長的公開讚揚。

回憶起在密蘇里求學過程。張慧元說：「對新聞教育的質疑是不必要的。」他說：「這一問題在密蘇里根本沒有人談。」不談的原因並非是這問題不重要，而是這問題已經不再是問題，換句話說，這一問題已獲得解決。

密蘇里校風自由平等卻極其嚴格，新聞學院研究生每年一百多名學生入學，也就是十五人能畢業。

張慧元感觸很深。他說：在美國讀書才是真的讀書，每一門課都有幾十本的參考書，一學期下來一百八十多本參考書，整天都讀得頭昏腦脹，每修一門課都猶如在大海，前面茫茫無際，想要活命，只有拚命向前游，為了能順利地完成課程，他每天都戰戰兢兢，連寒暑假都不敢離開學校，在圖書館溫習和準備。

《新聞社論》在密蘇里大學是很重要的一門課程，張慧元赴美時已經有過八年的口譯與二十八年的筆譯經驗，但社論寫作需要更強的觀察力和文字技巧，對於不是英語母語的學生來說要求就更高了，當他填上選修單，找指導老師簽名時，導師卻用懷疑的態度批評了他：「你沒修過新聞報導和

深度報導，修新聞社論是自找麻煩，若真想修找院長簽名去。」

慧元沒有因此受挫，果真找費雪院長去了，院長開始也是懷疑拒絕，但看到慧元態度堅決，神情堅定，就說你先寫兩篇社論來看看。

第二天把寫好的社論交上去後，院長看也沒看，就簽字了，他說他想考察的是他的信心和毅力；有信心和毅力，肯定能學好的。

「社論寫作」總共上八週課，每週要交兩篇，其中有十二篇具備發表的水準，有八篇至少要發表，這樣的要求是怎麼樣的功力可想而知。

上課的第一天，費院長就開宗明義地說：「社論乃是最高的說服藝術，作者的目的是使人信服並予以說服，心中要常想著誰在讀你的社論。」強調要有事實根據，推論更需合乎邏輯，並作理性的探討與分析一步一步走向結論並提出意見，使閱讀評論的讀者引起共鳴，擊節稱讚，使受批評的機構或個人心悅誠服，樂與接納和改善；如果引起反感，那不但達不到說服的目的，更談不上說服的藝術。這堂課讓慧元體認到，社論寫作是一種專業，應該獻身於公眾福祉，並為公眾服務。張慧元說：「這種專業主要責任是提供資訊與指導，使讀者走向正確的判斷，此乃民主社會所必須具備的一種健全功能，因而社論作者必須誠篤廉正。」

大愛電視台副總監兼節目副總監的張尊昱，也曾在密蘇里深造。他說：「在密蘇里新聞學院求學的人，都要經歷『九死一生』的磨礪，堅持而能通過考試的就是涅槃的鳳凰。在這裡，嚴謹的治學態度、繁重的課業及淘汰制的考核

方式，逼得每個學生都喘不過氣來。」

　　文大與密蘇里教育使張尊昱收穫良多，學到一個好的新聞工作者，應具備新聞專業核心價值，講求新聞真實，並對本身工作環境的人、事、物有充分的了解；另外重要的是，理論與實務結合的必要性。

一代傳播大師——紀念宣偉伯教授百年冥誕

在〈人與人間的傳播性質〉一文中，被譽為「傳播學之父」的宣偉伯教授曾說：

「傳播學發展得如此迅速，以至於它幾乎不能停下來等待對於它的描述。」

在學術界要建立一個新學科的領域是一件何其困難的事，尤其像美國這樣一個學術發展蓬勃的社會，多少學者的研究遍及各種領域，豈容讓新人有輕易插手的機會。

在十九世紀末，有五個傳統社會科學紛紛建立，經濟學、心理學、政治學、社會學和人類學成立以後，各種學術領域少有其他新學科插手的空間，但是宣偉伯卻以他的遠見、熱忱與研究，使傳播學這個新知識走入校園，並成為青年人熱烈歡迎的一門新學科。

宣偉伯（Wiber Schramm, 1907-1987），是傳播學領域的創始人。在他之前，拉斯威爾、賀若蘭、拉查斯斐、李溫，都在他們擅長的學術領域（如政治學、心理學、社會學、實驗心理學）發現了與傳播相關的若干新知，為傳播學奠定基礎，「但若沒有宣偉伯的綜合大成，並建立較為嚴謹的架構，傳播學何能憑其自身成為一個研究領域」。

一九○七年，宣偉伯出生於美國俄亥俄州瑪麗埃塔，一九二八年，在瑪麗埃塔學院獲歷史和政治學學士學位，兩年後又在哈佛大學獲美國文學碩士學位，一九三二年獲愛荷華

大學美國文學博士學位。這種文學的基礎，對於宣偉伯能夠把艱澀的傳播學術論文，改寫成有系統、動人的散文，才能讓許多年輕人對這門新興學科充滿熱愛、充滿好奇，而紛紛「自投羅網」，現在美國傳播學領域的許多名教授大多是他的徒子徒孫，使傳播研究的香火不絕。

一九六〇年代，筆者應美國國務院的邀請，赴美訪問，在國務院詢問訪美期間希望參觀那些機關，訪晤什麼學人時，筆者即以中國文化大學新聞系所主任身分，表示希望拜晤的第一個人，就是宣偉伯博士。於是在九月間的某一天，我到了史丹福大學，拜晤了宣偉伯博士。

我向大師提出的第一個問題，就是以傳播學這麼艱深的理論，它何以會變得如此受年輕人喜愛的學科。他答覆我一句極其令人印象深刻的話。他說：

「要深入淺出。」

要淺出，似乎容易，但他認為這不容易。因為：

「唯其深入，才能淺出。」

這就是大師的秘訣。美國許多大學為什麼要安排大師講授每種學科的理論，就是因為大師已經對這個學科「融會貫通」，深入了才能用簡易的語言文字讓新入道的年輕人不畏懼、並「喜歡它」。

一九三五至四二年，宣偉伯在愛荷華大學英語系擔任助理教授。在這裡，他主持寫作班、擔任指導教師，獲得了熱烈的歡迎，初啼新聲，也獲得聲譽。

寫作班由十至十五名研究生組成，學生們來自全國各地，這門課程研究的重點是全國性的，所以很快就因超群卓越而出名。

研討會經常在宣偉伯家中進行，有時是與每一個學生進行一次會談，所以他與學生間的關係是親密的——而這個班在創作性寫作方面是最優秀的碩士課程之一，因為規模小，人員精，質量高。在宣偉伯擔任指導教師的五年間，該班學生因他的指導而有十本著作被出版商接納出版。

　　宣偉伯本人在這期間，也發表了一些幻想短篇小說，多發表在行銷廣泛的《星期六晚郵報》（雜誌）上。宣偉伯作為一位文學家的聲名因此大振。一九四二年，他贏得歐亨利小說獎，並出版小說《W・史密斯》和其他傳奇故事。這段小說寫作的生涯因二次大戰爆發而中斷。

　　在愛荷華大學期間，宣偉伯認識了來自柏林大學的心理學家李溫。李溫使用的研究方法主要是準自然環境的個體實驗，曾出版《拓模心理學原理》（1936）等書。

　　原先，宣偉伯被培養成一個以英語文學為專業的人文主義者，但是因參加了李溫所主持的「高談闊論俱樂部」（Hot Air Club），而有了社會科學理論與研究的專業性知識。

　　二次大戰對於傳播學領域有重大影響。它從歐洲為美國帶來了諸多優秀學者，如社會學家拉查斯斐，他的《人民的選擇》、《個人影響》等書，使用了「個人訪問」、「調查」等方法，為傳播研究帶入新境界。如拉斯威爾，他的《世界大戰時的宣傳技巧》一書，使用內容分析法，造成轟動，影響宣傳研究數十年，成為經典著作，迄今未退；如實驗心理學家賀夫蘭，他以實驗室實驗，完成《傳播與說服》、《大眾傳播實驗》等書，成為傳播效果研究的經典。

　　這時，一個由傳播相關學者組成的無形學院，在華盛頓

形成。他們告知美國公眾有關國家的戰時目標，激勵公眾購買戰爭債券，避免在黑市購買長筒絲襪和其他商品，栽種戰時菜園和以其他方式支持戰爭努力。

這時，華盛頓被認為是一個適合社會科學家活動的地區。尤其在一九四〇年法國淪陷之後，希特勒的魔掌要控制歐洲。美國就將這批社會科學家結合在一起，為擊潰敵人，而想出一個共同目標。使用的方法就是跨學科的方法，並以傳播問題為中心。

拉斯威爾的傳播模式，於一九四〇年正式發表，誰→說些什麼→對誰說→透過什麼管道→產生什麼效果。他是在洛克斐勒基金會的一個傳播研究班（一九四〇年十一月一日）發表的，他為戰時華盛頓以傳播效果為中心的研究提供了框架。

宣偉伯誠懇而謙遜地說，洛克斐勒基金會因這篇報告而提出備忘錄，建議政府為應付戰爭緊急需要，應立即進行對於傳播所必需的各種複雜研究，諸如內容分析、調查和專題小組研究等。

宣偉伯說：備忘錄為正式出現的傳播學領域提供一個創造性文獻。

為了鼓舞民心士氣，美國於一九四一年十月成立統計局，局長麥克里希任命宣偉伯出任該局教育主任，於一九四一年六月十三日該局改名為戰時新聞局。局長由戴維斯（Elmer Davis）出任。該局負責國內的宣傳工作。在此期間，宣偉伯曾幫助羅斯福總統起草對全國的廣播講話，包括著名的爐邊談話。他在該局服務了十五個月，並改變自己的理想追求方向。他把自己定位在社會科學，而不是一個文學

人文主義。

　　這段時間，宣偉伯的傳播學觀也正式形成。他與統計局與後來的「戰時新聞局」廿多名員工，每逢週二、三、六就聚集在美國國會大廈圖書館的長方形會議桌旁。他們決定該向美國公眾傳達什麼樣的訊息，以鼓勵民心士氣，並決定透過什麼管道，以影響受眾；他們更試圖通過調查來評估他們的傳播行為對於公眾的效果。

　　許多宣偉伯的傳播學觀點成形於這十五個月職務，統計局和戰時新聞局任內。當然，還有一些觀點是在他返回愛荷華大學後所補充。因為他認為，在戰時新聞局「複雜、混亂和忙碌」。有些瑣碎行政工作是他所沒有興趣的。他要以更廣闊的視野，試圖正式開創一個全新的學術研究領域。

　　一位來自愛荷華的年輕博士 D・M・懷特說：「大眾傳播研究一九四二年『始於』國會圖書館。」而宣偉伯終也被推崇為「傳播學之父」，也無人持不同看法了。

　　一九四三年，宣偉伯愉快地離開華府返回愛荷華大學出任新聞學院院長時，令外界大為意外，因為過去的新聞學教授，大多是出身資深的新聞人員，但是宣偉伯卻從未做過專職記者，所以也從未教過有關採訪或編輯等實務課程。

　　宣偉伯還在愛荷華大學兼任圖書館館長。一九四七年，宣偉伯年僅四十歲，被伊利諾大學校長斯托達德延聘為傳播學教授、系主任、所長。在這兒，他開設傳播學博士的課程，亦區分為兩個分支學科：大眾傳播、人際傳播。從一九三〇年起，傳播學已經授予了近四百多位博士學位，而自一九四七年以來，新聞與大眾傳播學院已授予約二百個這樣的學位。他也在這段期間，召開過為期三天的會議，旨在為傳

播學探討未來的方向。

　　更令人折服的，宣偉伯在一九五○年代期間，還每年寫作或編輯大眾傳播方法的著作，其中如一九四九年的《大眾傳播》，一九五六年與同事狄德遜、費柏特合作的《報刊的四種理論》，一九五四年的《傳播過程和效果》，都在傳播學方面提供重大的貢獻，成為新傳播領域的重要課本。

　　在愛荷華、伊利諾之外，宣偉伯又在史丹福大學、夏威夷東西文化中心建立傳播研究的據點。這四大美國傳播研究的據點不僅各有千秋，且也說明宣偉伯不愧是學術行政的巨擘。他是個永不疲倦的知識前哨探險家。

　　當他被聘請到史丹福主持傳播研究時，他的薪水比在伊利諾大學的薪水還低，但是熱心的宣偉伯還帶著來自福特基金會的五萬五千美金到史丹福，作為行為科學知識應用的研究。

　　由於宣偉伯到史丹福，開始史丹福支配美國傳播學研究領域的風雲。他不僅培養大批傳播博士，成為美國各大學新聞傳播研究的領航員，且迅速發展最新、研究最有創建、影響最為廣泛的思想和理論。我國學者徐佳士等都曾在史丹福研究；徐佳士先生更把宣偉伯那套「深入淺出」的功夫學到家，寫了國內第一本《傳播理論》，為台灣傳播學奠定初期的基礎。

　　他的子孫輩學生隊伍中，麥庫姆斯在北卡羅萊納大學，研究媒體的議題設定課程；麥克納尼在德州大學進行傳播學的開創性研究；蒂奇納在明尼蘇達大學印證知溝理論；而他的幾位追隨者，為研究新傳播科技、電視對於兒童效果的研究等，都成了重要的成績單。

史丹福因為校名更具名望，因此聲名更為遠播，但實在來說，伊利諾的批判視野則更為廣闊，可以說各具千秋。

當然，新聞傳播教育也一直有爭議。一批學者認為，新聞教育應以新聞職業為方向，而不是以新的傳播科學為方向；另一派則認為報導、寫作、編輯等實踐技能，與新聞學科並不必然有直接關聯。換言之，他們認為傳播是一個社會科學的名稱，新聞學則是一個職業名稱。

事實上，兩者並不必然衝突，傳播學的視野可以給新聞實踐作指引；而新聞實踐的結果也可以給傳播研究作素材。一九四七年，宣偉伯在一篇有關新聞教育的文章中，也贊成了布萊爾理想的新聞課程。可見這兩種觀點之間始終存在著一種張力，彼此包容、彼此交融，只有使學科領域更為擴張。

一九五五年，當宣偉伯抵達史丹福時，他實際已經開始了有關國際傳播的研究。他以兩件發生於一九五六年十一月六日的國際大事為研究對象，一是蘇聯坦克進入布達佩斯粉碎匈牙利抗暴，一是美、法與以色列率隊進攻埃及，以便對蘇伊士運河危機作反應。他選擇了世界十四家大報就這兩件國際大事報導方式作內容分析。結果發現意識形態立場直接影響了報導方式，不論蘇聯的《真理報》、法國的《世界日報》甚至美國的《紐約時報》莫不如此。這個研究，在八〇年代引起許多學者的注意。

宣偉伯作這項研究，與他強烈的愛國主義情感，也與他在二次大戰中的經驗有關。在一九五五至七三年，宣偉伯在史丹福期間，他的研究中，所有關於從事國際傳播的研究聲望，也逐漸在美國提高起來。

一九六四年宣偉伯出版的《大眾傳播與國家發展》，也成為這個領域有影響力的著作。他認為，從事國際傳播，也是使傳播業向其他國家推廣的一種手段。他開始協助其他國家，如印度新德里成立「印度大眾傳播研究」，與法國新聞研究進行教師與研究生的交換，也合作發表幾部著作。

　　一九七三年，宣偉伯屆齡六十五歲，自史丹福退休，但是他仍未放下手上的工作，他又應聘到夏威夷大學擔任東方文化中心研究所所長，促進美國和亞洲間的知識合作和交流，首任香港浸會大學傳播學院院長朱謙與政大教授的汪琪就是當年的學生。從夏威夷大學傳播研究所所長職位退休，他仍以榮譽教授的角色積極從事國際傳播的研究，並曾赴香港中文大學從事一年的短期教學與著作，直至生命結束。

　　宣偉伯這種廣布教澤的角色，一如「新聞教育之父」威廉斯博士一樣，周遊列國，熱心推廣。一九七五年，東亞文化中心曾以「最高榮譽研究員」頒發給他。同年，他又獲得英國空中大學榮譽博士稱號。

　　一九八七年十二月二十七日宣偉伯於夏威夷因心臟病去世。當時，他正在家中看電視。火化之後，骨灰撒入太平洋。

　　研究宣偉伯的成功與貢獻，主要除了在於他追求學術的熱忱始終不變，更由於他的理解力、創造力和寫作能力超人一等。

　　其實，宣偉伯在五歲時，因為一次不成熟的扁桃腺切除手術，而得了嚴重的口吃，但是他講話方面的困難反而激起他寫作能力的擅長。

　　從一九四八到一九七七年，他撰有文章書摘、會議論文

或著作（編輯、合編或撰寫）共約五百萬字，他是多產作家，他的努力自然大有助於傳播學這個領域的形成。

宣偉伯在文學與社會科學的廣闊基礎，為他創建的傳播學奠定深厚基礎，再加上他充滿理智與好奇心，所以他能全面掌握這門新學科的精髓。

宣偉伯雖然自負，更由於他終日沉醉在學術研究中，所以雖然好朋友不多，但追隨者與崇拜者卻絡繹不絕。他禮貌周到，彬彬有禮，所以他有魅力能讓許多傑出學者融合在一起工作，與他合作的大師無論在心理學、社會學或政治學的領域，都開出美麗的果實。

不過，那時的宣偉伯與其他學者一樣，並不重視女性的學術研究能力，所以他的女性學生不多。甚至當時有女性無需申請傳播學博士的態度。今天當然不乏女性在傳播學研究與傳播媒體領域中都有不凡的成就，這點或許是當時的學者所意料不到。

不過，宣偉伯畢竟是創造歷史的人。不僅傳播學今天已被公認為學術領域，且不論名義是：傳播學、新聞學、大眾傳播學、言語傳播學、傳播研究學、電視學和十幾個其他的種類，其實都可以追溯到宣偉伯的傳播學觀的理論血統上。

一般說來，美國最有名望的大學往往是私立的，包括長春藤聯盟的哈佛大學、哥倫比亞大學、耶魯大學、普林斯頓大學、史丹福大學、芝加哥大學、加州大學柏克萊分校和麻省理工學院，這些古老的名校往往抵制激進的教育制度，包括開創一個新的學術領域。所以除了史丹福大學外，這些名牌大學沒有一所接受傳播學。除傳播學外，這些名牌大學不願意冒新的學術風險，所以有關種族研究、女性主義或更早

的社會學新領域，都一直延遲到很晚。

　　美國傳播學的擴展方向，是先向中西部大型的新聞學院，如威斯康辛大學、明尼蘇達大學和伊利諾大學，然後再走向史丹福大學。

　　所以，宣偉伯在史丹福的努力與布局，貢獻是偉大的。他在史丹福培養了新一代的傳播理論和傳播研究的博士，這些博士然後向其他大學——往往是新聞學院，佔據了教學和管理的位置。

　　若干與傳播學相關的先驅學者，雖然在諸如芝加哥、耶魯、哥倫比亞和麻省理工等名牌大學中，但是，二次大戰以後，這些大學並沒有採納傳播學的創新理想。傳播學也沒有在常春藤或其他名牌大學中成功地攻佔一個堅強的立足堡壘。只有康乃爾大學是一個例外。但它的傳播藝術學系是位在農學院的。

　　截至一九九〇年代，美國約有一千五百所傳播學院或傳播系，這些為數不少的新年輕博士大多在大學部教學，或在比較小的學院或大學中擔任講師、助理教授。但，此後，傳播學領域卻是美國大學裡發展最為迅速的學院單位之一。

　　說來矛盾，傳播學既是一種職業領域，又是一種理論層次。大眾傳播產業，包括報業、雜誌、廣播、電視、出版、電影、音樂，立於傳播學的學科領域背後，為其畢業生提供工作，並捐助資金有助於它的研究；但另一部分學者卻認為傳播學無涉職業，它只是更宏觀地去探討傳播與其他文化、社會、政治、心理、經濟等領域的互動關係。傳播學缺乏一個主要的專業協會，十足證明它是一個多樣性學科。

　　當一九五〇至一九六〇年代，美國三所大學（史丹福、

威斯康辛和明尼蘇達）在人際傳播的領域中，處於巔峰狀態，這三校並與其他兩個大學（伊利諾和密西根）取得密切聯繫。其中密西根大學更在修辭學研究方面獲致相當成功。

宣偉伯曾把拉查斯斐、李溫、拉斯威爾、賀若蘭視作傳播學的先驅，但誠如我國傳播學先進徐佳士教授所說，如果介紹這些「始祖」，而忽略宣偉伯本人的貢獻，乃是不公平的。

徐教授把宣偉伯譽之為傳播學的推廣者、組織者，同時也是研究者。他說：

> 假使說宣偉伯所推崇的四位「始祖」是從別的學科出發來到「傳播」這個交叉路的話，則宣偉伯本人則是在這個交叉點工作得最努力，以圖從這裡建立新的起點，開創一條新道路的人物。

不久前，作者邀請香港浸會大學傳播學院前院長朱立教授到文大新聞研究所舉辦講座，朱教授也以「宣偉伯其人其事其學」為題，稱他為「高瞻遠矚學者」、「傳播學科創始人」、「翩翩真君子」、「學術模範與良師」，以總結宣偉伯的風範與一生貢獻。

在宣偉伯教授一百歲冥誕，憶起這位一代大師，焉能不表達深切的懷思與敬佩？

本文發表於「人文學報」第三十三期

（九十八年八月三十一日）

新聞人的知識與智慧

◎二○○八年，於北京中國傳媒大學演講

為新聞媒體「招魂」

人類的傳播發展，因科技的發明而日新月異，而傳播事業的影響更是無遠弗屆。以美國而論，在作最有影響力行業調查中（美國有四萬多種行業）、電視、報業、廣播、廣告、公關、出版、電影、網際網路皆名列全國前二十名的行列；而《紐約時報》發行人莎茲柏格、前《華盛頓郵報》發行人葛拉姆女士與名電視主持人華特‧克朗凱皆曾名列對全美最有影響力的前二十名之中。（克朗凱更當選為全美最有公信力之人）

其中，電視與電腦科技、網際網路的發明，更使媒介的訊息傳播不僅多元化，更是藉滲透力之強勁，達到無孔不入、無遠弗屆的境界。例如透過衛星傳播、全球收看奧斯卡典禮的觀眾逾十一億人，看黛安娜王妃悲劇轉播者逾二十五億人，看奧運競賽者也多達二十七億人；而網際網路（互聯網）之使用者更是不斷增加。

但是正由於傳媒影響力的深遠與普及，以及資訊提供者力求時效性，急促的結果，也導致資訊氾濫、社會躁音的質疑。這種發展、促成了資訊科學發展的兩派看法：

‧樂觀者認為，資訊科學使人類在資訊社會中享受快捷與廉價的服務、資訊的溝通使人在地球村中的價值充分發

揮。

　　•悲觀派者認為科技對於人類來說，未必是福。專制、壟斷、不公平的觀眾會根本破壞社會與國家秩序，個人福祉也在這樣的環境中日漸喪失，國家主權也逐漸被商業利益扭曲。

　　資訊爆炸使得人們因「資訊超載」而被它所淹沒，讓人們不知如何選擇、如何分辨，而產生「資訊焦慮症」。而因資訊貧富的差距，及可能產生「富者越富，貧者越貧」的現象。因為知識者透過媒體以求知，一般人只是將媒體當作休閒娛樂工具而已。而網路之便利是否要以人際疏離為代價，這些憂慮並非無的放矢。

　　二十世紀極重要的哲學家之一──德國的伽達瑪（Hans Geog Godamer）曾強調：知識和資訊並不是同一個東西。他說：「我們如果過分依賴資訊，將再無知識。」

　　我們從務實的角度看資訊發展，這些智者的憂慮，未必不值重視。因為資訊發展確為人帶來方便與益處，但智者所憂心資訊發展的負面影響，如科技的好與壞、集中與分散、自由與壓制、資訊的貧富，以及對個人隱私權與生命尊嚴所形成的傷害也不容我們小覷。

　　尤其是市場的競爭如趨於惡化，媒體的成長帶來的追求利潤，如果暗喻著新聞專業和記者地位的淪落。我們確應藉此反思。以前曾被譽為「報人」的媒體經營者，現在陸續變成「商人」。支撐記者尊嚴的專業意理，現在逐漸淪喪。難怪美國《太陽報》執行主編 Kirk Lapointe 要說：現在世界共同的慨歎是：「太多的媒體，太少的記者」

　　真正的記者，思考的是對「真理的忠誠」。這是新聞倫

理的基礎，也是新聞人基本的規範。唯有真正的記者，才能確保國民「知情權」，回顧歷史有時也不失為展望未來的一條路。

在寫作《百年報人》套書時，作者曾說：

「承先是為啟後，繼往是為開來；歷史原是一條長河；它的原貌固然難以全然恢復，但世界萬物既不相同卻又相通的道理，卻也值得我們深思。」

一生為故國「招魂」的國學大師錢穆，為故國傳承文化苦心孤詣。德國大哲學家伽達瑪也說：

「人類受苦正因為傳統價值不但不夠深入，反而愈來愈弱化……我認為只有透過傳統人文價值，人類才可能維護瀕臨存亡的人生。」

翻閱過去兩百多年新聞發展史，可以說就是一部為爭取新聞自由的奮鬥史，也可以說是為樹立新聞倫理與專業尊嚴的努力史。我們可以在傳播史上發現他們的閃閃光芒。諸如：

·為新聞專業作開路先鋒：

例如創辦《世界報》的普立茲、《時代》王國的魯斯、《紐約時報》的雷蒙、《華爾街日報》的查理士·道、《讀者文摘》的華萊士；他們以先知的角色、拓荒的精神，為繁枝茂葉的新聞事業奠定基礎，他們成為開路先鋒。

·開創新聞專業王國，服務全人類：

例如創辦路透社的路透、CNN 電視王國的泰德·透納、不朽的卡通大師華特·迪士尼等，為人類帶來不知幾凡

的資訊新聞服務與歡樂，他們豐富了人們的精神生活與生命感動。

· 樹立風範、留下豐富精神遺產：

許多中外媒體人在新聞人生涯中樹立風範與典範、留給後人豐富的精神遺產：

例如《華盛頓郵報》前董事長葛蘭姆女士為揭發「水門案件」而勇敢堅持；密蘇里大學新聞學院創辦人威廉斯制定「報人信條」；我國《大公報》張季鸞先生「不黨、不賣、不盲、不私」的「四不主義」；曾虛白先生樹立「不求作官」、「但求一生新聞記者」的典範，都留給後人極佳的楷模。

· 一生為教育與學術奠定不拔根基者：

新聞傳播由術而學，甚至成為今日的顯學，是許多傳播教育家與學者所留下的心血篇章。例如普立茲建立哥倫比亞大學新聞學院、宣偉伯為建立傳播學而嘔心瀝血、小野秀雄為建立日本新聞教育煞費苦心、李普曼為倡導民意而成大師。馬星野、謝然之、王洪鈞、徐佳士不僅培養人才，更建立學術尊嚴，倡導新聞工作的社會責任。

· 作全方位的記者，服務全社會：

美國電視主播華特·克朗凱，一生堅持公正、客觀的新聞原則，備受推崇；芭芭拉·華特斯以「人物訪問」著稱，迄四十年不變；蕭乾做數十年記者一生不改其志；戰地記者恩尼·派爾以身殉職，他的報導牽動戰時美國千萬個家庭的

心。他們是典型的新聞記者。

　　新聞傳播的歷史為我們作了百年最佳見證。我們堅信，只有維護專業理念、堅持新聞人精神，才是我們永恆不變的百年價值。

　　所謂永恆不變的專業價值，就是專業從事者在從事於專業活動時，必須運用較高級的心智。今天傳媒所給予閱聽人的常只是資訊，而未必是知識；只有經過證實、組織，甚至變成意義，才能成為對人有用的知識。

　　資訊所提供的，常常只是初步的資料；如何根據資料，透過新聞從業員自我經驗的累積，並加以觀察分析、辨別、形成知識；更進一步在思考中，力加反省提供給閱聽人，使大家的人格日趨成熟與圓滿，這才是真正有益社會與人類的智慧。

　　因此專業的信念之一，就是以服務社會為重，謀利營生為次。所以醫師、律師、會計師與教師等行業，皆有其較一般行業更為嚴格的倫理道德要求。因為他們的作為常牽涉別人的生命、尊嚴與成長。

　　新聞從業者如未能把握此一基本信念，自然就易陷入權力的泥沼，或為一己之利，或沉溺於市場，而失卻新聞事業的光環與理想。

　　新聞傳播如視專業理念與自律如糞土，專業尊嚴與公信力必也蕩然無存。我們知道美國前總統尼克森與副總統安格紐曾分別因水門案與接受賄賂和逃稅而丟官。他們兩人雖分別因福特的大赦和幕後的安排而免於坐牢，但他們分別所屬的州律師協會卻不輕易放過他們，而以違反律師之道德規約，敗壞本專業之名譽而各自吊銷其律師執照。這就是專業

精神優於政治考量的表現。

　　雖然傳播科技帶來震撼與影響，雖然傳媒生態環境不斷變化，但是傳播科技畢竟是中性的，掌握傳媒走向的仍然是人。如果我們恢復對人文價值觀的信仰與崇敬，則傳媒仍然可以作社會發展的中流砥柱。

　　問題是：我們不但需要這樣的信念與知識，更需要這樣的智慧與堅持。

傳播人的道德羅盤

◎二○○九年六月九日，應上海市「華語主持人高峰論壇」主講

壹、傳播的目的在促成和諧

這是一個大眾傳播的時代，我們翻閱任何一本有關傳播的書，皆強調傳播的目的在溝通人類心靈，破除隔閡，促成相互了解，以達到和諧的社會、世界之井井有條。

在國際傳播的研究上，發現人類在歷史上，有許多戰爭、死亡原是可以避免的，只因為有人誤用傳播的力量。如希特勒的宣傳部長戈培爾所說「謊話說上一百遍，也可以成為真理」。他們操控媒體為暴力、獨裁、冷諷熱嘲，牽動閱聽人的情緒，宣傳鼓動，造成歷史性的悲劇。

貳、傳播的力量

不錯，媒介今天左右人「思考的題材」、「思考的方式」、「信仰的目標」而斬斷了人的獨立性。（個人無形中受「塑型」而不自覺。據資訊以思考，以批判，處世能力及日常生活。）

所以對人而言，我們對媒介受惠既深，受制亦大。

這是個傳的世紀，傳播具有耳目喉舌作用，它與人類的行為系統息息相關，它所擔當的責任在偵查環境、告知機會（危險）、制定政策、傳達命令、教導技術與傳統，以及娛樂。傳播者強調的守望、決策、教育、娛樂和廣告就是傳

播的五大功能。

誰能比媒介具更大影響力？

今天我們看《紐約時報》一天，比十七世紀時一生所吸收的資訊更多；以美國人而論，一年看報一百份，雜誌三十六份，聽廣播七三〇小時，聽 CD 二十片，看電視二四六三小時，看書三本，聽電話六十一小時。

再以電視為例，一九八一年阿荷足球冠亞軍爭奪戰收看者十六億八千萬人，看奧斯卡頒獎者十一億人，看黛安娜王妃車禍新聞者二十五億人，去年北京奧運會更達四十億人之多。

所以有人說，這是一個傳播時代；而新聞學更形成為一種「公民新聞學」，每個公民都是記者。

參、傳播的反功能

但，媒體審視別人，別人也審視媒體。

今天批評媒體的聲音此起彼落。有人說，傳媒是社會亂源、社會公害、社會噪音。資訊的氾濫已經成為全民的公敵（資訊焦慮症）。

「傳播學之父」宣偉伯說：「電視是插電毒品；電視的發明是人類了不起的成就，但人類如何使用電視是人類智慧的更大考驗。」宗毓華說：「這是一個資訊雖發達，知識卻貧乏的時代。」

大眾對傳媒的批評，大致可歸納為幾點：

1. 濫用新聞自由以達自私目的；
2. 受制於廣告；
3. 抗拒社會改革；

4. 危及公共道德；

5. 侵犯隱私與名譽；

6. 渲染色情與八卦；

7. 進行媒體審判，所以媒體被譏諷為屠宰業、製造業與修理業。

因為傳媒是極易出差錯的行業。尤其是主持人，影響力實在太大，其一言一行皆成負社會模仿的榜樣，所以必須掌握道德輪盤，積極善用傳播力量，消極的避免社會的傷害。

密蘇里‧瓦特說，我們需要加強自我檢查。

1. （主持人）我們是否滿足觀眾知的需求？一切新聞性、知識性、藝術性的節目，應有助人的知性需求？

2. 我們是否滿足觀眾心靈深處需要？不論新聞、雜誌、小品，如純為浮光掠影已無法滿足閱聽人的需求；二○○九年六月八日《東方早報》報導，央視新聞聯播擬減少領導人報導，加強輿論監督和批評內容，皆為正確方向。

3. 我們是否小心翼翼追求準確性、完整性、真實性、可理解性？會篡改語言、忽視事實，甚至虛構嗎？

4. 我們是否公正客觀；是否在乎國家安全受到的威脅？（如電子竊聽、冒充、布置陷阱的處理方式）？

5. 我們對隱私權是否尊重？

6. 我們的調查性報導有何目的？是否有專業訓練？我們的行為是否已成為側錄帶拼湊剪輯的競技場？我

們豈可過度受制於技術？

7. 我們的節目是否麻醉大眾，簡化到缺乏思考的地步？

8. 我們是否壟斷了意見，成為政治與商業控制下的傀儡？甚至成為個人獲取名譽與錢財的機會？

9. 我們是否有失教責：引起兒童不良模仿，導致犯罪，降低其道德觀念？

10. 我們的節目是否降低了民眾對媒體的尊敬？須知媒介公信力的降低，就是對民主制度的傷害！（因為相信媒體的比例愈來愈少，民眾對傳播界的尊敬降低將危及民主制度。）

主持人應「百尺竿頭」。所有對主持人的研究，都指向主持人的失敗皆種因於：

1. 自以為是；

2. 自行其樂；

3. 親和力（人格魅力）不足；

4. 投入不足；

5. 專業知識不足；

6. 準備不夠與欠缺個性。

掌握媒體的人是天之驕子，但責任也特別大。

主持人的工作是一種技藝與知識的綜合表達，是對社會熱忱服務的真誠，所以內涵與技巧一樣重要，而內涵尤為成敗關鍵，而以自律的道德邏輯為評鑑與自律的準繩。

主持人不是作秀，但難免有作秀色彩。不過最終仍以智

慧、穩重、大方、成熟贏取成功與尊重。他是資訊的延伸與詮釋。

總結來說，個人對主持人的期望是：

一、主持人必須隨時求知。主持人應為社會整合角色，將專業概念化為平易報導，突破職業、種族、地域、年齡限制，題材嚴謹，深入淺出。主持人必須隨時警告社會面臨的危險，所以必須站在知識前沿。李嘉誠說：「知識改變命運。」成功的主持人要吸收專業知識而不能以資料之轉述為滿足，在品質與市場中找出路。

二、主持人必須隨時進步。今天電視發展面臨瓶頸，必須求變、求新、求突破；自負的製作人、老化的班底；受制於收視率。過去有的連續劇因收視率居高不下，邊演、邊編劇，製作上百集的現象必須改正。

三、主持人在提供資訊外，應以知識與智慧的提供為自我使命，給觀眾以判斷力：

‧譬如政治人物作秀是資訊，不投他票是智慧。

‧離婚是新聞，是資訊，但如何好來好散則是智慧。

二〇〇四年，個人率新聞界高階訪問團訪北京，與王在希先生座談時，曾強調：「個人生命有限，國家民族生命無窮，我們必須以更多謙卑心、理解心、關懷心，善用傳播，彼此溝通。」

願以此共勉。

黑夜中尋找星星
——走過戒嚴的資深記者生命史

◎本文發表於二○○九年十月，台大新聞論壇

壹、新聞自由的代價永不低廉

從人類發展史看，新聞自由從來不是天上掉下來的，更不是權力者的恩寵，而是靠許許多多有志的記者與有為的報人，用熱血、用生命努力去爭取的。

我對於《黑夜中尋找星星》一書中，許多位為新聞自由而奮鬥、而付出的故事，作如是觀。我個人看了本書三遍，也推薦給我的學生，當然更希望服務於新聞界的朋友能人手一冊。因為《黑夜中尋找星星》一書，見證了台灣一代傑出的新聞工作者，為爭取新聞自由，而努力不懈的感人事蹟。

台灣曾經歷過一段十分漫長的戒嚴過程。這段過程當然有其歷史因素，執政者或有其不得不然的苦衷，但新聞發展被限制，許多新聞人人格被扭曲，總是不容否認的史實。

有人說，《黑夜中尋找星星》是一本走過戒嚴的「資深記者生命史」，但就我的觀察，它不僅是個人的生命史，也反映那個戒嚴時代整體新聞事業的生命。

美國漢密爾敦為曾格爾事件辯護（曾格爾創辦《紐約週報》〔The New York Weekly Journal〕而被捕入獄）時說：「權力有如大河，必須保持適度完美而有益處，否則氾濫必然成災，為此，我們必須各盡義務，支持自由，以對抗不法權力

的氾濫。」他痛斥不法權力，聲稱愛好自由係對抗專制統治的唯一防衛，他說：

「……自由問題……就是說出與寫出『真實』以揭破與對抗專制權力的自由。」

《黑夜中尋找星星》道出十七位受訪者在台灣戒嚴期間，如何謹慎小心地為自己的理想而付出。他們熱愛新聞，當然也熱愛生命；他們為實現對抗強權而付出，但也希望維護自己的夢不要破碎，即使是黨及公營的媒體工作者，也一樣有「被拘留的經驗」（頁 102），也希望維繫新聞的核心理念：「正義」（頁 109）。可見新聞人的一點一滴努力與堅持都可能匯為大河，改變歷史的命運

三位台大新聞所的老師與十七位同學的付出，其實也跟十七位新聞人一樣，令人敬佩。因為歷史如無忠誠的紀錄，將隨歲月而埋葬。

歷史原是人所創造的，時間可以淘汰一切名位與權責，但可貴的思想、勇敢的行動以及蘊藏於內心的真誠，卻可以指引人類的光明前路。這是我們在這本書中所深切體認的。

貳、人人都在找典範

台灣戒嚴期間，為什麼有這麼些高貴的思想與勇敢的行動？因為他們感受到「警總無所不在」的時代，他們要忠於自己，也希望為歷史留忠誠紀錄。

司馬文武說，在他的記者生涯中，沒有什麼前輩典範可以追尋，所以自認頗受外國記者的影響。

在那個連余老闆（余紀忠）都被調查（頁 66）的年代，司馬文武堅信：「一個沒有自由、沒有民主、沒有反對

黨、沒有議會、沒有司法獨立的社會，就不會有新聞自由；沒有新聞自由，就不可能有真正的記者。」（頁67）

所以他主張：「新聞界能夠真正發揮監督力量之前，社會上需要先培養一股健全的政治性制衡力量。否則新聞自由就像沙上塑塔，隨時隨地都可能塌陷。」（頁67）

與筆者在華岡新聞系曾一起研究新聞的戎撫天，從德文系轉新聞系後，即一直在作嚴格的自我訓練，在《聯合報》服務期間，他為了推動民主化，曾與「敵報」合作。他說：「國民黨在民主化問題上的讓步，跟當時兩大報的一致立場，有非常大的關係。」（頁302）

戎撫天為理想轉進《首都早報》作總編輯，卻因「省籍問題」選擇離開。（頁323）回《中國時報》不久，又轉東森電視。他謙虛地對我說：「我所有的都是失敗經驗。」本書主編也說，戎撫天的事例，顯示資深記者勇於迎接挑戰，卻未必能夠突圍而出的真實圖像。（頁302）（戎撫天現任《旺報》總主筆。）

在那個苦悶的時代，二十八歲就擔任《中國時報》採訪主任的王健壯，也在尋找「張季鸞精神」。

有為的新聞人都在找典範，徐鍾珮就對殷允芃有過重大影響，張季鸞的四不主義（不黨、不賣、不盲、不私）更成為她心目中的「報人典範」。

為了社會不公理、不正義，許多有血性的青年都選擇新聞事業以對抗強權。陳銘城因為一九八〇年林宅血案，成了他放棄外商公司職業，投入新聞工作之轉捩點。（頁496）

他致力於二二八事件受難者，以及海外「黑名單」人士等人權報導。（頁496）

以當一輩子評論為志業的南方朔，有「飽讀詩書」的公眾形象，也做過五年多的記者，評論鏗鏘有聲，是社會重要的意見領袖。

看不出這樣的文人書生，卻參加過街頭運動，也帶頭衝總統府，但是，回《中國時報》後他則以建立言論自由制度為目標，設專欄組，培養許多人才，眼光更是長遠。（頁185）

或許梁啟超的「國士」一直是他的嚮往。他認為記者是人生最好的觀察位置，自己終其一生是自由左派。一輩子很堅持，不會投機。（頁188）

很少在外拋頭露面的黃年，在過去十五年寫超過四千篇社論，著名的《聯合報》「黑白集」也出自他的手筆，其中尤以五十八篇「修憲不可毀憲」的系統社論，更顯示一個言論家的堅持與前瞻。他對寫作的基本態度是「毀譽由人，寸心自知」。（頁466）

黃年被譽為是黑金政治的命名者與批判者，他將工作視為活化人心的使命，所以「智慧比勇氣更重要」。（頁468）

我在讀到何榮幸先生的導論時，感受特別強烈。他說：「歷史看見了他們！」其實何嘗不是「他們看見了歷史」？就是因他們看見了歷史的荒謬、歷史的無奈，所以他們不僅見證歷史，也為歷史寫篇章。

參、記者是永遠的反對黨

為什麼他們會有這樣的精神？因為他們有正確的理念，而導致「捨我其誰」的使命感。

吳豐山說：「記者是永遠的反對黨，記者也是永遠的社

會改革先鋒。」（頁 217）

南方朔也說：「我是永遠的在野黨。」（頁 189）

在野黨的職責有時更比執政黨大，《自立晚報》的吳三連代表的就是這一種典範。三連先生培養了許多優秀的新聞人才，《自立晚報》在「新聞自主」的專業精神上喚起了許多新聞人的良知與認知。

吳豐山追述了吳三連的精神，曾任《自立晚報》「政經研究室主任」的李永得，與「不斷追尋自我」的徐璐，都作了「歷史性的中國大陸行」。（頁 420）

李永得在「新聞自主」的追尋中，成為台灣新聞史上第一位「票選總編輯」。（頁 420）

一九九四年，《自立晚報》事件後，他轉戰電子媒體，被譽為「絕不妥協的硬骨記者」。（頁 422）

但李永得也強調：「以前靠勇氣，現在靠專業。」（頁437）

肆、黨公營媒體記者的委屈

不過，我們要體會這段戒嚴黑暗期間的一顆顆星星，不僅為新聞自由對抗強權而努力；在他們的工作上，也認真做了他們能做的工作。《天下雜誌》殷允芃就曾大力報導推動台灣經濟起飛的正面價值。

黨公營媒體其實都是時代的產物，也是歷史的必然。美國獨立後也有一段時間的「黨公營報」，為他們的政黨主張作宣傳，國民黨執政期間，黨公營媒體負責人如曾虛白、馬星野、謝然之等，其實也都受過現代西方思潮的洗禮。

而另一批在黨公營媒體服務的人，雖受「掣肘」，也未

曾忘卻自己的職責。

薛心鎔先生見證了《中央日報》的興衰。他認為台灣新聞經驗不能割掉大陸，不應預設立場使用威權、白色恐怖、高壓等不超然的用語。（頁90）

薛先生認為，在新聞上，《中央日報》自我設限，不濫登犯罪新聞。重大的犯罪新聞要登也會經過嚴格的把關。（頁104）

另一方面，「《中央日報》的廣告也漸漸地被分走了，業務慢慢變得困難，人事沒有彈性，相形之下就不敵民營報紙的競爭了。」（頁104）

筆者也有一段自己的經驗。筆者當時就讀政大新聞系在台復校第一屆，然後再讀新聞研究所。未畢業即被錢震師網羅到《中央日報》上夜班（當時編國際航空版）。研究所畢業即被調任採訪組，先後採訪市政、醫藥、軍事與黨政等新聞。

像筆者這樣的黨營媒體記者，也一樣或受到當時作新聞記者的委屈。記得在採訪政治新聞時，先後採訪到張寶樹婉拒出任行政院長、蔣夫人將訪美等獨家。這些消息當然只能被當時的《中央日報》當作「參考消息」。只是蔣夫人將訪美，雖未在《中央日報》發表，卻在另一家《中央日報》的姊妹報──《大華晚報》中以大篇幅刊出。《大華晚報》的新聞由徐隆德兄執筆。隆德兄當時在文大兼任助教。消息來源來自筆者。

於是，有一天筆者也被警總「傳訊」了。約談地點在西寧南路圍牆內的小屋，一位神情肅穆的安全人員，堅要問筆者的消息來源。筆者只說隆德兄的消息來源確實是筆者。

一個專業的新聞人，自然視新聞如生命，隆德兄當選過十大傑出青年，對新聞有其使命感，他的勇敢發表，亦屬意料之中，但引起的風聲鶴唳，至今歷歷在目。

　　何榮幸先生希望未來「資深記者生命史」計畫還能延續，其實筆者的希望還不止於此。筆者覺得，在台灣光復後的新聞發展，除民營新聞人的奮鬥外，「黨公營媒體」與兩大報都是極其重要的關鍵，也不可或缺。

伍、先進貢獻值得肯定

　　因為歷史的發展是多面向的，是多層次的。太史公司馬遷創紀傳體，將天子以至庶人的重要言行，分門別類，加以記錄，可以說把握了歷史學的重點。

　　台灣曾被日本佔領五十年，受日本的影響原是意料中事。但台灣的新聞傳播思想之所以仍向西方民主理論取經，實因光復初期，幾位領導新聞事業與新聞教育的先進——如曾虛白、馬星野、謝然之、楚崧秋、葉明勳、王洪鈞、徐佳士、李瞻……等，一脈相承皆受過西方民主思想的洗禮，曾在美日兩國都受過新聞教育，作過新聞研究的謝然之先生曾說：「比較過後，覺得西方思潮確實較日本之理論更為優秀。」因此當時幾位負責文宣的領導人，都以西方思潮為尚，引進傳播思想、興辦西方式的新聞教育培養人才，蔚成今天台灣以西方的自由思想為主流的傳播思想。

　　他們經營媒體或不免要向政黨當局負責，但是，從另一角度看，他們的社會責任感與對新聞媒體的社會教育角度，對當時社會也有不可忽視的貢獻。

　　在民營兩大媒體——《聯合報》王惕吾與《中國時報》

余紀忠的奮鬥過程，體現出民間報人另一種可貴的節操。二〇〇八年九月，在紐約的馬克任先生，為筆者講述王惕吾先生為堅持「正派辦報」的種種作為，令人動容。而當年余紀忠先生在海內外，因挫折而表現的「壯士斷腕」決心，都值得大大記述，值得後世的敬重。

在新聞事業方面，除了民營與黨公營外，另一民間報人成舍我以及他的專業，也是不可缺的一環，成師雖然因戒嚴而拒不辦報，改辦世新教育體系，今天也已綠樹成蔭。世新師生當更能體會他作為正義化身的精神

陸、新聞人的人文素養

台灣解嚴了，但大家期盼的台灣新聞新事業是否展現了更晴朗的天空？殷允芃說，解嚴後，現在媒體的專業能力、態度、真實性，都比戒嚴時期更糟。（頁 265）

戒嚴時期的媒體，有政治力控制，這個明顯的對象可以反抗。現在雖然沒有一個明顯的壓迫力，但市場化、新聞商品化，卻無所不在。

她深為經濟力造成的媒體惡性競爭，廣告侵蝕新聞專業所苦。（頁 244）

解嚴前，許多人有一種過分天真的想法，認為所有的禍源就是威權體制，因此只要打敗威權，讓人民有充分的自由，問題就會解決了。但事實上，現在的狀況就比戒嚴的時候好嗎？

強調「記者要尊嚴，智慧與良知」的黃肇珩認為：「解嚴不僅影響新聞經營生態，也影響業務與寫作。」被譽為「公害環保記者」的楊憲宏，不當醫生當記者，為專業記者

樹立了好榜樣。他不僅主張「科學的人文記者，而且創新了寫作方式」。

楊憲宏強調：「科學訓練有助報導真相。」他說，今日媒體用人觀念非常速食，少掉專業上要求與上一代報人的使命感。戒嚴體制除掉後，媒體變成一個被打開的潘朵拉盒子，各種價值流失了。（頁359）

柒、信心危機與典範危機

二〇〇八年九月二十六日，筆者在香港珠海大學、台北輔仁大學與上海復旦大學聯合主辦的學術研討會綜合座談中，曾指出現代的新聞教育出現兩大危機——信心危機與典範危機。

由於媒體生態環境受各種因素衝擊的影響，各地傳媒或因生存困難，維持不易；或因商業化的氾濫而本質不變。因此許多新聞傳播科系學生面對現實的困境與前途茫茫，對新聞工作很難再產生強大的信心與榮耀感。

另一方面，年輕人在學習過程中，最渴望的希望是找到「學習的榜樣」，但是他們常常喜歡問一句話：「我們學習的榜樣在哪裡？」

這一大哉問，點出了典範危機的嚴重，現代的社會與教育，似乎都缺乏對歷史的重視與研究。所以使年輕人熱忱喪失、理想不再，而有志者亦無所依據。

回頭看看歷史，是一件有價值的事。「回顧是為前瞻」、「承先是為啟後」——《黑暗中尋找星星》一書，讓我們回顧往事，也讓我們省思前路，是一本值得在新聞界與新聞教育界推廣的好書。

捌、大學新聞學府的使命

筆者在民國五十二年，撰寫中華民國第一篇有關大學新聞教育的碩士論文時，曾經指出大學新聞教育有三大使命：

一、培養新聞人才；

二、從事新聞傳播學術研究；

三、促進新聞事業進步。

許多著名的新聞學府，如美國哥倫比亞大學等，都有相關的雜誌，對媒體進行批判、分析或鼓勵，以客觀的立場，督促媒體的進步。台大新聞所多年前即創辦《台大新聞論壇》，卓有聲譽。在張錦華、谷玲玲、彭文正等教授的努力下，更能帶領學生，在解嚴多年後的今天，為經歷過生命搏鬥的新聞人寫下這許多寶貴的篇章，既可留下歷史紀錄，也可以給關心新聞發展的社會各界，與有志新聞工作的青年朋友作借鏡，這是極可貴的成就。

何榮幸先生因本書發現對新聞教育的信心，我希望更多的新聞學府，今後在新聞的核心價值，以及在歷史的研究與教學上，付出更多的心力，讓傳播史與新聞人的貢獻有更多的呈現，使有志新聞的青年從中有所啟發，有更多的體會。

有時歷史是詭譎的，當媒介對威權的反抗有所成時，新聞界卻出現另一個新的「危機」，不容我們忽視。

歷史學家傅斯年說：「上窮碧落下黃泉，動手動腳找材料。」

期待台大新聞所師生繼續努力，有另一波成就出現。

民國 97 年 10 月 3 日，於台北正維軒

傳播教育的哲學基礎

◎二〇〇六年，於福建師大百年校慶紀念演講

　　新聞傳播媒體，是一種權力，如同政治學上的道理：
「絕對的權力，造成絕對的腐敗。」當新聞傳播媒體施展其
無所不在、法力無邊的威力時，究竟誰能制衡它的威力？正
如有的學者所質問：「誰為新聞媒體打分數？」

　　美國著名的大眾傳播學者梅里爾（John C. Merrill）曾在
《外國新聞》（*The Foreign Press*）一書中，編列專章，討論
「倫理學與新聞學」。他在文中指出：

> 倫理學是哲學中的一支，它促使新聞從業人員，在
> 他們的新聞工作中，決定應當作的行為；它是一門
> 有著濃厚色彩的規範性行為科學，它主要思考的是
> 自我決定以及行動的那些行為。倫理學和「自我立
> 法」以及「自我實踐」有關，……從另方面來說，
> 倫理學即是個人決定和個人強制的產物，倫理學提
> 供了新聞從業人員某些基本的原則和標準，使他經
> 由這些原則和標準，能夠批判那些對或錯、善惡、
> 負責或不負責的行為。

　　事實上，在任何一種傳播制度中，絕對的自由與絕對的
控制都是不存在的。無論自由也好，控制也好，其主要目的

都應該在維繫傳播管道的暢行無阻，使大眾傳播真正能達到溝通、和諧、有助於人類了解的目的。

而大眾傳播人員在人類溝通、了解的過程中，無疑要扮演關鍵性的角色。所以，對一個追求真理的新聞人員來說，必須建立起「對真理的忠誠」，這是新聞倫理的基礎，也是個人修養的起點。《倫敦星期時報》主筆惠爾（John Whale）認為：新聞事件所包含的消息正確與否，正是一個新聞記者主要的倫理課題。

無論國內外新聞傳播界，被社會普遍質疑的是犯了嚴重的「失省症」。對許多新聞事件，常常在捕風捉影中，失卻新聞倫理的基本規範，而遇到新聞事件，不僅竭盡批評之能事，甚至流於潑婦罵街式的「謾罵」；披的外衣是「撻伐」社會的正義之聲，而實際上卻可能有許多見不得人的內幕；對於社會的批評或質疑，更缺乏反省的雅量。正是「勇於批評，怯於自省」的最佳寫照。

十九世紀著名的英國哲學家彌爾（J. S. Mill）在他的經典之作《論自由》（On Liberty）中，曾提出四個觀點以支援表達的自由（Freedom of Expression）。這四個觀點是：

一、如果一些意見被禁止表達，被迫保持緘默，那麼我們便會失去一些認識真理的機會，因為被禁止的意見可能是一些真知灼見。

二、即使被禁止的言論本身並非完全是真知灼見，但是這個「錯誤」的言論卻往往蘊含著部分的真理也說不定；

三、作為一個服膺理性的論者，彌爾認為理性的人不應該以偏見來接受或否定任何一種意見；

四、彌爾認為，真理除了越辯越明外，理性的爭辯也會使人正確明白到個中道理之所在，從而使人剔除偏見，發展建立出承擔和健全的人格。

從以上的分析，可知任何一個有言論與新聞自由的地方，傳媒都應該呈現各種有爭議性事件的不同觀點。以確實保障國民「知的權力」（知情權），也使閱聽大眾充分了解社會各界對不同問題的不同反應和立場。

但事實上，我們衡諸實際狀況，未必如是。美國一代報人普立茲在退休時曾痛切指出：

「除非有真誠的責任感，報業將無可救藥，無從使它由商業的利益、自私的目標與違反公眾利益的罪惡中挽救過來。」

一九一一年，歐文（Will Irwin）曾在《柯里爾雜誌》發表連載論文，攻擊美國新聞的商業化與獨佔性；一九一九年，辛克萊（Upton Sinclair）在所著《金錢的干擾》（*Brass Check*）一書中，更無情地揭發美國報業的腐敗內幕；新聞傳播事業更被許多學者批評為「社會的噪音，資訊的氾濫」，而認為現代是一個「資訊雖發達，知識卻貧乏」的時代。

基於「道德是處理自發的行為」，哲人柏拉圖在《理想國》一書中所揭櫫的四種道德——智慧、勇氣、自制與公正，正是新聞從業人員自律的道德規範。

一、智慧

智慧不僅是資訊的歸納，更是真善美的抉擇與判斷，它包括了創造力、判斷力與擇善固執的道德勇氣。

智慧是知識和本能的結合，來自生活經驗、沉思以及研究。

二、勇氣

新聞從業人員承受的壓力是多方面的，而各種企圖影響新聞處理的控制，也是無所不在的；新聞從業人員心中必須有一把道德的尺，才能有足夠力量抵擋一切的詮釋與誘惑。

三、自制

新聞是一項權利，能使人幸福，也能使人陷於萬劫不復的悲慘境地。新聞從業人員在使用這項權利時，應多加自制、反省；消極的不能為一己的私名私利，違反道德；積極的更應該與人為善，領導社會。

四、公正

公正就是正我，新聞從業人員之正義表現，端在於對真理忠誠，追求公正的理想，必須為千千萬萬的閱聽人負責，使新聞事業真正成為「社會進步的標竿」，「不要成為社會進步的絆腳石」。

因為保障新聞傳播事業發揮功能的根本之計，不在於外力的干預或影響，而在於傳播界本身的自我反省和檢討。此一反省和檢討的依據，乃在於一套專業的倫理規範和執行規則。這種思考，正是新聞傳播教育的哲學基礎所在。

新聞傳播教育的六個「不是」

◎上海復旦大學新聞學系成立七十週年演講

　　一九九四年九月筆者應邀在北京廣播學院（今中國傳媒大學）演講的不久，又應陳桂蘭院長之邀，參加復旦大學新聞系七十週年紀念，兩度在大陸就新聞教育提出看法，我提出了新聞教育「六個不是」；返台後，應邀擔任台大、交大研究所與慈濟、銘傳、國立台灣藝術大學，國防大學的評鑑，有教授對此一觀點提出詢問。

　　我所說的新聞教育「六個不是」，意指新聞教育「不是技術教育，不是廉價教育，不是孤立教育，不是速成教育，不是僵化教育，更不是功利教育」。

　　上海復旦大學丁淦林教授稱：「這一見解為大陸新聞教育界所認同。」

第一，新聞傳播教育不是技術教育

　　眾所周知，新聞教育起源於培育新聞專業人才。首創美國蘇里大學新聞學院的威廉斯博士（Dr. Walter E. Williams）到密蘇里大學前，原是一家重要報紙的總編輯，但是他放棄了當時優渥的報業待遇，而於一九〇八年到密蘇里大學創辦新聞學院，因為他相信報業與民主政治前途息息相關；如果他繼續辦報最多只能辦一份好報，但是民主政治需要更多的好報紙，因此他放棄辦報，而去從事新聞教育，希望能培養

更多志同道合的青年，為社會辦出更多好的報紙，以開創民主政治的光明前景。

繼密蘇里之後，美國第二家新聞教育學府乃是一九一二年成立的哥倫比亞大學新聞學院，該院為偉大報人普立茲（J. Pullitzer）所創辦。普立茲主張新聞工作者應受新聞專業教育；他提供巨款、創辦這一所影響重大的新聞教育學府。他表示：塑造國家前途之權，是掌握在未來記者的手中。

威廉斯博士與普立茲都重視新聞實務訓練，所以密大的《密蘇里人報》歷史悠久；而哥大重視實務訓練更是無出其右，所以其新聞學院的許多師資是來自紐約重要媒體，如《紐約時報》、美聯社的重要幹部與著名專欄作家等。

但密蘇里與哥大雖然重視實務訓練，卻從來知道新聞教育的核心價值在於道德與職業倫理。

威廉博士手訂「報人信條」（The Journalism Creed），成了新聞工作人共同遵守的基本信條，也是對抗黃色新聞、珍惜新聞自由與倡導新聞自律的指針。

普立茲在創辦哥大新聞學院之同時，捐款美金一百萬元後成立普立茲新聞獎，以獎勵新聞工作者提升專業水準。

威廉斯強調新聞為社會服務，新聞人應有三種預備功夫，便是：知識、技能、人格。三種功夫中，道德人格最為重要。而獨立的精神、客觀的態度和不偏不倚的立場，更是新聞專業道德思想的中流砥柱。

普立茲以經辦《世界報》而聞名，他是一位追求進步的理想主義者。他說：

當今培養律師、醫生、牧師、軍官、工程師與藝術

家，已有各種專門學院，唯獨欠缺一所用來訓練記者的學院。在我看來是毫無理由的。我想，在我所奉獻的行業裡，我所能貢獻的，再沒有比建立一所新聞學院更切實際，而且更有助於社會公益了。

這位「有所為，有所不為」的矮小報人，建立了不朽的新聞思想哲學、新聞政策典範。他實踐偉大、自由、不畏政治勢力，以及新聞獨立的精神，永遠彪炳史冊，照耀人間。

由上述可見，新聞教育的創始者威廉斯與普利茲雖重視新聞工作的實務訓練，但新聞教育絕不是技藝教育。以技術訓練培養人才，只是一種匠氣教育，而非培養獨立的報人。

第二，新聞傳播教育絕不是廉價教育

近些年，台灣與大陸的新聞教育風起雲湧，表面上蓬勃發達，實際上卻是危機四伏，問題叢生。

據陳昌鳳教授在《中美新聞教育，傳承與流變》一書中說，在一九九二年，新聞學類專業教學點的普通高等院校五十二所，共設有新聞學類專業七十七個，新聞專業卅九所，國際新聞專業六個，廣播電視新聞專業九個，廣告學專業二十一個，播音專業一個，體育新聞專業一個。全國在校生一六九二〇人，其中博士研究生三〇人、碩士研究生三三五人、雙學士二七四人、專科生六〇二六人、專業外本四〇七人、專科生二四一八人、函授生七四三〇人。

到二〇〇〇年底，新聞學增一倍多，廣播電視更增加了五倍。

丁淦林教授於二〇〇五年三月致函筆者說：

「近年來大陸新聞教育發展迅速，有二百多所高校有新聞系、傳播學專業，專業點超過五千個，在讀學生超過十萬名，在發展中出現若干新問題，需要繼續努力改進。」

近三年間中國大陸的新聞教育，又有新的增加，據聞所系單位已達五七一所，在學學生逾十五萬人。

同樣情形，台灣的新聞教育，在光復初期亦只有政戰學校新聞系、政大新聞所系、世界新聞專科學校、師大社教系新聞組等數所；迄民國五十二年，文大新聞系所、藝專廣電科（夜間部）、文大大傳系（夜間部）相繼成立，形成當時的九院校。

當年由馬星野先生任理事長，筆者任秘書長的中華民國大眾傳播教育協會，曾經聯繫九院校，不斷舉辦各種演講會、座談會、研討會、出版書刊、舉辦九院校聯誼會，不僅增進情感，促進交流提升新聞教育水準，且培養出甚多傑出人才，為新聞界服務。

但是，幾曾何時，台灣的新聞教育學府已逾一一二所。根據中華民國大眾傳播教育協會的統計，迄二○○六年底，台灣的新聞傳播教育單位已從九院校增加為一一二所。其中台大新聞所、交大、中正大學、南華大學、玄奘大學、銘傳大學、朝陽大學、世新大學、慈濟大學有關所系是其中較受矚目的學校。

台灣的新聞傳播教育如此迅速發展，一方面原因固然是報禁解除，媒體生態隨著新傳播科技而日益發展，需才孔亟；另一方面更是由於年輕人對新聞科系趨之若鶩，以為是既新鮮又好玩，特別是電視主播，成了許多青年人之夢，以為進了傳播科系就可以圓夢。

而學校方面，因為新聞傳播科系較熱門，不怕招生無「源」；於是闢兩間教室，聘幾位師資，就宣布新聞傳播科系成立，廉價之至。

　　事實上，這種觀念是極端錯誤的。因為新聞教育一如醫學教育，必須付出極大代價，創辦無論是印刷媒體（如：報紙、雜誌、出版）、電子媒體（廣播電視）以及電腦等新科技設備無不需要昂貴代價。

　　國內一些新聞學府，把實習與經驗傳承寄託於媒體。事實上過去確實有不少媒體負責人有此社會責任感，願為培養人才而奉獻教育熱忱，但隨著各校畢業生逐年增多，對接受實習單位而言，形成沉重負擔，熱忱也已不如當年，在媒體經營自顧不暇的困境中，也常把學生實習當作「應付」，真正有周詳規劃者日漸稀少。

　　從另一角度看，媒體經營單位之成本代價又高，也漸無能力派出工作人員輔導學生，國外許多著名媒體其實是不接受實習的。他們認為媒體經營與教育是不同的領域；教育單位既有意興辦新聞傳播教育，則應該寬籌經費，增加完善的實習設備，形成良好的教育環境以培養青年學生。

　　「既要馬兒好，又要馬兒不吃草。」這是不可能的。新聞教育不是廉價教育人才的培養所。若干粗製濫造的教育成果，不僅危害青年前途，也傷害新聞專業的本質。

第三，新聞傳播教育絕不是「孤立教育」

　　鮮少新聞系所孤單一支，而能蔚為大樹的。

　　在新聞傳播教育發展的過程中，除了以實務訓練為本位外，有的主張要以社會科學為依歸，更有的主張，要以人文

主義為目的。

　　新聞專業接觸的是整體社會。所以新聞工作者要有廣泛的社會學科基礎，才能善盡職責。而教育內容更必須以社會科學為基礎，才能與新聞工作密切結合。許多學校曾把新聞安科排系上置於社會科學學院之下，其理至明。如美國明尼蘇達、史丹福、伊利諾等大學，在課程安排上極為重視社會科學的比例，其理在此。

　　此外，由於近些年，統計電腦與新傳播科技的發展，傳播理論的研究、傳播效果的評估均與數理學科關係密切，所以這一部分的知識的確應在傳播教育中占據一定比例。

　　無論是社會科學、人文主義與科學性的傳播研究，都說明了新聞傳播教育絕不能孤立，它必能成長，結合諸般涵泳廣闊的知識領域中，始能奏功。

　　所以，新聞傳播教育，絕不能孤立，否則人才之出，必成為技術之輩，而無法指引其畢業生朝輿論事業之大方向。

　　過去國內有專科教育之新聞教育，甚少能到身居媒體之高級主管，主因就是因為背景知識不足，視野有限，發展潛力有所不足，所謂後勁不足，意即在此。

　　筆者一向主張，新聞傳播教育應生根於綜合大學中，學生們除修習本科專業知識外，更要選修、旁聽其他學院之不同知識，即使聽演講、參加學術討論會，亦有益於新聞傳播科系學生之視野與潛力發揮，所以新聞傳播教育絕不能孤立一支，無任何知識背景支援。

第四、新聞傳播教育絕不是速成教育

　　新聞專業人才上通天文、下通地理，其養成教育必須深

厚，才能蔚為有用人才。

曾任中央社社長，在中國新聞界人尊「蕭三爺」的蕭同茲先生曾說：

「醫生治療人類生理疾病，記者治療人類社會疾病。治療社會疾病更較治療生理疾病為難。醫生要接受七年醫學教育，記者怎能輕率？」

所以，他主張完整的新聞教育需要七年的時間。前四年奠定語文、社會科學與人文素養之基礎。第五年，一如師範生必須到學校試教一年（新聞系學生則到媒體實習一年）。第六、七年則開始受新聞專業知識以求深度，並補不足。

蕭先生的構想在今日教育制度下，當然很難實現，但是他的理想以哥大新聞教育新聞學院、台大新聞所之精神或有若符合節之處。哥大與台大不辦大學部、研究所則招收大學部，有各校不同學科背景知識的學生，二〇〇七年六月分，筆者擔任台大新聞研究所之評鑑，亦深覺其教育效果與傳統四年制之大學新聞科系教育互有利弊，值得深入探討。

無論如何，新聞傳播教育絕不能只是求速成。否則教育無益於專業水準之提升，亦無法獲得社會之認同與尊重。

第五，新聞傳播教育絕非僵化教育

在所有教育領域中，新聞教育是一塊特殊的領域，因為它主要培養的人才是在為新聞媒體服務，而新聞媒體隨著傳播科技之日新月異，其生態亦不斷更新。

因此，新聞傳播教育必須隨著新科技的發展，而更新其內涵。教學課程固然需要調整，教學內涵亦必須不斷充實，教學方法亦有隨時檢討之必要。

新世紀要掌握媒體、資訊，做科技的主人，新世紀更要以人文為本，落實科技與人文並重的全人教育，才能建構知識經濟時代的科技人文之國。

所以筆者主張新聞傳播科學的課程有不變的一面，如歷史、倫理、社會責任、法律等；但也有其隨時代以改變的一面。這樣新聞工作者才能走到新世紀的尖端，預見各類現象與問題，提供閱聽人全新的思維。

筆者認為新聞工作者不僅以提供資訊為滿足，更須進一步地提供知識，並指引智慧，這是新時代有抱負的新聞人應有的使命感。

所以，新聞傳播教育絕不可僵化，一成不變，而要與時俱進，日有進境，才無負廣大社會的期許。

第六，新聞傳播教育絕非功利教育

有人批評新聞教育的功利性似乎只是為學生製造一張畢業證書，求得一份職業。事實上，新聞教育除給學生謀生技能外，也應該回歸教育的本質，因為教育的目的不僅在使人有用，更要使人幸福。

如果教育只是為職業而教育，不免狹窄；如何提升生活品質與生命意義，乃是人生終極的目標；所以新聞教育除在專業上授學生以知識技能外，也應該強化其哲學思維，以求終生之幸福與人生目標之實現。

這種理想，必須循人文科學之思維，以培養學生適當的態度、正確的思想、常態的情緒以及良好的習慣。進一步謀求個人與社會的和諧與幸福。

曾任美國聖母大學校長赫斯柏（Theodore M. Hesbursh）

曾說：

「人文精神教育的旨趣，在學習如何生活，充實人生，發揮生命價值，而非僅在專業訓練以準備將來的就業而已。」

人文教育重視「博雅教育」（Liberal education），讓學生體會如何生活比學習如何工作更為重要。

這牽涉到人的價值觀、生命觀與宇宙觀，也是一位新聞記者立身處世、安身立命之終極。

如此說來，新聞傳播教育確是任重而道遠。

新聞傳播教育的六個「是」

◎在復旦大學講新聞教育的六個「不是」，那麼新聞教育究竟是
　什麼？本文演講於武漢大學

一、新聞傳播教育是專業教育

　　新聞教育既有那麼多的「不是」，那麼新聞教育究竟
「是」什麼呢？作者認為，新聞教育如要贏得敬重，受到民
眾的信任，它必須建立在以專業為基礎的教育上。

　　所謂專業就是此一行業，不僅服務社會，且因其所從事
工作的內容，常常牽涉他人生命、財產、名譽與安全。例如
醫師、律師、教師、建築師、會計師，其工作內涵涉及別人
的健康、權益、成長。所以他們的共同特徵就是要以專業概
念做為工作指導；醫師在促進病人健康，律師在保障人權，
教育在協助成長……所以他們在從事專業活動時，皆需運用
較高級的心智，不僅「知其然」，更知「其所以然」。其專
業形象的建立，消極的要從自我的突破開始，積極的更要不
屈於外來壓力，進一步堅忍、勇敢專一與明斷。

　　專業從事者應接受完整的教育，以運用其知識，誠懇地
服務大眾；而以謀生為次，金錢只是生活的工具而已。

二、新聞傳播教育是倫理教育

　　新聞教育既是一種專業教育，則其必須以倫理為基礎，
重視榮譽，並以高度自治的方式，不斷求進步，改善服務的

品質；並遵守一套道德規範與倫理規範；心中有一把道德的尺，終生奉獻，所謂「做良醫不做名醫」。

專業從事者，是否有專業倫理，受社會制約、受專業理念指導最為重要。

道德是自發而為，所以作者認為哲學家柏拉圖在《理想國》一書所提的四種道德，智慧、勇氣、自制、公正，就是新聞倫理教育最重要的基礎。

三、新聞傳播教育是人文教育

新聞工作者在科技時代的社會危機中，更需要加強人文教育。

人文教育在強調器識先於文章，文化素養重於工具性的知識。它所關懷的，是研討人的存在價值、所擁有的態度，所採持的信念、所追尋意義與生活方式的呈現。

「正德、利用、厚生」正是人文教育的重大信念，所以新聞教育應鼓勵學生體驗人生，並積極創造生命的價值，培養民胞物與的情境。人文教育的理想是希望落實科技與人文並重的教育，以建構知識經濟時代的科技，為生命找無限的可能。

人文教育的實施，重視情意，特指感性的訓練價值與道德能力的培養。當人們強調人文關懷時，即是著重於人生存的價值和榮耀，其所主張的自由，是利人利己的大利。

四、新聞傳播教育是通識教育

通識教育是人文教育的重要形成，希望透過合理的課程與教學，提供新聞人完整的知識，進一步培養全面性的人

格。哈佛大學所強調的通識教育是：

1. 清晰而有效思考，並用文字表達出來。
2. 對於某些知識具有廣博學識基礎。
3. 對於所吸納之知識有正確批判和理解能力。
4. 對於道德與倫理，具敏銳的判斷力。
5. 具有豐富的生活型態。

曾任教育部長、清華大學校長的梅貽琦，強調其教育觀念的核心是通才教育，他認為應培養學生其自然、社會和人文三方面的綜合知識。一些學者主張通識教育應以經典的閱讀、分析、討論為中心，不為無因。

五、新聞傳播教育是全人教育

所謂「全人教育」就是四種教育平衡的觀念：

1. 專業與通識的平衡。
2. 人格與學養的平衡。
3. 個體與群體的平衡。
4. 身心靈的平衡。

中國全人教育的理念，不僅是要完成人的內在整合，使生理、生命接受精神生活的統攝指導，完成身心一如之功夫。教育的目的是幫助受教育者在人格、知識、態度與智慧等各方面的整體成長，回歸「以人為本」的基礎。

六、新聞傳播教育是終生教育

新聞事業隨科技發達而日新月異，而社會變遷更是驚人。新聞教育必須配合此一發展情勢，期新聞教育朝終生教育的理念方向發展。

德國大學最鄙視的是為謀生而學習。愛因斯坦希望青年人離開學校時，做個終生和諧發展的人，而不只是作為一個專家。「專家不過是一隻訓練有素的狗」。

在今天數位匯流下，新聞教育自需若干改變，尤其終生學習的觀念，更需建立。而新聞教育的基本面更應強化：

1. 文化歷史的素養。
2. 專業精神更為精深。
3. 寫作能力更要強化。
4. 永生教育的觀念必須培養。

我們要再度強調，新聞教育是一種「教育」，不是一種「訓練」。這樣的新聞教育才有永恆價值。

散播希望種子
——兩岸交流卅年的甜美回憶

　　卅年前，當兩岸交流之門剛剛啟動，適巧我在美探訪恩師謝然之教授。謝教授曾被譽為「台灣新聞教育之父」，先後創立台灣的三大新聞學系——政大、政戰與文化。

　　對於兩岸開啟交流之門，他老人家說了一段感人的話：「『兩岸交流』是歷史的契機，」他說：「想當年海峽兩岸遍地烽火，誰得利？我們應記取這段慘痛的教訓。」他說：「我今年已九十二歲高齡，心有餘而力不足；貞銘，你正值壯年，應該把兩岸交流當作事業，勇敢負起責任。」

　　回到台北，適巧接到中共中央廣播電視部邀請訪北京，我立即成行。台灣新聞教育界人士同行的還有林念生教授。我們被上海復旦大學孟建教授譽為「兩岸交流的先行者」。

　　在北京，我們訪問了北大、清華、人大、北京師大、中央電視台、中央人民廣播電台、北京電影製片廠等單位。

　　記得在北京廣播學院（今中國傳媒大學）訪問時，由當時院長劉繼南女士接待；她邀我致詞，我把兩岸關係譬喻為男女戀愛，我說：

　　　　包容有多少，情感就有多深；
　　　　盼望有多少，情意就有多濃；
　　　　信任有多少，情路就有多長；

忍耐有多少，情愛就有多久。

這首度大陸十天之行，最後一個行程，由參訪者自行選擇，我自然選擇了魂牽夢縈了五十年的家鄉——福建省林森縣（今閩侯縣）。

民國卅六年，我隨母親及六個弟妹來台投靠大舅公張復奇先生；次年，台灣發生二二八事變。在十一歲孩童的記憶中，家鄉仍是如此清晰。當飛機自上海飛抵福州上空，我的心情激動，「近鄉情怯」可以說是最貼切的形容。

在福州除參訪文化教育重要團體，也藉機返鄉拜祭祖先。印象最深刻的是，當時的福建省電視廳長兼電視台台長林愛國派一位攝影記者、一位文字記者跟隨採訪、記錄我的三天返鄉行程，然後在北京中央電視台第四頻道播出，題目是「少小離家老大回」。

從此之後，遍訪大陸各地，成為我每年的重要行程，我出席各種學術研討會，在大學、民間社團與圖書館舉辦公開演講會，率學生團訪問交流，也藉機遍遊壯麗河山，所到之處皆受到熱烈的歡迎，留下甜美的回憶。

我先後擔任中華民國大眾傳播教育協會副理事長（理事長為馬星野）與傳播協會理事長，也多次率新聞界高階訪問團訪大陸各地。

記得有一次，我率領台北新聞界高階訪問團訪北京，團員包括周玉山、羅文坤、陳信夫、陳琴富與王應機等，另聘戴瑞明大使為顧問。

在一次與國台辦副主任王在希的座談會中，我指出：「個人的生命有限，國家的生命無窮。我們應以同理心、關

懷心與謙卑心，為兩岸下一代青年謀幸福，為國家未來謀前途。」

我曾多次邀請大陸新聞學者與業者來台訪問，也與台大新聞研究所張錦華教授合作，舉辦兩岸新聞教育研討會，邀請大陸十二個著名大學的新聞學院院長來訪。其中包括陳桂蘭、裴顯生、孟建等，他們也曾參訪我家，對我家的小型圖書館稱羨不已。

當時台灣新聞傳播學的研究，約比大陸先進廿年。有一批熱心的教授如政大的李瞻教授等，曾向中華基金會募到一筆經費，購買了十二套台灣所出版有關新聞傳播學的書，每套約四、五百冊，贈送大陸十二所著名新聞教育學府。

這一套書，成為珍寶。校方設專櫃管理，教授授課、博碩士生寫論文，都只能內閱，不能外借。

有一次我參訪北大、清華時，遇到幾位年輕世代的教授，他們說：「鄭教授，我們都是從小讀您的書長大的。」我們對大陸新聞教育的成長，有很全面性的影響。

在數不清次數的聚會、交誼、座談、研討中，青年易感的心很快地凝聚在一起，我從這些交流中感到愉快與充實；在無數次誠摯的交談與書信往返中，我也有極深感動，並結識了許多新聞界、教育界、藝術界、文化界的好友，尤其那些上進勤奮的青年，總是令我欣慰，認為我們的國家前途繫於這一代青年。記得在一次「承德之夜」的聚會中，世忠給了我一張短箋：

我遺失一份東西，叫做鄉愁，
因為遇到你們，使我有家的感覺；

我害怕一種東西，叫做離別，

因為我不想，只在夢中見到你們；

我期待一種東西，叫做永遠，

因為真誠使友誼從現在開始。

上海復旦大學新聞系五十週年慶時，曾邀請我與李瞻教授為貴賓發表演講，我首次提出「新聞教育的六個『不是』」觀念：

1. 不是技術教育
2. 不是廉價教育
3. 不是孤立教育
4. 不是僵化教育
5. 不是速成教育
6. 不是功利教育

上海復旦大學丁淦林、交通大學張國良、武漢大學單波、中國傳媒大學雷躍捷等教授都對我說過，這些觀念對大陸新聞教育的發展有深遠的啟示與影響。

單波教授問：「新聞教育既然有六個『不是』，那麼究竟『是』什麼呢？」於是我又在武漢大學發表「新聞教育的六個『是』」：

1. 新聞教育是倫理教育
2. 新聞教育是人文教育
3. 新聞教育是專業教育
4. 新聞教育是通識教育
5. 新聞教育是終生教育
6. 新聞教育是全人教育

世界級報人普立茲曾說：「當今培養律師、牧師、軍官與藝術，已有多種專門學院，唯獨欠缺一所用來訓練記者的學院……在我看來是毫無理由的。」於是這位有所為、有所不為的偉大報人，創辦了繼密蘇里之後，聞名世界的哥倫比亞大學普立茲新聞學院。

因兩岸交流，我認識了優秀青年作家丁士軒與畫家汪雨，以三年時間共同寫作完成了《百年大師》的出版，受到兩岸矚目。接著我在大陸陸續舉辦六十多場的「大師講座」，足跡遍布大江南北，只要有邀請，我不辭辛苦樂於接受，我的目標是一百場。記得有一次在江西藝術學院演講，現場聽眾師生達四千人，我看到年輕的同學不斷筆記，十分感動；我希望以一百年來，兩岸的一百位大師故事感動青年，作為他們的引路明燈，作為人生的指標與價值取向。

兩岸交流讓我深切體認什麼是人生方向，因為不斷耕耘，我也受了許多的榮耀。江西藝術學院將學校所擁有的一萬多畝湖泊命名為「貞銘湖」；復旦大學出版社為我出版《世界百年報人》；浙大出版社為我出版《台灣新聞教育家──鄭貞銘》專書；浙江大學並特別召開「鄭貞銘先生新聞教育的理念與實踐」學術研討會，來自全國各地的新聞學者丁涂林、張夢新等也參與研討，台灣新聞界有前中央社總編輯王應機、國立北藝大教授賴祥蔚等參與。

大陸著名大學上海交大、北京師大、南京大學、湖南大學、中南大學、福建師大等約十所大學，聘我為講座教授或高級研究員，我每年愉快地奔波於兩岸，啟發青年。我以微薄的私人能力，要將兩岸交流當成事業。

每當疲累時，總憶起李煥師、楚崧秋師與姚朋（彭歌）學長的教誨與指導，他們給我方向，給我鼓勵與啟示。

李煥師說：「希望大陸在經濟成長後，漸漸往民主的方向邁進。」

楚崧秋師說：「為所當為，說所應說。」

彭歌（姚朋）學長說：「多多向大陸闡述新聞自由的觀念，這是我們這一代人的責任。」

每憶起師長與學長的指導與鼓勵，我總覺得這是我們這一代人不可放棄的責任。

蔣經國先生曾說：

在有忌恨的地方，散播愛心的種子；
在有傷害的地方，散播原諒的種子；
在有疑惑的地方，散播信念的種子；
在有失望的地方，散播希望的種子；
在有黑暗的地方，散播光明的種子；
在有煩惱的地方，散播快樂的種子。

民國八十年，教育家劉真先生也曾題「有愛無恨」四字書法期勉我。我認為兩岸中國人，應有智慧辨別什麼是我們國家的真正前途。我想除了愛心、原諒、信念、希望、光明與快樂，也別無其他。

北京，那個騎單車的陽光男孩

壹

北京那個騎單車的陽光男孩，又緩緩地把單車停在我住宿的一家皮影藝術酒店。我到北京渡假一週，選住在這家像是民宿的四星級酒店；在這裡，更能領略老北京的風味。

這個男孩在北京城生活工作，非常忙碌。但他在我停留北京的一週裡，每天中午下班，就買了家常菜與水果，在酒店四合院的大堂，與我一起共進午餐。午休時間不過一個多小時，扣除單車來回車程的四十分鐘，我們相聚時間不到一小時，但他不怕辛苦，只為了短短一小時的相聚時光，他到底為什麼要這樣做呢？

貳

這個騎單車的陽光男孩與我相識於三年前，他來台北做研究生交流兩個半月，他念中國人民大學新聞研究所，與文大新聞所交流。

在歡迎餐會上，我送每位研究生一本《無愛不成師》與《橋》。次日，我的傳真機上，就傳來他的一封來信。他說：

「如先生贈書名字《橋》，二〇一一年八月七日的夜晚，自己幸運地一睹鄭教授的儒雅氣度，聆聽到您的真切教誨，不經意間，被您的『橋』引渡至一個更加恬靜而深遠的

新的人生境地。先生曾說，兩岸應以謙卑心、理解心與關懷心為下一代開創光明前程。閱讀先生的人生歷程與學術生涯，可以隨時看到這座『心橋』的存在。

先生以飽含感恩之情，追憶曾經給自己『搭橋』的師長；而更多的繼來者以滿懷赤誠之心，記述先生為他們搭起的『愛之橋』。從這一座座『橋』的搭建與延伸，可以深深體會到『橋』已然成為您教育的使命；在與學生與社會之間堅韌地充當著橋樑，更為不相連的兩岸建構起溝通的『心橋』。而其間您經歷的疲乏與奚落，體驗過的歡笑與淚水，都無不使得這一座座『橋』彌足珍貴，歷久彌新。

《無愛不成師》，第一次聽到如此直白而簡潔的表述，但是瞬間就深深地理解和認同此中的深意。作為青年人，當我們在真理的海洋和現實的世界裡戰戰兢兢的時候，先生用『善』與『美』召喚著這些需要被引渡的孩子們。此時的教育不再空洞而虛泛，此時的年輕人不再躁動而不安。這些填充精神世界，安撫內心情感的東西，就是先生不斷給予的『愛』。」

這封信，不僅讓我感受這樣一位才華洋溢的青年，了解他的身世，更打動我的心靈世界，從而產生相惜相知的情懷。他說：

「在書中可以看到先生青年時初入社會的磨礪與辛勞，也了解到您也是一位清寒子弟，通過自己的努力逐漸改變了命運。相逢自是緣，在體會到先生的高遠境界後，更能找到彼此親切的印證；我來自山東濟南的一個小農村，祖輩都是普普通通的農民，目不識丁的父母從小教會我讀書的價值；期間九歲的時候，遭遇家父意外離逝，於是更加發奮讀書，

以報母恩；最終如願以償，得以進入中國傳媒大學讀電視新聞本科；後因成績優異，有幸被保送至中國人民大學新聞學院，繼續攻讀新聞傳播學碩士學位；現如今面臨即將畢業找工作的階段，在周遭同學紛紛放棄新聞夢想的時候，依然固執地堅守著當初的願望，期盼著將來會在中國的媒體或學術界終有所成……」

參

這位我為他命名丁士軒的陽光青年，在台灣交流的兩個半月中，曾經經由名師授課、媒體實習與參觀旅遊，認識台灣，也愛上了台灣，他回北京後的一封來信中說：「在台灣的兩個月，應該是我生命歷程中最明媚、最夢幻的時光。而在這生命中最好的時節，最大的幸運，就是與鄭老師結緣。這種緣分讓我相信這種相遇冥冥註定，讓我更加感激生活的美好。聽先生的教誨，看先生的氣度，感知先生的真愛，生命在這種歷程中一點點舒展開來，明白了原來生活應該如此去品味，生命本是如此溫暖。這種溫情與安然是一種神奇的餽贈，我將窮盡一生品味和追尋。」

士軒返回北京不久，我應邀在北京中國青年政治學院、中國傳媒大學、北師大等多校巡迴講座，當然免不了與到過台灣交流的十幾位同學聚餐，內心充滿快樂。

離別北京，三五位同學機場相送，其中當然也少不了士軒。回到台北不久，接到他的來信，其中有一段令我不禁淚下的字句，深切感受到一位赤誠青年的一顆熾熱的心。士軒在信上說：

「而當生命舒展開去的時候，心中從此也多了一份沉甸

甸的實在。在北京看著鄭老師離去的背影，內心莫名地失落，突然間很害怕失去。當您在武漢而我無法抽身探望時，拿著您的《無愛不成師》翻閱了整個下午，時間在回憶與想像中不經意溜過。」

我讀到他的失落心情，竟不禁流下淚來。

從此，我與士軒經常聯繫，每週他至少有一通電話來，關懷我的生活與健康，每到大陸學術交流，無論長沙、蘭州、西安、上海、東北，他總是請幾天假從北京來陪伴我。

肆

士軒與我都有一位偉大的母親。母親的含辛茹苦、堅忍毅力為子女獻出一生，對我們都有刻骨銘心的感受。

母親節，他的信函對自己母親的愛有感人的描述。他說：

「鄭母操勞一生，奉獻一生。雖已無緣見老人家一面，是一種永久的遺憾，但瞻仰書中的容顏，鄭母那種溫柔、敦厚的品德依舊可以讓人體會得到。曾不只一次翻看〈思念母親〉的章節，那種無私、無盡的愛與寬容閃爍在字裡行間，散落在鄭母的生活言行之中。『寧願自己吃虧』，樸素的生活哲學正是典型的中國傳統婦女所特有的品質。

這種愛的教育像極我母親，如今我也會仔細且小心地將有關母親的記憶整理和記錄下來，每每會從細微的記憶中獲得莫大的感動和力量。至今依然記得母親背著竹筐，撿拾路邊的磚塊，高高摞在院子裡，為的是我將來『蓋新房娶媳婦兒』。如今媳婦兒還沒娶上，而磚頭也早已歷經風雨破爛不堪，而母親卻為子女在生命中蓋起溫暖一生的高樓廣廈。還

記得，車藝不精的母親經常騎著自行車帶我去看醫生，往往會在轉彎處摔倒。每每母親都會心疼不已地來安慰，看母親緊張的樣子，有時即使沒有摔疼，總覺得還是要哭上幾聲，才算對得起不斷安慰我的母親。

今天的母親節，對於農村的母親而言依舊是陌生而靦腆的，然而依舊要對遠方的母親說聲『節日快樂』，從電話那一端傳來的嗔怪和快樂，讓我明白這種表達依舊是那麼需要。鄭母與我母親都是優秀的母親，而她們的經歷和辛苦也是那麼相似。現在，我也是那麼憧憬從未吃過的鄭母做的福州芋泥，聽一聽從未聽過的鄭母喜愛的《漁光曲》。」

士軒可不只是充滿感性的文藝青年。在無數次的書信交往與電話交流中，發現他更是一位理性而深邃的理性派。

我們不斷地討論國事與世局，更多對學術的交流。當我們在討論到叔本華《愛與生命的困擾》時，他說：

「讀罷《愛與生命的困擾》，感覺叔本華最是悲觀，將人間離析成痛苦與無聊的反覆循環；他也最為刻薄，把一切美好的東西硬生生敲成粉末。讀他，會莫名地驚喜，原來很多感受得到遙遠的回應；也會真切地失落，一切難道真的如此虛無？讀到最後，卻也生發出強烈的希望來：先知死，再知生；認清了世界，才會真正擁有世界。」

而在討論胡適之《中國哲學史》時，他又說了一段深刻的心情描繪，他說：

「胡適先生的《中國哲學史》，在我看來，不僅是實證主義者的一場踐行，更是自由主義者的一場期許。『整理國故』他在新思潮浪潮中愕然抽身；『再造文明』他在革命瘋狂年代裡獨守理性與自由。他用證明的方法，硬是從中國三

千年斷裂龐雜的哲學世界裡走出一條明晰的路；用批判的姿態，執意評說古人卻給了歷史難得的平等眼光。如燭光，胡適給了人們溫和的力量。」

如今，這位在職場已經三年的孩子，過關斬將，在每一場求職戰役都贏得重大勝利，並在重要單位擔當重要任務。在業餘，他仍不斷讀書，不斷寫作，作「口述歷史」媒介批評的研究。

雖然臉龐上似乎經歷一些風霜，但是他的努力與奮鬥仍刻在每一天的日子裡。

當他寫到清華大學陳寅恪教授六十歲雙眼失明，而仍在妻子協助下留下《柳如是別傳》這樣的傳世之作，他欽佩不已；在看到才子吳宓教授晚年的悲慘命運，他潸然淚下。

今年為了慶祝三年寫作完成，我決定到北京休假一週，過中秋，我們在北京北海公園，泛舟欣賞皎潔的明月；我們也在旁邊的咖啡廳天南地北聊天；似乎世間一切都在我們的關懷之中，但也似乎一切都不在我們計較之內，生命的機緣，讓我們渡過一個與往常都不一樣的中秋之夜。

在無數次討論中，我與士軒決定為下一代青年作些積極貢獻。我們要藉近百年兩岸百位大師的生涯，為青年人作人生指引。我們雖知路途艱鉅，但我們心意堅決。

於是我們開始討論名單，蒐集資料，研究寫作方法，我們希望以深入淺出的方式為每一位大師描繪人生，擷取大學人生精華，為青年指引大路。

「惟其深入，才能淺出」，我們看了無數資料。三年的緣分讓我們完成共同的理想。《百年大師》即將出版，是我們一生永恆的紀念。

在寫作不斷探索、討論與定稿的過程中，士軒來信說：「隨著我們不斷地交流與碰撞，我就如朝拜的信徒，負重卻又堅毅走向那份『愛』與堅持。那裡有經歷『困境』後的善良與正直，有愛心指引與扶持的感動與感恩。有走過千山萬水的胸襟與眼界；有孜孜不倦的堅持，有不忍落空的熱情，原來，鄭老師的愛是有根基、有姿態的。

於是，我人生道路上的那些凌亂腳步，漸漸有了確切的方向。我打開了我的胸懷與眼界，我定下更深層的期許與格局。」

這樣一個騎單車的北京陽光青年，我欣賞他、佩服他、也愛他。

民國一〇三年十一月十日，於正維軒

鄭貞銘教授的重要貢獻和成就

◎丁士軒

鄭貞銘先生被譽為「新聞教父」，歷任中國文化大學新聞系所教授、主任、所長，社會科學院長，國立金門大學講座教授，上海交大、南京大學、北師大、湖南大學、中南大學（長沙）、福建師大等校客座教授。

一、「把母校政治大學新聞教育精神延伸擴大」，奠定華岡新聞教育基礎

作為華岡新聞教育的代表人物，鄭貞銘被前文化大學新聞系主任徐振興稱為文化大學新聞系的「鎮系之寶」，擔任社會科學院長，催生廣告學系；恩師王洪鈞稱為華岡新聞教育的「靈魂人物」，徐佳士也公允地將他推為文化大學新聞系的「實際創辦人」。

一九六三年八月中國文化學院新聞系創系之初，鄭貞銘應受文大創辦人張其昀、恩師謝然之的邀請加入該系，擔任執行秘書。一九六四年，年僅廿七歲的他出任新聞系代理主任並主持實際系務，成為台灣最年輕的大學系主任。在張其昀創辦人和謝然之師的鼓勵支持下，鄭貞銘將「把政治大學精神延伸擴大」作為華岡新聞系的辦學方針，宣導「創業」精神和專業精神。

他延攬一流師資，曾虛白、王洪鈞、徐佳士、錢震、余夢燕、李瞻、顏伯勤等台灣新聞學界名重一時的大家先後應聘文化大學新聞系開講；推行「會見新聞界」活動，成舍我、王惕吾、余紀忠、錢復、林懷民、《中國時報》總編輯歐陽醇、《聯合報》總編輯馬克任、《民族晚報》總編輯黃仰山等新聞業界精英是華岡新聞系講台的常客；注重開拓新聞系學生的理論視野，大膽引入相關學科一流學者開設課程；力促學生白手起家，創辦新聞系實習報紙《文化一周》新聞學雜誌；推動文化學院新聞系與美國密蘇里新聞學院達成姊妹校協議，優秀學生李濤（現任 TVBS 電視台基金會董事長）、湯健明（前大愛電視台總監）、李傳偉（知名電視主播）等被選送至密蘇里新聞學院攻讀碩士學位；創設「月記」、每月新書、每週專題演講、畢業生文集等一系列特色教學制度，為當時輿論界所推崇，學生受益極多。

正是在鄭貞銘篳路藍縷地創業與推動下，文大大學新聞系成為與政治大學新聞系、台大新聞研究所等院系比肩的台灣著名新聞學府。

一九八九年，中國文化大學成立新聞與傳播學院，下設新聞、廣告、大眾傳播與資訊傳播等四個學系，還有新聞研究所與資訊傳播研究所兩大研究所。其間，鄭貞銘曾兩度執掌系主任之職，並曾擔任過中國文化大學新聞研究所所長和社會科學院院長共達十七年，成為華岡教授。

二〇一一年，他榮休後被返聘，迄今仍活躍在文化大學新聞所與廣告系的講台上，執教時間已達五十五年。

二、「只認教室，不認校門」，推動台灣新聞傳播教育發展

鄭貞銘是當代台灣新聞傳播教育界為數不多的元老，被許多台灣新聞傳播學界人士尊為「新聞教父」。一九六二年，鄭貞銘完成碩士學位論文《中國大學新聞教育之研究》，是台灣第一篇討論新聞教育問題的學術文章。本著促進台灣地區新聞傳播教育更大進步的目的，他除了在中國文化大學新聞系長期擔任專任教授之外，幾乎執教過台灣其他所有新聞傳播學府，直接或間接的學生總計在兩三萬人以上。他宣導「只認教室，不認校門」的教育理念，沒有偏見，消除門戶觀，只要願意受教，他都願意奉獻。

一九六五年十月十一日，中華學術院新聞協會正式成立，遴選當時台灣新聞學界和業界俊傑三十二人為院士，推選德高望重的馬星野先生任會長，馬星野、謝然之、曾虛白、陳裕清、曹聖芬、余夢燕、王惕吾為常務委員，鄭貞銘當選為協會執行秘書。一九八〇年三月廿七日，他催生中華民國大眾傳播教育協會在台北成立，成為台灣首個大眾傳播業學兩界聯合組織。協會推舉馬星野擔任首任理事長，徐佳士、李瞻、梅長齡、黎世芬為常務理事，王洪鈞為常務監事，鄭貞銘擔任秘書長，聯繫團結九院校師生。後增設兩位副理事長，分別由鄭貞銘和徐佳士出任。鄭貞銘負推進大眾傳播教育實際責任，先後舉辦學術研究、研究生論文發表會、出版專業叢書等。一九九二年九月一日，台灣傳播發展協會成立，鄭貞銘作為籌畫者，被推舉為協會理事長。協會曾與國父紀念館合作，舉辦大眾傳播系列講座，向大眾普及媒體知識，宣講傳播理念，兩度獲得教育部內政部頒發最佳

社團獎。上海復旦大學新聞學院新聞系五十週年，特邀鄭教授專題演講，他提出新聞教育的六個「不是」：「不是技術教育，不是孤立教育，不是廉價教育，不是速成教育，不是職業教育，不是僵化教育」，成了大陸新聞教育的辦學指針。

鄭貞銘認為新聞傳播教育之基是使命感之傳達：「新聞教育的基本任務，是要讓學生了解新聞到底是什麼？新聞事業肩負的社會責任是什麼？作為一名新聞工作者要堅持的理念是什麼？」他強調學生應該注重同時培養人文素養和社會科學素養，做理想「五有」新聞人：「腹中有墨，手上有藝，目中有人，心裡有愛，肩頭有擔。」

三、「謙卑心、理解心與關懷心」，開啟兩岸新聞傳播學術交流

鄭貞銘是最早參與兩岸新聞傳播學術交流的台灣知名新聞學者之一，復旦大學新聞學院孟建教授尊其為兩岸新聞傳播學術交流的先行者，清華、北大許多年輕教授說：「我們都是讀鄭老師的書長大的。」1994 年春，兩岸正式開放交流的第二年，他就應當時大陸廣播電影電視部之邀，赴大陸進行為期十天的正式訪問。此後，他每年都赴大陸講學或交流，足跡遍布大陸絕大多數省分的近百所新聞傳播院系，並廣設獎學金，將極大的心力奉獻給兩岸新聞傳播學術交流事業。

二○○一年，鄭貞銘被大陸首家新聞傳播類教育部人文社會科學重點研究基地——中國人民大學新聞與社會發展研究中心敦聘為僅有的兩位來自台灣地區的學術委員。二○○

四年，他率台灣新聞界高階訪問團造訪北京，團員包括前中央社總編輯王應機、政治大學廣告系教授鄭自隆、文化大學廣告系主任羅文坤、TVBS 電視台主播謝向榮、世新大學口語傳播系教授周玉山、英文《中國郵報》副總編陳信夫等知名人士，並邀戴瑞明為顧問。二〇〇六年冬，鄭貞銘應邀赴江西省九江國際藝術學院講學。在該校創辦人余靜贛的提議下，該校將校內的一方佔地萬畝的湖泊命名為「貞銘湖」，以推崇其對華人教育事業作出的傑出貢獻。二〇〇七年四月九日，「鄭貞銘先生新聞教育理論與實踐研討會」在浙江大學傳媒與國際文化學院召開，這是大陸新聞傳播學界首次專為一位台灣新聞傳播學者舉辦的學術會議，此外，浙大出版社更出版《台灣新聞教育家——鄭貞銘》專書，成為台灣第一位在大陸出版專書的學者。

謝然之曾對鄭貞銘說：「兩岸交流是歷史的契機，你們是幸運的一代，應該勇於承擔。」李煥也期勉他：「您的播種將來一定有極大的收穫，使大陸在經濟繁榮之後，政治也有走向民主的趨向。」二〇〇七年，鄭貞銘組新聞界高階訪問團訪問北京，在與大陸時任國台辦副主任王在希座談時，強調：「個人生命有限，民族生命無窮。兩岸應以更大智慧解決爭議，以促進交流。雙方應以更多謙卑心、理解心與關懷心，為下一代開創前景。」

四、「對青年永遠不失望」，用「愛」和「橋」開掘
　　人礦

鄭貞銘是經師，更是人師。秉承蔡元培先生主持北大時「相容並蓄」的人才招攬原則，與胡適先生信奉的「利息在

人間」理念，他認定教育的核心價值即是人才培養，教育者需要用「愛」開掘人礦。他將愛無保留地傾注在他的學生身上，踐行「無愛不成師」與「橋」的教育理念，桃李滿天下，被兩岸新聞界尊為「永遠的鄭老師」。

一九六三年，他在文化大學新聞系執教的第一年，一篇收上來的作業裡出現了高信疆這樣一句話：「老師的冷漠，是學生心靈永遠的痛。」他深受觸動，發誓「對青年永遠不失望」，只要教書一天，就要盡一己之力，善盡職責。對學生的愛，讓鄭貞銘將師生關係視作「忘年之交」，並與潘健行、高信疆、宋晶宜、陳剛信、吳章鎔、李天任、李濤、戎撫天、湯健明、廖俊傑、趙俊邁、李建榮、吳根成、翁重鈞、莊松旺、李傳偉、王偉忠等弟子成了知交好友。他還曾專為學生們寫傳，出版《熱情老師　天才學生》，細數師生情誼，暢銷一時。

二〇一〇年，鄭貞銘將自己的生命軌跡匯成了《鄭貞銘學思錄：無愛不成師》和《鄭貞銘學思錄Ⅱ：橋》兩部書，二十位門生以書腰的形式為恩師背書。退休前夕，他仿梁啟超收徒授課的方式，挑選了海峽兩岸各十二位有潛力的優質青年，成立廿四賢社，親手輔導他們，定期聽取他們對許多事物的看法，以期他們能夠出類拔萃，將來為國家社會作最大服務。他常說：「小小的教室，是大大的世界；大大的世界，是小小的教室。」鄭老師永遠在尋找與開掘著人才的寶礦。

被譽為「紙上風雲第一人」的高信疆曾在鄭貞銘六秩華誕時撰對聯頌揚說：「老師布局，天下一輪明月，萬里晴空觸眼明，將遇良才；學子運子，千尺絳帳佛面輕，世事皆沐

春風，馬逢伯樂」。

五、「再怎麼忙，也要與大師在一起」，闡揚大師典範，導引青年人生

　　從受教到服務社會，鄭貞銘幸遇曾虛白、成舍我、謝然之、李煥、王洪鈞、馬星野、錢震、余夢燕等諸多大師，特別是在參與張其昀先生創辦人創建華岡校園時，更是接受到「大師如雲」的薰陶與啟發。梅貽琦先生主持清華時強調的「大學在大師，不在大廈」，深得他的認同。他還曾應美國國務院聯合總署之邀，以青年學者身分到美國訪問三個月，走訪十一個州，遍遊美國第一流新聞機構與院系。其間，他與「傳播學之父」宣偉伯會晤，後者對他影響最深的一句話是：「我們教育的目的，不僅在於為學生謀職，而是指引他們的人生方向，培養創造力。」

　　鄭貞銘也曾受蔣經國總統親點擔任「中華國劇團團長」，親率徐露、嚴蘭靜、吳興國等名角巡迴北歐、中歐、美國、中南美等近廿餘國家，巡迴演出近四個月；當時中華民國退出聯合國，從事國民外交爭取與國非常重要，所以受到蔣經國總統褒揚。

　　鄭貞銘認為，大師們的風範、襟懷與膽識有導引人生的力量，是值得當下青年人一生學習的典範。因而，「再怎麼忙，也要與大師在一起」，闡揚大師典範，推動全人教育，提升人文素養，是他一生的理想。

　　二〇一二年底，鄭貞銘在文大新聞系成立五十週年之際，特在文大新聞暨傳播學院設置「新聞傳播與人文社會大師講座」，邀請國內外大師級學者作專題演講。目前已舉辦

八場，分別由實踐大學董事長謝孟雄教授、前監察院院長錢復、法學權威翟宗泉、名指揮家戴金泉教授以及李鍾桂、楊永斌、李本京等教授主講。

　　二○一五年一月十一日，鄭貞銘與中國青年學者丁士軒一同編著的《百年大師》正式面世。他們歷時三年，在兩岸的百年歷史中，以一篇四千字的規模，為青年尋找和勾勒出一百位大師的典範。「一百個大師，一百種典範，一百個故事，一百種感動」，鄭貞銘期許青年人能夠與大師邂逅，繼而渴望超越，瞻仰偉大，汲取智慧。該書之出版，造成轟動，獲得社會熱烈迴響。如今，他又成立了「銘軒工作室」，將闡揚大師典範作為一項長期而系統的事業和工程，繼續推進。

六、「我的第二生命」，筆耕不輟，著作等身

　　鄭貞銘將寫作視為「我的第二生命」，一直筆耕不輟，始終與時間賽跑。他首先是一位孜孜不倦的新聞傳播學術播種者，在新聞傳播學術領域的著作涵蓋新聞教育研究、新聞採編研究、報人研究、大眾傳播研究、公關研究等幾大塊內容，已獨立出版或組織編寫了近四十幾種相關著作或教材。其中，《中國大學新聞教育之研究》是台灣首部探討新聞教育問題的專著；《中外新聞傳播教育》是華文世界專研新聞教育問題的必讀經典；膾炙人口的《百年報人》共收錄近現代一○七位中外新聞人的事蹟，被稱作一部傳世的「近代中外新聞人物春秋史」；《新聞原理》、《大眾傳播學理》、《新聞採訪的理論與實務》、《新聞採訪與編輯》更是有著廣泛影響，成為兩岸經典教材，迄今暢銷三、四十年。

同時，他還在文學創作方面取得不凡的成績，主要在闡揚母愛、師生情、心靈改造及生活小品，曾因此榮獲中國文藝協會「五四文藝散文獎」，香港文教傳播聯會「傳記文學獎」，其中，《文化・傳播・青年》闡述了他的人生志趣與理想所在；《資訊・知識・智慧》是關於資訊爆炸時代的感時憂世之作，提供讀者全新的思維；《熱情老師　天才學生》與《老師的另類情書》記述師生情誼，感人至深；《無愛不成師》與《橋》凝集人生軌跡，感悟生命情緣，慨歎歲月如歌；《百年大師》彙聚大師精髓，導引青年精神，再造傳世之作。如今，鄭貞銘仍舊伏案寫作，熱中剖析時事，他的文字仍舊活躍在各大報紙版面上。

　　預定五年內將分別出版《百年風雲》、《百年風華》、《百年風骨》與《百年追夢》等書，希望將百年來影響兩岸黨政、外交、軍事、財政、金融、教育、文化、文學、傳播、宗教、工藝等領域之各方傑出人士羅列出版，作為青年追尋人生理想方向的追尋典範。

承擔痛苦，導引時代——百年大師的啟發

「在自己的身上，克服這個時代。」一百多年前，尼采對當代人的無謂匆忙深惡痛極，也感慨學者一再地墮落，於是發出了這樣的抗爭口號。時過境遷，尼采這句話依然閃爍著光輝。今天，站在我們共同走過的時間渡口，重新審視中國的過去與未來，我認為，當下的有志青年面對這個時代，不僅僅是去「克服」，而且要主動去承擔這個時代的痛苦，進而開創出新的風氣，導引這個時代。

關於「時代」，最為經典的，莫過於英國作家狄更斯在《雙城記》寫下的：「這是個最好的時代，這是個最壞的時代。」人在時代中，當然深受時代的浸染與裹挾。在過去，我們很多人飽經戰亂流離之苦，身不由己地背井離鄉，跨過「巨流河」，走向「大江大海」。再後來，我們又經歷了台灣經濟建設的興起，重塑「自由中國」，再造「美麗島」，於是我們見證了台灣民主浪潮的興起。

再後來就是政黨的興替，反對者變為執政者，執政者又變為階下囚，小馬哥變成老馬哥，直到如今「九合一」選舉後的風起雲湧。這期間，台灣的民間社會快速興起、言論自由充分勃發，但不容忽視的，是文化品質的衰落、理想主義的稀薄。

原來，威權時代有威權時代的苦，民主時代也有民主時代的憂。在走向現代與自由的道路上，又有誰能夠確定，我

們已經完全地擺脫了這個時代的奴役與桎梏呢？更何況，在當今資訊氾濫、眾聲喧譁的網路時代，知識越發缺乏，智慧更是稀有。

面對這樣的時代，我們的確多少找到了些「克服」的方法，那就是我們逐漸學會了反思，開始嘗試去批評，要麼就是嘲笑與調侃，再不行索性就逃離，如今的年輕人大多願意去過屬於自己的「小確幸」的舒適生活。曾經我們「什麼都信」，如今我們開始「什麼都不信」，懷疑一切，否定一切，看衰一切。我們習慣了把一切都推諉給時代，然後詛咒這個時代。

這當然是時代的進步，也當然是我們的幸運。然而，痛苦的現實仍在那裡，嚴峻的未來還會到來。那有志青年，不僅要去「克服」這個時代，還要去「導引」這個時代。如何導引？先講一個寓言故事。

有一位年輕人對大師說：「我像你一樣勤奮努力，也像你一樣執著追求，然而我依然是個凡人，而你卻成了大師，這是為什麼？」大師沒有正面回答，而是給他出了一個題目：「假如現在橫亙在你我之間是一條河流，你怎樣跨越？」年輕人回答道：「第一條路徑，如果有座橋，我就直接過橋跨越；第二條路徑，如果有渡船，我就乘船跨越；第三條路徑，如果我會游泳，我就游泳跨越。」

大師說道：「你第一條路徑過河，是依靠別人造的橋過河，不能算你完成了跨越。你第二條路徑過河，是依靠別人造的船過河，也不能算你完成了跨越。你第三條路徑過河，只能說明你憑藉自己的資質偶爾從此岸到了彼岸，假如大雨滂沱或大雪紛飛，你還能游泳過河嗎？所以也不能算你徹底

地完成了跨越。」

年輕人聽了大師的話，若有所思地說：「不過還有一條很難的路徑，就是我親自造座橋跨越，但我沒有造橋的本領，尊敬的大師，看來我是無法跨越這條河流了。」這時，大師微笑地對他說：「你是個聰明人，你知道造橋既能實現你跨越的追求，也能成全別人過河的願望，但你卻因為難而不為，現在我告訴你，凡人與大師的區別就在這裡。」

凡人總是追尋自己的夢想，成全的也不過是自己的願望；而大師不僅追尋自己的夢想，而且成全的也是眾人的願望。面對這個時代，你能否做到，放下每個人都能簡簡單單做到的嘲笑與逃離，主動承擔它的痛苦，甘當人梯，搭一座笨拙的橋，不僅為成全自己，也為成全別人，最終導引這個時代？

這當然是很難做到的，但是在這條導引之路上我們並不孤單。自一八四〇年西方列強的堅船利砲轟開清政府閉鎖的大門，中國便迎來最動盪屈辱的歷史，眾多知識分子也走上他們探索的旅途。那是「三千年未有之大變局」裡的苦難記憶，也是諸子爭鳴、大師迭出的輝煌時刻。從器物到制度，從革命到啟蒙，再到「救亡壓倒一切」，這些仁人志士將自己與那個時代緊緊維繫在一起，最終取得了導引那個時代的輝煌業績。他們是如何做到的？

首先，要有堅定的志向與堅守的勇氣。猶如搭一座橋前，首先要選定一處地點，並安頓下來。

容閎，一八五四年順利地拿到了美國耶魯大學文憑，獲得文學學士學位，成為中國受過美國高等教育的第一人。當他戴上學士帽的那一刻，這位前途遠大的年輕人許下心願：

「我決定使中國的下一輩人享受與我同樣的教育。如此，透過西方教育，中國將得以復興，變成一個開明、富強的國家。我將盡一切智慧和精力奔向這個目標。」

正是帶著這個夢想，畢業的這年冬天，容閎謝絕了許多美國友人的挽留，毅然回到了闊別多年的充滿戰亂、貧窮、愚昧的祖國，從學中文、四處謀生開始做起。經過了漫長的十八年等待，一八七〇年，他終於讓清政府批准通過了他提出的「留學教育計畫」，開啟了中國近代留學事業。

連橫，十三歲那年，其父連永昌買了一部《台灣府志》送給他，並鄭重地說：「汝為台灣人，不可不知台灣事。」這是一部重修於乾隆二十九年（1764）的方志，連橫讀後「頗病其疏」，萌發了最初的糾正之念。乙未割台後，連橫看到日本統治者為了泯滅台灣人民的民族意識，竭力棄毀台灣的歷史文獻，有意偽造虛假的歷史愚弄當地民眾，感於「國可滅而史不可滅」的古訓，念及兒時志願，立下編寫一部貫通台灣千年歷程的信史的宏志。

從一九〇六年開始，他花了整整十二年的時間網羅舊籍，博采遺聞，旁及西書，參以檔案，直至一九一八年，終於寫成六十萬字的《台灣通史》。此書一出，全島風行，不僅結束了「台灣三百年無史」的歷史，也使當時的統治者日本人大為震撼。

梁漱溟，從小就立志要做一個「有思想，而且本著自己的思想去行動」的人，曾聲稱自己最大的愛好便是思考問題：「你看我最閒的時候，其實是我最忙的時候。你看著我坐在那裡似乎什麼事情也沒有做，其實我的思想已經跑得很遠很遠了。」

因為思考問題，梁漱溟經常失眠。腦子一開動起來，很難煞住車。他一生不斷追求的兩個問題：一是人生問題，即人為什麼活著；二是中國問題，即中國向何處去。一九八〇年，美國學者艾愷教授找到梁漱溟，跟他連續十餘次訪談，最後整理出來的，書名為《這個世界會好嗎》。這恰恰是當年父親梁濟自殺前問他的一句話，他一生都不曾停止思索。

張其昀，一生致力於中華文明的傳承，只靠五萬美元起家創建中國文化學院（中國文化大學前身）。當時沒有政府的財務支援，甚至銀行的貸款也很難貸到，每每面臨捉襟見肘的困境。但他追求完美，請來台灣島內最著名的城市規劃師盧毓駿，著手設計校園的建築主體。他將那裡命名為「華岡」，寓意「美哉中華，鳳鳴高岡」。有人認為他要破產，張其昀對學生們說：「欠債我還，坐牢我去，你們只需努力向學，便慰我心。」

學校剛剛建立時，很多著名的教授、學者、專家紛紛前來兼職，很多人授課而不受報酬，總是以台灣大學不得兼職為由拒絕，為他節省開支。一時間華岡名師雲集，僅僅就文學、史學而言，延攬的師資，如錢穆、黎東方、楊家駱、宋晞、吳經熊、林語堂、陳立夫、高明、曾虛白、謝然之等，均是一流的學者和大師。

一九八五年八月廿六日，張其昀因心臟衰竭，病逝台灣榮民總醫院，享年八十五歲。臨終前，他要求在自己的墓誌銘中，不必炫耀他在政壇上的成績，只希望表達三大志願：一、華岡學園（中國文化大學）的創始人；二、《中華五千年史》的作者；三、全神教的提倡者。在張其昀的心靈裡，沒有任何權勢、懸念，甚至連秘書長、部長的桂冠也沒有存

放的位置，而只有教育的愛、文化宗教的愛與國家民族的愛，其風範可媲美美國第三任總統湯瑪斯・傑弗遜。

其次，要有專業的才能與求是的精神。猶如搭橋準備動工時，必須具備堅固的石料和所需的工具。

蔣百里，一九〇一年，十九歲的他投筆從戎，東渡扶桑，在日本陸軍士官學校深造。四年後，蔣百里以步兵科第一名從日本陸軍士官學校畢業，獲得日本天皇的賜刀，第二名是日後起兵討袁的「護國將軍」蔡鍔。一九一二年，蔣百里出任保定軍官學校首任校長，鄭重宣誓：「我要你們做的事，你們必須辦到；你們希望我做的事，我也必須辦到。你們辦不到，我要責罰你們；我辦不到，我也要責罰我自己。」不久，他即某項對學生的承諾未能實現而當眾自殺，後被幸運地搶救回來。

在接受蔣介石的委託，為暑期訓練班各省高級將領授課期間，他將一生的軍事著作和講稿，精選修訂，編成一冊《國防論》，全書洋洋十萬言。當時正值抗戰前夜，敵強我弱，國民黨內恐日心理相當嚴重，蔣百里卻在卷首飽含深情地寫下：「萬語千言，只是告訴大家一句話，中國是有辦法的！」

竺可楨，被公認為中國氣象、地理學界的「一代宗師」，他早年主持建造的南京北極閣氣象台，成為中國近代氣象科學事業的發揚地。一九三六年，他臨危受命，赴杭州擔任浙江大學校長。在全校學生大會上的第一次講話，他就鮮明地指出：「大學教育的目的，絕不僅是造就多少專家如工作師、醫生之類，而尤在乎養成公忠堅毅、能擔當大任、主持風氣、轉移國運的領導人才。」

一九三八年，在一次校務會議上，竺可楨正式提議將「求是」定為浙大校訓，即「排萬難，冒百死，以求真知」的精神。他特別強調：「科學精神是什麼？科學精神就是『只問是非，不計利害』。這就是說只求真理，不管個人的利害。有了這種科學的精神，然後才能夠有科學的存在。」

　　陳寅恪，因身出名門，而又學識過人，在清華任教時被稱作「公子的公子，教授之教授」。一九二六年六月，只有卅六歲的陳寅恪，就與梁啟超、王國維一同應聘為研究院的導師，並稱「清華三巨頭」。這其中還發生過一個小插曲，先前校長曹雲祥認為陳寅恪一無大部頭著作又無博士學位，怎麼有資格作導師？梁啟超堅定地說：「我雖有著作，但加在一起也不及陳先生三百字的價值。」

　　後來，姪子陳封雄曾好奇地問過陳寅恪：「您在國外留學十幾年，為什麼沒有得個博士學位？」他答：「考博士並不難，但兩三年內被一專題束縛住，就沒有時間學其他知識了。只要能學到知識，有無學位並不重要。」後來，陳封雄半信半疑地向自己的姑父俞大維提起此事，俞說：「他（寅恪）的想法是對的，所以是大學問家。我在哈佛得了博士學位，但我的學問不如他。」

　　錢穆，因為家境困難，自知上大學無望，便立志自學，發奮苦讀，「夏暑為防蚊叮，效父納雙足入甕夜讀」。抗戰時期，他在西南聯大時時躲避不斷空襲的混亂中，開始準備撰寫《國史大綱》。他把自己關在遠離昆明七十公里的宜良縣岩泉寺裡，每天筆耕不輟，用了一年時間才大致完成書稿，並於一九四〇年出版。

　　他強調，「國民當知國史」，由此方能建起「信仰」。

因而，他宣導對「本國以往歷史」，須抱有一種「溫情與敬意」，如此才不會產生「偏激的虛無主義」。一九八六年生辰那天，九十二歲的他在素書樓裡為弟子們上了「最後一課」，並留下最後的贈言：「你是中國人，不要忘記了中國！」

再次，要有自由的思想與獨立的人格。猶如搭橋的過程中，不畏激流險灘的阻隔和蒼茫長河的裏挾。

蔣渭水，一九一五年，廿四歲的他以第二名的優異成績，畢業於眾所仰慕的台灣總督府醫學校（現國立台灣大學醫學院）。他原本可以享受榮華富貴的人生，但畢生的心願只有一個，那就是要喚醒所有台灣人的自覺，一起擺脫殖民統治者的壓迫，共同為這塊土地謀求更大的福祉，「台灣是我們的台灣，台灣的社會，是我們的社會，是不得袖手旁觀放棄責任的，台灣之厲害就是我們的厲害」。

一九一八年，醫生蔣渭水對當時的台灣社會開出一份「診斷報告書」。裡面指出「患者台灣」患上了「知識的營養不良症」，必須要進行「原因療法，及根本治療」。《蔣渭水傳》的作者黃煌雄曾說，在蔣渭水身上，至少體現了兩種精神：一種是「台灣精神」，如今再也找不出像他那樣徹底的本土化的第二個人，另外一種便是「中華民族精神」，蔣渭水始終強調漢民族文化的一致性。《經世新報》曾評論道：「（蔣氏是）熱血男兒，渭水之後，更無渭水其人。」

蔡元培，主張教育救國，曾受孫中山之召，任中華民國臨時政府第一任教育總長。一九一七年，本著「我不入地獄誰入地獄」的念想，蔡元培成為北京大學新任校長。開學典禮上，他發表著名的《就任北京大學校長之演說》，與北大

學生約法三章：一是抱定宗旨，「大學者，研究高深學問者也」；二是砥礪德行；三是敬愛師友。

他以觀念改革為先導，採取「囊括大典、網羅眾家、思想自由、相容並包」原則，「仿世界大學通例」推動北大的現代化轉型，由此揭開了中國現代教育事業的序幕。一時間，陳獨秀、胡適、李大釗、錢玄同等紛至沓來，帶來了一股清新之風，引領出新文化運動的時代先鋒。

張季鸞，一生從未介入任何黨派，最終成為風雲變幻的大時代一個有著巨大影響的獨立報人。一九二六年主持《大公報》筆政後，他先聲奪人，提出著名的「四不主義」辦報方針：不黨，不賣，不盲，不私。寥寥八字，擲地有聲，一經公諸天下，就界定了《大公報》的堂堂報格，從此公眾明鑒，天下監督。

一九四一年，張季鸞病逝，終年五十三歲。一介報人的亡故，卻驚動了當時國共兩黨的最高層。他們都在第一時間發來唁電，蔣介石將其譽為「一代論宗」，周恩來則稱其為「文壇巨擘，報界宗師」。

傅斯年，歷史學家、學術領導人、五四運動學生領袖之一、中央研究院歷史語言研究所的創辦者。他在歷史學研究方面，主張「上窮碧落下黃泉，動手動腳找東西」，在現代歷史學上具有很高的地位。他任國立台灣大學校長期間，明確表示要「純粹地為辦大學而辦大學」，並以荷蘭哲學家斯賓諾莎認為的「宇宙的精神在於追求真理」的概念與師生共勉：「我們貢獻這所大學於宇宙的精神！」

蔣介石對傅斯年這個桀驁不馴之士欣賞有加，一心把傅斯年拉入政府當官。結果，任說客說破了天，傅斯年堅決不

肯加入政府。蔣介石死了心，轉而想拉胡適進入政府，希望傅斯年能做做說服工作，結果傅斯年也竭力反對。在給胡適的信中，傅斯年說，「一入政府，沒人再聽我們一句話。」他勸胡適要保持名節，其中有一句話極有分量：「借重先生，全為大糞堆上插一朵花。」正是這句話，打消了胡適作官的念頭。

　　爬梳這些大師的人生歷程，你會發現，其中無一不透露著求是的真，忘我的善，生命的美。他們願意在社會大變革到來時，放棄隨波逐流的舒適安逸，主動去走抵抗力最大的路，為時代洪流搭建引導的橋樑，不僅為成全自己，也為成全別人，最終也成全了那個時代。

　　電影《一代宗師》中有台詞道：「練一口氣，點一盞燈。念念不忘，必有迴響。」循著百年大師的探索足跡，我真誠地希望當下的年輕人能獲得某種承擔痛苦，甘當人梯的勇氣與能量，進而相互鼓勵，彼此溫暖，共同搭建屬於我們的橋，延續大師的精神，超越時代的泥淖。

於中國文化大學頒授名譽文學博士典禮日發表

民國 104 年 5 月 26 日刊於《中國時報》

新聞傳播的世紀見證
——《百年報人》寫作的心路歷程

　　《百年報人》問世後，許多好友、讀者紛紛問：何以要做這麼一件艱鉅的事情；我的答案很簡單：就是希望全體傳媒界朋友不要喪失「理想性」。

　　「回顧」是為了「前瞻」，「繼往」是為了「開來」；歷史，原就是一條長河，它的原貌固然難以全然恢復，但世界萬物既不相同卻又相通的道理，卻值得我們深切體會。

　　一生為故國「招魂」的國學大師錢穆教授，為故國傳承文化的苦心孤詣，眾所公認。當大眾傳播今天面臨十字路口的當刻，我們是不是要回顧一下過去，做未來方向的指引？我們是不是要為若干偏頗發展的媒體「招魂」呢？這是作者研究新聞一生、教學新聞一生的最大思考。

　　任何一門學問，任何一種事業，最值得珍惜的，應該是歷史，最值得重視的，也應該是歷史。而人則是歷史舞台的主角，更是推動歷史前進的主軸。任何歷史的輝煌紀錄，都是透過人的智慧與努力而達成的。

　　作者作《百年報人》的研究，就是想透過梳理歷史、認識歷史、解釋歷史，以發覺傳播史傑出而具代表性人物，其表現的氣節、操守、能力與風範，近一步了解其內心世界的精神動力，作為後世取法、借鏡的典範。

　　《百年報人》套書（共六冊），就是在這樣的背景與理

念下完成的，嚴格說來，本書不僅百人，應該是一百零三人，因為胡文虎與胡仙是父女檔，黃遹霈與余夢燕是夫妻檔，李濤與李艷秋也是夫妻檔。

　　他們跨足的領域，跨越了大眾傳播的所有重要領域。其中包括報業、通訊事業、雜誌事業、廣播、有線電視、無線電視、廣告、電影、新聞教育與學術、國際傳播，而他們的身分，或是老闆、或是創辦人、或是主播、或是戰地記者、或是教育家。不同的身分，卻扮演了同樣重要的角色，在新聞傳播史上閃閃發光。舉例言之。例如：

‧為新聞事業與新聞教育作開拓先鋒

　　例如倡導新聞學研究與新聞史研究的蔡元培、徐寶璜、戈公振；開創中央社的蕭同茲、中廣的葉楚傖；開創報業教育的威廉斯與普立茲等，他們的拓荒精神為繁枝茂葉的新聞事業奠定了極佳的基礎，他們是開路先鋒的勇士。

‧開創新聞事業王國，服務人類

　　中外的新聞事業家，如梅鐸的跨國媒體經營；ＣＮＮ電視事業領導者泰德‧透納；不朽的卡通大師華特‧迪士尼；以及我國《聯合報》系王惕吾先生的「正派辦報」、《中國時報》系余紀忠先生的報業理念、陳剛信開創民視經營奇蹟，都是貢獻人類，在新聞傳播史上動人不朽的篇章。

‧樹立風範，留下豐富的精神遺產

　　許多中外報人在從事報人生涯中所樹立的風範與典範，留給人們以豐富的精神遺產。如我國《大公報》張季鸞先生

「不黨、不賣、不盲、不私」的「四不主義」，如曾虛白先生樹立的「不求作官」、「但求作一生記者」的典範；又如成舍我先生為新聞自由而奮鬥的動人事蹟；陶百川先生的先知灼見及《華盛頓郵報》董事長葛蘭姆女士所表現的道德勇氣，都給後人留下極佳的學習楷模。

・一代宗師為新聞傳播學術與教育奠立不拔根基

　　新聞傳播由術而學，甚至成為今日的顯學，是許多傳播教育家與學者心血寫下的動人篇章；如首創新聞教育的美國密蘇里大學新聞學院創辦人威廉斯與哥倫比亞大學新聞學院創辦人普立茲，都堅信新聞的專業教育，培養的人才不僅在技術，更在於學術與社會責任；我國的曾虛白、謝然之、馬星野、王洪鈞、徐佳士等都堅持這種理念，貫徹理念；成嘉玲女士在繼承父親成舍我遺志，發揚光大後更功成身退，表現了高貴的風範。

・全方位的記者，服務人群

　　為了服務人群，美國戰地記者恩尼・派爾以身殉職，他的作品牽動了戰時美國千萬個家庭的心；電視主播華特・克朗凱堅持公正、客觀的新聞原則，被譽為「美國最受信任的人」。

　　我國近數十年的記者中，也多風範；徐鍾珮、陳香梅、蘇玉珍，成了女記者的典範；王效蘭經營《民生報》，堅持提升生活品質的理念，貢獻卓著；而彭歌以倡導文學、讀書為職志，高希均以「傳播新知」為理想，張繼高的人文理念，殷允芃的一「以天下為己任」。他們對社會的服務與貢獻，我們都不可以或忘。

· 做歷史的傳承人，持續奮鬥

歷史是不斷演進的，我們需要面對新時代的挑戰，才能不斷革新。CNN 的頭條新聞，最近又有新的突破；李安之成為電影推手，因為他結合了東西方；李濤「二一〇〇全民開講」、李豔秋的「傀儡論」，都讓我們在歷史的轉捩點，找到新的思考與努力方向。

· 為本土文化植根，堅定抗拒權力與壓力

台灣從威權政治走向民主政治，許多本土化報人的努力與貢獻是不容抹煞的。李萬居以及吳三連、李玉階、吳紹璂、李瑞標、謝膺毅等，都曾經為這片土地真誠流過汗、灑過血，他們的故事令人動容，也可以讓後生晚輩見賢思齊。

個人一生酷愛歷史，也受胡適之、劉季洪先生的影響愛讀傳記。從事新聞傳播教育近五十年來，也深感新聞傳播史的教學有頗多值得省思、檢討之處，所以發願作「百年百位報人」的研究，其目的在從前人的經驗中，使我們更有知識面對明天、更有智慧面對未來。

百人的選擇，基於個人的認知，當然只是一得之愚、一己之見，不周延處必然難免，希望大家多多指教；筆者受各界熱忱朋友的鼓勵以及遠流發行人王榮文先生的贊助支持，擬議成立「銘軒工作室」，希望能夠作持續性的努力：這個理想，能否成功，尚在未定之天，希望有共同興趣與理想的朋友共襄盛舉，以底於成。

原載《中華日報》，民國 90 年 9 月 19 日，第十九版

不容青史盡成灰——「百年系列」緣起

　　這是一個資訊發達的社會，卻也是一個資訊氾濫的社會；隨著新傳播科技的發展，網路、電腦無所不在，手機、簡訊控制了我們的日常生活。

　　口水無處不在，眾聲喧譁，我們怎樣才能避免掉進泥沼，保持清醒呢？我們如何能將資訊提升為知識，進一步提升為智慧，使我們過一個智慧人生呢？

　　民國一〇三年，我與大陸優秀青年丁士軒、汪雨（士倫）商議，我們要為現代青年在兩岸近代史上找一百個大師，以四千字的規模、可讀性的寫作，著重故事性、啟發性，給青年找一百個典範，作為他們追尋人生價值的典範。

　　在寫作過程中，我們既快樂又痛苦。快樂的是，每當我們閱讀到這些大師資料時，隨時都有新知進入我們腦海；但閱讀大量資料不免有勞累之苦。然而我們真正辛苦的，不是身體勞累，而是閱讀部分大師一生遭遇挫折時，特別是大陸文革期間紅衛兵在迫害大師的往事，夜間常一面寫，一面流淚。那種經歷，是一生寫作生涯的少見。

　　這種寫作，使我深深體會到，「一百個生命，一百種典範；一百個故事，一百種感動。」

　　台大中文系名教授張佛千曾以我的名字作對聯，寫了一幅書法給我：

　　「貞勵風霜，貞木常綠；銘勒金石，銘盤日新。」

我的一生確是經歷多種風霜；但我自認，無論對人對事，我都經得起考驗；堅韌的生命力，我不輕易向惡勢力妥協，更不向權貴屈膝。堅持「寧靜致遠」、「與時俱進」，以不負母親教養、師長教誨、長官提攜。

　　大教育家，師大校長劉真，在民國八十年六月寫了一幅他自己平日待物自勉之語以贈，更堅定我一生信念。這自勉之語是：「有愛無恨。」

　　我在《百年大師》之後，成立銘軒工作室，規劃「百年系列」的建構，希望繼《百年報人》、《百年大師》之後，繼續努力。

　　實踐大學董事長謝孟雄先生知道我在策劃「百年系列」的大寫作計畫，來信說：「您的百年系列，媲美司馬遷歷史之作，您是現代司馬遷，真正應譽為大師第一人。」這段話讓我汗顏，卻也給了我十分大的激勵。

　　我是學新聞出身，但秉於「今日之新聞是明天的歷史」之認知，且受胡適之、劉季洪等前輩學者提倡傳記文學的影響，使我深刻了解：雖然新聞與歷史不純然是同一件事，但卻有密切的關聯與相通之處。因為歷史是過去每一天新聞不斷日積月累的組合，兩者息息相關。

　　我們透過網路、資料庫獲得真實、公正與客觀的新聞報導，有如走入時光隧道，讓歷史現場重現。

　　新聞與歷史皆以記錄為職責，皆須透過探索與追求才能有較為真實的歷史面貌與公正的評論，然後成一家之言。最重要的，新聞記者與歷史學家須有同樣的修養；劉知幾所主張的「才」、「學」、「識」與章學誠所主張的「德」，才

能真正達到「富貴不能淫，貧賤不能移，威武不能屈」的理想境界。

鑑於此，我讀世界名人傳記，輒生嚮往；讀史學家之求真、求實，尤為欽敬；而對我國著名的歷史學家司馬遷作《史記》、司馬光作《資治通鑑》，尤深欽慕，研究其平生事蹟，更多啟示。

「究天人之際，通古今之變，成一家之言」，歷史的盛事與人才的輩出或由於天意，或由於人事，都有待查源探本，尋找根源；大史學家司馬遷，他冷眼觀世界，察天意與人事之變化，正本清源，以展現觀歷史發展的脈絡，真所謂「天降大任」。

司馬光或因為官之途不順遂，而立志走一條不一樣的路。但見他繼承司馬遷以來史官，證明一個人對國家社會的貢獻不是只有一條軌道，有時殊途同歸，其貢獻更超越為官，其風範更勝於一時宦途的耀武揚威，他的影響是千秋萬世的。

司馬遷的《史記》與司馬光的《資治通鑑》同樣是中國歷史的巨著；雖然風格不同，寫作方式各異，但同樣是見證歷史永垂不朽的傳世之作。

我考大學填的志願，一是政大新聞，二是師大教育，三是台大歷史。我有幸這一生，經歷過新聞、教育與歷史的生涯。

所以，「百年系列」的規劃與製作，乃建基於一直以來五種精神的信念：

必須有「歷史家」的堅持。為了「不容青史盡成灰」，我希望這些在歷史上曾經叱吒一時的風雲人物，或彪炳史

冊，或遺臭萬年，都能符合史實，作為後人了解或繼續研究的依據。

其次，必須有「新聞記者」的精神。新聞記者秉公正、客觀，摒除個人偏見與好惡的精神。許多過往人物固然「蓋棺定論」，而對許多仍在世的人物，則希望呈現到執筆最後一刻的社會觀點。

第三，必須要「文學家」的素養。文學家是以動人心弦的文筆感動讀者，因此我們特別重視寫作上的「淺顯性」、「故事性」以增加「可讀性」，便於讀者閱讀，並為青年讀者所喜愛。

第四，要有宗教家的情懷。「道德」可被描述為各種文化能量的聚結，許多新聞人不僅是「道德」的繼承者更是傳播者，我們可以從一篇篇新聞人的篇章中，一次次的體會到他們是如何彰顯其核心意義和價值，體現新聞工作者在文化傳統恪守類似宗教精神的倫理精神，並有宗教家的博愛濟世情懷。

第五，還要有「企業家」的動力。「百年系列」要引導青年人生觀、價值觀，自應透過企業作為，使系列叢書深入社會，普及兩岸，使得人手一冊。師長有以教學生；家長有以教子女，使源遠流長的中華文化，透過巨人的典範或教訓，深入社會，造化人心。

在多年努力從事「傳記文學」的過程，深深體會到幾點成敗的關鍵：

1. 宏遠的見識：大處著手，遠處著眼。就如胡適所說：「為文學開新路，為史家找材料。」
2. 堅定的毅力：從事傳記文學，期間所遭受的艱辛和

挫折，自非外人所能盡知，惟有堅定毅力，不屈不撓，始能有成。

3. 豐富的人脈：成就傳記文學，必須交遊廣闊，從廟堂之上、達官顯紳、學術名流乃至凡夫俗子，無不交往，乃有多方管道，使青史得以傳揚。

愛默生說：「人世百態，有非圖畫、雕刻所能狀其什一者，則不得不求之於文學，其中人物傳記則能使讀者對之，有如接觸其性情然。」

嘉爾維費說：「傳記之感人，雖然各個不同，而其為真正感動，乃可斷言。」

為提倡文學，劉紹唐辦《傳記文學》、王成聖創辦《中外雜誌》、黎東方講史，都能使人因感動而有作為；喜讀傳記的人還可獲得快樂的精神、希望的鼓舞，進而產生新的力量。比如胡適寫《四十自述》、蔡元培寫《蔡元培自述》、沈從文寫自傳、顧維鈞近五百萬字的回憶錄、容閎的《我在中國和美國的生活》（英文版）。

肖像畫貴有明暗，才能勾畫出輪廓、特徵，傳記亦須如是。有價值的傳記，要首重真實，方能引人入勝。大抵偉人傑士之所以能夠有感人的地方，不僅只是有赫赫的正業，尤其他們的性格，不僅是在於智慧方面，尤其在人情味的一面。人固有光明坦然的一面，也不免有陰暗的一面；完美無缺陷的人，有時反悖常人情。瑕不掩瑜，反而更能刻劃真切。

《百年報人》是新聞專業的研究；《百年大師》是學者大師的描繪，而一個社會之建構，是多文化之發展而影響不同。其中黨政、經濟、金融、企業、軍事、外交、國際傳

播、文化、文學、教育、藝術、報人、記者、宗教、體育、社會⋯⋯等諸領域各有其不同影響層面，也都有卓然有成、貢獻殊多之人物，於是我乃有了為百年各領域代表性人物撰寫傳記之動機；然而建構大師之工程，非我個人能力所能完成，所幸有兩岸志同道合之君子，願共襄盛舉，三年過程，絕非坦途，但世間有意義之事，總要有人承擔，這是我從事「百年系列」之初衷。

「百年系列」除依循《百年報人》、《百年大師》的寫作經驗，大量閱讀相關書籍與資料，取精用宏外，仍希望以每篇四、五千字的的規模寫作百年人物的精采人生，並以「可讀性」、「故事性」為原則，以文字魅力讓青年朋友樂於接受。

《百年風雲》寫作過程，承錢復先生、李鍾桂女士、林澄枝女士、呂麗莉女士、戴瑞明大使、王飛大使、劉瑛大使與沈昌煥先生公子沈大川等先生大力協助，熱心提供資料，講述故事。

有六位大使曾經與作者討論「外交人物」專欄之寫作名單，並提供許多背景資料，對我們的工作助益很大。

為深入了解更多資料，錢復、孫震、姜必寧、李鍾桂、翟宗泉、林澄枝、呂麗莉等，都接受同仁採訪；而趙俊邁、劉菊英、虞煥榮等作者，都耗費大量心血進行採訪工作，使內容更加生動、充實，我們感激不盡。

「國際人物」的寫作是本系列設計的一大特色，我們選出一百年來對兩岸有重大影響的外國人名單後，執筆人黃群仁君不但大量閱讀中文資料，也大量閱讀外文資料，他的認

真與對讀者負責的態度讓我印象深刻。

「百年系列」之《百年追夢》則係我個人的傳記，由本人口述，丁士軒執筆，丁君三年來夙夜匪懈，令人感動。而《百年風雲》、《百年風華》、《百年風骨》各有重點人物，由本人任總策劃兼總編輯、藝術家汪雨負責繪圖；各專欄主編在寫作完成後，本人認真閱讀，與撰筆人斟酌再三；但人物之評價本為不易，甚至見仁見智，我們雖以新聞記者之記錄精神與史學家的認真態度，構建我們的寫作指標，但不理想之處必然仍多，敬請讀者不吝指教。

民國 106 年 9 月 1 日

寫於台北銘軒雅舍

大師的智慧與幽默

　　我這一生閱讀不少大師傳記，深刻影響我的人生觀念。我認為，我有責任引導年輕人向這些大師學習。因此我在三年前決心和大陸青年學者丁士軒先生一起研究大師的智慧，以深入淺出與啟發性為原則，來描繪兩岸近百年以來，一百位大師的人生智慧，以此為青年學子引路、點燈。

　　浩大的工程，談何容易，但我們樂此不疲、心意堅定，因為我們都明白我們做的是一件有價值的事情。從名單的敲定、資料的蒐集，到寫作成稿，過程中有喜有悲，最難熬的就是要閱讀大量的資料，誠如前台大校長傅斯年先生所云：「動手動腳找材料。」有時一篇四千字的文章，背後經歷的是閱讀幾十萬字檔案後的精煉，刪節再刪節、修改再修改，如此反覆，不免覺得辛苦和艱鉅。可是，在閱讀寫作的過程中不斷獲得新知，那樣的喜悅，使人忘記了肉體的痛苦和精神的疲勞。

　　同一個人的資料，在不同年歲和時間有不同的領悟，一步步揭開大師的神秘面紗，越發了解大師的性格與智慧。對於有些大師晚年不幸的遭遇，更如同身歷其境、深感同情與不平。例如清末才子王國維，因被迫害自沉於昆明湖；又如錢鍾書，在文革時期，被紅衛兵在胸前強迫掛牌，遊走校園；又如清大教授陳寅恪，晚年雙眼失明，在學生的協助下，以口述方式，著成了《柳如是別傳》，這本八十萬的文

字，成為經典的文學鉅作。這些侮辱士人的悲痛，或是成就名著的勵志，都令人在閱讀寫作之際，獨愴然而涕下。

當年胡適之在政大演講，我是新聞系的學生，他講傳記文學，令我深獲啟發。胡適之先生在四十歲寫了《四十自述》，我在他的啟發下，讀了許多大師名人的傳記與回憶錄，同時養成寫日記的習慣，直到今日。或許，當年坐在台下聽講、目光如炬的年輕小伙子，正是因此埋下五十年後寫這本《百年大師》的起點。

寫作中最意想不到的另一收穫，是在字裡行間裡看到許多大師的幽默。幽默，是高度智慧的表現，更是另一種人生態度的啟發，讓人看到大師們在淵博的學術生涯外，還有另一套面對生命的高度。

名畫家張大千，在一場飯局中，向初次見面但神交已久的知名國劇家梅蘭芳說：「你是君子，我是小人。」梅蘭芳大為驚奇，忙問為什麼張大千自稱小人，張大千說：「因為你是君子動口，擅演戲；我是小人動手，只會畫畫。」語畢二人開懷大笑，張大千推崇別人，又對自己幽了一默，讓人對他的風趣和幽默感到溫暖，感到佩服。

胡適有次在演講時引用孔子的話，然後在黑板上註解著「孔說」；又再引用孟子的話後寫「孟說」；後來再引用孫中山先生的話，寫「孫說」；最後他結論後，寫出「胡說」兩個字，聽眾當場笑成一團。

國學大師黃侃教授提倡古文學，反對白話文，有次遇到胡適，當面嫌白話文囉嗦，並取笑他：「你提倡白話文，那你的名字也應該白話一點，改成『你往哪裡去？』」這倒也算是另一種幽默。黃侃生性自傲，上課也頗任性，他的學生

回憶他著名的「三不來」：「風大不來、雨大不來、雪大不來。」只要天氣不好，他就不在課堂上出現了。

林語堂先生是國際文化的推手，腳踏中西文化兩條船，有次在文化大學的典禮上，應邀演講，在許多冗長的來賓演講後，輪到他上台講話，台下聽眾聽了一大推冗長演講，難掩不耐煩，無心再聽台上人講什麼。於是，林語堂上台後就說了一句：「演講要像女孩子的裙子一樣——越短越好。」隨即下台，聽眾一愣，跟著的是如雷的笑聲和掌聲，而「林式幽默」也因此更被傳頌。

在北京清華大學和新竹清華大學，都曾任校長的前教育部長梅貽琦，在北京清華時期做了十六、七年的校長，在當時軍閥割據的時局相當難得，人問梅貽琦為何能做那麼久的校長，他回答：「因為人們不願意『倒楣』（倒梅）嘛！」幽默的答覆令人莞爾。

陳寅恪教授，是清華大學教授中最令人敬佩的，被稱為「教授中的教授」，懂二十六種語文。他的表哥，曾經擔任過國防部長的俞大維說：「我雖是哈佛大學第一名的畢業生，但論學問，我不及我的表弟陳寅恪。」陳寅恪有著出名的「四不講」：外國人講過的我不講，過去人講過的我不講，別人講過的我不講，昨天講過的我不講。因此每次聽他演講都有新的啟示，我們也從他「四不講」背後，看到他豐富的學識內涵。梁啟超曾說：「我一生寫了一千四百萬字，但價值不及寅恪的四百字。」不只凸顯梁啟超的謙卑，也推崇了寅恪先生。

有句話說：「人生不如意事，十常八九。」雖說勝敗乃兵家常事，失敗的事情是常有的，但經歷多，心思不免鬱

悶，認為人生總是不如己意。著名的詩人兼報人、前監察院長于右任先生則認為，人生還是有許多快樂的事，何不想想那一二快樂事呢？於是于右任有了人生的座右銘，即是「只想一二，不想八九」。有次他在醉後，隨意寫了：「不可隨處小便」，當他酒醒看到後眉頭一皺，深感不妥，便改為：「不可小處隨便」，這一改，六個字的格調頓時提高不少。想不到一個文字遊戲，讓一句話從難登大雅之堂的話語，變成富含有哲理的處世哲學，于右任的幽默與智慧可見一斑。

齊白石先生，在日本佔領上海時，時任上海警備司令的宣鐵吾邀他參加壽宴，他婉拒不成只好出席。席間宣鐵吾邀他揮毫畫幾筆畫，擅長畫蝦蟹的齊白石推託不成，畫了兩隻斗大的螃蟹。但宣鐵吾仍不知足，要齊白石再題幾個字給他，齊白石最後勉為其難地在螃蟹畫上題了：「看你橫行到幾時！」弄得宣鐵吾哭笑不得、尷尬不已。

幽默，是重要的態度，幽默的話語中充滿著人生的智慧，在書寫《百年大師》的過程中，我發現這些大師不僅有知識、有智慧，還相當幽默，讓我在讚歎學術界無涯的同時，也常常帶著微笑去面對人生的苦海。

（本文發表於《聯合報》副刊）

問世間「錢」為何物？

中央研究院院長翁啟惠因涉入浩鼎股票認購疑雲，而被移送法辦，引起社會轟動，輿論譁然；一陣對知識分子金錢價值觀的關懷討論更是萬眾矚目。

錢財與敗德、奢侈與罪惡，往往互為比鄰，所以古人說「君子固窮」，更強調「窮則獨善其身，達則兼善天下」，尤其身居學術頂峰的中央研究院院長，更是「士」之代表，更應該對於貧窮與財富有其獨特的智慧，無愧知識分子的高度，即使不能高風亮節，至少也該重義輕財，才能為天下師。

陳之藩先生年少時，曾是個連車票都買不起的窮學生，也曾任中央研究院院長的胡適先生聽聞他的處境，便開了一張四百元美金的支票給他，讓之藩先生得以前往美國留學。後來陳之藩在太平洋彼岸創作的散文作品紅遍全台，成了名散文家，他仍然不忘懷當初給他四百美金盤纏的恩人胡適先生。於是他辛苦存夠了錢便如數還給胡先生，但是，適之先生卻對他表示：「其實你不必這麼急著還我這筆錢，對我來說，我借出的錢從來不盼望收回，因為我知道，我借出的錢永遠有利息在人間。」陳之藩先生聽聞後久久不能自已。胡適在當年早已名聞遐邇，但對於金錢卻讓人看到他那「君子固窮」的最佳典範。胡適說：「金錢不是生活的主要支撐物，有了良好的品格、高深的學識，便是很富有的人。」在

做駐美大使時，有一筆特支費是無須報銷的，但他沒有動過一文，全部上繳國庫。逝世時，秘書清點他的遺物，只留下美金一三五元。

梅貽琦曾是北京清大與新竹清大的校長，也曾任抗戰時在昆明的西南聯大校長，他的夫人韓詠華女士曾靠典當與擺地攤補貼家用；他在應召返台灣辦清大與原子科學研究所時，必須把六十二歲的夫人隻身留在紐約，依靠打工度日，他說：「自己在台灣薪金微薄，無法寄錢到美國照料。」

事實上，他此時擁有著數額鉅大的清華基金，一九六二年五月十九日，他病逝台大醫院，享年七十三歲。他一直放在床下隱密處的手提皮包，兩週後在各方人士監督下，由秘書打開，原來是清華基金的帳目，清清楚楚，一筆筆列入；清廉風範令人睹物思人，在場者無不感動落淚。

大作家朱自清教授被譽有「最完美人格」，他的作品〈背影〉早已傳誦一時。而他的散文感情真摯有口皆碑。一九四八年六月政府因法幣政策失敗，幣值一落千丈，相對待遇比較優越的教授也一樣生活艱難。那時他的月薪只夠買一雙鞋子，曾經有過一個月要向人借貸四次的日子。

由於當時美國正積極扶植日本，傷害中國，當時美國發了一個配購證，可以用較低的價格買到「美援的麵粉」，體弱多病、家庭人口眾多的朱自清，體重不及四十公斤，亟需營養和治療，但他卻簽署一九四八年六月十八日《抗議美國扶日政策並拒絕領取美援麵粉宣言》，拒絕這種「收買靈魂的施捨」。他說：「氣是敢作敢為，節是有所不為。」

于右任「三十功名袖兩風」，他在競選副總統靠的只是文房四寶，寫給各有權投票的代表們一幅「為萬世開太平」

的字幅，這也是他競選唯一的財富。

堅信「教育為立國之本」的僑領陳嘉庚，一旦經營得利，即以所得，立志興學辦學；從小學到中學，各類專業學校，乃至著名的廈門大學，均經其熱心支持，規模之大，受惠師生人數之多，均為全國之冠。他在新加坡也積極創辦與資助六所華僑華文學校。雖一度受世界經濟不景氣而嚴重影響華僑企業，但他說：「寧可變賣大廈，也要支持廈大。」

陳嘉庚為集美和廈大興建數十座雄偉的高樓大廈，但自宅卻是一所簡樸的二層樓房，空間狹小且暗。他能有數百萬財產，晚年每天為自己訂下的伙食標準是五角錢。

他對金錢身體力行的座右銘是「應該用的錢，千萬百萬也不要吝嗇；不應該用的錢，一分也不要浪費。」他以「誠信果毅」作為他所創辦學校的共同校訓。

北大校長蔡元培，一生貢獻教育開風氣之先，但他死後卻無一間屋、一寸土，且欠下醫院四千餘元醫藥費，入殮時的壽衣和棺材，都由商務印書館的王雲五先生所代籌。

台大校長傅斯年曾對其夫人俞大綵（俞大維之妹）說：「妳跟我這窮書生，十幾年沒過幾天舒適日子，而我死後，竟無半文錢留給你母子，我對不起你們。」他逝世前十天，為《大陸雜誌》寫文章，為的是希望能拿到一筆稿費，做一條棉褲，但誰知數日後，當俞大綵收到稿費時，已來不及為傅斯年做這件禦寒的棉褲了。

錢當然不是罪大惡極，我也不是提倡貧窮，但世上財富何其多，我們何必「窮得只剩下錢」？《聖經》也說：「人若賺得全世界，賠上自己的生命，有什麼益處呢？」

實踐大學董事長謝孟雄先生與育達創辦人王廣亞先生遊

遍世界，享受藝術文風之美，他們卻主張「只要享有，不必擁有」；我個人對於金錢觀也有類似的思考。

　　古人說：「不患無位，患所以立。」前外交部長沈昌煥也強調過：「財散則人聚，人聚則財散。」知識分子的高風亮節，必須對金錢的追求有獨特的智慧與把持，守其分際，寬以待人，嚴以律己。我看中央研究院前院長吳大猷抵北京，他的兩位弟子，諾貝爾獎得主李振道、楊振寧為其推輪椅，備極尊敬自己的恩師；吳大猷或許一無所有，但其實是無所不有。

　　為而不有，古有昭訓。香港華人首富李嘉誠曾表示自己的富貴觀：「人有錢就『富』，但『貴』則要從行為來。」一百年來，許多大師們或許在生活上一貧如洗，但留給歷史的卻是萬古流芳。

　　「錢為何物」？智慧盡在其中！

人生主軸──「愛」與「橋」‧一

◎這是文大新聞系第一屆畢業生畢業時（民國五十六年）所撰的
　文字，曾發表於《中央日報》副刊。

愛

　　「愛」是我的教育主軸；如果沒有愛，教育則只是空洞
而虛泛；「橋」是我的教育使命，從在大學執教開始，就期
望做老師與學生、社會的橋樑，勾搭不相連的兩岸。

　　「愛」與「橋」，數十年不變的信念，決心與恆心；我
的生命世界，是這樣點燃起來的。

　　美國牛津大學教授紐曼（Newman）提倡的博雅與通識
教育，是我的嚮往。

　　俗話說「愛過方知情濃，疼過方知義重」，愛是尊重、
關懷、了解與責任，所以名作家徐志摩說，愛是給予，永遠
不會失去。

　　我的數十年教學生活，給了我「愛是給予，永遠不會失
去」的體驗。

　　人不能孤立，所以不能走入象牙塔，但是在每一階段的
成長路上，不能缺乏一座穩固的「橋」，恩師們的教誨、同
學們的支持，是溫馨的暖陽，卻也找到單純的幸福。這一
年，謝孟雄、歐豪年、董翔飛、葛永光、吳章錄、戴瑞明、
陳剛信、李濤、蘇起、宋晶宜、廖俊傑、丁士軒、孟濤、汪
雨、鍾惠民……等，都給過我刻骨銘心的溫暖。

每個人的孤寂與勇敢，都可以在寫作中找出自我生命的出口與價值，我出版《橋》與《無愛不成師》是我以感恩的情懷，將數十年的人生體驗與心得濃縮成簡單的話語。

近年來，仍然以誠懇的心，奔波各地，或演講或出書、或研究，以所得撰成短文，選刊若干篇，以分享好友。

我熱愛大自然；在那雄壯的喜瑪拉雅山麓，羅馬的藝術廣場前，旖旎的聖路易士河畔，我眩目欲淚。

我信奉以大自然為師，因為大自然自有一種偉雄的氣勢，予人啟發無限。

在大自然中，我體會到傳統與現代的結合，也體會到傳承與更新的可貴。

曾虛白師教誨我，不依附任何權力，才能卓然有以自立。比塵埃大的是世界，比世界大的是心懷，新的歲月願與大家共勉。

人生主軸——「愛」與「橋」・二

橋

　　在分歧，匆忙的社會中，我無視疲乏與奚落，承受著歡笑與淚水，我希冀搭一座橋，勾搭著不相連的兩岸。

　　這一座橋，搭建了十三年，我曾盡全力用鋼筋水泥建造它，我希望讓有志的青年能安穩地渡過這座橋，到達他們成功的彼岸。

　　那年，當我懷著理想，抱著滿腔熱誠，在師長的愛護與摯友的鼓舞下，從溫暖的校園中驟然被送進社會，我看見笑臉，也聽見嬉聲，更遭受到無情風雨的狂擊與痛苦現實的折磨，但我希望自己永遠堅定，永遠作一個追求理想的強者。

　　一張張熟悉的臉，一椿椿難忘的事，這些都是與我共渡四個寒暑的八百多位青年們所留給我的；當存在主義的思潮襲擊著青年人心靈的今天；我知道，支撐著他們理想的是那暗淡的熱情火焰，他們企盼的是一座引渡的橋。

　　當我剛跨過這一階段，而戰戰兢兢於立業時，所面對的，卻是這一批善良「待渡」的青年學子。我能建造一座橋麼？我能使他們永遠善良、純潔、勇敢而堅定麼？

　　無可諱言，我面臨困難，但也忘卻逆境，與這批青年朋友共同琢磨，互勉為未來的中國新聞事業播種，並站在時代與道德前，作一名勇敢的標兵。

　　我翻閱一封封珍存的師友來信，驟然看到一位素所敬重

的師長在信上說：「……吾弟實是座橋，必須讓青年們結合在一起，攜手從事照耀人心的工作。」

是的，從師長扶植的感受，從社會冷漠的刺激，經驗過來的我，深覺得應該為青年創造機會，應該向社會推薦人才，雖然我所能盡的僅是些微薄的力量。

當我以一份沉重和蕭穆的心情，搭下這座橋時，我以為這是我應有的作為和責任。

我不諱言我的痛苦和恐慌，但我堅信，在此瞬息萬變的流光裡，舊的需要「新血」，新的需要「機會」，今天雖然不能確知我所能獲有的目標，但畢竟已有許多青年，就憑著這一種認識和熱誠，踏上這座橋，走向他們的「新境界」。

創業的旅程，雖是一系列漫長艱苦的失敗與奮鬥，但我深信，「收穫」是必然的。

朋友！請記著，當你踏過這座橋時，請你回頭看看橋的另一端，還有多多少少待渡的青年！

文學是永恆的生命

　　就某個角度看，文學也是一種傳播、一種溝通，其目的在透過文字力量，以達到增進了解、溝通心靈，達成和諧的目的。

　　就個人觀察，文學有四個主要功能，是人類一種偉大的生命，也是永恆的事業。

一、文學留住生命

　　生命沒有回程票，時光一去不再回。所以我們必須藉文學以留住生命。

　　有人說，時間如大盜，偷走了我們一切熱情、理想與體力。所有榮耀與哀愁，都去來於時間與歷史。

　　人生原就是一場冒險。老羅斯福總統說，不怕死、方知有生的價值。生和死同樣都是冒險。

　　這種冒險的人生故事，只有文學能表達、能記錄。把我們的生命留住。

　　大陸名歌手騰格爾說：

多少年，該說的話沒說；

多少年，該做的事沒做；

多少年，該走的路沒走；

多少年，該愛的人沒愛；

人生總有許多憾事，但我們如能以文學留住生命，遺憾就減少許多，生命光輝就能充分發揚。

作家林海音的《城南舊事》，留住多少在北京的童年記憶；大陸把她的原著拍成電影，令人看後也深受感動；林海音女士不僅藉這部作品留住她的少年時光，同時也影響了她的生命價值觀。有人評價林海音的人生觀「這裡拉一把，那裡拉一把；這裡放一馬，那裡放一馬。」說明了她的胸襟與豁達。

作家陳映真說：

「一個思想家不一定是個文學家，但一個文學家一定是個思想家，而且是具有人底體溫的。對於人生、社會抱著一定的愛情、憂愁、憤怒、同情等等的思索者。」

由於這種人性與關懷，所以即使是戰場上的大將軍也都如同平凡一般人。鮑爾將軍在每次戰爭後都會大哭一場。他說：

「對於那些從不哭的人，我倒是十分害怕的。」

未大哭一場，不足語人生。

麥帥說，人生最大的力量來自溫和。此即文學、藝術的力量，而非戰爭。

二、文學反映時代

著名的政治學教授薩孟武說：

讀一本書，可以了解時代：

- 讀《紅樓夢》，可以知當時的家庭結構；
- 讀《三國演義》，可以知當時的政治制度；
- 讀《西遊記》，可以知當時的社會百態。

就某一觀點看，文學也可以充分反映一個大時代。梁啟超一生創辦或參與的刊物有十七種，而他所寫成的文字高達一千四百萬字。他的「新民學說」正是充分反映當時代的環境。

　　有人說，梁啟超的文字是「人人心中所有，人人筆下所無」。正是因為這種「筆鋒常帶感情」，感動了多少人心。

　　于右任先生創「民呼、民吁、民立」三報，為權者所懼；他樹立了記者典範，真正是「富貴不能淫、貧賤不能移、威武不能屈。」因為他言之有物，才能深入民心。

　　在參觀《華盛頓郵報》，閱讀與該報董事長葛蘭姆女士傳記時，記者問有關尼克森水門案的新聞處理方向。葛蘭姆女士說：「我只問真實」。記者報導水門案，使尼克森自總統寶座下台，記錄了歷史，也反映了時代。

　　在一九六、七〇年代黑人民權運動中，許多作家寫出反對種族歧視的文字，為黑人解放運動鋪路。

　　如鮑德溫《沒有人知道我的名字》、《烈火》等書，當時被認為是駭世驚俗，卻在後來被證明為真知灼見。

　　一九七六年，亞歷克斯・哈里（Alex Haley）出版了《根》。描述一個黑人家族七代在美國的經歷，表達對北美黑人百年的種族壓迫的憤怒，促進民權運動及黑人解放運動的發展。

　　梅維爾（Melvile）寫《白外套》，描寫美國海軍在軍艦海員被鞭笞的野蠻懲罰，終導致美國國會通過法令廢除體罰。

　　辛克萊（Vptown Sipclair）所著的《屠場》，描述一家立陶宛人在美定居後的悲慘遭遇以及芝加哥肉類加工業的嚴劣

勞動條件，引起強烈反應；他的文字被翻譯成十幾國文字，影響日益擴大，迫使政府通過有關食品衛生法案。

台灣曾流行龍應台的《大江大海》以及台大齊邦媛教授的《巨流河》，都是反映這個劇變時代的故事。

所以好的文學作品與作家，應該在某種程度內使作品能反映時代，代表時代精神。

三、文學鼓舞人生

好的文學作品，總是嚮往追尋真善美，鼓舞人生，給人們帶來無限希望。

我在政大新聞系讀書時，系主任謝然之教授就要求大家讀《富蘭克林自傳》。

《富蘭克林自傳》是一本對我有深刻影響的啟示「自傳」，它說明了一個人的生活哲學與成功訣竅；從一個窮小子到社會名流是最典型經典式的成功故事；美國人奉為「聖經」一樣的讀物。

我們從書中獲得無限啟發，為自己命運拚搏，從故事中獲得未來希望。

胡適之博士有一次在政大週會演說，談「傳記文學」，政大校長劉季洪也熱心倡導，由此啟發起我對「傳記文學」的喜愛。

「傳記文學」可以鼓舞人生，帶來人生希望。

美國威廉斯博士創辦密蘇里大學新聞學院逾一百多年。我撰文紀念這位大教育家。

威廉斯曾任一家重要報紙總編輯，但是他放棄了優渥報社的待遇而改辦新聞教育。他說：「我深信報紙與民主政治

的前途息息相關。如果我繼續辦報，只能辦一家好報紙，而民主社會需要許多好報紙，所以我放棄辦報，改辦新聞教育，與有志青年共同鑽研，希望將來能辦出更多的好報紙。」

他的觀點啟發我從事新聞教育五、六十年而不輟。

名記者樂恕人放棄北大，而自北京南下南京就讀政治大學新聞系。他為自己的抉擇作說明：

「『馬星野』三個字就是我讀政大新聞系的原因。」

政大新聞系培養人才無數，而系主任馬星野的人格魅力竟有如此者。

我喜歡讀《孫運璿傳》。這位當年的行政院長其行動力無出其右。讀了三遍這本傳記，我對孫院長的年少立志、孝心，與經國先生的合作無間，均受感動。尤其是他「反籬笆主義」的用人哲學，更使我深受啟發。

孫院長說：「國家大事是屬於每一個人的。大家都有權利，也都有義務。所以用人必須大公無私，用人唯賢。不可有築籬笆的思想；需知籬笆築得再大，籬笆內的永遠是少數人，籬笆外的永遠是多數人。」

一個好的文學工作者，應堅持理想、樹立典範。

我的恩師曾虛白教授，一生做過無數的官，但是他從不介懷名位，而只想做一個一輩子的中國新聞記者。成舍我先生辦《立報》、《世界日報》，一生與權力搏鬥。為了《救國日報》社長龔德柏失蹤案，他以立委身分向政府質詢說：

「龔德柏沒有人緣卻有人權。……像這樣不審、不判、不殺、不放，卻可以激起天下公憤。」

他又義正辭嚴地對行政院長汪精衛的使者說：

「新聞記者與行政院長碰，……最後勝利必屬於我，因為我可以做一輩子新聞記者，汪不可能做一輩子行政院長。」

被譽為「華岡第一美男子」的高信疆，是我在教育生涯中的驕傲，他以文大新聞系第一屆畢業生在《中國時報》實習時，受到余紀忠先生賞識，賦以改革「人間副刊」的任務，他夙夜匪懈，每日創新，使「人間副刊」成為報業副刊史上的典範，他引進新知，培養青年作家，被畏友《聯合報》譽為「現代張季鸞」。

胡適說：「相信文學、思想的影響力超越所有武器力量。言論改革雖慢，但無人能擋。」

國劇名伶顧正秋也曾說：「自古以來，多少朝代更替，多少富貴成空，但有情有義的美麗故事卻一代傳過一代，從未消失。」

文學界的朋友，其勉乎哉？

四、文學塑造立國精神

菲律賓詩人阿奎格曾說：

「文學家不能使革命成功，也不可能改變世界；但是文學能喚起民眾，喚起他們了解公理、正義、愛與和平的意涵。」

以美國而論，好的文學是美國人對世界、對生活、對人生思想的沉澱，也是美國人永不枯竭的精神動力。

美國學者羅賓‧威廉斯與艾瑟爾‧阿爾伯對美國人的價值觀曾進行歸納，共有十點：

1. 自由；

2. 民主；

3. 平等；

4. 個人主義（尊重個性，非集體主義）；

5. 自力更生；

6. 積極的生活態度；

7. 進取樂觀，充滿信心；

8. 強調成功成就；

9. 效率；

10. 流動變化。

其中美國的公共圖書館制度，樹立了美國人民的民族自尊心與自信心；不論貧富貴賤，都可以依據個人興趣、喜好、自由讀到需要的書；這些制度，建立了美國文化中的平等思想。

好的書、好的文學對人的影響，是潛移默化的。這種力量，是以精神激勵人民，並反映民族文化的深邃精神。

抗戰時期，我國《大公報》的著名報人張季鸞提倡「不黨、不賣、不盲、不私」的「四不主義」，為我國新聞界樹立精神標竿。

密蘇里新聞學院曾以「最佳外國報紙」頒贈給《大公報》，張季鸞親往領獎，發表演講。

他所提倡的「報恩主義」思想，更是充分展現了作為一個中國人的高超人生哲學。

趨勢大師約翰‧奈思比說：

「如果科技縮短了人的表象距離，而心靈仍在孤立狀

態，又有何意義？」

莊周夢蝶的醒或不醒——本身就是生命的宿命情感。

中國大陸新聞界名人蕭乾說：

「不帶地圖的旅人，有無限的可能性。」

他又說：

「我們不能掌握死法，可卻能掌握活法。」

作為一個傳播人，作為一個作家，我們都在追求真理，追求哲學思維，我們必須強化道德羅盤，以美化人生、追求人類文化品質為使命。

歷史是一條長河，歷史的原貌固然難以全然恢復，但人類歷史許多不相同卻又相通的道理，卻值得身為知識分子的我們深切體會與反思。

2017 年 7 月 17 日，於台北銘軒雅舍

青春是一種心態

憂鬱症正瀰漫台灣社會，而老年人得憂鬱症者更甚。

不久前，我與學生《自由時報》總主筆劉永昌兄見面。他的第一句話就是問我如何「養生」。

因為許多學生都已經從職場上退休，見面時都比我更為蒼老。所以永昌很幽默地說，「老師開一門養生的課，必定較之講新聞傳播更叫座。」

其實永昌哪裡知道，我根本沒有養生之道，我既不吃補，也不太運動，食物也無忌諱，我只是自然地生活。「養生之道不養生。」這是對自己生命的高度信心。

最近訪大陸長沙、上海，看到一則報導，說九十一歲去世的紅學專家俞伯平，生前喜歡吸菸、喜歡吃肉，不喜歡蔬菜、水果，很少運動，無論冬夏都喝生水；他把自己的長壽之道譽之為「大水養魚法」，即無拘無束，順其自然。

一九八八年，曾被大陸評為「全國健康老人」，把一生心血都貢獻給敦煌藝術事業的常書鴻，八十歲以後，飲食以順其自然，無太多禁忌，喜歡吃魚肉，也喜歡甜食。他說：「無慾則剛，自然就好。」

「生活宜忌」，這曾是許多人的告誡。但是，我認為更重要的自然生存之道就是隨遇而安。能經常保存精神上的輕鬆和心理上的平衡，最為重要。

俞伯平一生「與人為善，內心無愧」，所以當大陸搞文

革時，他面對全國性大批判，亦能泰然處之，臨死不懼，這正是他「大水養魚法」的精髓。

「九十可算老？八十不稀奇。七十難得計，六十小弟弟，四十五十滿地爬，二十三十在搖籃裡。」這是大陸著名學者商承祚在七十歲寫的一首詩。

不錯，在心中架起接受青春信號的天線，就能使生命保存富有的活力和創造力。

瑞士，有一位九十六歲的老人，要求家人讓她乘一次斜坡傘作為給她的生日禮物。她從高處俯視自己的家鄉──日內瓦湖，創造了一項新紀錄。

在這位老人身上，「我們看到的是生命的歡樂，戰勝懦怯的勇氣，以及敢於冒險的精神。」

的確，青春是一種心態，不應該只是人的一個時期，只要我們架起接受青春信號的天線，就能充滿希望、歡樂、勇敢和力量；也就能使生命常保活力與創造，所以在今年寫給好友的新春賀函中，我說：為理想工作，為生命執著，人生永無退休之時；有此信念，我們永遠青春。

老年人的圓熟

只要保持心靈的純淨與思想的轉動，老是不足畏的。

被譽為「企業之神」的王永慶，在年屆八秩高齡之時，他還在一百零八歲的「阿媽」面前，像個孩子，甚至有時還像老萊子娛親般跟老母逗逗趣，讓老人家笑個老半天。

青年節那天，台塑關係企業運動會仍一如往昔，在明志工專校園熱烈進行，在企業界擁有無上權威的王永慶，也依然邁著穩健快速的步伐，昂然向前。

四十一分鐘後，王永慶跑完五千公尺，他一逕跑向司令台的母親王詹樣女士面前，讓老母知道自己體力毫無問題。

據記者的描述：「那股雀躍的神情，竟彷彿是得獎的小孩向家裡報佳音，洋溢著純真的歡愉。」

而台塑人尊稱「阿媽」的王詹樣女士，也高興地執起兒子的手輕拍著，嘉許之意不可言喻。這幅母慈子孝的畫面，實在令人感動。

就我們一般了解，年逾八十，自然可稱為「老」，但像王永慶這樣，真可謂是「老當益壯」。

有尊嚴即不可悲

林語堂先生在《生活的藝術》中說：「人到老年而身體健康，或是老當益壯，即是人生最大的幸福。……朱顏白髮的健康智慧老人，以恬靜的聲音暢談人生經驗，世界終究沒

有比此更美麗的東西。中國人是明白這一點的，所以常用『朱顏白髮』的老人，作為舉世最大幸福的象徵。美國一定有許多人會看見中國圖書上的壽翁是高額、朱顏、白髮，而且笑容滿面……。這幅圖畫是多麼生動啊。他用手指輕輕拈著垂到胸前的長鬚，態度寧靜而知足，他是尊嚴的，因為他到處受到人家的尊敬；他是滿足的，因為沒有人懷疑過他的智慧；他是和藹的，因為他曾經看見過人類那麼多的悲愁。」

老，是人類自然的生理現象，原無奇特之處，更無可悲之處。如老年人仍能像王永慶般地散發智慧的光芒，與不服輸的精神，那可真是人生間最圓熟而充滿睿智的表徵。

美國哲學家桑塔耶在《我的世界的主人》中曾有段佳句：「老地方、老人，只要內部還有某種精神存在，就必然具有青年所沒有的內在生命力；確切地說，即源於長期的經歷與廣闊的基礎所塑造的平衡智慧。」

王永慶早年家境清寒，所以創業艱辛。母親最了解他，如今家財萬貫，但母子仍不脫勤儉刻苦的好習慣。

王詹樣女士更是疼惜地說：「慶仔最歹命，少年時打拚做事業，現在還是忙得不可開交，還不如吃頭路人輕鬆快樂。」

母子連心，雖疼惜孩子的辛勞，但她也知道，自己的孩子身繫國家企業發展的命脈，這種疼惜，是驕傲的疼惜。

智慧之美，是老年人的資產

古羅馬哲學家西塞羅曾談到，凡老年而有青年氣息者，身體雖老，而精神是不會老的。因為青年人雖擁有力和美，

而智慧的美，則是老年人所特有的財產。

我一生最景仰文化大學創辦人張其昀博士。張博士書生辦學，不知經歷多少困窘，但在德服感化下，許多人給予熱烈支持，終於完成了他興學的理想。

當年有多少知名學者在文大執教，甚至發不出薪，仍毫無怨言，為的是敬佩他的興學志願。而他個人刻苦自奉、樂而忘憂的精神，更是不知老之將至。

記得在張其昀博士病逝前一兩年，仍經常召喚我到他的辦公室。他緩緩地從抽屜中拿出許多建校藍圖，告訴我二十、三十年後的文大遠景，全然忘了自己已八十多歲。這種意境，當然令人由衷崇敬。

馳名國際的四角號碼發明人王雲五先生，也是我的恩師。大家都知道他只了受小學的教育，但因苦學自修，成為博士班的指導教授，也曾任經濟部長、行政院副院長等政府高級首長。我在政大研究所攻讀期間，曾選修他講授的「中國當前政治問題」；因為擔任《中央日報》記者；在無數次請益採訪的過程中，我認為王老師之所以贏得尊敬，全在於他不服老、不服輸的精神。

因為不服老不服輸，所以他永遠讓自己的思想轉動，永不停滯。

他曾說過：「對於一個有智慧的人來說，只要保持心靈的純淨與思想的轉動，老是不足畏的；但對於一個沒有智慧的人來說，即使有再多的財富，老年期也是沉重的。」

才情永不退化

曾虛白老師是我心目中另一個值得尊敬的老人。他九十

二歲開始寫作他的《曾虛白自傳》，每天兩千字從不懈怠，曾一度因醫師禁止他寫作而不開心。

他說：「不寫作，我活著幹什麼？人並不是為活而過日子的。」

曾老師終於在三、四年間完成六十萬字的鉅作，並以此佳作榮獲最高榮譽——「國家文藝獎」。六十萬元獎金亦全部捐給基金會，大公無私、遺愛人間。

雨果在《悲慘世界》第二部「琦賽特」中曾說：「在那班可以稱為大活動的鋼筋鐵骨的人傑裡面，果真有一個天才退化的時期嗎？對於精神活動方面的天才，年齡大是不受影響的；像但丁和米格蘭琪這一流人物年歲愈高，人氣愈盛，對於和漢尼巴和波納巴特這一流人物，才氣難道會隨歲月消逝嗎？」

所以有智慧的人，都會欣然接受老年人的圓熟——就像地上果實一樣，我們不是在等待他成熟的一天麼？

（原載《四季平安》第十八期）

人生情緣

大愛無言‧青山長在

◎李克定（李欣都市更新股份有限公司總顧問）

　　由於我高中及大學時代在外婆家長住六年，與舅舅有較長時間近距離接觸，自然產生另一番的至親情分。

　　外婆常年臥病，大舅事母甚孝，且他經常提及「大姊如母」表示對我母親的敬重，經過多年親身體會觀察，悟到大愛是行動作為表現，不靠華麗的詞藻言語粉飾，無言勝有聲，心領神會更加動人。

　　今年已超越從心所欲，邁入八秩以上年齡的他（永遠的鄭老師）仍然是「苟日新、日日新、又日新」，其思想積極性有讓後輩（學子）跟隨不上的感覺，令我等敬佩；點燃自己照亮別人，一室皆明共享光輝，可說是一種崇高的人生態度。

　　具有持續性旺盛思想活力來領導我們，是至親後輩之幸，是諸多學子之福，也是社會大眾之嚮往，故祝禱以「青山常在」，並特繪其意境入畫，以表達我全家及弟妹等摯誠心意。

傳遞人生智慧的大舅

◎刁洪智（台北鉅亨網公司董事長）

　　場景回到四十年前，座落在永和永安街一棟二層樓的別墅洋房裡，我安靜地蜷窩在二樓角落房間裡苦讀，準備迎接人生第一個大型考試——高中聯考，這兒的環境充滿著書卷味，讓我很能靜下心來念書。

　　二樓另一邊的臥室住著一位當時我心目中的大人物——我的大舅鄭貞銘。他的房內擺設著各式書籍與剪報，尤其是傳播類的，還有很多音樂帶及不少獎狀獎牌，印象中當時他是在國民黨任重要職務，每天忙碌，早出晚歸，晚上常聽到外婆用福州話在說：「銘啊！你回來了⋯⋯」然後聽到一陣親切的問候與對話，只可惜我的福州話不靈光，無法全然瞭解對話內容。

　　每天早上，外婆都會準備白稀飯和些小菜，通常都會有豆腐，大舅什麼小菜都喜歡沾醬油，尤其是豆腐，這點讓我受其影響，至今都有一樣的習慣，二〇一七年四月底，我們一起去上海時，大舅特別偏好所住飯店對面一家粥專賣店，每次去就點白粥加些小菜，短短幾天時間就去了六次，我知道大舅又在想念外婆了。

　　大舅與外婆的感情特別好，有種相依為命的依賴，大舅的事母至孝，對於我們兄妹以及所有親戚都是很好的身教，數十年如一日的晨昏定省，到了月初就會看到大舅拿著厚厚

一大包薪水袋給外婆，此時外婆臉上總是充滿著欣慰的笑容。住在外婆家的這一年，常看到假日有大舅的學生來家裡玩，大舅對於學生無私全力的栽培與關心，後來可從這些學生與大舅的互動中看到師生間的真情，如今許多年過六十的資深學生，仍對大舅非常的關心與支持，這點如今社會已十分罕見。

「莫忘初心」應是大舅對於教育事業的理念與執著，我不敢用孔子來作比喻，但大舅從三十多歲就成為台灣最年輕的系主任，至今五十多年來的有教無類，的確培養了許多傑出人才。如今八十多歲高齡仍往返兩岸講學，也仍在大學授課，這是一種樂於分享的真心，大舅出版了好幾本師生之間的書，正是這份師生情的寫照。而我也很幸運的因此認識了不少大舅的學生，很多都是社會的菁英與棟樑，讓我因此受益良多。

記得，小時候最喜歡去外婆家，因為那兒總是有小孩愛吃的美食，還有外婆溫柔親切的關愛，隨著大舅工作愈來愈順，外婆家從永和搬到了台北，我們的年紀也漸長，但還是很愛去外婆家，我常看到大舅與一些明星的合照，包括二秦二林，運氣好的話還會在外婆家遇到大明星來作客，印象中我有看過劉文正，這可是我年輕時的偶像。

我的大舅最大的特質是「持之以恆」，對於母親、學生持之以恆的用心關心，他還有數十年如一日的剪報與寫日記習慣，這點實為一般人難以做到，令我十分佩服，大舅如行雲流水的文筆相信與此訓練有關，我因為有機會常閱讀其文章原稿與書信，因此得以看懂其狂草文字的多數內容。

此一特質也反映在他的人生規劃上，與一般人退休後生

活相比，顯然大舅選擇是另一條路，他要走出更精采的人生，追求更高的境界。在多次的家族聚會中，他老人家苦心的傳遞人生智慧給我們，其中許多名言都充滿著哲理。他曾對我說過，人生當「立德、立功、立言」，他對於自己總是有著很高的期許與要求，近年來除了在兩岸推動大師講座之外，在資源有限且心臟動過大手術的情況下，出版了一本極有意義的《百年大師》，當今社會亟需要的是典範，這本書當是大舅對於「立言」兩字的最佳詮釋。

記得五年前大舅到我家一起過農曆春節，年夜飯後他同往年接了許多拜年的電話，接著又看了一會兒電視後便坐到書桌上開始寫作，最後坐著就睡著了，我們扶著他到床上睡，半夜三點多起床後又繼續寫作，後來才知忙的就是這本已成為許多圖書館列為藏書的《百年大師》。

如今，八十二歲高齡的大舅，身體已大不如前，但他心中卻有著更大的志向，要再出版一系列的《百年風雲》、《百年風骨》、《百年風華》、《百年追夢》。已列為維基百科人物的他，並不以新聞教父的頭銜為滿足，更希望立德立功於現代之外，還能立言於後代。

我的大舅讓我引以為榮，他不僅是我的大舅，更是我人生的導師，砥礪我前進，追求更高的人生意義，他常告誡我要「發上等願、擇高處立、向寬處行」，我很感謝大舅對我學業事業的提攜與人生的指導，但願他能維持健康的身體，完成他現在與未來的心願，用親身的實踐，告訴我們人生可以多麼精采！

發上等願・向寬處行──大舅給的典範

◎刁健原（鹿島工程技術顧問股份有限公司總經理）

「我的大舅」鄭貞銘，是我心目中的典範，在此謹以幾則生活點滴記述之。

孝順與顧家的典範

記得小時候我家三兄妹在母親的安排下「聚少離多」，哥哥常住在外婆家，我和妹妹則較常住爺爺奶奶家。雖然我去外婆家的時間較少，但每當探望外婆時，在媽媽及阿姨們與外婆的福州話家常中，我其他的聽不懂，只知道話題總是圍繞著「銘哥」──大舅。在相聚的幾個小時中，外婆都會接到大舅公務百忙中打好幾通電話來噓寒問暖、交代行程，讓她放心，從外婆發自內心的喜悅表情，我可以感覺到大舅的孝心與事業上的成就讓外婆感到驕傲。孝經云：「立身行道，揚名於後世，以顯父母，孝之終也。」大舅除在外婆身後以她「鄭陳瑛」為名創設獎學金嘉惠兩岸無數學子，更以長年不懈的努力而獲華人新聞傳播教父的尊稱，「父母的聲名，因為他的德望光榮顯耀起來」，這正是我心目中孝道完成的典範。

我的母親常說，她從小就受到長兄大舅如父般的照顧，她的第一份工作就是大舅費心協助促成的。到了二、三十年後，我們三兄妹出社會時，大舅也都盡心盡力協助我們，給

我們方向與指點，讓我們得到最大的依靠。

我還記得小學時在大舅永和的透天宅中，有一次難得遇到他工作間返家，他喊我到房間，問我功課如何？再勉勵我要努力讀書，以報答母親的辛苦養育。雖然我惶恐中不知回答了什麼，但至今對這個教誨仍然印象深刻，也默默督促我要比同儕更加倍努力才行。此外，大舅將學生都視為家人般無私照顧的故事，在他許多著作中歷歷如繪，應該也不用我再多說。近年來，大舅更為凝聚我們家族，而規劃了一系列「希賢小聚」的餐敘活動，並邀請到他一些成功的學生與他一起分享人生的智慧，給我們成長與立志的機會。從這些生活點滴事件中，我體會到大舅對我們家族晚輩及學生後輩照顧的無私精神，是我心目中顧家的典範。

立志與有恆的典範

大舅從大學開始寫日記，至今無論再忙從未間斷，他的書房中有個雙層書櫃裡放滿了一冊冊保存良好，見證近代歷史的手寫日記，第一次看到時，真是有種難以形容的震撼。從大學生時代就立定這樣的志向已經超乎想像，能堅持六十餘年而不間斷的恆心與毅力，更非凡人可以做到。大舅常說：「君子立恆志，小人恆立志」，他著作《百年大師》的主要目的也就是要以近代大師級人物的故事做為現代年輕人立志的榜樣，而他自己在寫日記這件事上的恆心與毅力，卻已是我心目中最偉大立志與有恆的典範。

大舅常向我們提起左宗棠名言中「發上等願」、「向高處立」、「居平常屋」、「往寬處行」等座右銘。我想這就是他在教育、新聞、學術、政治等各方面早已大有成就，仍

選擇在退休後奔波於兩岸三地演講，傳遞教育理念與人生觀的原因。大舅以八十二歲高齡的今天，仍在進行一系列「大師工程」的學術文獻編撰，相信這個「上等願」的成就除了會帶給近代歷史一個重量級的衝擊外，更會帶給外婆無限的榮耀。

精采的人生

◎陳尚寬（元培醫事科技大學副教授）

　　我與大舅的緣分，源自於母親。在我很小的時候，母親就有兩個娘家，所以我有很多的長輩疼愛，其中我的大舅鄭貞銘教授，就是很疼愛我的一位長輩。我小時候的印象裡，大舅的書房總是有好多的書，進入大舅的書房，就像進入寶庫，令我捨不得離開。我小時候每次去大舅家，還有一樣非常令我開心的事，就是可以吃到外婆煮的菜。大舅非常的孝順外婆，也給我們後輩樹立了很好的榜樣。

　　大舅的演講永遠是非常生動且發人省思的，在電視上常有機會看到大舅的談話或演講的節目。我很幸運能邀請到大舅，在婚禮中擔任介紹人。在婚禮的當天，大舅一席充滿感性的誠摯祝福，感動了所有的觀禮佳賓，不時的幽默言語，也炒熱了現場的氣氛。

　　大舅對於家族親人的教育是非常具有使命感的，前幾年大舅為了家族裡的成員，有互相學習交流的機會，舉辦了「希賢小聚」。這每一次的聚會中，除了每次都會有大舅勉勵大家的話，大舅總會邀請非常傑出的學者或作家來給大家演講。我一直記得曾經在希賢小聚中，有幸聽到作家戴晨志先生充滿感染力的演講。

　　大舅的書法寫得非常的好，為了對我的勉勵，大舅寫了「認真最美」以及「人生沒有回頭路，親情沒有隔夜仇」送

給我。大舅的這份心意，我一直珍藏著，也時時反省與督促自己，要繼續的為理想前進與對家人的用心付出。

　　大舅一直是我學習的目標，一樣在大學教書的我，常常不經意的觀察大舅對學生的用心，對學術的堅持，與對於這份工作的熱愛。大舅桃李滿天下，每次大舅的新書發表會，總能看到大舅很多在社會上嶄露頭角，傑出的學生，都回來支持大舅，在發表會充滿感恩與回憶的致詞中，就宛如一場隆重的謝師宴，讓我覺得為師能如此，已了無遺憾。

　　母親是大舅最不捨的妹妹，因為小時候家境不好，母親被送給我的外公外婆當養女，在母親二十幾歲的一個意外的機緣中，由於母親與二阿姨長得非常的像，才因而相認。後來再經過四十幾年的相處，就算孩童時光不是在一起生活，之間的感情也勝似尋常一家人。尤其在大舅退休之後，母親經常去看望大舅，協助大舅的一些起居，兩位親兄妹的相處機會就更多了。然而好景不常，母親去年十一月驟然去世，不只我們一家人十分悲痛，我感覺到大舅的傷痛不亞於我們。我也一直忘不了大舅在母親做七法會時的一段話，盡訴了對母親的思念之情。

　　大舅對於自我的要求，不因為退休而有所懈怠。看到大舅在《百年大師》巨著成功的推出後，繼續為「百年系列」持續的努力，讓我非常的敬佩，大舅一直為理想在付出，仍然為年輕人樹立典範而辛勞著。

　　認真最美，我的大舅。

伸手摘星，才不會一手污染

◎陳尚輝（亞太電信股份有限公司專案經理）

大舅是一位風度翩翩且非常孝順的人，他說話總是不疾不徐，非常有條理，而且談話中會舉例許多小故事，讓我們很著迷聽他說話。

在新聞傳播領域，大舅是一位非常知名的大學教授，我為了學習傳播方面的相關知識，在大學填選志願時，也選填了相關科系。上大舅的課，他總是用說故事的方式傳授課本中的知識，讓我們很容易瞭解書本中所闡述的內容。

為了從大舅身上學習到更多，在大二的時候，我跟在大舅身邊實習，幫忙處理他的工作及日常生活中瑣碎的事情，在大舅身邊做事的這段期間，我觀察他做事的邏輯和對事的想法，他處理事情準確又有效率，也影響我要強化自己的做事與組織能力。

大舅生活非常簡樸，常跟我說三千元也是一餐，三十元也是一餐，重點是只要能填飽肚子就好。常常在家，我幫大舅煮水餃和蛋花湯，就這麼簡單過了一餐，這也深深影響我的價值觀。

大舅曾勉勵我一段話：「伸手摘星，即使徒勞無功，亦不致一手污泥。」在學生時期，對這句話沒有特別的感受。後來出了社會，在生活中面對人生的選擇時，回想大舅這句話，讓我能靜下來好好的思考，特別是在我遇到難以抉擇的

時候，這句話也深深影響著我，讓我能義無反顧不斷努力的前進。

　　大舅在文化大學新聞系、廣告系，兩岸各大學任教五十多年，作育英才無數，為了能幫助更多的年輕人，讓他們重新思索人生價值，近年著手撰寫許多大師傳記，他希望藉由精簡易讀的文字，告訴我們向第一流的人看齊，向第一流的大師學習，唯有透過這樣的學習才能讓自己成為第一流的人才，幫助我們找到正確的人生方向。

乾爹的微笑力量

◎汪士倫（雨）（畫家，建築公司總規畫師）

　　鄭老師，我認識您十多年，很多往事歷歷在目，而在這個四月天裡，我最想說的是您的微笑。

是這樣一種微笑，堅韌的微笑

　　五年前，正在上海講學的您，突遇身體不適，胸口極其不舒服，尤其是夜晚無法入睡，睡不了幾分鐘又坐起來，睡不了幾分鐘又坐起來，有時乾脆起床在房間走動，也不能走太長時間，也不知道怎麼樣才能有效減輕痛苦。這身體的病痛是人生多麼大的考驗，我當時有些不知所措，而您面帶微笑，安慰正著急的我。第二天清晨，見您整理資料，寫日記文章，看上去就像沒事一樣平靜。後來到醫院檢查，醫生說很嚴重，必須手術，您要身邊的人記下醫生說的注意事項，醫生嚴肅地說：「鄭教授，是您要記住，命是你自己的，怎麼讓人家記住。」回到台北進一步確診後，進行了心臟手術，手術過程持續了將近八小時。您身體恢復一年後，到上海講學，我們再次見面，只見您消瘦了很多，頭髮全白了，微笑著，這是我見到最堅韌的微笑。

是這樣一種微笑，導引時代的微笑

　　二〇一五年是「大師工程」之年，也是尋找大師典範，

引導青年價值取得階段性成果之年。《百年大師》的出版發行就是階段成果，發表會當天早上，為了個人狀態不受藥物影響，您特意沒有按醫生囑咐服用當天的藥物。發表會進行了四個小時，近八十歲的您全程站著主持，思路嚴謹，清晰，熱情飽滿，發表會很成功，感染了在座的許多人，名節目主持人李濤激動地表示：「鄭老師從事教育志業超過一甲子仍兩袖清風，窮盡一生挖掘人礦人才，沒有比老師更傻的『傻瓜』，《百年大師》是本適合全台灣青年學子的一本好書。」這時，好幾位親友眼睛濕潤了，而我又看到了您的微笑。

新書發表會後，您策劃「大師工程」，組建「銘軒工作室」，奔忙於兩岸間，進行大師講座交流，大小場次近百場。正如圓山大飯店董事長李建榮所說的那樣：「鄭老師在哪裡，教室就在那裡。」大師講座直接聽眾數萬人，包括小學生、中學生、大學生、碩士生、博士生、教師、社會青年、企事業單位領導員工等等。所到之處都被聽課者熱情包圍，其中有一場是在江西美院，單場聽眾人數達四千餘人。學生排隊索要簽名，索要《百年大師》，有的乾脆把漂亮的衣角拉到您面前索要簽名，有的沒排上隊就乾脆堵在洗手間門口等您，我幾乎要生氣，畢竟講座已經連續三個多小時了，而您微笑著。這是我見過的最智慧的微笑，導引時代的微笑。

是這樣一種微笑，充滿大愛的微笑

麥克阿瑟說：「世界最偉大的力量來自溫和，它比任何的武器具有更大的力量。」您具有這種溫和力量，我把它理

解為具有愛的能力所散發出來的獨特氣質，由內而外。您有愛無恨，尤其關愛青年。記得有一次，我們聊到時下的青年，您說，您七十五歲生日那天，做了一個重要的決定，那就是在兩岸各成立「十二賢社」，選拔二十四位優秀青年，希望能以餘生繼續貢獻您生命的光輝，希望與這些青年結成一心，將來以實際的成就貢獻社會，報效國家。我看見您炯炯有神的眼睛裡充滿著期待，只見您說完，臉上洋溢著愛的微笑。

您對青年的愛何止「兩岸二十四賢」，當我們去瞭解您，瞭解您關於愛的教育的故事，我們會發現：青年人喜歡跟您在一起，大師講座到哪裡，跟青年的聚會就到哪裡，課堂就到哪裡，愛就溫暖到哪裡。正如旅美華人企業家吳章鎔說的那樣：鄭老師的人生舞台以「愛」與「橋」為主軸，努力推廣，不遺餘力。

為什麼您臉上始終微笑，因為您對青年永遠不失望，因為您愛的深沉。這微笑是愛的傳奇，而傳奇還在繼續。這微笑是心的花朵，正如這四月天一樣，是如此地燦爛。

永遠的鄭老師

◎郭毅（北京北師大研究生，留澳攻讀博士）

上次見到鄭老師是在北京潘家園的廣西大廈。那時候中國大百科全書出版社正在編纂一套百科全書，請鄭老師來北京做新聞傳播學一卷的最終審稿。那天鄭老師開了一上午的會，抽出中午休息的時間，招待在北京的這些學生們來吃飯。席間，鄭老師說，「我還有很多想做的事情沒有做，要去做。」

鄭老師的一張名片，能寫幾本書的故事。他做過高官、獲過大獎、創辦過新聞院系、環遊過四海風物，不僅桃李遍地，更是著作等身。按照今天人們對「成功」的定義，取其一樣都稱得上是功成名就了。可鄭老師還是說：「我還有很多想做的事情沒有做，要去做。」

鄭老師最為珍視的終生榮譽乃是大學教授。榮退後，他仍為自己傾注的事業四處奔忙、出錢賣力。他成立了兩岸文化交流基金；出資創辦了「大師講座」，聘請各界賢達往來演講；自己在兩岸幾十所大學發表了上百場演講，私家藏書更是幾無保留地捐贈了出去。可鄭老師還覺得有很多想做的事情要去做。

鄭老師至今仍堅持寫作，每年都有著作出版。又成立了銘軒工作室，要將大師工程的寫作計畫進行到底。說到鄭老師的筆耕不輟，若多加注意，便可發現鄭老師的上衣兜裡總

放著筆與紙。印象中，鄭老師行到一處，但見一些精妙的文字，凡有什麼瞬間的感觸，他都信手記錄下來。我想，鄭老師充沛的精力，正如他上衣口袋中的筆與紙，就在那兒，永遠在那兒，源源不斷地創造著新的價值和意義。

橋——寫給義父

◎孟濤（義子，中國銀行青島分行高級客戶經理）

我必須強硬　硬起脊柱
挺起骨骼來負擔責任
將絕路連接　溝通

雖是絕路　但
飛彈可越過
戰機也可飛過
軍艦　甚至成群的小砲艇
都可以硬闖或蜂擁而過
但是過橋是最好的方式
勝過壑谷絕壁　串連兩方山頭
越過海浪波濤
安全地　舒適地通過
由我挺起的硬脊骨上快樂地通過

三遇——贈義父

◎楊智閔

　　首次相遇，清澈似河水，水流不湍，一抹陽光細細灑在流動的水面，彷彿看見樹葉遭微風輕輕觸落，怡然自得，清新卻又溫暖。

　　再遇，思想似活水，天光雲影相伴，日夜咀嚼新知、蛻變，故而總是一群人爭相賞閱。

　　又遇，似大海，若只從岸邊看，可能只看到海水的蔚藍而錯估了他智慧的深度，尚須深潛方能看到海底的珍寶、生物的多元。大海能容，故生態多樣、景象壯麗而超群；大海能變，總為風貌增添色彩，絕不無趣；大海能造，故青年能起、能飛揚。

窗——贈義父

◎楊智閔

　　眼睛，乃靈魂之窗。眼中看見一人之靈魂，亦能從那窗中看見一個人所看見的世界，此乃窗之故。從他的那靈魂之窗裡，我看到一位農夫，每天辛勤耕耘，汗如雨下，只盼名為「青年」的作物有一天能成長茁壯。我還看見一位建築師，每日每夜奔波，忙於規劃「造橋」，哪裡有青年，他就在哪裡造橋，只為讓青年有路可走，有方向能依循，正面迎向未來。仔細一看，還看到一位爸爸，還是會擔心、還是會叮嚀，但總是溫柔循循善誘，老是細心陪伴，無半點怨言，心心念念著我們這些小孩子，無不用愛呵護、無不用愛關懷。

　　在他世界裡，有和煦的陽光、一抹雲彩、一條清澈的溪流，還有無限的愛。

貞銘與新聞教育

◎徐佳士（前國立政治大學新聞學系主任、文理學院院長）

　　在今日台灣，提到新聞教育時，少數立即被想到的人士之一，應該是鄭貞銘教授。

　　有許多事實，令人無法不把鄭教授與新聞教育之間畫上一個等號。就我所知：

　　一、鄭教授是少數幾位在國內接受完整的正規新聞教育，連續獲兩個學位人士之一。

　　二、他是第一位用新聞教育題目撰寫碩士學位論文的學者。

　　三、著名的中國文化大學新聞系，實際的創辦者是鄭教授。當時擔任系主任的是他的老師謝然之先生，但謝先生同時擔任著兩三個類似的職位，力邀鄭教授去文大協助他，並授權處理一切系務。不久後，創校人張其昀先生，就請這位實際的創系者擔任系主任。

　　四、鄭教授在文大又創辦了新聞碩士班與廣告系。他的學生在媒體界、廣告界傑出的表現， 華岡帶來了揚名千里的令譽。華岡二字象徵了一種理論與實務並重的新聞教育。

　　五、鄭教授顯然不只是一位老師而已，更重要的他是學生們的好朋友。我不知道還有那一位新聞學教師（或任何哪門學科的教師），能夠那麼深刻地知道那麼多的門生，而在回憶錄中， 他們每人逐一寫篇文章，生動地加以介紹。

（請讀其著作《熱情老師・天才學生》）

　　總之，鄭貞銘教授在新聞教育領域中的成就非常不凡。這種非凡表現，原因之一是他熱愛新聞教育。但他能為台灣大眾媒體培養出如此眾多的優秀工作者，可能是他對新聞教育，在長期耕耘的過程中探究出了一套重要觀念，而且十分誠懇地去推行這些觀念。而這些觀念乃是他多年來對我國和世界重要國家新聞與傳播教育的不斷觀察和探究，再加上自己的經驗，而一點一滴地形成的。

政大復興列車

◎石永貴（曾任台灣電視公司總經理、《中央日報》發行人）

中華民國一〇六年六月十六日中午，我們，政大光復在台第一屆校友們，在台北國賓大飯店聚會，由會長牛平邀集，到場人數雖然不多，但餐飲至好，談興至佳。想起當初指南宮下種種，無不興致勃勃。

餐會宣告結束，仍不忍離開，三三兩兩移至椅子邊做「小組會談」。鄭貞銘兄乘機展開邀稿，他要出一本回憶錄，內有「政大校園憶往專輯」。每人以千字為度。他說：「永貴兄，你也要寫一篇。」

返家經思考數目，如何交卷。參閱李偉成兄、潘家慶兄發起的「政大十九屆同學畢業五十年紀念集編委會」的巨著，並重讀《風雲再起》。

政大誕生於民國十六年國民革命軍攻下南京時。隨軍作戰地政務的羅家倫委員，就在戰壕旁請示總司令，政大就這樣誕生了。還有一位戰地政務委員蔡公時先生就沒有這麼幸運了。羅家倫先生回憶：蔡公時先生以同樣資格兼外交處主任，濟南事變時我們在一起，他於夜間被蠻橫的日軍蓄意戕害。

羅家倫先生的英名，固然與五四運動的胡適齊名，他更是與早期中國現代化大學不可分，他曾先後做過北京國立清華大學、南京國立中央大學等校校長。他更以「新人生

觀」，成為時代的偶像。

羅先生主持政大期間，對政大長期發展，有深遠的影響，也是政大之所以為政大的根源。

羅先生把歐洲大學的根源移植到政大來：

「我向來不相信短期的訓練，尤其是以這種訓練，給予在應當受完整高等教育時期的青年。」

「我希望把這個學校，辦成像英國倫敦大學的政治經濟學院，和法國的政治學院。」

這就是政大所以為四年制大學，並以倫敦大學、巴黎大學為發展楷模。

政大的命運，與國家生機不可分，此正如賴光臨學兄所說的：「政大十七、十八期同學投筆從戎，六十位戰場死難，年輕的生命犧牲了，卻延續政大的生命，延續了政大的歷史。」

我們何其有幸，成為延續政大生命的第十九期。

中國延續生命在台灣，而政大也在校友們催生下復活於台灣，台灣真是福地！

《親愛精誠八十年》校史中有這麼一段珍貴的記載：「民國三十九年四月九日，本校在台校友於圓山飯店舉行了大規模的宴會，到會者約五百人，由張金鑑先生擔任主席，會中曾通過校友會又促進在台復校案。」

後在有立法委員及眾多校友力催下，風雲再起，於民國四十三年六月九日，教育部長張其昀先生呈函行政院：「擬先在台灣恢復設置國立政治大學，以應急需。」

我與貞銘兄何其有幸，作為在台復校第一期，延續了愈來愈旺的政大生命力。

我們能趕上政大復興列車，要感謝的人眾多，特別是羅家倫先生、張其昀部長、張金鑑教授……是他們以巨人般手掌，推動了政大列車。

我·政大與鄭貞銘

◎陳品全（前高雄樹德大學校長）

回想我這一生，值得感恩的事和感謝的人實在很多。

首先，要感謝父母生我、教我、養我、育我，辛勞備至，尤其是父親，從我初中一年級至高中一年級，長達四年之間，強迫我讀許多篇古文，這和我能考得大學聯考「狀元」很有關係，也使我在大一時能寫出一篇令國文老師梁容若教授非常欣賞的作文。我至今還記得，那篇作文的題目是「讀魏公子信陵君列傳後」，我是用文言文寫的，在分析史記所載魏公子信陵君一生大事後，我作如下的結論：

> 故國以一人盛，以一人衰。賢者不悲其身之死，而憂其國之亡。若公子之死，可謂不得其所矣。
> 雖然，魏公子固有可非者矣；若彼張儀、范雎之流，或為一身之榮，或因一己之怨，甘為仇敵所用，以滅己國為快，斯又公子之罪人矣。然則六國終亡於秦，可不哀哉！

這篇作文許多語句，都是從所讀古文中模仿，甚至「偷」來的。梁老師對這篇作文的評語是「深析玄解，獨具識心，文亦典雅通暢，得未曾有。」可惜我後來多年居住國外，很少閱讀中文著作，也絕少寫中文，現在連許多中文字

都忘了，真是慚愧！

其次，要感謝的是一些老師、學長和同學，系主任李其泰老師、羅志淵老師（羅老師除教我大二的「各國政府及政治」外，還在我因為到外交部服務，無法到研究所上課，可能遭退學處分時，特別通知我在學期結束前趕辦休學，因此保住學籍，最終能讀到碩士學位，可見他對我的愛護！），以及杜光塤老師（杜老師教過我大四的「各國外交政策」，曾把我的考卷拿給他東吳大學政治系學生看，作為「示範」）。要感謝的同學主要有朱堅章學長、許士軍學長和同系同學蕭萬長。

在政大求學，我們都住校，與新聞系鄭貞銘同學等住同一寢室（201 室），政大外交系、新聞系又是政大的兩個招牌科系，我們感情很好，但也有互別苗頭的時候。

我們每天晚餐後，進圖書館夜自習前，常各買一根甘蔗，向指南山出發漫步，途中邊聊邊各抒壯志，似乎要把國家各領域的領導全包下來，要為國家做大事。

鄭貞銘同學念大三時，就進了當時第一大報《中央日報》服務，令大家羨慕不已，他以第一名成績受恩師提攜，是大家看齊的對象。

我在大學畢業後，錄取外交部，不久被派到薩爾瓦多服務，自覺與外交性格不合，乃改學圖書館，並立志願回饋本土，先後在高大和師大任教，後任高雄樹德大學校長，如今退休長住板橋。

我們政大第一屆同學畢業已六十年，但每年仍有四次不分系別的聚會，昔日友誼依舊濃烈，十分開心。

交誼一甲子

◎林秋山（中韓文化基金會董事長）

　　我出生在當年台灣最貧窮的四鄉鎮之一的麥寮鄉，素有「風頭水尾」之稱，既無顯赫的家世，又無傲人的財富，因此個性多少帶有保守、自卑、謙虛之感。民國四十四年從台南長榮高中畢業後，參加大學院校聯合招生考試，以第一志願分發政大新聞系就讀。

　　在政大得識陳啟家（曾任《民生報》社長）、石永貴（曾任台視總經理）、鄭貞銘（前文大新聞系主任）、潘家慶（政大新聞系主任）等班上同學，他們都是有專精，表現傑出的一群，受益良多。跟鄭貞銘因文大的關係，兩人的交往長達六十餘年，我們都以教育學生為己任，以校為家，公而忘私，只求奉獻，不求回饋，實屬難得。

　　政大在台復校我們是第一屆，從學校辦公室、教室、圖書館、運動場到學生宿舍，一切得過且過、因陋就簡。從台北到木柵校園，要先搭公車到景美，再從景美搭三輪車或「當步兵」，或搭公路局到木柵再走進校園，或住學生宿舍，不像現在這麼方便。整個校園從東到西、從南到北，不到十分鐘就可以走完，從沒看過這麼小的大學。

　　長榮高中是長老教會設立專收男生的高中，教會雖也設有長榮女中，與我們只有一牆之隔，但卻遙不可及，令人徒

呼奈何。我們早晚都得做一次禮拜，由牧師帶領我們唱聖歌、讀聖經，聽牧師講道，最後閉目禱告後才結束。我雖非教徒，但長期修練的結果養成自我反省、自我勉勵、自我約束，與樂於助人的個性。說起來大家可能不相信，大學四年我竟能守身如玉，未曾和班上女同學談過一句話，不是不愛慕她們，也不是不想，而是不好意思開口，今日回憶，實令人遺憾。

鄭貞銘同學是較特殊的一位，他進政大前已經是一位頗負盛名的作家，報章雜誌經常刊載其作品，他不但靠稿費打工養活自己，更要侍奉母親，照顧弟弟妹妹的生活，年齡雖然不大，卻要扮演一家之長的角色，其努力與付出實多於其他同學，這種精神令人感動、敬佩。

五四年從韓國留學回來，本想回政大任教，沒想到竟上山在文化大學的韓文系落腳，鄭貞銘同學也在文化的新聞系春風化雨，以校為家，全力奉獻學校，照顧學生，頗獲稱讚。深受創辦人張其昀的重視與信任，把整個新聞系託付給他，開始我們又另一階段的交往，沒想到他做得有聲有色，終於成為文大新聞系的大家長，不但受學生愛戴，還受到兩岸新聞界的擁戴，成為令人尊敬的大師，學校後來也頒發名譽博士學位酬謝其對新聞系的貢獻，令人敬佩，也值得我們學習。

政大大師如雲

◎陳漢強（曾任立法委員、屏東師專及新竹師專校長）

讀書風盛

民國四十四年秋，我們這批參加大學「五院校聯招」錄取政大教育、政治、外交、新聞、邊政等系的兩百位同學，到政大報到註冊，我們幾乎不敢相信，當時簡陋的校舍是大學還是小學。可是校長陳大齊老先生是東京帝大畢業的，他是印度哲學和理則學的權威，曾是北京大學教務長、代理校長，我們教育系主任劉季洪先生，也是抗戰時西北大學的校長，英文譚保慎老師，是我國駐「國聯」代表團的英文秘書，國文高明、熊公哲老師等，都是大師級的。我們這才領悟到大學的偉大，不在於巍峨的校舍，而在於有沒有名師。

政大的前身是黨校，創建於南京紅紫廊，但在台復校後，我們沒有聞到絲毫黨味，只有這些名師們發出來的濃濃學術味。看到陳老校長天天一身長袍，我們還以為身在北大。老師們教學認真，考試從嚴，譚保慎老師的英文，全班有一半被當，算正常。孫亢曾老師的比較教育，只三分之一及格，算好運了，重修、補修是家常便飯。當時宿舍晚上十點熄燈，有人會到廁所繼續用功，政大的讀書風氣可見一斑。

「五二四劉自然」事件

　　政大學生會讀書，也很愛國，民國四十六年五月二十四日，爆發一次台灣有史以來最激烈的學生反美運動——五二四劉自然事件。當時我是政大學生代聯會主席，這件事的起因是一名叫劉自然的中國人，經常向美軍下士雷諾買 PX 用品，一天傍晚，因付款問題，發生爭執，雷諾開槍殺了劉自然，但他謊稱劉自然偷窺其妻洗澡，才殺了他，美軍軍事法庭判他無罪，並把他送回美國，引起社會譁然。同學們的反應更激烈，認為判決不公，美國人不應享有治外法權，於是湧進美國大使館和美國新聞處抗議，情緒失控，搗毀門窗，焚燒美國國旗，見到美國人就喊打，害得美國人龜縮了很久不敢出門。警察為維持秩序，逮捕了不少學生，這更激怒了學生，於是攻擊警局，燒毀警車，我們聽說有同學被捕，群情激憤，紛紛投入「戰場」。幸好當時的救國團蔣經國主任，趕緊協調警局，把學生都放了，這場風暴才告平息。先總統蔣公也召見藍欽大使，公開道歉。當時還有謠言說這次事件是蔣經國主使的，事後證明，不是事實，完全是學生個別的愛國行動匯集成的一股洪流。

考研究所

　　我們是政大在台復校大學部第一屆畢業生，研究所則在兩年前先開辦了，系主任胡秉正老師鼓勵我們考研究所，可是我們班畢業時只有二十八人，台生六人，其餘都是僑生，回僑居地去了，六位台生中只有朱敬先和我有意願，結果兩人都考取，教研所每年只招收八名研究生，以往都是師大人的天下，民國四十八年第一次有我們政大教育系畢業生。

其他幾個系也是如此，如外交系陳品全、**魏鏞**，新聞系鄭貞銘、石永貴等也分別考上外交研究所與新聞研究所，後來都成就輝煌，在各自的領域各擁一片天。

詩選

◎薛承泰（前中華民國福建省政府主席）

　　鄭貞銘（字正鳴）老師乃知名傳播學者，桃李滿天下，熱心公益且著作等身，對黨國青年之培育貢獻良多，二〇一一年寄贈大作，書名為《橋》，一九八三年我曾是中山獎學金留學生，接受老師教導，受益良多，寫下七言一首，敬祝老師：

　　貞忠報國傳大愛
　　　修身誠正善門開
　　　海天鴻鳴築橋夢
　　銘心著作育英才

意外的結緣

◎周南山（前中興工程顧問公司總經理，現台大土木系兼任教授）

　　我和鄭貞銘老師結緣是個意外。

　　大二那年暑假，我被成大派去參加救國團暑期新聞研習會，上鄭老師的新聞採訪課程。鄭老師當年僅三十初頭，英俊瀟灑，上課非常生動，舉了當時許多名記者（如黃肇珩）的作品供我們參考。我那時正面臨念土木系最艱困的時期，每天面對的工程力學、材料力學、流體力學，搞得都快沒力了，便向鄭老師請教，自己對新聞較有興趣（也許是那二週新聞研習會的魔力吧？），是否應改念新聞？鄭老師則認為，如果還念得下去，其實做一個土木工程師的貢獻可能更大，且若對新聞有興趣，也可在寫作上加以發揮，因為新聞其實需要各種專長的人才。

　　我畢竟沒走到新聞之路，正如美國有名的詩人 Robert Frost 的〈未踏之路〉（The Road not Taken）所描述的，你很難在黃樹林的兩條岔路中做一抉擇，但也無怨無悔，做了幾十年的工程師。大二參加新聞研習會這個「不務正業」的經驗，其實對我日後的溝通技巧幫助很大，常思自一般人的觀點，而非僅自工程師專業的觀點，以全方位的眼光看待計畫，不僅利於與普羅大眾溝通，也避免了所謂專業的傲慢與疏離感。而我在台大獨創永續土木工程課程，推廣生態、綠色、減碳、環保、景觀的土木工程，希望工程師兼具人文情

懷與專業素養並加以融合，化為工程計畫，也多少與當年親炙大師的風範有關。

近年來我在《聯合報》和《中國時報》發表二十多篇與國家建設相關的投書，鄭老師教給我的新聞寫作基本技巧：如何吸引讀者、如何破題、如何結尾都很有幫助。在教學上我也盡可能採用較為生動活潑的案例法，這些都是參加新研會聆聽鄭老師一席話所賜。

雖然不是文化新聞系科班出身，但承蒙不棄，鄭老師的諸多活動我也有幸參與。我尤其佩服他已退休之齡完成《百年大師》兩本巨著。從這些活動中看得出鄭老師對學生的付出和學生對他的回報，以及他對於文化傳承的熱忱，令也在大學執教的我十分汗顏。鄭老師的身教言教如沐春風，迄今仍是亦師亦友地聯繫著。

青工會歲月

◎馬傑明（曾任中國國民黨中央文工會總幹事、親民黨副秘書長）

　　民國六十七年研究所剛畢業，蒙恩師推介至國民黨中央黨部青年工作會擔任助理幹事職務。踏入職場的第一份工作，對每個人的一生都容易影響深遠，我幸運地來到一個風氣端正，同仁水準整齊，且積極認真，努力為公的單位。

　　當時青工會主任是張豫生，副主任有王人傑、李鍾桂、徐抗宗，秘書王克忠，總幹事汪大華、詹惠宇、鄭貞銘（後升任特任職專任委員）、陳慧生等人，都是優秀的長官，惠我良多，尤其是張主任豫生先生，學驗豐富，品德高潔，領導有方，我到任二年後提拔我任機要秘書，更得以在他身旁學習，受益一生。鄭專任委員貞銘先生當時是第三室總幹事，負責知識青年的文化宣傳工作，並兼《自由青年》及《黃河》雜誌社社長，鄭專任委員學識極佳，又喜對後進諄諄善誘，同仁們及接觸他的青年對他都有亦師亦儒，如沐春風的感覺；《自由青年》和《黃河》雜誌是當時普受青年喜愛，影響深遠的刊物，尤其鄭專任委員率領李天任、戎撫天、寇維勇、吳戈卿、黃重憲等優秀青年編撰的《黃河》，談論時政及重要社會問題精采獨到，每一出刊，大夥都搶著閱讀，好一睹為快。

　　鄭委員喜歡和年輕人在一起，這不只是工作責任感使然，而且是他的個性自然而然地展現。他關心每一位和他接

觸過的年輕朋友，把握每次機會瞭解生活與學習狀況、生涯規劃和未來抱負，給予適當適性的懇切意見，從交流中培孕育無數情感與「忘年之交」的情誼，並且也會留下聯絡地址或電話，當他隨時隨地想到什麼 idea，就立即傳達出去相互分享。我想，可能有許多在各行各業發展的人，手中一定有不少來自他信筆寫來的手書，在那個通訊仍未發達的時代，本來學新聞與教新聞的他已經在做「即時通」的工作了。後來，我先離開青工會至文工會任職，而鄭專任委員也轉到文工會任副主任職務，我卻又恰從文工會調任中央黨部秘書處，就較少碰面了，但我心中一直常想念他的愛護、教導和儒雅的風範。

我的人生新里程

◎包宗和（現任監委，前台大副校長）

　　民國六十六年，我就讀於政大外交所，適逢中山獎學金召考，因心向學術，而當年若想公費出國念書，以人文社會考科為主的中山獎學金似為唯一選擇，故以姑且一試的心情報考。由於當時正值我與美國關係處於風雨飄搖之際，隨時都有斷交的可能，故放榜較晚。考完半年後意外接到通知獲知錄取，並被告以將集訓一個月以及參訪國家重大建設。從此我的人生際遇邁入一個新的里程。

　　所謂集訓就是與同期錄取中山獎學金的同學在台北市南海路教師會館共同生活一個月，由青工會安排課程，由知名講座為我們授課。期間大夥兒一起上課，一起討論，吃住都在一起，除了增長對民主政治、國內政情與國際現勢的認識外，也藉以強化愛國情操與民族志節。而擔負生活指導，陪我們一同聽課的即為時任青工會總幹事的鄭貞銘老師。猶記同學們若有疑問，均可隨時向他請教，而鄭師也總是不厭其煩的解說，並在為人處事方面予大家諸多教導，一點也沒有黨務系統的威權氣息，此或許與其文大教授的學者風範密切相關吧。

　　歷經一個月的集訓，十一位錄取同學彼此間建立了深厚的情誼。每位同學都有他的專長和特質，如仁榮兄音樂造詣極高，熱心助人，我們都稱呼他為老大；本魁兄行事謹慎，

言談中規中矩；文力兄口才一流，常識豐富，行事幹練；東泰兄長於新聞傳播，待人親切；大維兄已在美攻讀，為知名青年領袖；湘濤兄乃才子型，有濃厚學術氣息，專業和大維兄與我一樣，都是國際關係；紹寬兄則總是笑臉迎人，應對時略顯含蓄又不失聰穎；新暉兄為標準帥哥，辯才無礙；郭貞為我們當中唯一女性，國學修養深厚，外語一流，平劇身段唱功令人激賞，又會針灸，不少同學在受訓期間都有被她扎針的經驗；有田兄是年紀最小的，幽默機智，和他對話總是笑聲不斷。總之，每位同學都是難得的佼佼者，各有所長，彼此互相學習，相互欣賞，至今仍保持聯繫。

集訓完畢後，展開一星期左右的參訪，對象以十大建設為主。對我們這些終日忙於課業的青年學子而言，可謂開了眼界，也瞭解我們國家有那些令國人感到驕傲的建樹，益加堅定大家的國家信念及對政府的信心，我想這也是主辦單位安排這趟旅程的用心。過程中仍由鄭貞銘老師帶隊，接待單位對我們相當重視。在難得的相聚時光中，大家照了不少照片留念，這些都成為我們永恆的回憶。

多年來中山獎學金為國家造就了不少人才，為許多家庭環境無力負擔出國深造的年輕朋友提供了實現夢想的機會。如今學成歸國的學長姊和學弟妹們均曾經或正在各行各業服務，都有相當成就，無負中山獎學金設置培育青年的初衷。中興以人才為本，當年國家領導人有此遠見睿智，方得以在多年後開花結果。尤其難得的是中山獎學金以求才若渴的精神願意錄取毫無家世背景的白丁，做到考試的公正性與公平性，至今猶為吾輩所深深感念。

此值鄭師貞銘規劃「百年系列」《百年追夢》專章，囑

以撰文憶往，爰就記憶所及，略述一二，亦藉以發懷舊之幽情也。

往事如煙而未逝

◎龐建國（中國文化大學國家發展與中國大陸研究所教授）

　　我是民國七十年考上了中山獎學金的社會學學門，然後，在民國七十一年去美國布朗大學（Brown University）的社會學研究所攻讀博士學位。當時，我從台灣大學三民主義研究所碩士畢業，追隨政治大學西洋政治思想史的名師朱堅章教授南下，到剛剛由李煥先生領導創立的高雄中山大學中山學術研究所擔任講師。西子灣風景秀麗，工作環境清新而富有朝氣，如果沒有考上中山獎學金，我很可能不會與西子灣的潮聲和夕陽長相作伴。

　　在這之前，民國六十六年到六十九年，我在台大三研所念書的階段，因為參與國民黨的校園工作，認識了擔任國民黨青年工作會總幹事的鄭貞銘老師，接受他在文宣工作方面的指導。那時的校園裡，已經有了國民黨和「黨外」的競爭，而台大法學院還未分家為後來的社會科學院、法律學院及管理學院，是政、法、商人才的共同搖籃。所以，法學院研究生黨部被國民黨視為台大校園工作的重鎮。

　　我從法律學研究所李永然學長手中，接任法學院研究生黨部常委的職務，永然的前一任是政治學研究所的葛永光學長。我們三個人很認真地投入國民黨的青年工作，得到包括鄭老師在內許多黨內長輩的青睞，也結交了不少志同道合的好朋友。那時候國民黨的青年工作蓬勃有勁，撫今追昔，頗

令人懷念那一段青春歲月。

　　我們這一期中山獎學金錄取同學接受集訓時，鄭貞銘老師督導集訓的工作，因而和他朝夕相處，互動頻繁。這一期的同學，有于卓民、李明、金樹人、林火旺、張錦華、吳欽杉、施一中、莊克仁、陳正利、黃世琤、梁定澎、楊永隆、和雷倩等人。後來，都學成歸國，在大學和公職為主的領域服務。歷數中山獎學金的名單，真的為中華民國和中國國民黨培養了不少人才。

　　布朗大學是美國長春藤盟校之一，與哈佛、耶魯、普林斯頓、康乃爾、哥倫比亞、賓夕法尼亞、和達特矛斯等學校齊名，是美國最早成立的幾所大學。因為歷史悠久，學校裡舊的校舍經常爬滿了長春藤，因而得名。這些學校都是私立的貴族學校，學費昂貴，感謝有中山獎學金，我才有機會進入殿堂。

　　我在民國七十六年獲得博士學位，論文由依賴發展論的大師 Peter Evans 指導，寫台灣經濟轉型過程中政府所扮演的樞紐性角色，所發揮的關鍵性功能。這篇論文被評選為美國該年探討發展中國家經濟問題最佳的十篇論文之一，因而得以在美國出版。回到台灣之後，一方面在台灣大學任教，另一方面協助國民黨的青年工作和文宣工作，所以，和鄭老師又有許多互動的機緣。

　　在美國念書時，台灣經濟成長和分配公平攜手並進的表現，已經得到了國際間高度的讚賞，被視為發展中國家的模範。後來台灣宣布解除戒嚴，又獲得了對於台灣民主化成就的正面評價。這讓來自台灣的我，在課堂上每每獲得同學們欽佩的眼光，屢屢有揚眉吐氣的光榮感受。班上有位來自大

陸的同學，常常會私下和我論辯海峽兩岸的發展高下和未來前景，忠貞共產黨員的他，最後也承認，中國大陸的改革開放之路，相當程度可以借鏡台灣的發展經驗。

我和這位同學同一年進入布朗大學，也同一年拿到學位。他後來進入北京大學任教，前年退休。我在他退休前去了北京大學，和他見面敘舊，談起將近三十年來的兩岸滄桑。他為中國大陸諸多的進步成就自豪，並惋惜一九九○年代中期以後台灣的江河日下。我則回想起留學生時代彼此抬槓時，他曾經對台灣的欽羨，與對大陸的恨鐵不成鋼。如今，河東與河西，兩岸似乎有點換了世界，真教人慨歎。

感謝鄭貞銘老師策劃出版《百年追夢》，讓我有機會藉由中山獎學金的點點滴滴，談談我和鄭老師的淵源情誼，也回憶一下曾經走過的青春和人生。往事如煙，有些記憶已經逐漸模糊，但是，尚未消逝無蹤，還可以藉由這篇小文，留下一些鴻爪，刻劃幾筆過往的痕跡，註記幾位人生中緣分較深的師友。

師恩難報漸漸報　師志難承點點承

◎吳章鎔（留美企業家）

　　從二十歲不到的青少年，受業於鄭老師，只記得那溫文儒雅的年輕老師，待人親切，用心且恆。那一篇篇的月記，寫的人是敷衍搪塞，閱卷的老師可是仔細觀察、改正並且不吝評語和指導。從這件小事，看到老師孜孜不倦的誨人且直接瞭解他的學生，這是位把「做好老師」的原則，發揮到無微不至的長者；是把學生當朋友，當家人那般認識、關懷；是遠遠超過所謂「傳道、授業、解惑」的，不一般的老師。

　　我曾經在大二那年暑假，隨同老師及兩位助教，五星期內從北到南，盡一切努力造訪幾乎全部中南部校友及同學的家庭。路上，有幸聽老師講述造訪的所有學生，誰的家境清苦；誰的家裡有多少兄弟姊妹；誰在校如何努力，回家更是乖巧；哪個校友職場得意，有什麼成就；哪個叛逆·需要更費心思指導……將近五十年前的往事，猶是歷歷在目，可以想見老師的心思，是從課堂延伸到日常生活，再延伸到學生家庭。在我的認知裡，這是唯一能當起「愛」之美譽的先生。他曾出過一本書，名曰《無愛不成師》，鄭老師的愛，實實在在的投射到數千個學生身上。

　　旅美四十五年間，和老師接觸的機會極少，但我總是盡一切可能，在回台時與老師見面、餐敘。在校時，常去老師家混飯吃，這麼多年來，飯帳已償，但師恩呢？

一般賢達在晚年，總是為自己設計舒適的退休生涯，鄭老師卻不肯浪費自己數十年累積的知識與見解。他要利用「百年系列」叢書，集中終生之志向，嘉惠所有學生及普羅大眾的青年。他要把百年來各個領域的傑出人士、有貢獻者所有的心得及成就，匯集到書中，讓讀者簡易的受教於先賢聖達之人。

　　年輕時，老師把師愛以不同身分散播給他的學生，及老，更期盼把別人的優秀事蹟、建樹，傳播給廣大社會群眾，這是集「眾師」以教「眾生」的偉大思維！老師畢生的努力，從幾十個學生，以這數千受業門生，將再延續到萬千學子。識與不識，能不服，能不愛嗎？

談恩師

◎宋晶宜（前《民生報》總編輯、作家）

給他一枝筆，他在筆墨之間穿梭上古和現今，給你一個偉大的心靈世界。

給他一盞茶，他在談笑之際，縱橫瀟灑與溫柔，給你一串永恆的典範靈魂。

和他談詩書，他是非常豐富有趣的老師。但是和他談現實，他就變成無知無感的人，因為他在乎的，多數人不在乎；他不在乎的，多數人總追求。

他住在遠離市區的一個大房子裡，對一位年已八十的老人來說，很不方便，但他喜歡，而且甘之如飴，因為那房子住得下他浩大的藏書，儘管他不停的捐書，他還有看不完數不完的書。

千萬別再請他吃飯的時候，對他期望太多，因為他光顧著細數往事，策劃未來，對教過他的，他教過的，鉅細靡遺，如數家珍。感恩、讚賞、傳頌、栽培是他的生活基本元素，至於美食佳餚，他全忘了。

四十年前在課堂裡聽他的課，這麼長久的歲月，他仍在做新聞教育的奠基工程；他仍在做兩岸無數桃李的新聞交流先行先知者；在台灣、美國、中國，他的門生赫赫有名的大有人在，但是大多尊他為恩師，對他永不熄滅的追夢熱情，常要自歎不如。

他的背，是一座橋，引渡過無數努力向學的人。

他的眼，是望遠鏡，探照出人的才華和潛力，他就這樣熱愛著天才的學生，保持著為師的熱情。

他總說，價值和價格不同，名節和名利不一，金錢和財富是兩碼事。

於是，他永遠年輕，總是富足。

逐夢之魂　踏實之魄

◎趙俊邁（前北美華文作協總會長、紐約《世界日報》副總編輯）

　　醫院病房樓層的長廊上，老師的腳步倉促沉重，步伐是紊亂不規律的，隨著他愈來愈加速的足聲轉身進入其中一間病房，才剛瞥見病床上的病人，老師已然快步趨前，在床邊尚未停穩就伸出雙手溫柔地撫摸病人的臉頰，輕聲地說：「媽媽，我下課回來了。」

　　太師母其實已臥病數月，早無法聽到兒子的輕喚，當然也看不到兒子憔悴的容貌，若看到他乾裂唇邊的瘡癤，老母親會心疼不捨的！

　　為太師母的病情深感耽憂與心焦，老師寢食難安乃至形容幾近枯槁。

　　他在病榻前和母親「聊家常」，輕聲細語的訴說當年小時候和媽媽共同走過的點點滴滴，盡管病榻上的太師母與他沒有絲毫互動……

　　事後，老師告訴我：「不論太師母病得再重，相信她一定喜歡聽到兒子講的生活往事。」然則，稍早太師母還能言語時，兩人的對話他都用錄音機錄了下來，備作懷念之用。

　　鄭老師在課堂上諄諄教誨學子，容光煥發、態度莊嚴，備受學生愛戴；走下講台回到母親身邊，當下，他平凡無奇，只是個孝順的兒子。

　　不凡之人出自平凡，因他一直努力踏實逐夢。

逐夢的泉源來自母親庭訓，踏實的毅力來自師長教誨。在「大師講座」上，鄭老師所傳之道，首重「飲水思源」。他感念此生教育他、愛護他的師長們，終生不忘恩德之惠，時刻常懷報恩之心。

　　鄭老師傳道、授業、解惑，從青絲滿頭到白首如雪，數十年如一日，此刻依然奔走兩岸昂然的在講壇之上時雨春風。

　　當眾人仰望他的時候，他必然也會仰首蒼天，回歸平凡的內心深處，追念賜給他築夢之魂、踏實之魄的源泉和動力吧？

　　作為他的學生，我們更是飲水思源、心存感恩！

鄭老師的日記

◎六月（文化第一屆劉菊英，作家）

「下午沒課，不過鄭老師還上山來與我們隨便談談，並交代些暑期作業，最後由同學一個個上台講讀新聞系一年的心得。老實說，今天上台講話的同學都太不大方了，不是臉紅脖子赤就是四肢發抖，而且語無倫次，講得簡直不知所云，其中有不少是在抱怨的，聽得可把鄭老師氣壞了，他是真的氣哭了，場面顯得非常沉靜，這種氣氛直保持到五點半。當然我也哭了，後來我也自動的起來講幾句話，即提醒同學鄭老師上學期給我們的一句贈言：『小人恆立志，君子立恆志……』，結果老師對我的話似也頗有感觸，重新又向我們述說一次。他畢竟是位好老師，雖然我因自己個性上的關係，對他保持一些距離，但他是好老師，的確是不可否認的。」（摘自本人的大學日記）

鄭老師就是這樣一位至情至性的人，他常在教室跟同學們交心，談著談著就會掉下眼淚來。我這段日記中寫鄭老師提到「君子立恆志」，他真的不只是對學生說說而已，而是身體力行。

某日去鄭老師家拜會，看到他屋裡好幾個書櫥裡整齊的陳列著一冊冊同系列的簿記，我好奇的拿起其中一冊翻翻，才發現那是鄭老師的日記本。老師告訴我他從大學時代就開始寫日記，從未中斷，至今超過一甲子了。天啊！這真的不

是普通的有恆，我雖也寫日記，但總是斷斷續續的，從未持續十年不輟的。

我終於體會到鄭老師「君子立恆志」的真諦。鄭老師有今日的成就與地位，絕對與他的持恆有關係。

【外章】老師「欠」我一篇序

鄭師貞銘不幸於民國一〇七年二月十九日因病辭世。

鄭老師著作等身，最為人樂道的是由其編撰的百年系列工程，如《百年報人》、《百年大師》、《百年風雲》、《百年追夢》、《百年風骨》、《百年風華》（後三部尚待次第出版）等。除了專業著述外也寫了許多感性的散文，曾獲中國文藝協會頒發五四文藝獎章。鄭老師立下標竿，日後班上洪安峰、劉菊英（六月）、徐桂生三位同學也陸續獲得該項獎章，同班師生四人獲得同一獎項肯定，一時傳為佳話。

想起去年九月間，我寄了一本剛出版的散文集《動物甜心》請老師指正，老師很快就寫了張便箋給我，除了對學生「嘉勉」一番，還特別寫說「下次再為你寫篇序」。

我深受感動。馬上回信給老師說我正在整理一本書稿《六月青春之歌》，也就是我從高二寫到大三的日記。退休後拿出來重讀，覺得寫的不會很流水帳，除了隨筆記下許多文化大學創校伊始的艱辛（如宿舍在冷冽的寒冬沒有提供熱水，住校生只能洗冷水澡）、師生相處及學習的趣事等等，還記了不少新聞事件，如美國甘迺迪遇刺身亡、陳誠副總統逝世等，頗具時代意義，我把它們數位化後放在臉書連載，獲得不少讀者的迴響，我希望有機會出版時再請老師賜序。

鄭老師向來言出必行信守承諾，我是多麼企盼這本有著我們師生共同回憶的拙著能獲得老師擲地有聲的序文。如今老師病逝，希望落空，除了不捨，也只能祝禱老師安息，一路好走，別把這件小事記掛在心上。

老師：您的精神真是偉大

◎劉安立（彥星喬商廣告創辦人）

鄭老師！我們永遠的導師，永遠的恩師……

在學校時他為我們傳道、授業、解惑，諄諄教誨，盡心盡力。即便畢了業，他依然關懷照顧同學數十年來如一日，不時主動寫封親筆信或是打通電話給同學們，就像我們的父兄一樣，時時刻刻關心我們、照顧我們。

他把一生全副精神和青春歲月，貢獻給了文化新聞系，給了他的學生，現今的社會，應該是沒有第二個人了。

在學校新聞系期間，平日有學長制度照顧帶領我們。鄭老師在課業方面除請各學術專業老師外，又請新聞媒體界具不同特性的專家為我們進行專題演講與授課，也是因為這個制度，大三的時候我得以和幾位同學到中國電視公司實習，因此，改變了我的一生。

就學時期，老師總惦記著學生未來的出路，每當新聞界有機會，老師都會想著同學，班上很多人的工作，都是由老師牽線介紹的。

在學校時期，我是個靜靜聽課，乖乖做筆記的學生。鄭老師每年都會為我申請一筆一千元的獎學金。有一年老師出國，我怕沒有拿到獎學金，自己申請一個全國只有兩個名額的扶輪社四仟八佰元獎學金，老師回來又驚又喜的關心我是怎麼申請到的。大學我意外拿了四年平均第一名畢業，這完

全受惠於老師細心指導，增加我的信心，因為一位北一女日間部的學生，考到文化新聞系，當時心中還是難免有一道陰影。

如今，我要感謝上蒼，讓我進到文化新聞系，這是我的福氣，上蒼對我的厚愛，因為我在這裡遇到了一位好導師。到現在，同學還常常到我家吃飯、聊天、打麻將，全因鄭老師，他給了新聞系學生全部的愛，讓學生就像一家人，他指導我們，照顧我們，關心我們，凝聚了師生情誼。

我成立的廣告公司，致力打造「家的文化」，大家都是夥伴，是家人，是共同生活、工作的家人。後來回想，這精神，正是來自文化新聞系鄭老師給我們的教育傳承。

記得大四快畢業的時候，我們成立了 C. T. C.（Coffee Tea Club），固定和老師同學歡聚，鄭老師更是常常關心指導跟參與。

畢業後，我們幾位同學，每年過年都會到鄭老師及歐陽老師家拜年，四十年來如一日，即使歐陽老師去世後，亦是如此。有一年大年初一，我們邀請鄭老師、歐陽師母一起享用了一頓師生齊聚的團圓年飯，還記得老師那天特別開心。

最近幾年，和鄭老師接觸較多，看到他對大小事都非常用心周到。不但大力提攜後輩，對同學細心關懷愛護，並且對同事老師們也都謙沖有禮。

老師致力出版大師系列鉅著，常常看著他規劃、開會，指點同學，身體力行、親力親為。深受老師的熱情感動，但也疼惜他的身體，老師您的精神真是偉大！

新聞教育永遠的長青樹

◎李建榮（前中國國民黨中央文傳會主委，圓山大飯店董事長）

　　年過八旬的台灣新聞教育家鄭貞銘教授，自中國文化大學退休後，仍孜孜不倦，推動編纂百年系列叢書，其志向之宏偉，工作之恆心，影響之深遠，可謂是新聞教育的長青樹。

　　記得一九七八年的夏季，大學放榜，我考上中國文化學院新聞學系（隔年升格為中國文化大學），那年暑假我接觸到一本由鄭老師主編的《中國名記者的故事》，對我日後進入新聞界，影響很大，我也喜歡閱讀中外名人傳記。大學畢業後進入新聞界服務，鄭老師短暫離開文化後，重回母系，並創辦大眾傳播教育協會，關心台灣新聞教育與實務的探討，常在協會舉辦的活動上，與鄭老師及歐陽醇教授碰面，繼續聆聽教誨，收穫很大。

　　鄭老師從事新聞教育超過半世紀以上，五十四年間，教授的學生從台灣跨越到海峽兩岸四地，若再加上星馬地區來台學生在內，真是桃李滿天下，可稱之為華人圈新聞教育最有影響力的資深學者。

　　個人在三十餘年的職場中間，經歷報紙、廣播、政黨及企業界，和老師類似重疊的領域有新聞界及政黨。我很感恩在職場變動的過程中，都會在第一時間接到鄭老師的來信鼓勵，他常會分享他的人生經驗給我參考，也隨時把自己最新

的狀況與我分享，此種持續關懷學子，在一般的教育環境少見。

據我所知，鄭老師關懷的學生無計其數，我私底下真的佩服他是如何利用時間，如何持之以恆，情深意切的關心歷屆的學子，有時雖是短短的幾行字，但是對職場江湖衝刺的後輩而言，隻字片語就是最大的鼓勵。

記得我在離開新聞界後，出版《兩岸二十年》新書發表會，當時正值國民黨重返執政不久，受邀來賓冠蓋雲集，席間我的講話不卑不亢，鄭老師事後屢屢對外提及，這是接受華岡新聞教育出來的好例子。記得二〇〇〇年國民黨第一次在台灣丟掉政權，連戰接替李登輝出任黨主席，在那風雨飄搖之際，我受連先生之邀出任黨主席辦公室顧問，這是個人人生選擇很大的跨越，多數人期期以為不可。但是鄭老師與我的老闆余紀忠都鼓勵有加，希望我好好協助連主席把中國國民黨的路線重新導正過來。連戰雖然因神秘的三一九槍擊事件意外落選，但是他隔年的和平之旅，我是重要的幕僚之一，之後吳伯雄主席的信任提拔，也先後開啟我見證、參與兩岸關係、國共關係的重要開展。這段期間，接到鄭老師的關懷與鼓勵最多，而他自己也飄洋過海，常在大陸知名學校開講，啟迪後進，風靡彼岸學子。坦白說，台灣這兩代人接受反共教育，怎會想到兩岸關係在過去三十年變化如此之大，甚至今天演變成「三十年河東，三十年河西」局面，怎不令當代台灣人汗顏、唏噓不已！

後來我有機緣出任圓山大飯店董事長，鄭老師也在第一時間來信說，在一場團結自強協會的活動上，聽到一位學者分析圓山飯店是糟蹋人的地方，意指嚴長壽及歷任董事長深

受勞資糾紛之苦，黯然而去。鄭老師的來信是提醒也是替我擔心，憂我是否也會遭此下場而歸。

但做為一個桃園農村鄉下長大的孩子，因為就讀文化大學，堅定我從事新聞工作的價值，在老師的教誨下，我也勤勉耕耘，在黨政新聞記者圈還有點名氣，我努力的支柱就在背後的文化新聞系。

因此在我圓山任內六十周年甲子慶時，我特別邀請鄭老師、文大校長李天任、文大傳播學院院長葉明德、新聞系主任陳慧蓉、文化新聞校友會理事長李傳偉及學弟妹們一起參與盛會。五年多的圓山生涯，鄭老師及文大董事長張鏡湖博士、李天任校長帶家人、校友、師長不時上圓山支持，文化新聞人的團結向心，讓我親身感受，我怎能不更用心在圓山的改造呢？

韓愈〈師說〉開宗明義講，「師者所以傳道、授業、解惑也」，鄭老師的身教言教不僅如此，也真正做到孔夫子所期許的「誨人無倦」、「有教無類」、「因材施教」，因為他在教育工作上所付出的愛心與耐心，不忘初心，始終如一，從未打折扣，才會受到代代學子的愛戴。我常說，「鄭老師人在哪裡，講堂就在哪裡」，隨時出口成章，言之有物。聽者，有如重回校園美好時光。

有回，鄭老師邀請校友們參觀他的新居，在鄭老師的書房書架上，我更學習到老師是如何做學問，蒐集資料之仔細，分門別類之清楚，這都有利於他的教學與筆耕。走筆至此，不禁想起為了百年系列叢書，鄭老師是如何勤勉的與時間作競賽，書的出版是為了傳播更大的正向價值能量，這是他讀史寫史的最大驅動力。

大學教育的傳奇

◎鍾惠民（立緒出版社總編輯，顧問）

謝然之老師創辦新聞系時，鄭貞銘老師即參與創系，當時謝老師還擔任黨務要職，系務大多交由鄭老師處理，此時鄭老師年華正盛，二十七歲，與第一屆學生才差幾歲，相處有如兄弟。

鄭老師關懷學生的第一道橋樑，便是建立學生書寫「月記」以及每月至少讀一本課外書的習慣，培養了學生閱讀與寫作的風氣。

月記的內容或為記錄生活，或為讀書心得，或為對系上的建議，透過一個月繳交一次的筆記本，不僅能夠瞭解學生，也是磨練學生文筆的一種方式。當時我最喜歡寫月記，因為形式自由，隨意抒發，又有讀者——鄭老師。發回來時我最喜歡看老師在上面的眉批，有好句子就畫圈圈，有問題就在上面解疑，他就以這種方式每個月與全系約兩百餘學生對話。當年不知事，視為理所當然，數十年後，自己也曾在學校兼任過一些課，重翻舊作，深感這樣的舉措不但是創意，而且必須有熱情、耐心，更重要的是愛心，在我感覺鄭老師很偉大。

令我印象深刻的事是，才讀完大學一年級的暑假，有一次在公車上巧遇鄭老師，他問我，暑假有何打算，我說沒有，他問我想不想去《高雄新聞報》實習（我家住高雄），

我簡直受寵若驚，怎麼可能，才讀完一年級初級的新聞課程。

我百思不解鄭老師怎麼那麼大膽，敢推薦我去報社當實習記者，那是三年級以上才有可能的。我還替他擔心判斷錯誤，我甚至於覺得老師走在路上都還不見得認識我呢！而且在路上相遇就幾句話，我還不相信是真，沒想到他就真的寫信去推薦。我非常感動鄭老師對學生那麼關心，全系那麼多學生啊！他真是無限的付出呀！

多年之後，我回想，他對學生們有那麼多的認識，是從月記中來的。

我果然不負老師的推薦，我的新聞稿還被當成第一版頭條，這對記者而言是何等的殊榮，對一個實習生，簡直天方夜譚（我現在還對當時《新聞報》的總編輯葉建麗先生的鼓勵充滿感恩）。

此外，新聞系學生之間，有一個很好的傳統，就是上下年級之間互相認識，且十分親切關照。這裡面也有鄭老師的用心和創意。每週發行的校內報刊《文化一周》，新生一年級摺報，二年級協助跑廣告，三年級主導辦報（到了四年級就忙畢業的事了），這樣的用意是由學弟妹幫忙學長辦報，藉由這一途徑培養學長與學弟妹親密關係，也在一、二年級時培養一些辦報觀念。

《文化一周》連續好多年獲得大專院校報紙刊物第一名，因此當時無論讀書、辦報，學生們士氣都很高，考取研究所的比例也很高，出社會就業也很優秀，都是老師精心輔導。到如今許多學生在新聞傳播媒體擔任重要職務，發揮很大的影響力，可以說是文大新聞系的鼎盛時期。

這麼多年了，在我看來，鄭老師全方位關懷學生的辦學精神，在有限的資源下，殫精竭慮，發揮創意，全心照護。確實培養了許多人才，也培養了特殊的師生感請，真是非常少有與珍貴，這在大學教育領域裡簡直就是一項傳奇。

報恩主義的實踐家

◎邱民才（文大新聞所碩士）

　　八十，是人生的一個里程。在吾師的身上，八十，是智慧的結晶，是報恩主義的實踐家，是為兩岸、為學生接引的搭橋者。

　　猶記得在「傳播理論」這堂課的期末報告之後，老師約見了我這位輔系生，當時又驚又喜，驚的是吾師在眾多學生報告中揀選了我，喜的是竟能與新聞界大師面對面。

　　誠如，老師常引述美國作家 John Gray 所言，「機會是最佳的餽贈。我們若真心誠意地喜歡一個人，就給他機會，發揮的機會……展現自己、肯定自己的機會。」當年的情景仍歷歷在目，老師盼我在讀書寫作上更加精進，並希望我堅定新聞工作的志向，感謝吾師讓我看見自己無限的可能性。

　　我一直想一段理想的師生關係已是難得，吾師擁有許多令人稱羨的師生情更是難能可貴，不僅是求學階段的經師，也是學生品格上的人師，甚至還是職涯、人生路上的忘年之交。

　　八十歲，吾師依然為兩岸的新聞教育、莘莘學子奔波；就像海內外您的許多學生一樣，老師您對我的意義重大；希望您如林語堂先生所言，「人到老年而身體健康，或是老當益壯，確是人生最大的幸福」，好好保重身體。

You Raise Me Up

◎陳信夫（英文《中國郵報》〔*The China Post*〕前執行副總編輯）

　　我是文化大學新聞系第三屆的學生，在華岡接受四年（1965-1969）新聞教育期間，就與當時系主任鄭貞銘教授結下了師生之緣。

　　畢業後，進入台灣第一家英文日報《中國郵報》（*The China Post*）工作，服務不久，即民國六十年初，《郵報》創辦人之一的余夢燕女士，延攬鄭老師擔任副社長兼總編輯，以擴大加強新聞採訪、提升編務水準。這時不只是師生，也是部屬關係，可說是亦師亦友。再次結緣，接受指導，實屬難得，也深感榮幸。

　　鄭老師擁有很多的特質，其中給大家第一個印象是溫文儒雅，儀表出眾，天生一副「明星臉」，待人親切，甚得人緣。在他滿天下的桃李中，雖然散居分隔多年，但鄭老師對他們的名字，都能如數家珍，對大家生活狀況也瞭若指掌，這凸顯了老師對門生的關懷，有幸能與一位才華出眾，又能長期無私奉獻的長者結緣，只可用「三生有幸」來形容，相信同窗好友應有相同的感懷吧！

　　被譽為「新聞教父」的鄭老師，一生多采多姿，著作等身，獲獎無數，其中在二〇一五年六月二日獲頒「名譽博士」學位，老師說，這是他事先意想不到的，得此殊榮，實屬難得，是他至高的榮譽，也是新聞系的光榮，全體師生莫

不以老師為榮為傲！

　　日前蒙受老師約見，在「銘軒工作室」的閒談中，老師當面嘉許我說，我在英文《中國郵報》服務四十年間的工作態度，敬業精神是有目共睹的，老師對我的肯定讓我深受感動。

　　另外老師還勉勵我：「不要只想過去，目光要往前看，要心存盼望，把你的敬業態度和無私奉獻精神，繼續往前推展。」老師的期勉，讓我沉寂已久的心，再度燃起了希望，也受到莫大的鼓舞。

　　今天我將以這首有一百多位藝人曾翻唱過的一首讚美詩歌「You Raise Me Up」，來表達我對老師的謝意和感恩。

鄭老師的言教與身教

◎胡幼偉（中國文化大學新聞系教授兼系主任）

　　我雖非老師入室弟子，但於過去二十年中，常親炙鄭師教誨，觀老師一生言教身教，以學生身分謹記如下，亦為弟子所當為，並以此時時自我惕勵也！

　　鄭師一生雖曾任黨職，但始終不離新聞教育崗位，對青年學子之提攜與關照，也從未間斷。做為新聞教育家，鄭師最看重者，並非學生在新聞工作上的技能，而是同學們是否真正瞭解新聞工作的專業理念與社會責任。

　　在專業理念方面，鄭師強調博學多聞與慎思明辨的重要性。他雖在新聞系任教，但常要求學生接觸其他學科的專業知識，要掌握時局變化的脈絡與社會進步的軌跡。此所以老師近年來在文大新傳學院特別開闢大師講座，邀請哲學、文理、法政等領域的大師級學者蒞校演講，為同學們增廣見聞之良苦用心，令人感動！

　　在社會責任方面，鄭師不但在課堂上，常以我國新聞界歷史典範人物之擇善固執，強化學生們的新聞倫理觀念，更常於報端撰文，針對當前新聞圈之亂象，針砭時事，聞之令人深思不已！

　　而我對鄭師更感敬佩者，為其近十多年來，不但繼續為台灣新聞教育貢獻心力，並在教學研究之餘，犧牲休閒時間，為對岸多所高校的新聞傳播教育，提供經驗與智慧，協

助彼等提升新傳教育的質與量、拓展其相關學術視野，因此而廣結善緣，大大增進了兩岸新傳學界的互動與交流，並成為對岸最為尊敬的台灣新傳學者。而今，老師雖已因年事漸高而自文大新聞系專任教職退休，但對岸每年對老師的邀約演講不斷，足見鄭師對大陸新傳教育影響之深廣。

總結我對鄭師的崇敬，乃在於其在新傳教育中，數十年不變的言教與身教，以及為新傳教育而奉獻心力的一貫熱情。

誨人不倦，追夢不斷的鄭老師

◎郭學政（德豐公關顧問公司總經理）

　　猶記得鄭老師擔任新聞系主任時，可說是將文化新聞系引領至千仞巔峰的時代，整個新聞系充滿了學習力與活力，鄭老師一直在無私地釋放他個人的資源與支援，這樣的活水讓學生們有機會接受到當時最好師資的醍醐灌頂及任督二脈之貫通，那時候的文化新聞系師生們真正是沁沐春風化雨，人人蓄勢待發如出柙猛虎般對於大眾傳播工作有著捨我其誰的膽識與能量蓄發。鄭老師，厥功甚偉！

　　離開校園，投入職場，數十載間，人生的閱歷浮沉就是自我成長的養分沃土，但如此的夢田一畦，因有了鄭老師時時的關心而總能大旱後之雲霓現，讓我們感受到希望的被滋養與人生智慧的汲取。每次看到鄭老師，永遠感受到他那對新聞教育工作的熱血與願景，甚至是狂熱！執鞭數十春秋，誨人不倦的鄭老師，他更擁有了你我所少有的追夢精神！

　　謝謝鄭老師！

一生的良師益友

◎張靜濤（前紐約《世界日報》總經理）

　　兩年前，我從職場退休，不用再為每日著急煩惱，反而是要為沒事找事做、小事當做大事辦而操心。當然，以前就喜愛的旅行，頻率也變多了。看來，閒雲野鶴的生活並不是那麼美麗嘛！

　　退休後，我常整理我的思緒，發現我這過去的一生能夠圓滿順利，全是得益於良師益友的襄助。

　　首位恩人當推我的啟蒙恩師鄭貞銘老師。是他在我大二申請轉系時慧眼讓我如願以償的進入新聞系的。鄭老師不但教我們新聞理念，更重視新聞道德，他對我尤其偏愛，當年新聞系有自己的獎學金，發給成績最佳的學生，我的學業成績不是最好，但鄭老師另設條款，讓我忝為上台領獎的一員，同學跌破眼鏡，我更是受寵若驚，當然我後來的表現並沒讓鄭老師失望，但我始終覺得我的能力就是被如此激發出來的。

　　畢業後，我被留校擔任助教，當時我並不十分樂意，眼看同儕個個在新聞界意氣風發，我卻在華岡守著陽光守著風！如今回想，沒有當年助教工作的歷練，那能認識這麼多在往後的人生中對我助益甚多的學弟妹們。塞翁失馬焉知非福！

　　整體來說，我個人的一生，自己努力固然重要，但是良師益友再加上運氣，才是成功的不二法則！

我們熟悉的「老鄭」

◎洪玉鳳（台南市資深議員）

那天，成功大學有一場鄭老師的演講，他循例提前一天抵達。

晚間，和幾位都是老師學生的舊識好友陪老師用餐，發現髮已鬢白的老師，身上雖然多了些歲月痕跡，更吻合學生們對他的暱稱：「老」鄭，但仍不改溫文儒雅的學者風采。尤其是，對學生們持續關心，對新聞教育傳播的執著，仍是我們年少求學時，所熟悉的「老鄭」。

這些年，他風塵僕僕忙碌於兩岸之間，傳播教育理念的種子，培養優秀子弟後進人才，不遺餘力，那份認真和衝勁，更甚於許多華而不實的年輕學者。每每談到老師的努力和精神，也是新聞逃兵的先生和我，都深歎不如。

因為從事基層政治工作的關係，對於新聞報導的深度、準確度、發展度較多關注。也深知自己經手的服務案件或挖掘中的弊病，都可能成為明日新聞、媒體追逐的焦點。但如何分辨？如何體會？則有賴於敏感度的培育訓練。

有時，朋友好奇問我，觀察事件的敏感度是如何訓練的？我常驕傲告訴他：來自學生時期的訓練。因為，我畢業於文大新聞系，我有一位優秀的好老師，他的名字是「老鄭」──鄭貞銘教授。

八十而孜孜矻矻傳典範

◎彭志平（《中華日報》總主筆、總編輯）

新聞教育裡，有門課很難教，也很難形諸於文字：精神！

民國七十四年，一個平頭小子懵懵懂懂的混進了文化大學新聞系。入學之前，他爸爸跟他說：「你們系主任鄭貞銘教授可是很有名的，你要好好地跟他學！」平頭小子還是懵懵懂懂的點點頭。

學什麼呢？鄭老師親自教我們新聞學、傳播理論。再看看其他課程，平頭小子翹課太多，但還記得新聞史的樂恕人老師、政治學的彭懷恩老師、經濟學的陸雲老師、社會學的賴國洲老師、國際關係的包宗和老師、中共問題的楊開煌老師、新聞英文是帥到讓女生捨不得翹課的金溥聰老師，當然還有大家都不會忘記的歐陽爸爸。每位老師不是新聞界的大老，就是學術界裡的青年才俊。如果不是鄭老師的號召力，哪容得我們這些後生小輩「得天下名師而學習之」？

這些都是可以形諸於文字的課程，讓我們這些後生小輩獲益良多！

四月十九日，老師應邀到成功大學演講，講的是老師這兩年到處傳揚的《百年大師》，十八日晚上就和老師在台南小敘。問老師今年講幾場了？老師神采奕奕的說已經講四十幾場了。算算日子，扣掉寒假，老師豈不是每一到兩天就要

講一場《百年大師》？何況，老師不只是台灣南南北北的講，還全大陸各省走透透的講。

子曰：「吾十有五而志於學……；六十而耳順；七十而從心所欲，不踰矩。」我們鄭老師則是「八十而孜孜矻矻傳典範」。

這就是很難形諸於文字的課程：精神！

永遠認真熱情的鄭老師

◎陳慧蓉（前文大新聞系主任）

　　在評鑑期間準備資料時，深入地研究了系上從以前到現在的課程開設與歷史，雖然資料準備及撰寫工作繁雜耗時，但我從來沒有對陳述系所精神與方向感到茫然。

　　我很想謝謝鄭老師，在創系之時，就為新聞系的專業訓練、和所應具有的內涵奠定基礎，再加上我與夏士芬老師在鄭老師系主任任內，恰好於新聞系求學。二十年後再回頭，想到當初系上的課程設計，要謝謝老師對新聞系的用心，建立了紮實的基礎。這樣的的原則把持，在新科技不斷出現，許多產業又極欲與新聞「整合」的情況下，尤為不易。在與同學們的談話中，我發現當初新聞系以採訪路線，而非媒體分組的方向是正確的。同學們發現無法掌握議題，才是他們跑新聞時最大的挑戰。

　　幾年前自評時，我邀請了王石番老師作為我們的自評委員，他告訴我，當初建系時，鄭老師花了很大的心力。他在受頒榮譽博士時講到，他一直以教育為人生的熱情，以師大教育系為第二志願。在我聽來既新鮮又受感動！因為時至今日，仍有許多人的熱情並非真的在教育，那些論述大多是人生妥協的結果，但我可以從鄭老師的演講與談話，想像四十幾年前，青春而對教育有熱情的面貌。

　　更要感謝一直以來，鄭老師對系上的關心。評鑑時他大

概是除了院長外，最關心評鑑結果的老師了。鄭老師一直以來的鼓勵，可以讓我拋下許多挫折感，繼續對學生、對人們保有信心，做好該做的事，共同分享對新聞傳播的喜愛。我也覺得自己很幸運，在一個擁有歷史的系所中，仍然可以請教當年建系，並長時間帶領這個系所的老師，希望老師以後的人生，有更多快樂與我們分享。

Sincerely.

華岡築夢──萬千桃李笑春風

◎張景照（文化大學新聞系第一屆校友）

　　歲月太匆匆，離開華岡，不知不覺已過了半個世紀，回首從前，有著不少的往事和記憶。

　　一九六三年秋的某日，華岡上細雨霏霏，山風呼嘯，我們在山仔后下車，走過彎曲的羊腸小道，赫然看到在山坡上的荒煙蔓草中起造一棟古色古香的建築，那就是我們的學校，我們要在那裡完成大學教育，草創的文大，克難的學校設施，都給我們留下了深刻的回憶。

　　依當時學校規定，首屆九個系四百多位學生一律住校，大成館樓上的教室變成了學生宿舍（女生則住到博愛樓），簡易的書桌擺放在走廊上，供學生使用。

　　開學，上課了，教室則在大成館後方的草叢中用黑色的木板搭建四間臨時教室充當之，猶記得陽明山，深秋、初冬時節，常常霧鎖山頭，上課時，飄飄的雲霧從窗外飄了進來，講台上來了一位與同學年齡相差不多的年輕人，文質彬彬，氣質非凡，出口成章，他，就是銜謝主任（然之）之命來綜理執行系務和教導我們的鄭老師（貞銘），他將帶領我們陪伴我們度過四年的大學生活。

　　翻開新聞系第一屆畢業時的集體創作《永恆新聞系》一書，系主任題字「今天你以新聞系為榮，明天新聞系以你為榮」，來勉勵同學努力向上，並要同學讀《飲冰室文集》和

《富蘭克林傳》（英文），對日後新聞報導寫作、分析、評論都有很大的幫助。

鄭老師也以感性的語氣寫道：那一串綴滿著歡笑與淚水的歲月，鐫刻著我們共同的誓願：為新聞獻身，將光明與溫暖遍布人間，作勇敢的標兵，決心站在時代與道德前面。

「橋」，它連接彼此不相連的兩岸，鄭老師竭盡心力，利用四年的時間，在華岡新聞系搭建了一座橋接引莘莘學子渡橋，希望有志青年能安穩的渡過，到達他們成功的彼岸，多少晨昏，夜晚，師生共同琢磨，同心協力，為未來從事照耀人心的新聞工作而努力。

創辦《文化一周》，成為培育新聞記者的搖籃。請學者、名人、專家到系上演講，讓學生擴增視野、增廣見聞和國際觀，對以後從事新聞工作產生莫大的助益。迄今，老同學相見，莫不肯定當年鄭老師的用心。

「橋」，這是一座愛心的橋，智慧的橋。師生、友誼之橋，也是心靈溝通之橋，五十年過去了，千百個學生安穩的走過這座橋，走向社會各角落，奔赴世界各地，創造可歌的志業，如果你願意回憶，橋依舊在那裡。

當首屆畢業生投入新聞界，曾引起不少震撼，讓大老們刮目相看，以前辛苦的努力，終於有了「收穫」，鄭老師笑了，笑得很陽光。

幾十年的不斷努力，萬千桃李笑春風，終於獲得「新聞教父」、「現代的司馬遷」、「永遠的鄭老師」的至高榮耀，民國一〇四年六月一日，更獲得文化大學頒贈名譽文學博士學位，這是文大創校五十四年來首次以最高榮譽頒給本校教授，真是實至名歸。

華岡是青年學子尋夢、追夢和築夢的地方，而鄭老師是幫你美夢成真的重要推手。

祈祝亦師亦友的鄭老師

◎張世民（資深媒體人、公關公司總監）

　　欣逢鄭老師八秩華誕，謹誠摯祝福吾師身體健康，平安如意，一生一世必有上帝的恩惠與慈愛相隨！

　　鄭老師一生奉獻新聞傳播教育，作育英才無數，新聞傳播界許多叱吒風雲的知名新聞主播、記者、總編輯、節目製作人及電視公司總經理、董事長，都是老師的門生，且遍布海峽兩岸及華人世界；鄭老師不愧是一代新聞傳播大師，筆者忝為學生一員，深感三生有幸！

　　鄭老師是經師，亦為人師，對學生的關愛照顧與指導，始終如一；即使離開校園多年，鄭老師亦師亦友的情誼，一直延續不輟。許多已花甲之年的老學長，也常常接收到老師的關愛垂詢，如沐春風。

　　更令筆者敬佩的是，鄭老師對新聞傳播教育的熱忱與執著，經常往返海峽兩岸深耕播種，勞碌奔波，努力不懈；近年來更投注於百年大師工程相關文化思想傳承的出版大業，這種旺盛的企圖心與過人的精力，讓眾多後生晚輩望塵莫及，更增景仰之心。

　　鄭老師固有許多豐功偉業，然筆者印象最深的還是，老師事母至孝；記得太師母在台北靈糧堂的追思禮拜，老師回顧母子之間濃密的親情，感人至深，筆者迄今銘記不忘！相信太師母在天之靈，一直看護著老師，也為老師一生對國家

社會及新聞教育的貢獻，感到無上光榮與欣慰！祈願太師母所信靠的上帝，也引領吾師一生一世都有滿足的平安喜樂及得到永生的盼望，並在他日於天家與太師母相會！

被體恤的暖流

◎羅超華（新聞局前副處長）

畢業後，我返母校（文化大學）兼課長達四十年，偶遇
鄭老師，總見他神采奕奕。知他除仍在校任教，也往大陸作
育英才；更令人佩服的是，筆耕不輟。他責備我閒懶，甚少
為文。

印象中，其實鄭老師對我常是勉勵有加，很少責備。

我五十五歲從行政院新聞局退休，轉往關渡基督書院任
大傳系主任，一年後，決定辭專任教職，只保留母校的兼
課，很多人反對，認為我太年輕就退休，似乎逃避責任。

記得我向鄭老師報告退休原由時有點膽怯，該怎麼向一
位長年在教育界奮戰的老師，說明我的疲累呢？我小聲道出
自己的身體狀況，又說自己工作三十一年，真是太累了，退
休可以讓自己休息、調養身心，而且有較多的時間照顧高齡
慈母，陪伴丈夫，多做點家事……

鄭老師靜靜地聽著，諒解的看著我，說：「妳那麼能吃
苦的人，妳說累了，就真是累了。」

忽然，我有欲淚的感覺，一股被信任、被體恤的暖流，
讓我卸下重擔。

祝福鄭老師！在「傳道授業解惑」中，享受付出與收成
的快樂！

一個嶄新的開始

◎梁玉明（作家）

　　照說每天都應該是一個新的開始，但我很久沒有真正感覺到了。新聞系畢業，經過歲月的淘洗之後，再次遇見年過八十的鄭老師，讓我深刻感受到：那眼耳鼻舌身的啟迪，那心靈的無限舒展，真是一個嶄新的開始。

　　第一次在文大新聞系遇見鄭老師，當時他是年輕英俊、風度翩翩的系主任，讓我感覺到可望而不可及。班上有六十多位同學，我心想：誰會去注意到一個來自台南的丫頭呢？不料幾次同樂會之後，我用天生的好嗓音，征服了同學們的耳膜。事後聽說鄭老師給了我一個「黃梅調大王」的封號。緊接著我又不甘寂寞的參加了「全國大專院校國劇聯演」、「台視青年才藝競賽」，博得了國劇方面的知名度，於是學校推薦我參加首屆「中華青年訪問團」的選拔賽。仍然憑著天賦的好嗓音，從數百位大專院校的菁英中脫穎而出，獲得赴美參訪的機會。

　　臨出國前，鄭老師特別召見我，給予鼓勵與慰勉。還送了一個兩千元的紅包，給我當零用金，並約我沿途給《文化一周》寫特稿，讓我感覺受到寵愛，內心又驚又喜，那種被認同、被讚許的感動，是永遠無法泯滅的。一位系主任能把學生照顧到這樣，已經十分不容易了，但更難得的還在後面。當我一路完成了結婚生子、侍奉公婆安度餘生之後，生

活的重擔都已經放下。我又撿拾起了喜愛的京劇，開始登台票戲。當時貿然的邀請鄭老師來看戲，沒想到鄭老師居然一口就答應了，班上同學也來了不少，真把我給樂壞了！

我在佛教的刊物裡，編寫了近三十年，陸續出版了兩本心靈方面的書。當時並不知道銷路如何，所以沒有向鄭老師報告。後來同學們無意中說起，鄭老師立刻說要看我寫的書，當場還承諾要為我的新書寫序，讓我湧起無限的歡喜心，也帶給我繼續寫作的一大動力。

憑良心說，經歷了親人的生離死別，我感覺四十多年前那個意氣風發、自信滿滿的女孩，已經消失不見了，換上來的是一個善哉善哉、苦空無我的老嫗。但在鄭老師面前，學生焉敢言老？尤其見他老人家八十出頭了，還在孜孜矻矻、勤勤懇懇的為「百年系列」努力籌劃，真可謂一代教育家的典範。

何其有幸身為鄭老師的學生，稍有親近就受到他的磁場感染，彷彿突然發現自己還有許多潛能可以開發，也突然體會到：為什麼生命中要有馬首是瞻的典範，生活中要有磁場共振的啟發。鄭老師所展現出的，正是一種捨我其誰、不計得失毀譽、老邁而堅定的步伐！

永遠的標竿

◎馮小龍（現任中國廣播公司新聞部經理／中廣新聞網總監）

　　民國六十年，國內僅有少數傳統院校設有新聞傳播科系，輔大在這年首創了大眾傳播系。我們一群對傳播似有憧憬卻又什麼也不懂的新鮮人，跟著系方一起摸著石頭過河。鄭老師是當時開系元老老師之一，且深深影響了這些學子的未來。

　　鄭老師是文化大學專任教授，但他懷抱著熱情，應允在輔大大傳兼任傳授「大眾傳播理論」這一啟蒙課程。溫文儒雅的他，透過深入淺出的教學，引領著同學們，對自己的未來勾勒出無限的前景。

　　除了授業解惑，做為他的學生，也在過程中深刻體會到鄭老師真的是一位摒除門戶、有教無類的教育家。鄭老師當時雖然只兼任一門課程，但是他會用數倍於上課時數的時間，跟學生們密切溝通互動往來，他的身教言教，對學生也產生了潛移默化的影響。

　　這麼多年的教學生涯，鄭老師的學生早已是桃李滿天下，但也因為對學生投入用心至深至極，他對諸多門下學生，卻始終能夠清楚記得。甚至許多學生進入社會多年後，都還跟老師保持著聯絡，維持著亦師亦友的往來關係。

　　無疑的，鄭老師在國內傳播科學教育界，是永遠的標竿。

愛是什麼

◎蔡宗豪

老師：

　　不知為了什麼，竟然在大學生涯的最後一個學期，又選了老師的課。我恍若一隻迷途的羔羊，在燈火闌珊處，找到了指引回家的路；我猶如一艘漂泊海上的孤船，在狂風巨浪後，得以回航停泊靠岸。彷彿冥冥之中一切自有定數……

　　有人說，愛是一條河，足以淹沒人脆弱的心靈。

　　有人說，愛是一把利刃，足以讓人心靈淌血。

　　我卻說——

　　愛是老師逐漸沙啞的聲音，愛是老師日漸佝僂的背脊，愛是老師的華髮，愛是老師的心。

　　過往歲月中，老師的背影，是我唯一的熟悉；未來日子裡，我將如何回憶？我該怎麼珍惜？

　　我相信，我不會忘記……

　　就讓愛，成為老師和我下一次見面時最好的憑據——緣續。

　　我即將帶著老師給予我的智慧與祝福，踏上人生的另一條坦途。在臨別之際，我以三跪九叩之姿，俯身為四年來與

老師之間相處的點點滴滴，劃下美麗的句點。

蔡宗豪寄自華岡

（寫在二十一世紀前最後一個夏天）

※鄭貞銘按：蔡宗豪不幸於高雄發生車禍，迄今生死未明，
　　　令我終生懷念。

恩師之儀範

◎邱師儀（東海大學副教授）

老師：

　　非常感謝您在這一年來，所帶給師儀的關愛，以及教誨。

　　我是一個鄉下小孩，高中畢業即滿載著人生的理想與憧憬，北上讀書，時常在想，父母真把名字取對了──一個「師」字，似乎讓自己從小到大，陸陸續續遇到一些足以為「儀」範的好老師，引導著我成長。

　　我真是何其有幸！當年輕的生命仍前途未卜之際，上蒼即賜予自己一樁「巧妙的情緣」──就是老師您的栽培。故自大一以來，師儀對新聞的興趣，其實一直都是依靠終會用罄的「熱情」在支撐……直到上了老師第一堂「傳播理論」的課程，很多夢想逐漸落實，慢慢扎根。

　　猶記得「傳播理論」第一堂課，教室是在大賢二〇一，老師什麼理論也不多說，開始細數謝然之大師與文大新聞的淵源，創辦人時期的新聞系學生，是多麼的刻苦而不輕言鬆懈！而這些學長姊，即鐵證的出現在師儀周邊每一天的傳媒中……。文大新聞數十年來，所培育出來的年輕人，個個都是富競爭力和自我期許的尖兵；四年的充實，不下山則矣，一旦下山，新聞界三分天下必有我者，如此的壯志豪情──

才讓師儀對二十一、二的年紀有了踏實的定位。

遙想兩年前，因填新聞系志願（我連大傳都不太想填）的堅持，而落至文化的惆悵，竟都在老師給我們上的第一堂課之後，迎刃而解。

而後，我很快地擺脫當下系裡讀書風氣不佳的杞人憂天，開始反省，找解藥。老師您上課曾說過的小細節（卻是大關鍵），同學都不太抄，我仍不厭其煩地把它記錄下來，我知道這些一閃即逝的，都是機會，指端看自己伸不伸手，抓一把算一把！

大二後期，系學會的成就感及忙碌開始遞減，我照老師的話，乖乖地建構自己的分類資料庫，至今有三、四個月了！我也開始在看《東萊博議》，雖然瞭解的進度緩慢，但我相信先囫圇吞棗一番，事後再來消化適應不遲！

大三後，我已選擇了《文化一周》，刻意的推掉所有的幹部位置，願以小記者自居。原因之一是，我知道總編輯、編版、召集人有些時候忙得多在人事，這一部分，我大二當會長，有的是經驗，我想多磨磨文筆；原因之二是，我想把剩下的時間，移出到台大、政大去聽一聽，像老師您這樣王牌老師的課程，我想這應該不是媚外，也不是說我一定就都聽得懂。除了三五好友與老師外，我也沒有對任何人提起，「我想看看別人怎麼過活？」會佔一定程度的意義吧。這是師儀極個人而容易小小滿足的想法。

那天，尼采似乎在對師儀說：「你要在白天發掘出十項真理，否則，入夜你要去想，不然的話，你的靈魂將一直挨餓到天明。」於是自己真被時常放棄自己的那個「我」嚇了一跳！「存在主義」開始燃起我對他的熊熊火焰。

老師，您曾經鼓勵我們多方涉獵，光是這點，就讓我有足夠的勇氣，去選修哲學系大四的課呢！老師，謝謝您。

　　搖這筆桿的時候，是六月六日的清晨三點鐘，才剛趕著一堆尚不可開交的期末報告，頃刻的休息，仍不被我放過的用來寫這封信。也許真的是與老師很親密，我沒有刻意的堆砌詞藻，稀哩嘩啦的就寫了那麼多張，談的不過是自己的生活瑣事，希望老師勿要介意。

　　就像海內外老師您的許許多多學生一樣，老師您對我的意義重大！希望老師在攀登人生一次又一次的巔峰之際，勿要忘記自己的身體保養，看老師健健康康的作育英才，比什麼都重要。

　　老師，師儀不過是個乳臭未乾的毛頭小子，但老師對於師儀的提攜之恩，我當念茲在茲，加倍努力報答。「一日為師，終生為父」，大三之後，也許老師這「老爸」與我們的見面機會減少了，但多了的，將會是我們掛念老師的日夜。

永遠的師恩　無盡的思念

◎張其中（駐荷蘭企業家）

親愛的老師：

　　十年來第一次寫信給您，心中百感交集，說實在的，連我自己都不敢相信，這是我十年來第一次寫信給我最敬愛的，也是當年最栽培我，對我最寄予厚望的恩師。這十年來，我像一只斷了線的風箏，遠離您的身邊，既無緣再親炙教誨，更無從略盡弟子之勞，每念及此，總是為自己這項嚴重的過失而汗顏不已。雖然我知道您一開始就包容原諒了我的過失，可是我還是要為這十年的虧欠致上我最深摯的歉意，過去的空白已無從填補，只有在往後的歲月裡加倍努力，以不負您對我的期望。

　　那天我打電話到紐約的旅館，當您拿起電話叫我的名字時，我的心裡難過得無以復加，等到放下電話後才恍然大悟，一份真摯的愛原來是無盡的寬容，當我聽到您那熟悉而又令人懷念的聲音，我的思維一下子就回到了當年那段華岡的日子。老師，這十二年來，我念茲在茲的，也是您對我的諄諄教誨和深厚的期望，從掛上電話開始，我就有一股愈來愈熾熱的念頭，希望能很快回到您的身邊，我有很多事情想跟您說，很多困惑想向您請益，也有很多故事要與您分享。我不敢自許是您最愛的學生，但是我知道您對我的關懷，超

乎了一般的師生情誼，對我而言，您是若師若父。歲月儘管悠悠，但是我對您的敬愛，卻是歷久而彌新；老師，我何其幸是您最疼愛的學生，但是我又何其無能，枉費是您最疼愛的學生！

在自責之餘，我想把我這十年的行蹤向您交代一下，也讓您知道我這隻迷途的羔羊到底流落到什麼地方去了。

我是在一九七九年離台赴美的，先在愛荷華州立大學（Iowa State University）取得新聞與大眾傳播碩士，一九八二年南下到喬治亞州的亞特蘭大，一九八四年從喬治亞州大（Georgia state University）取得電腦資訊的碩士，接著便在一家公司從事電腦軟體的設計工作。在這段期間，因有感於學識的重要和自己對這方面的興趣，所以晚上又回到學校，繼續攻讀有關財務管理和成本控制方面的課程。中間由於職務的調動和工作地點改變，進進出出好幾個州，一直到一九八八年，回到亞特蘭大後，才得以一鼓作氣的把它念完，而於一九八九年取得財務管理碩士的學位。

老師，我現在回顧過去十年所發生的種種事情，雖然有得有失，但是有一點我倒覺得還對得起您的就是，我從來沒有放棄過對學問的追求。在初踏入社會的這十年當中，雖然沒能夠在您身邊替您分勞，但是在求上進這方面，我倒是一直恪守您的教誨。老師，您說的很對，在您面前我不可以言老，然而歲月究竟不饒人，轉眼十二年已經過去了，我也從備受呵護的孩子進入壯年時期，年齡有所增長，但是飛揚的心卻沒有死去。內心深處，我依然保有當年的豪情壯志。就目前的情況而言，物質方面維持一個小康的局面倒不是難事，但是我不能就此停步，我一直牢記您常說的，要做一個

終生的學生，更要做一個懷著報恩主義的人。隨著年齡的增長，我如今更能體會您的用心良苦。我深深的感念愛我、育我的父母師長，我懷念華岡的一草一木，更懷念在您身邊成長的那三年歲月，校歌中「振衣千仞崗，濯足萬里流」的澎湃氣勢，依然是我自勉自勵的座右銘，我仍在不斷的充實自己，希望有朝一日，能力行您對我的期望，把自己化作實實在在的肥料，撒在中國的人民和土地上。

老師，華岡的景物依舊嗎？聽到您仍在學校開課，我好羨慕您一直在她的懷抱之中。我書桌前仍保有一張華岡遠眺的風景卡，那是我僅有的一張了，照片顏色已褪，可是她仍鮮明的活在我的回憶裡呢！這兩年不知為什麼，我特別喜歡想起華岡，也常常想起您在仁愛路溫暖的家。我還記得第一次到您家，因為找不到路遲到了三十分鐘，您還取笑我說「路都找不到，怎麼能當新聞記者？」老師，因為每次走在那條路上，我就有一種被期許，被厚愛，被栽培的感覺。事隔多年，我仍覺得那是我一生中最意氣昂揚的時光呢！

我從《世界日報》得知您即將前往紐約演講的消息，心裡高興得不得了，印象中自從我來美後您便一直沒有訪問過美國，我當時真的很想到紐約去探望您，可是由於工作性質的限制（公司規定財務部門的人月尾不可以請事假）；所以才想到買張機票請您過來看看，我這麼做心裡也很不安，哪有讓老師看學生的道理？同時我也知道您從事公務旅行，行程一定是一環扣一環，不太可能中途更改。雖然這次您沒有機會來亞特蘭大看看，不過下次再來美國時，無論如何也請您把它列入行程之中，亞特蘭大這兩年發展得很快，在東西兩岸競爭過度激烈之下，愈來愈多華人把它列入移民的重要

據點之一。當然在您有機會來訪之前，我一定會先回台北看您。

念了三個不同學位，做過幾種性質不同的工作，我發現自己的最愛還是讀與寫，現在從事財務工作，講難聽點，只是圖個飯碗而已，真正能讓我感受到樂趣的，還是從事跟文字有關的工作。老師，如果我能夠替您做任何事情，請您盡量交代下來，我渴望能有機會為您分勞，在我的筆還不至於太禿太鏽之前，我希望能把它再磨光磨亮。

老師，睽別十二年，想說的話千千萬萬，想述的事寸縷不絕，即使挑燈夜談，三天三夜也說不完，此時此刻，我心裡牽掛的是千山萬水外的故國家園。

我曾經一度認為，父母已逝兄妹亦皆居此，台灣，我再也沒有什麼好留戀了。如今舊夢乍醒，才知道我既生於斯，長於斯，根源已然於此，今生今世就再也分不開了，如果說不關心她，那是自欺欺人的話。每次翻開本地的報紙，「TAIWAN」這個字總會令我心頭怦然一跳，我如今才明白，我生長過程中最重要的歲月，其實已經和那塊土地牢牢結合在一起了。雖然我沒有家人在台灣，但是我的恩師還在那兒，還在默默地為國家培養有用的人，就像當年您對我一樣。

老師您知道嗎？等我下次回到台灣，我要直奔華岡，看看我們的系，見見您現在的學生，我很想告訴他們，我當年受教的故事，我想告訴他們，我曾經是您最愛的學生。雖然我迷失了十二年，但是我終於回到您身邊，從此做您永遠永遠的弟子。

老師，紙短情長，十二年的離別，不是幾張信紙就可以

講得完的，在我有機會回到台灣之前，我會常常寫信給您，讓您知道我在想什麼，做什麼。您有空的時候，請您寄些照片給我好嗎？

請您多保重，並代問候太師母康泰。

不放棄任何學生

◎王世傑（十二賢，廣明光電消費性電子產品專案管理部專員）

　　二〇〇九年的夏天，我坐著車在仰德大道，行經蜿蜒的山路，沿途的風景雖然都是第一次看見，但也都無法吸引我的注意，我滿心期待的只有目的地，我未來四年的學習之地，文化大學新聞系，當年高中剛畢業的我滿腔熱血，選擇就讀新聞系為的就是成為社會的第四權，希望伸張人民所不敢說，幫助人民所不能做，當時的想法就是這麼單純，踏進新聞系系館的那一刻我就知道，「沒錯，就是這兒！」。

　　而在學習任何事物之前，瞭解它的歷史絕對是最重要的，中國新聞史，便是所有大一新鮮人的必修課程，而這堂課，也是我首次與鄭老師相遇，「白髮蒼蒼卻風度翩翩」、「侃侃而談同時又學養豐富」，這是我對鄭老師的第一印像，古有云：「千金易得，名師難尋。」，第一天聽課，我便知道我眼前這位目光炯炯的長者必定是我的名師，鄭老師的課和其他老師不同，既含課程內容，亦有人生之哲理，引領我們深入探究中國新聞的歷史，由於對老師的景仰，當時也買兩本老師的著作，分別是《無愛不成師》與《鄭貞銘學思錄：橋》，買書的當天我趕著坐車回鄉，原本都選擇打盹的我，卻把四個小時的車程全用來看書，只為了更理解鄭老師為何將大半輩子全投入教學。

　　歷經一年的大學洗禮，我不再是個新鮮人，升大二的我

選擇競選系學會長，想為系上做點事盡份心力，鄭老師也在這一年籌組了文化新聞十二賢社，挑選了十二位學生，每個月定期舉辦集會，活動內容豐富，鄭老師會邀請他以往的得意門生來為我們座談，不論是廣告界、新聞界、文學界，老師的桃李滿天下，每位來和我們座談的學長姐都是其行業中的佼佼者，這也讓志向不盡相同的我們獲益良多，也成為我們大學中最寶貴的回憶之一。

在我的眼中，鄭老師將一生奉獻給新聞、奉獻給教育，老師善於啟發、鼓勵學子，也從不放棄任何一位學生，只因為他相信每位學生都有潛力，都有無窮的希望；「大學在於大師，不在於大廈」，能在文化大學遇見鄭老師，能親自感受他「無愛不成師」的教育理念，是我的福氣。

聖誕禮物——贈師詩選

◎徐園程（輔大學生）

您寄來的信

是一扇小小的門

思念時我就　進入

活潑真摯循循善誘

您的師生世界

一則一則動人

溫暖　融化

Urbana 十二月的冰雪

在零下二十度 C 的深夜

撫慰一個異鄉掙扎的遊子

深刻的字裡行間

我展讀您的風範

如沐春風

我端詳您

慈師雙鬢已白

卻仍惦記那位

遠在天涯怯弱且不爭氣

學生　因天寒而體弱

「要果斷　決心」

您一再囑咐

千萬要踏實走穩

雖然

異鄉天那麼黑

雪那麼大

一位剛跌倒的學生

爬起　站立　在　雪中

對著台灣遙想

老師

別來可無恙？

脫臼——贈師詩選

◎徐園程（輔大學生）

（一）

疼痛是
兩隻手骨的對白
彷彿師生
一種包容
兩種依賴

（二）

總是離題太遠
忘了回家
嘗試容納各種
美麗的
文字惡習

（三）

不是這樣子的
這樣的傷
當初　　我也是
思念

青春之鳥——寫給鄭貞銘老師

◎董郁鈴（文大學生）

青春之聲　　奏起

輕柔的音律

飄揚在

黑板、課桌、眼神裡

擺盪　　樂章

弄皺　　他掌心和肌

只剩下

無悔的微角

從未停止飛翔

兩代情誼

◎王育文（現任育達科大董事長）

　　結緣鄭貞銘教授，是因為父親的關係。家父是育達教育
文化事業機構的創辦人——王廣亞，一生奉獻教育，創辦十
所學校。辦學歷程艱辛，非有過人的意志，難以為繼。但激
勵父親克服艱難，奮發圖強的另一股力量則來自至交好友的
鼓勵與支持。貞銘教授正是父親辦學過程中經常請益諮詢的
對象。自我有記憶以來，不曾聽父親講述自己的豐功偉業，
但常聽他提及交往朋友中，誰幫了學校的忙，誰為學校提了
有用的建言，誰為學校做了有益的事。我對貞銘教授的印象
與瞭解，大抵來自父親類此之輾轉口述，甚或是新聞媒體的
報導，鮮少自身的親炙與體會。可以這麼說，在父親辭世
前，先生僅能算是神交已久，但未及拜望的一位長輩及父親
摯友，彼此並無深刻交往。

　　父親於二〇一五年十二月底離開人世。守喪期間整理父
親生平資料及往來書信，生前至交好友圖像一一浮現，感傷
緬懷之際，忽奉先生瑤章，函中檢附先生親撰並刊登於報紙
之追思文章，讓我感動莫名。仔細閱讀，愈發瞭解先生顧念
舊情，不遺在遠的高尚情懷，而與父親相知相惜的真摯情
誼，也讓我愈發珍惜與嚮往。自此，我與先生之間有了更頻
繁的書信往返與互動交流。往還既多，相知益深，每談及先
父種切，總有親如家人之感。此一轉折，開啟了先生與我家

父子兩代的深厚情誼。

先生一生追逐理想，尋求典範，胸襟開闊，不受條框所限，在文字書寫上亦復如此。初奉先生親筆信函，滿紙龍飛鳳舞，恣意揮灑，不拘一格，識讀頗為不易，為瞭解信中意涵，特別找來幾位同事合力「解讀」並試圖「翻譯」，始能竟其功。此後，每一接到先生親筆信函，召集同仁說文解字，反覆推敲，字字斟酌，完成正確解讀後，再行正式回函，乃成標準作業流程。細細品味先生珍貴手稿儼然成為我的潛在學習，而心領神會則是我對先生由衷崇敬的最自然表達。

近年來，我承接父命，主持育達科技大學校務，在少子化時代，任務異常艱鉅。受命以來每每夜不成眠，宵旰憂勞，庶幾有補時艱，力求校務突破。先生感受到我的憂心，除致函提供剴切建言外，更以八十高齡之軀，移樽蒞校指導，如此情義相挺，讓做為晚輩的我感戴難忘，永銘肺腑。尤其先生建議內容無不切中本校發展要旨，頗收醍醐灌頂之效。先生建言讜論，我都親自綜合整理做成紀要，循校內體系彙整各單位意見，做為討論之依據，並據以擬定相關校務發展策略，落實執行。先生對於育達教育體系的盡心盡力，情比雲天，我始終點滴在心，無日或忘。

先生嘗言：「以教育報國，以文化救國，是知識分子永遠的追求，他們永遠積極希望透過人才培養，建立學術權威與前瞻遠見，為所當為，不僅成為世人典範，且給國人留下豐富的文化遺產。」身為教育工作者，我非常認同先生「為天地立心，為生民立命，為往聖繼絕學，為萬世開太平」的人生哲學。先生不畏老之已至，一生懸命，致力於為青年學

子找尋人生典範。《百年大師》的出版只是起手式，我們熱切期待《百年風雲》、《百年風華》、《百年風骨》、《百年追夢》、《百年五四》等系列作品的陸續問世，一酬先生壯志，為現代青年學子掌燈指路，導引前行。先生近年來為此一理想，焚膏繼晷，筆耕不輟；四處宣講，傳揚智慧；風塵僕僕，奔走兩岸；用心之深，意志之堅，令人感佩。能夠結識鄭貞銘教授是我一生的榮耀，能夠從鄭教授身教言教中獲得眾多啟發與學習，則是我一生的恩典。

文化交融・心的連結

◎樓榕嬌（前國防大學政戰學院新聞系主任）

　　身為軍事院校新聞傳播教育工作者，對於鄭貞銘老師，除了尊崇鄭老師是一位無私奉獻、偉大的教育家，是一位搭建兩岸新聞、文化、教育交流傳承的前瞻領導者，尤其感佩鄭老師早年高瞻遠矚，積極推動軍、文院校之間，在新聞傳播學術理論、實務經驗、倫理道德與管理行銷等各層面的探討研究與聯繫交誼，促進了彼此之間的文化交融與心的連結。

　　猶記民國六十八年五月間，身為教育界新兵的我，有幸與系上老師們受到鄭貞銘老師的邀請，參與青工會主辦的新聞研討會，地點就選在溪頭青年活動中心。在為期三天的活動中，產、官、學界菁英齊聚一堂，分別就新聞、傳播教學實質內涵以及如何與新聞、傳播事業相結合，做深入之剖析探討，不但獲取了許多寶貴的知識，也瞻仰到學術界及業界知名人物的丰采。

　　第二年（民國六十九年）三月二十七日，中華民國大眾傳播教育協會成立，鄭老師擔任秘書長（不久升任副理事長），協助理事長馬星野先生積極推展會務，諸如與新聞傳播有關之演講會、座談會、學術研討、刊物出版……等等，並舉辦「新聞傳播學系九校聯誼」（當年全國只有九所大專院校有新聞科系）。鄭老師的熱情與活力、理想與執著，不

但使整個新聞教育界充滿了蓬勃朝氣,更促進了各校師生彼此之間的感情與聯繫,奠定爾後合作的基礎。這段歷程對中華民國的新聞教育自有深遠的意義與影響。

多次聚會場合,鄭老師總不忘提及他的恩師——台灣新聞教育先驅謝然之先生。謝先生一九五四年參與政治大學新聞系在台復系,接續創辦了政戰新聞系、文化大學新聞系,也參與創辦世新大學。鄭老師說,謝先生常念茲在茲的,就是希望這幾所學校能團結一致,不分彼此,共同為中國的新聞事業奮鬥。鄭老師秉持此一理念,不但實踐力行,更將之發揚光大。一般人對鄭老師著作等身以及終生奉獻新聞教育、造福學子均極為推崇,然對軍事院校新聞系所師生而言,鄭老師積極推動各校聯誼,促進不同組織之間的文化交流與融合,更是令人感受深刻。

至今仍出版創作不斷,且建構學術大工程《百年大師》鉅著,奔走兩岸策劃舉辦百場「大師講座」的鄭老師,就是期望以大師精神,導引兩岸青年,建立正確之價值觀,而面對媒介市場化的今日,面對網路媒體處理新聞「質」、「量」的爭議與混亂,從事新聞教育工作者確實感到許多無力與無奈,但是鄭老師始終有他的堅持。鄭老師的名言是:新聞教育不是職業教育,是奠基於深度的社會科學,培育有教養、以服務社會為理念,以促進文化為理想的專業人士。鄭老師更強調:當媒體已被批評為「不再是探討人的社會實踐,而是一種譁眾取寵的商品」時,新聞教育的重要性與日俱增,肩負的使命更為嚴肅。今天,我們看到奉獻新聞教育已逾五十年的鄭老師,仍精神奕奕,不畏舟車勞頓,密集往來兩岸三地,致力於新聞教育的宏觀耕耘,不由得使我們這些後生小輩更加敬仰與佩服。

忘年交　兩岸情　赤子心

◎張國良（上海交大傳媒與媒體學院前院長教授）

　　我與台灣的緣分，始於一九八一年赴日留學期間，作為大陸首批三位公派日本訪學的新聞學專業教師之一，我從剛剛走出「文革」困境的中國大陸，來到發達資本主義國家的樣版──日本，受到的心靈震撼可謂巨大，造成衝擊的因素很多，包括：繁華的市容、豐富的物質、文明的風尚、多元的文化等等，也包括與各國、各地區留學生的接觸，其中，來自台灣的幾位同學，給我留下深刻印象：原來，對岸的青年學子並不是「洪水猛獸」，他們知書達禮，謙遜好學，對大陸同胞頗為友善，尤其是相同的膚色和口音，一下子就拉近了雙方的距離，但當時兩岸畢竟仍處於敵對狀態，因而，彼此又不能不保持一定的戒備心理。

　　此後，過了十多年，直至九〇年代中後期，兩岸關係和緩，正式的學術交流才有可能開展起來。其時，我作為復旦大學新聞學院教授和副院長，陸續接待了多位來自台灣的同行。記憶中，最早來訪的有：潘家慶、王石番、王洪鈞、李瞻、鄭貞銘等先生，他們既有共性──深厚學養、周到禮儀，又各具個性，有的敏捷，有的敦厚，有的俊朗，而鄭貞銘先生給我的突出印象是：清逸。

　　鄭貞銘先生的言語，不疾不徐，且平易近人，笑容可掬，使人如沐春風，倍感親切。儘管他比我年長十多歲，但

對我這樣的後輩，卻是和顏悅色，關愛有加。我不禁回想起當年在日本同窗的台灣留學生，他們的成長，原來得益於如此傑出的師長的培育和薰陶，令人羨慕。

感人的是，鄭先生與其他諸位先生，都懷著拳拳之心，來到大陸，將其學識、風範，播撒到廣大學子的心田裡。台灣早在二十世紀六〇年代就引入了傳播學，並與新聞學結合，開展了卓有成效的研究和教育實踐——鄭貞銘先生有一部代表作的書名，就叫《新聞學與大眾傳播學》，不難想見，這些台灣名師名家的著述（包括他們對西方經典名著的譯作），被推介到大陸這片尚未開墾的「荒土」之際，引起了多大的震動，對於早年傳播學在大陸的普及和發展，又發揮了多麼重要的作用。

就我個人而言，自有幸結識鄭先生以來，我們就成為了持續二十多年友情的忘年之交。鄭先生不僅常在書信中對我多有指點，而且，在他的邀請下，我於二〇〇三年首次訪問了中國文化大學，在一週時間裡，受到盛情招待，汲取了該校新聞傳播教育的可貴經驗，同時，還考察了當地的風土人情，體驗了寶島的美食美景，感觸良多，滿載而歸。

不言而喻，受到鄭先生幫助的學者和學子，絕非少數，他以其博大胸懷和卓識遠見，影響了大陸新聞傳播院校的眾多師生，可謂有口皆碑。尤其是他提出的「無愛不成師」之理念，在兩岸新聞傳播教育界廣受認同，並得到努力踐行。

年屆八十高齡的鄭先生，依舊懷著一片赤子之心，誨人不倦，筆耕不輟，奔走兩岸之間，傳遞薪火，編撰《百年大師》、《百年風雲》、《百年風華》、《百年風骨》、《百年追夢》等著作，滋養後生，令人肅然起敬。

借此機會，我衷心祝願鄭先生健康長壽，繼續垂範吾輩，不斷壯大兩岸乃至全球華人新聞傳播宏業！

2017 年 7 月 28 日

書於酷暑中的滬上明珠苑

歷久彌新的記憶

◎雷躍捷（中國傳媒大學傳播研究院院長）

　　大約一個月前，鄭貞銘老師給我發了一條手機短信，邀約我為他計畫出版的《百年系列》之「友誼之窗」欄目撰寫一篇千字回憶文章。收到這個短信，我有些惶恐，因為按輩分，鄭老師應該是我的師輩，我是直接和間接受惠於鄭老師的師恩的，現在要我寫一篇友誼的文章，我實在是不敢當。但師命難違，我只好記錄我和鄭老師交往及受教於他的點滴記憶和感懷。

　　我認識鄭老師，是在一九九六秋天。我隨大陸新聞教育代表團赴台參加政治大學東亞研究所舉辦的「兩岸新聞教育學術研討會」，期間，結識了鄭老師。當時鄭老師說了什麼，我已經沒有印象了，只記得鄭老師正值盛年，溫文儒雅，一派學者和民國範兒。我心裡暗暗稱奇，台灣的學者多有這些氣度，但鄭老師又多了一份瀟灑。

　　回大陸後，很長時間沒有見到鄭老師。但陸續收到鄭老師的一些書信。記得大約是二〇〇〇年左右，收到鄭老師寄來的幾本書，其中有《熱情老師　天才學生》，書走的海運，經過了幾個月的海陸旅程，書已經被海水浸漫，泛黃和捲了毛邊。收到書的那一刻，我不由心生感慨，兩岸的隔離太長了。

　　之後，陸續讀了一些鄭老師寄來的和我在圖書館、或者

在書店買的鄭老師寫的書。印象最深，也是令我最感動的，是他對母親的孝敬和深深的眷念之情。鄭老師絕對是一個孝子，從他描寫母親的文字中，我讀懂了作為一個孝子對母親的赤子之情。鄭老師把這份親情推及教育學生身上。他對學生的鍾愛，是可以作為教師引為典範的榜樣。「無愛不成師」這五個字是對鄭老師幾十年新聞教育心血的寫照，這也足以說明，鄭老師不僅是個學者，他還是一個仁者。

我讀他的書，除了在這些方面受教之外，還得益於他對新聞教育真諦的把握和闡釋。隨著從事新聞教育的實踐經驗逐漸增多，我也逐漸擔負了一些新聞教育行業組織的負責工作，如曾擔任中國新聞教育學會的副會長、教育部新聞學教學指導委員會副主任委員，同時擔任中國傳媒大學新聞學院的負責工作。工作的需要和自身的興趣，我關注和研究新聞教育問題。這方面，鄭老師對我的影響頗深。他的「六不教育」的理念，針砭時弊，指出了新聞教育應改正的弊端，揭示了新聞教育正確發展的方向。我常常以此作為自己從事新聞傳播教學和研究的警言。

鄭老師到晚年，對兩岸的新聞教育和學術交流，更是投入了極大的精力和熱情。他頻繁的穿梭於台灣和大陸的新聞院系，開辦專題講座，和青年學子座談。他不僅身體力行，而且對我們這些從事新聞教育的後輩同行，寄予很大的期望。二〇一四年六月，我接到中國傳媒大學《現代傳播》責任編輯、青年才俊劉俊副教授發給我的資訊，說鄭老師來北京了，想見見我。得到消息，我即刻趕到鄭老師下榻的北京後海皮影主題酒店，幾年未見，鄭老師清臞矍鑠但仍然溫潤如玉，他招呼我坐下，問我這些年的教育和學術作為。我一

一彙報之後，他語重心長地對我說，他們這一輩老了，今後兩岸的新聞教育交流和切磋，主要靠我們這一輩了。並希望我多做一些有關兩岸新聞教育交流的工作。我當時只當成客氣話，沒有放在心裡。第二年，恰好我有機會去台灣作交流研究一年，這一年，台灣發生了太多的事情，民進黨再度執政，兩岸的交流陷於低谷，在台灣那些艱難的日子裡，我想起鄭老師的教誨，真如醍醐灌頂，理解了鄭老師作為智者的遠見卓識。

鄭老師作為學者、仁者和智者的形象，留在我的心目中，是這般的溫馨和親切，我雖愚鈍，但知感恩。

2017 年 7 月 22 日於北京

愛的使者——鄭貞銘先生的故鄉情

◎林怡（福建行政學院教授）

　　二○○四年，鄙人承乏福州大學人文學院院長一職。是年底寒假中，同事牛康教授電話告知：自一九七一年出任台灣中國文化大學新聞系主任長達二十餘年的鄭貞銘先生，不日將回到福州，有意與家鄉的大學建立溝通交流的管道。我當即請牛康教授與鄭先生取得聯繫，確定他到訪福州大學人文學院的具體時間和行程。彼時福大人文學院正在草創期，能得到被譽為台灣「新聞教父」的鄭先生的光臨指導，實乃該院之幸。

　　不久，在福州大學人文學院與先生相會甚歡。徵得先生同意，我代表福州大學人文學院聘請先生為該院客座教授。先生玉樹臨風，風神俊朗。接過聘書，先生動容地說：「這麼多年，我穿梭往返在兩岸四地，為北京廣播學院、復旦、北師大、杭州大學、南京大學、湖南大學、江西國際藝術學院等校的新聞傳播教育貢獻自己的一點心力，就是沒有機緣回到福州家鄉來。今後一定爭取多回福州，為家鄉多做點事。」遺憾的是，次年底我調離福州大學，福州大學人文學院幾經調整，新聞傳播專業迄今沒有發展起來，該院與先生的學術交流難以再續。

　　但是，先生為家鄉貢獻自己心力的熱情依然不減。此後，通過信函和電話往來，先生請我牽線福建師範大學、福

建教育出版社等機構。福建師範大學聘請先生為客座教授，先生再次來福州，親臨福建師大，為剛成立不久的該校傳播學院的青年教師和學子演講。福建教育出版社二〇〇七年出版了先生的大著《熱情老師・天才學生》，傳播以愛為宗旨、在師生互動中呈現「生命的感動」的教育理念。先生為福建教育出版社策劃出版選題《閩籍名人在台灣》，並計畫撰寫「每人三至六千字間，約五十人」。可惜此選題因出版社的原因而作罷。

先生不辭勞苦，奔波於兩岸四地間，期待兩岸「多一分交流，多一分理解」。先生致函末學道：「閩台之間交流，確應有有心人多多努力，而決策者，尤應有此遠見，您可從旁發揮影響力，使交流之事更順暢。」

二〇一六年秋，忽接先生台北來電，告知他即將來榕參加紀念林白水的學術研討會。與先生再次會晤，親承教澤，如沐春風。先生贈予他與兩位大陸青年學人共同撰寫的新著《百年大師》。先生期冀以中國百年百名豪士名流導引年輕一代確立生命前行的航標，其傳承中華文脈、愛護青年之心躍然紙上。在福州短短兩三天，先生不僅主持會議，還專程到福建省圖書館為市民們演講，傳播百年大師的文化精神和先生「飲水思源的報恩主義」的人生信條。

後來，又接先生發自台北的短信，告知先生策劃編撰的《百年追夢》即將出版。閱畢短信，我腦海裡不禁浮現出數年前陪侍先生的若干畫面。與先生首次晤面，先生便說：「我是林森縣人。」我答：「林森縣已經恢復傳統的閩侯縣名。」看得出當時先生神情有些落寞，他接著說：「你們還知道林森嗎？」我答：「當然。毛先生讚譽林公『領導抗

戰，功在國家』。林主席是家鄉的驕傲。」先生聞言後面露微笑，說：「我少小離家，此番回來，就想好好看看家鄉的山水人文。」先生命我帶他尋訪鄧拓故居，當時位於福州城內烏山東北麓仄僻小巷中的鄧拓故居四周搭滿腳手架，故居沒有開放，先生不無遺憾地說：「鄧拓，貴黨的大才子啊！當局應該把他的故居修繕好，對外開放，供後人參觀紀念。」

後來，先生再度回榕，我陪先生登上烏山。烏山是福州歷史悠久的勝地，先生逡巡在歷經滄桑的摩崖和老榕間，用溫雅的口氣說道：「我大概是最早從台灣回大陸訪問的一批。一九九四年我應邀參訪北京、上海、福州等地，參觀了這座山上的福建電視台，一晃二十年過去了，變化真大啊！」先生為家鄉變得更加整潔、乾淨、美麗而高興。

三十餘年來，兩岸之間的交流互動和良性發展，傾注了先生的心血。早在一九八八年，先生擔任「行政院研考會」顧問工作，參與了研擬開放兩岸民間交流的措施。二〇一〇年六月，先生惠寄來新版大著《無愛不成師》，賜函末學道：「自參與兩岸交流以來，即以作為知識分子之歷史使命感，憑一己之微薄力量，略盡薄綿，迄今已卅年。貞銘於卅年前即言，個人生命有限，國家民族生命無窮，我們應以更多謙卑心、理解心與關懷心，為下一代開創光明前程。」在《無愛不成師》開篇第一章先生即寫〈我的鄉親、我的族人、我的家人〉，他援引韓愈詩句「閩粵多奇才」為主線，深情敘述故鄉福州自唐宋以來，迄林則徐、林覺民、嚴復、林森、冰心等人文之盛，表達自己對故鄉的眷戀和以故鄉為榮的拳拳之心。三十餘年來，先生不僅為兩岸新聞傳播教育

作橋樑，更在兩岸傳播愛的信念。先生持守中國靈魂，身體力行，為兩岸青年學子展示中華風華，他秉持「慈悲沒有敵人」的愛的信念，說：「只要愛在，對於未來，我們仍當有樂觀的期待！」還有什麼比這句話更能凸顯先生熱愛兩岸、熱愛兩岸未來的深情呢？相信先生為之奮鬥的信念一定會在故鄉的土地上生根、開花、結果。

餽贈無以回報

◎劉俊（中國傳媒大學副教授、《現代傳播》責任編輯，博士）

　　師長對學生的教誨，可用卷帙長言，也在舉手投足之間。

　　受教於鄭貞銘先生膝下，已有近十年的時光。十年裡，縱得周周月月的書信往來，縱得偶有的日夜接近陪伴；但對先生，我感受最多的還是先生無言之時、行舉之間的溫潤教誨。

　　那是一種什麼樣的狀貌和氣質呢？是一種衣衫飄飄、山河無恙的泰然而坦然；是一種仁義禮信、儒雅蕩蕩的厚度和深度；是一種溫文儒雅、文質彬彬的氣質和親藹；是一種吞吐江山、娓娓指點的智慧和正氣。先生居高位而近人，處繁事而不迫，有大知而厚斂。

　　陪先生四季四處遊走的時候，遇到個人困難不得排解的時候，面朝新知而個人愚鈍的時候，先生最提點我的，最能讓我忽然之間一下子渾身震顫的，往往就是先生那大智慧大知識下的一笑一顰、輕吐幾言。

　　鄭貞銘先生是台灣傳媒教育的教父，是兩岸傳媒交流的教父，是華人傳媒學思想的教父。人類文明演進至今，縱多有溝壑曲折、重重山礙，但維繫人類最高等級文明的，常常是少數幾個名字；就台灣、兩岸、華人傳媒實踐、研究與教育而言，「鄭貞銘」就是這少數的幾個名字。

繞之於先生之膝，讓晚輩學人從一開始，就直接觸及最高品級的學識與氣度，那永遠是一種綿遠而悠長的饋贈。而且，這種饋贈，無以為報。

鄭老師：我生命中的重要他人

◎劉琨瑛（華南師範大學教育資訊技術學院新聞傳播學系教授）

在我們的生命中有一種人，雖然不是你的親人，也不常常見面，但是他卻在你人生的重要關頭給予你智慧；他在你迷茫的時候，好像一座燈塔給你指明方向，照亮你前行的路；他在你需要幫助的時候，無私地給你一把推力，助你走得更遠。鄭貞銘老師就是這樣的人，他是我生命中的重要他人。

我與鄭老師結緣是在一九九五年，記得當時我是作為《廣州日報》的一名菜鳥記者，採訪粵台港澳四地文化交流會而認識鄭老師的，從此，開始了超過二十年的信件往來和師生情緣。

我印象中的鄭老師是溫文儒雅、平易近人和誨人不倦的。我永遠記得二〇一〇年四月一日這個日子，當時我剛轉到廣州體育學院工作，邀請鄭老師第一次來體院講座。本來只能容納三百多人的報告廳卻來了一千多人，不得不臨時調整到大禮堂。在開講前二十分鐘，鄭老師突然對我講，他心臟有點不舒服。我們建議更改時間，但是鄭老師執意要堅持。當我以「鄭三多」（學生多、著作多、信件多）向師生簡單介紹鄭老師之後，鄭老師像沒事似地做了一場兩個小時的精采演講。（後來我才知道學院專門叫了校醫和專車在報告廳門口候命。）為了防止鄭老師出現意外，特別安排我坐

在鄭老師身旁。但是一開講，鄭老師就非常投入和忘我，全然不像一位身體不適的長者。我當時有一種感覺：鄭老師是為講台而生的。「講座比天大」，鄭老師這種對新聞教育的近乎固執的堅持和嚴苛，給我留下了深刻的印象。每當我碰到困難想放棄的時候，眼前就會出現鄭老師那天講座的畫面。比你成功千百倍的前輩都那麼拚命，你還有什麼藉口不努力呢？

　　在我的人生導師鄭貞銘教授八十歲生日之際，祝鄭老師健康、長壽！

舉著火把的夜行少年

◎陳濤（南京大學、上海交大，上海樂印貿易有限公司）

　　初識鄭貞銘老師應該在一九九七年。記憶裡，是在浙江大學一百周年校慶的日子和老師在杭州西湖邊邂逅，而今年是浙江大學成立一百一十九周年。歲月倏倏而過，轉眼童顏白髮！

　　老師一直都給我很不一樣的感受！

　　起初覺得老師是位熱心於新聞教育領域進行傳播交流的學者，懷著使命感奔波於兩岸四地，雖身居新聞傳播最自由和發達的寶島，卻心偏啟蒙和勃發中的故土，一次一次的來回穿梭於大陸各個知名學府，力促多層次多管道的溝通交流，溫和包容，訥言敏行，隱隱有精衛填海、愚公移山的堅毅與豪氣。

　　讓我覺得難能可貴的是，在鎂光燈、演講台、酒會和各地同儕名流之外，老師很願意和許多個「具體」的青年交往，這些青年散落於老師所經歷大場面的「角落縫隙」，起初並不起眼，但因緣際會，被老師撞到，於是傾蓋如故，他們或被老師改變思想，或被老師影響命運，他們甘心情願，他們幸福愉快，因為他們一直感受著老師真誠的愛。毋庸諱言，我也曾是那樣一個青年。

　　後來幾年，我又被老師的一個舉動驚到：八旬的老師正在以五年的規劃，出版一套「百年系列」，現和大陸青年丁

士軒、汪士倫（雨）合作，在二○一五年已經先出了四十餘萬字的第一、二兩冊《百年大師》。看著這位老人永不停歇的身形，體會他依然騷動的心，在一次夜晚長談後從他上海的寓所告辭出來，我能想到的就是一個舉著火把夜行的少年形象。

這個少年體力充沛、有冒險精神又愛心四溢，在每個夜晚，他都舉著火把，穿行於城市與曠野，去點燃別人手中的未明的蠟燭或者是火把，並在火光中送上自己真誠微笑。他不介意能帶來多大的光明，只要有需要，他都會溫和地送上自己的光亮，對方眼中的一點暖意即會給他帶來快樂。

鄭老師的心中一定活著這樣一位少年。他就是這樣一位少年。

春風萬里暖後生

◎何桂華（畢業於上海交通大學媒體與設計學院，現從業於生態
農業領域）

　　二○○二年冬，鄭教授受聘為上海交大客座教授，並給
我們媒體學院學生做了一場小講座，內容與新聞學無關，而
是大學的博雅教育。

　　就在這次演講上，鄭教授淵博學識和儒雅風度深深感染
了眾多同學，而在大陸的高校裡，這樣優雅而博學的教授的
確是很少見。

　　那年耶誕節，我便給鄭教授寄了一張賀卡，沒想到很快
就收到了他熱忱的回覆，信中既有師長對學子後生的勉勵教
誨，又不失平易近人的真誠關懷，從此我們就有了書信往
來。

　　之後鄭教授到上海來，只要時間相對充裕，他都會告知
我並儘量安排見面，有時匆匆吃個便飯，有時聊個大半天。
鄭教授是個真正愛護青年、提攜青年的人，他給我們的遠不
只是知識，更是為人處世治學的一種態度典範，真正的為人
師表。他總是鼓勵我多讀書寫作，然後又說凡事一定要堅
持，勇於承擔。就這樣，鄭教授總能看到你的長處，又看出
你的缺點，並用很恰當的方式指出來。

　　當然，鄭教授對大陸青年後生的關心愛護，遠不止是少
數個別人。這些年儘管年過古稀，身體也不是很好，還做過

一次很大的心臟方面手術，但鄭教授依舊馬不停蹄四處講學。大陸這邊只要有高校邀請他講課，他都從不拒絕。而每次來大陸，沉重的大行李箱內，除了書籍衣物之外，也裝著很多的藥品。

二〇一五年，鄭教授與門生編著的《百年大師》一書出版，引起了很大的轟動反響，他在兩岸也開始了《百年大師》相關的主題演講，我總共聽了在上海的五場。每次站在演講台上，年屆八十的鄭教授都是精神飽滿、神采奕奕，一講就是一個多小時甚至兩個多小時，每一場都是掌聲如雷。但是演講結束後的疲憊，只有少數的工作人員或陪同人員能覺察到。的確，他是積蓄著全部的身心光熱能量，在幾個小時的演講中集中迸發出來，奉獻出來。

因此，我完全相信，任何一個與鄭教授有接觸的人，都會有長進和收穫，他也以自己的一言一行，踐行博愛與感恩的精神，勤勉與執著的精神。

人生得一良師足以。鄭教授是我永遠的恩師。而他總是說，「我們是十多年的好朋友了，我們之間不要客氣。」我心裡對鄭教授只有感恩和敬意，怎敢稱朋友，很多時候也真是至親一般的牽掛。這些年很多次與鄭教授在機場分別，每次看著他日漸蹣跚而堅定如初的背影，我都心裡微微失落和難受，希望他別後一切都好。我想，他若安好，那真是兩岸眾多青年的福氣。

橋上的明燈

◎成升（十二賢，武漢大學新聞與傳播學院博士生）

　　我與鄭師結緣於武漢大學跨文化傳播國際會議，在會上打雜的我，意外地認識了鄭老師，之後鄭師在緊湊的行程中還抽空與我深談，臨別時又贈我相片、書籍和紀念品。當時鄭師的熱情讓我受寵若驚。

　　我本是一個內向而又不善言辭的人，常常會因膽怯而不敢與長輩的交流，但是面對鄭師我卻並不緊張，能夠暢所欲言。鄭師溫潤的性格和深厚的學識塑造了屬於他的獨特的談話氛圍，他謙和寬容，會讓你放下包袱、如沐春風，他善於傾聽，同時又會用精練的語言和豐富的人生經驗為你釋疑解惑。而我在台灣交流的半年，雖然隻身處在嘉義中正校園，鄭師卻給了我親人的關懷和照顧，在我心中絕無飄泊在外的孤寂之感，基隆麗景天下便是我的家。

　　鄭師帶我遊名勝、也走過他成長的地方，鄭師帶我參加聚會、也約我一起看電影，鄭師和我分享他愛的美食、也攜我整理家務，鄭師跟我講故事、跟我談人生，鄭師是一位無私的長者，讓我走進了他的生活。我長久地感念這段時光，鄭師的愛護給予了我勇氣，讓我敢於去面對人生中需要獨自面對的困難，在鄭師身旁也讓我深受感染，希望能向他看齊。

　　儘管兩岸通信仍有阻滯，但是鄭師與我還是保持了頻繁

的聯絡。於我，鄭師從來都不是高高在上的，他亦師亦友，是陪伴在我成長路上的榜樣和明燈。他就是「橋」，以渡人為樂，默默守護著學生進步；他就是「大師」，給我樹立了人生的目標，也賦予我奮鬥的動力。

思念——贈師詩選

◎楊笛（四川大學學生）

能夠認識你，真好

面對金黃的童話

如歌的行板

在心海揚帆

我伸手

抓住思緒的指環

雨點飄落的時候

你的手藏進我的手裡

你的眼躲在我的眼中

晚風輕起

你的頭髮逸起我的世界

我總怕

握住的不是你

華岡有橋

◎詞曲／李青　演唱／豈珩

華岡有橋

華岡有橋

老師是一道清道橋

春華秋實年年

華岡有橋

兩岸無橋

老師架一座廣寧橋

櫛風沐雨天天

華岡有橋

我的心中安臥著一座正鳴橋

清風明月時時

華岡有橋

鄭貞銘後記：

民國八十八年七月十九日，我抵杭州訪陳濤，李青自紹興趕來相會。他送了我一首詩，並託北京朋友豈珩譜成曲、演唱後錄成 CD 送我。

文化・傳媒・青年：
台灣傳媒教育開路人鄭貞銘的教育觀

◎劉俊（中國傳媒大學副教授、《現代傳播》責任編輯，博士）

【內容摘要】鄭貞銘教授是台灣傳媒教育具有重要地位的開路人。在與鄭貞銘教授多年的交流中，筆者將他的教育觀闡釋、評析為一大夢想、兩體維度、三個關鍵字、四類典範、五有人才、六不教育。本文以鄭貞銘教授總結自己五十餘年教育觀念的三個關鍵字——文化、傳媒、青年——這一中觀層面的教育觀為寫作框架，以聯結其教育觀的宏觀與微觀內容。兩岸傳媒教育理念的溝通，或能為大陸業者、學人帶來可供辨別借鑒的啟示，亦有助於中國傳播學大系的建構。

【關鍵字】鄭貞銘；教育；文化；傳媒；青年

　　一九三六年出生於福州，台灣中國文化大學教授鄭貞銘是台灣傳媒教育的開路人之一，被許多台灣學者、業者尊稱為「台灣傳媒教父」。多年間，筆者在與鄭貞銘教授兩岸數地的諸多會面與書信交往中，逐漸將鄭貞銘教授散落表達的教育觀闡釋、評析為「一大夢想」——我的新聞學大夢；「兩體維度」——新聞事業與新聞教育是一體兩面；「三個關鍵字」——文化、傳媒、青年；「四類典範」——開路先鋒、機構典範、記者典範、學理典範；「五有人才」——傳媒人才應心中有愛、肩頭有擔、腹中有墨、目中有人、手中有藝；「六不教育」——傳媒教育不是孤立教育，不是功利

教育，不是速成教育，不是廉價教育，不是僵化教育，不是技術教育。在這「一二三四五六」的觀念中，本文又以鄭貞銘教授在寄予筆者的書信中總結其五十餘年教育觀的三個關鍵字──文化、傳媒、青年──這一中觀層面的觀念為核心，以聯結鄭貞銘教授教育觀的宏觀與微觀內容。

中國大陸新聞傳播學教育在快速發展的同時，需要辨別借鑒中國台灣這一華語傳媒教育發達地區的經驗，以期兼聽則明、趨利避害。兩岸學者對中國傳播學大系的構建，也需要以互相瞭解、互相參照為基礎，方能共同分享、共同努力。傳媒事業以溝通為業，傳媒教育作為傳媒事業發展的基礎，不能成為阻斷文化、傳媒與青年互通的壁壘。當然，由於歷史原因，五十年間兩岸處於不同的政治、經濟、社會文化的發展環境，我們在借鑒彼岸觀念的時候也需保持批判的警醒。

一、文化：傳媒教育要向中國傳統文化找尋源泉

筆者在台灣訪學時，恰逢中國文化大學新聞暨傳播學院新生入學。作為文化大學傳媒教育的當家人，鄭貞銘教授給新生上的第一堂課，便是帶領所有新生從文化大學所在的陽明山遠涉至台北孔廟，舉行祭孔大典。典禮上鄭貞銘教授誦讀了古文寫就的祭祀文，並按規程帶領全體學生數次進香；典禮後他與每位新生面談，鼓勵學生培養自己、報效社會。

傳媒教育要向中國傳統文化尋求源泉，是鄭貞銘教授重要的教育觀、仁愛與兼愛互補的愛人觀、兼濟天下的責任觀、無止學境的問道觀、悲天憫人的待人觀、君子不惟器的學養觀……這些元素雖非中華傳統文化所獨有，但著實塑養

了數千年的中國人集體性格與社會文化心理，是中華文明數千年不間斷通達至今的重要因素。正是結合這些中國傳統人格觀，鄭貞銘教授強調傳媒教育培養出來的人才，需要具有「五個有」：心中有愛，肩頭有擔，腹中有墨，目中有人，手中有藝。

「心中有愛」是教誨學子存有愛人之心。傳媒事業的特性要求傳媒教育從人才培養的一開始就必須在學子心中打下一層善意的底色：傳播的基本作用是促進人與人的溝通，這是一種關乎愛與善意的責任，而不是製造誤會、挑唆仇恨的枉舉。如果從教育的一開始便灌輸學生如何設計陷阱、報導誤會、營造對立，那麼傳媒人才日後便會不可收拾地利用媒介「仿真」出一個糟糕的社會，最終導致社會的真正糟糕。

「肩頭有擔」是教誨學子存有擔當之心。傳媒人才要肩擔道義，秉持道德良知、專業信條，而非謀求私利、人云亦云。記者是社會的守望者、領航人，但是守望與領航，必會遭遇各種複雜利益與兇險未知，肩頭無擔很難支撐新聞人不懼主客觀威脅與挑戰而不懈前行。

「腹中有墨」是教誨學子存有問道之心。對傳媒人才而言，領悟力與判斷力的培養尤為重要。傳媒教育不是「訓練」，而是「教育」，領悟力與判斷力的培養就隱於這「教育」中，即在對人才進行全方位的薰陶中生成。鄭貞銘教授主持中國文化大學新聞傳播學教育時，將新聞專業的專業課程僅限定為百分之四十，而將百分之三十的課程設定為法律、政治、經濟、社會、心理、文化、藝術等人文社會學科領域的課程，另有百分之三十的中英文語言課程。如果沒有經過「全人」教育的薰陶並達到「腹中有墨」，那麼傳媒人

才對國家和社會的守望視野反會成為國家和社會的潛在的危險。

「目中有人」是教誨學子存有憫人之心。傳媒人才要有對他人的同理心，有對社會的悲憫心。對他人的同理心指的是對任何人都需尊重，戒憑手中的報導權故意傷害他人，以博名利；對社會的悲憫心是指與社會同行的姿態，對社會的批評不能以洩憤心理來進行，傳媒人才對高端菁英價值觀與普通民眾價值觀的彌合要做出應有的貢獻。

「手中有藝」是教誨學子存有不惟器之心。傳媒學子在技術學習的過程中，重點在於「Know Why」（懂得操作的緣由）而非僅僅「Know How」（懂得操作的步驟）。行文、編版、拍攝、剪輯都是新聞涵化，深刻影響著受眾對世界的價值認知。箇中技巧蘊含深層規律與緣由，需要學子不斷探知，而不僅滿足於工器技藝的淺表持有。更為重要的是，瞭解技藝的深層次理念，才可以在不斷變化的客觀環境中，迸發創新的思維。

除了「五有」理念，對「有教無類」思想的秉承也是鄭貞銘教授重要的教育堅守。「只認教室，不認校門」是他幾十年教學生涯的踐行：無論在台灣，還是在大陸，凡是對傳媒領域感興趣、願意接受傳媒教育的青年，只要有所需求，鄭貞銘教授都會應邀前往講授，不辨名校與非名校。作為「傳道、授業、解惑」的師者，所傳道業，所解之惑，只與世間真理相關，而世間真理絕無地域、門戶之分，由此教育也便無地域、門戶之分，這是師者的大道。

鄭貞銘教授認為，傳媒教育向中國傳統文化尋找源泉的做法，雖非萬靈丹，但在維繫傳媒道德與傳媒尊嚴上，卻有

可預期的功效與時代意義。傳承是歷史綿延不絕的根源，傳承思想不但在於保守前人的智慧遺產，在現代更具有積極的意義——對於中華文化的承先啟後、繼往開來。鄭貞銘教授寫作其巨著《百年報人》的緣由，也正是希望更多的青年人從典範傳媒人中受到啟發，多加傳承。

二、傳媒：對「資訊發達，知識貧乏」的反思

〈我的新聞教育大夢〉一文是鄭貞銘教授對畢生教育理想的總結，在文中他曾言——

> 創辦中國文化大學的張其昀曾手諭筆者說：我們要能察求實、明辨是非、知懷疑之要，而不流於虛無；知信仰之要，而不流於獨斷；知批評之要，而不流於憤世嫉俗的犬儒之義。有如是之風格，方能成為捍衛國家之鬥士。言論家必須豁然大公、不拘於無常、不囿於私見、不立異以高鳴，不譁眾以求寵，發言務求正確、不做荒誕之詞。

這一段話既是鄭貞銘教授對傳媒教育的期待，也是他對當下傳媒業的期望。鄭貞銘教授把當下傳媒業存在的主要問題概括為「資訊發達，知識貧乏」。隨著科技的發展，大眾傳媒在提供愈來愈豐富、愈來愈及時的資訊同時，也將受眾棄置於平面化、碎片式資訊的汪洋裡；而資訊不等於知識，更未必是智慧。「資訊爆炸使得人們因資訊超載而被它所淹沒，讓人們不知如何選擇、如何分辨而產生『資訊焦慮症』。因資訊貧富的差距，又可能產生『富者愈富，貧者愈

貧』的現象。今天傳媒所給予閱聽人的時常只是資訊，而資訊所提供的只是初步資料，如何根據資料透過新聞從業人員自身經驗的累積，並加以觀察、分析、辨別形成知識，更進一步在思考中力加反省，使大家的人格日趨成熟與圓滿，這才是真正有益於社會與人類的智慧。」

媒體本身淪為商品，又進一步將受眾變成商品。在消費社會、商業文化的氛圍中，文人辦報的堅守被逐漸消解。提及這一問題，鄭貞銘教授常會引用一句對梁啟超作品的評價——人人心中所有，人人筆下所無——以說明梁啟超對國家發展、文化振興、民智開啟的貢獻與關切。鄭貞銘教授認為技術發展本沒有錯，而且這種發展符合人類前進的趨勢；但在技術湧動的態勢下，需要有更多的傳媒不僅提供資訊，更應如梁啟超一樣，憑藉深厚的學識學養和高超的表述能力，肩負國家、文化、民智層面的責任。

由此，鄭貞銘教授從新聞傳播史中提煉了四類對傳媒業進步作出重要貢獻的人物和機構，這一提煉是對當下傳媒業所存問題的深切反思與期望。

第一類是「開路先鋒」。例如普立茲創辦了哥倫比亞大學新聞學院，該院奠定了世界早期新聞教育的水準，為全美乃至世界各大媒體培養了人才，而「普立茲新聞獎」更是世界新聞人心中的標竿、內驅和約束。普立茲的人生深刻地影響了傳媒機構、傳媒業者和傳媒學界未來的發展走勢，為後人提供了一個可辨別的樣本，我們對任何領域的拓荒人物都需要有足夠的重視與敬畏。

第二類是「機構典範」。馬克・吐溫曾言：「給地球各個角落帶來光明的只有兩個——天上的太陽和地上的美聯

社。」鄭貞銘教授對這句話的看重主要是從新聞專業主義角度出發：美聯社將事實與觀點分開、力求公正平衡的宗旨，美聯社對社會的守望、對政府的監督，都讓世界傳媒業從早年間蓬勃發展的一開始就與服務人類相連接。這是傳媒業在世界範圍內能夠順暢發展至今，並且受人尊敬、讓人期待的重要原因。

第三類是「記者典範」。如果說美聯社賦予新聞機構存在的合理性，那麼「水門事件」中的鮑勃‧伍德沃德和卡爾‧伯恩斯坦則為記者這個職業樹立了價值。勇於擔當，永遠是新聞工作者最基本的職業精神。「基於『道德是處理自發的行為』，哲人柏拉圖在《理想國》一書中所揭櫫的四種道德——智慧、勇氣、自制與公正，正是新聞從業人員自律的道德規範。」

第四類是「學理典範」。如果沒有如傳播學集大成者宣偉伯、密蘇里大學新聞學院創始人沃特‧威廉斯等學者的思辨與建構，傳播學與新聞學還會長久地被人們視為「工器之物」、「無學之業」。在學界被嘲笑的領域，多半不會在其他場界得到尊重。

從上述「四類」歸納可見：傳媒領域的興旺從來都不是一路順暢的，而是充滿艱辛、遍布脆弱，哪一個節點沒能得到很好處理，都可能導致這個領域無法延續。日後的磅礡與彼時的扼殺，往往就在一念之間。基於對發展成果的珍視，鄭貞銘教授希望以傳媒教育為基礎來保障此領域未來的發展，而傳媒教育最基本的姿態是面向青年人，由此鄭貞銘教授提出了傳媒教育應該是「六不教育」。

「今天的傳播媒體在社會教育，在下一代青少年文化形

成的過程中，盡的責任太少。西方有一本很有名的著作《人的現代化》，其中寫道，一個國家的現代化，最重要的並不是物質或者制度層面的現代化，而是國民的現代化。如果有高素質、高水準的現代化國民，那麼其他的都不是問題。所以中國必須注重青少年文化的培養。」鄭貞銘教授對當下傳媒功用的這一反思，亦是他提出「六不教育」的初衷。

三、青年：每一步都面對青年，用背脊為青年開路

鄭貞銘教授「六不教育」的觀念，矯正、反駁著當下傳媒教育越發走向孤立、功利、速成、廉價、僵化、技術的現象。

第一，傳媒教育不是孤立教育。鄭貞銘教授的傳媒教育觀是「全人教育」。一九七〇年代鄭教授曾專程赴哈佛大學考察世界頂級名校的教育狀況，他特別注意到該校在一戰中曾有一萬一千人次的師生參加戰爭，他感慨哈佛大學不僅是知性、理性、感性的，也是血性的。哈佛大學曾提出「多元智能理論」，認為上佳的教育是多元的，需綜合培養學生的邏輯與理性、法律與道德、藝術與文學、體育與健康水準，提高自我認識、對外溝通的能力。

回到台灣之後，鄭貞銘教授邀請台灣大學、政治大學等台灣頂級學府在社會學、經濟學、心理學、法學、文學、史學等領域的頂尖教授編列了一份新聞系科學生必讀書目，並在新生入校時贈送給學生，以作提示。前文提到，鄭貞銘教授將文化大學新聞傳播專業百分之六十的課程設定為非新聞傳播學領域的人文社會及語言課程。對於語言，他將中英文比作鳥之兩翼：如果一翼受損尚且能飛，但既不能高翔，也

不能遠翔，勉強做「單語文盲」；如果兩翼都損，那就只能在地面爬行。為此，鄭貞銘教授經常邀請密蘇里大學新聞學院的老師前來講授全英文的新聞傳播史與傳播理論課程。

第二，傳媒教育不是功利教育。教育功利化是全世界的矛盾，傳媒教育由於與實踐緊密聯合，這一矛盾就更加突出。但大學終究是人類精華之所在，除了讓人才能有現實發展外，還要對人類前路的探尋負責。大學應適度地成為象牙塔，將熱絡的社會推出到一定距離外，才能冷靜地觀照社會的發展。若大學和社會完全重合，教育便沒有了存在的意義，人類只能回歸到蒙昧狀態。所以學校教授的東西與現實的狀況有距離是必然的，也是一定會產生的。如果我們認定理性是對的，即便它與現實不符，大學也不能妥協。

就傳媒教育而言，學子往往抱怨職業理想與現實不符，但如果連職業理想都沒有，那麼現實與理想永遠沒有相符的可能。傳媒教育鋪陳的職業理想需要學子放在心底，一旦有了施展理想的機會與空間，我們不至於忘記當初的、應有的理想是怎樣的。當手中的權力愈來愈多的時候，應該努力讓現實與理想不斷趨近。

鄭貞銘教授認為兩岸年輕人都先後成長於經濟騰飛的背景下，享有優越的物質生活，但在當下兩岸的年輕人身上卻出現了種種精神困境：有自尊無自重，逃避思考理想，道德勇氣衰退，追求及時行樂的文化、拜金主義的文化、無序無理的文化、盲目非理性模仿複製的文化。在兩岸社會的功利氛圍裡，當下的教育就更需警惕功利化的覆加，而應成為一種矯正的力量。

第三，傳媒教育不是「速成教育」。鄭貞銘教授認為一

個優秀的傳媒業者應該勇敢、機智、忍耐、有恆、樂觀、主動，富有好奇心、進取心和想像力，思維敏捷且極具適應能力，所有這些綜合素質都不是「速成」的結果。真正的教育家考慮的是學生的終生幸福，是「一輩子」而非「一陣子」。

技術性的訓練可以讓學生在相關技術方法上迅速得到提升，短視的觀點也將傳媒教育多歸結為技藝行業。在這一問題上，學校的辦學指向非常重要：傳媒教育不應一切面向實務，最終的指向不應只是扛機器、碼文字，而應具有更多精神高度的宏闊。鄭貞銘教授非常認同羅家倫教授的觀點：「學校的好壞，也繫於一種風氣。風氣一經養成，則在這風氣感召下的人，自然感到一種環境的壓力，就是道德的壓力，使善者日趨於善，惡者不敢為惡。潛移默化，一道同風。」

除了對學校氛圍的重視，鄭貞銘教授還特別注重師者自身的把持。他經常引用胡適的一句表述：「利息在人間」，即對青年的培養不能像期待經濟利息那樣指望學子對師者有速成的回報，而是應當不求回報，因為教育的「利息」是為人間撒播。

第四，傳媒教育不是廉價教育。傳媒教育不是聘請幾位老師就能撐起牌匾的，台灣開設新聞傳播學專業的高校已達一百二十多所，但許多學校師資、設備與圖書的配置不盡人意。新聞傳播學院本應如醫學院一樣，是一個耗資巨大的教育領域。密蘇里大學辦有品級極高的報紙《密蘇里人報》，為學生提供演習的場所；哥倫比亞大學的新聞學刊之所以對世界有巨大影響力，其重要的支撐便是耗資聘請一流學者，

進行一流研究。

傳媒教育非廉價特性還指向教師對青年人的熱情成本。新聞傳播、影視藝術系所常常邀請業界人士兼任教師，而來去匆匆的業界人士往往很少和學生交流與互動，這是不利於教育目標達成的。「老師的冷漠是學生心中永遠的痛」，這是鄭貞銘教授的高足高信疆針對這一現象的傷感。這句話讓鄭教授經年銘記：當學生對老師失去熱情與信心，傳媒教育的效果便走向歸零；傳媒教育在花費資金成本邀請業界大家的同時，也不可不察對任課教師熱情成本的付出。

第五，傳媒教育不是僵化教育。傳媒與人類發展同行，甚至要引領人類發展前行的腳步，傳媒教育更不應僵化，要有即時的檢討與改進。在新媒體時代，新技術、新內容、新形式不斷融合，促使我們反觀傳統的傳媒教育。「新聞傳播學門的知識將因資訊科技處理知識和資訊的方式，而有所改變。譬如寫作理論，編輯、版面處理原理、視聽訊號的處理、廣告訊息的設計原理都將面臨革命性的巨變。其他如傳播理論，新聞學、廣告學、新聞傳播史等，亦可能因超檔、多媒體的資訊處理方式不同於過去，而被修正、淘汰。同樣，人類解讀資訊的傳統理論亦將會有新的詮釋。」

除了專業領域的非僵化外，鄭教授還經常用左宗棠的四句話來告誡青年傳媒學子，即「發上等願，居平常屋，往高處立，向寬處行」。「上」、「常」、「高」、「寬」的動態追尋要求青年學子從人格觀和價值觀的基礎層面培養開始，便需對傳媒教育僵化因素進行矯正。

第六，傳媒教育不是技術教育。「新聞傳播教育自然需要教導學生操作媒體的基本技術……新聞傳播教育的理想，

不僅在使學生學會操作技術，最重要的是要他善用媒體，瞭解媒體的傳播力，善盡職責，為社會良心做見證。駕馭技術，而不為技術所駕馭。這也就是我們需要尊稱報人、編輯人，而不願被稱為報匠、編輯匠的原因。」

如何使傳媒教育擺脫單純的技術教育陰霾？鄭貞銘教授非常認同世界大學發展史上的三個主流思想：一是英國牛津大學紐曼教授提出的「博雅教育」，即一個大學生首先要學會培養自己的風度、氣質和為人處世的原則。二是柏林大學校長洪堡提出的「替人類創造學問，創造知識，為學術添磚加瓦」。三是美國加州大學克拉克教授提出的「受過高等教育的幸運兒要懂得以知識為社會服務」。傳媒教育也必然要以上述三大思想為支撐，這三大思想沒有一個將教育僅僅局限於人的技術培養，而是將教育的目標設定在人格、人類、人性的高度。一個理想的大學，一種理想的傳媒教育，一定是博雅教育、學術研究和服務社會思想的融合。一個理想的傳媒學子將這三個目標了然於心，也就明白了自己的道路。

在「六不教育」的基礎上，對於青年學子的教育問題，鄭貞銘教授還有一些其他的思考和踐行。「小小的教室是大大的世界，大大的世界是小小的教室」是鄭貞銘教授印在名片上的一句話，這是他對年輕人姿態的重要體現。前半句意指：在小小的教室中老師可以和青年學子一起吐納無疆的世界風景、無邊的人類思考、無垠的延展追尋；後半句意指：大千世界都是老師和青年學子的教室，在大大的世界中需要用小小的教室裡所得到的知識，所培育的氣質，所理悟的道德來接人待物、行走天下。除此之外，鄭貞銘教授對傳媒教育還有許多表述，如「對青年永不失望」、「受稱讚是學生

不可剝奪的人格權」、「教人與教書同等重要」、「教書是
採礦的過程——採人才之礦」、「無愛不成師：愛是一種瞭
解、包容、關懷、責任；愛是給予，永遠都不會失去」等
等。

鄭貞銘教授不僅是推動台灣傳媒教育的先行者，也是兩
岸教育交流的推動者。早在一九九九年十月，鄭貞銘教授便
率領台灣大學、政治大學、文化大學、輔仁大學等台灣八校
的十八位研究生到北京清華、北大、人大、北師大等高校參
訪，這次交流是開啟兩岸傳媒青年學子交流史的標誌之一。
多年來鄭貞銘教授經常到大陸訪問，到訪了大陸近百所高
校，進行公益講學，參加學術會議及相關儀式，並力促兩岸
傳媒學界、業界交流事宜。

「媒體不僅是商業，也是文化，它必需為社會大眾提供
高度特殊文化的知識服務，新聞事業與新聞教育絕對是一體
兩面，新聞教育是新聞事業的活水源頭，而新聞事業理念的
價值與堅持，也盡在其中。」

這是鄭貞銘教授〈我的新聞教育大夢〉一文的結尾。本
文亦以此段作結，望鄭貞銘教授在傳媒教育觀念方面的探索
與踐行，能成為可供大陸業者、學人批判思考與辨別借鑒的
樣本。

做青年的貴人

◎李文舒（前深圳《晶報》記者、香港浸會大學傳理學院博士生）

　　自從去年十一月第一次踏上這片土地始，就知道自己「無法自拔」地深愛上這裡。

　　我想我是幸運的，這是來台灣四個月一直默念於心底的話。

　　我想我是幸運的，在交換學習期間，能認識這樣一群可愛的同學和老師，讓我在短暫的日子裡體會到同學的熱情、老師的博學、親和及兩岸的教學方式的差異。

　　我想我是幸運的，有幸能修讀新聞研究所鄭貞銘老師「比較新聞學」、葉明德老師「國際關係」、徐振興老師「統計學」以及中山所蔡偉老師「中美台三邊關係」等課程，不同的教學內容、講授方式和為師的人格魅力都讓我受益匪淺。其中，最為榮幸和得來不易的，就是遇到已退休又回來教書的鄭貞銘老師。

　　還記得，在第一週選課時試聽「比較新聞學」，那時初見鄭老師。課間休息時，他一語不發地坐在那裡並仔細地看手頭材料。當時對他的印象就是「清瘦」、「嚴肅」、「嚴格」，資歷頗深。但是，上課後這種「刻板印象」就很快改變了。

　　課上，老師像是換了一個人，「精神矍鑠」地為我們講解台灣高校創辦新聞系的前後經歷，並順便梳理台灣新聞

史。除此之外，老師還「苦口婆心」的告誡同學讀研究所一定要認真，並指出「研究所不僅是給一口飯吃，更是要給你人生」……老師恨不得把自己全部的求學以及工作經驗告訴他的學生，希望同學們能在飽懷「新聞熱情」的同時，珍惜當下，用功讀書。

老師總在不經意間為大家推薦好書，尤其是新聞界前輩的自傳，包括錢震、孫運璿等。老師說：「自傳能夠幫助年輕人成長」，也是在同樣的心境下，推薦我們閱讀《無愛不成師》及《橋》。

鄭老師上課靈活，一般採用「個人報告」和「小組報告」相結合的方式進行，偶爾播放個人珍藏的影片，包括名人（宋慶齡、陳香梅）以及重大新聞事件紀錄片。老師希望利用這多元授課方式，讓大家學會個人研究、團隊合作以及主動學習並富有歷史觀、世界觀。更重要的是，從名人身上學會「做人」、「做事」的方法。

課堂上，同學報告時，老師總是認真的聆聽，並做記錄，待完畢後予以逐個點評。有時，也會讓在座同學相互「點評」，如此一來同學必須認真聽取他人報告，「去粗取精」，從而得到更大的進步。

「上課」是老師講授、學生學習的過程，畢竟學習時間和內容有限，因此老師要求同學課後閱讀《無愛不成師》、《橋》以及英文《大眾傳播理論》。當我自圖書館借閱出《無愛不成師》以及《橋》之後，體悟到這兩本書，厚厚的載滿了老師的回憶，對我而言相當珍貴：一是透過文字更深地瞭解鄭老師，二是從中汲取向上的「力量」，然後如「向日葵」一樣向著陽光的方向成長。想必這也是老師讓我們讀

書的意義所在。

　　兩書的封面，都很醒目的印有：「他喜歡自比一座橋，接引學生渡橋」、「如果我們願意回顧，會發現這座橋還在那裡」這兩句話，每每看到都覺得格外溫暖，尤其最後一句總會讓我感動。其實，說到這裡，猛然地想起一個場景：有時下課看到鄭老師「默默」的坐在那裡不語並稍作休息，內心總會微微「心疼」，特別是有一次看到老師較「上周」稍有「消瘦」地坐在那裡。也許老師當時身體並不舒適，但一到上課時分，他便打足「百分百」的精神。

　　兩書讀畢，老師的形象更加地豐富和立體。老師對太師母感情至深、對學生愛護以及「報恩主義」、「助人思想」深入我心。還記得幾個月前讀到「思念母親」那一章節，深受感動而落淚，我相信任何一人看到這一部分，都會「心頭一軟」，哪怕就從中單單挑選一段，都會深切的體會到母子情深。

　　每每看到老師描述母親的時候，總會想像太師母會是怎樣一個女人，讓兒女如此的萬般思念。我猜想，定是不乏「愛心」、「溫柔」又「大器」的女子。我們每個人來到世上，都承蒙媽媽的照顧和愛護，正如老師所講，我們要心懷感激並感恩，對待媽媽更是如此。

　　前段時間，曾看見一句令我「震撼」的話：「我們的父母親也曾是被人寵愛的孩子」，相信憑此句話，就理應「溫柔」的疼愛我們的父母親，更何況還伴有永世報答不完的「恩情」。

　　鄭老師為我們樹立了最好的榜樣，還記得老師在政大研究所的日子，白天讀書不說，晚上還去報館工作，如此辛苦

仍堅持每天陪伴太師母用早餐，想想都知道那該有多麼的溫馨啊！

老師是個心中充滿愛的人，從書中我們可以看到老師熱愛母親，熱愛生活，熱愛學習和工作，熱愛老師，熱愛學生。其中，「報恩主義」讓我謹記於心。記得老師講過：這世上唯有中國是把「恩師」和「師父」作為一個詞語出現的，可見老師對「恩師」的感激之情。

在《無愛不成師》中，老師用大篇幅細數十位「恩師」，把師生之情娓娓道來，相信老師的恩師有幸能看到此書，定會感到「驕傲」有如此「學生」。鄭老師的「報恩主義」教會了我們凡事要「感恩」，不要當做「理所當然」，尤其是要感謝「恩師」的教導。

從《無愛不成師》中，我看到了時光倒流，以及老師奮鬥一生的身影；在《橋》中，我則看到學生們愛鄭老師的心和「報恩主義」的延續。書中收錄了老師眾多「得意門生」寫給老師的「信」，從中不但體會到老師平日對學生的關心和愛護，更體會到學生們對老師的感情至深。

老師曾提到他年輕時在社會遇貴人（蔣經國、謝東閔、張其昀、李煥……），並在不同時期受到鼓勵和啟發。老師深信，當你愛一個人的時候，就要給他機會，讓他成長，老師更是以「貴人」所　發的「助人思想」，幫助青年人成長。

短短四個月的交換學習生活即將結束，萬般不捨，但又不得不離去，我想唯一能做的，就是吸取在台灣所獲得的「正能量」，爭取做一個也會令老師驕傲的學生。

於台北中國文化大學曉峰圖書館

民國 101 年 6 月 1 日

追思集

吾愛吾師　百年追夢
——從華岡到世界，永遠的鄭老師

◎戎撫天（《中國時報》、《旺報》總主筆）

　　一九六三年在張其昀創辦人及謝然之師鼓勵支持下，先生以二十七歲之齡獲拔擢，以行政秘書兼講師創辦文化新聞系，三十一歲升任副教授，三十三歲成為台灣當時最年輕大學系主任。他延攬一流師資、開辦「會見新聞界」課程、創辦《文化一周》實習報紙；推動文化學院新聞系與美國密蘇里新聞學院達成姊妹校協議，選拔優秀學生至密蘇里新聞學院攻讀碩士學位；創設「月記」、每月新書、每週專題演講、畢業生文集等一系列特色教學制度，兼顧理論與實務，親炙其中樂趣無窮，潛移默化中養成新聞專業精神。學生畢業愈久，對老師感念愈深，成為所有學生心目中「永遠的鄭老師」。

　　鄭貞銘教授不只在文化新聞系任教，也在輔大、淡大、世新、銘傳、政戰、玄奘等十餘所大學兼任教職，春風化雨足跡遍及全球七十餘國。鄭教授曾在香港珠海大學擔任講座教授暨新聞研究所長，多位歐美執牛耳的華人媒體工作者曾受教於鄭教授，美國聖若望大學頒贈「新聞教育傑出貢獻獎」，被譽為世界華人傳播啟蒙者。

　　同時期，鄭貞銘教授在新聞機構歷任要職，先後二十一年，歷任記者、主編、主筆、董事、監事、總編輯、副社

長、常務監事乃至董事長職務，獲得「新聞教父」美譽。

鄭貞銘教授從事兩岸學術交流卅年，被譽為「兩岸交流先行者」。他遍訪大陸名校逾百所，舉辦大師講座、學術研討會不計其數，並被十所以上名校聘為講座教授，在大陸出版著作近十種。江西美術學院以萬畝湖泊命名為「貞銘湖」，浙大並舉辦「鄭貞銘教授新聞教育理念與實踐」學術研討會，香港傳播聯合會頒予他「兩岸交流」特殊貢獻獎。

鄭貞銘教授更是當代台灣新聞傳播教育界的元老，一九六二年完成碩士學位論文《中國大學新聞教育之研究》，是台灣第一篇討論新聞教育問題的學術文章。先後參與中華學術院新聞協會、中華民國大眾傳播教育協會、台灣傳播發展協會的籌設與成立，並擔任秘書長或理事長等重要職務，持續舉辦學術研究會、研究生論文發表會、講座等活動，並出版專業叢書，宣講傳播理念。台灣傳播發展協會曾兩度獲得教育部與內政部頒發最佳社團獎。鄭教授在中國國民黨服務二十二年，曾獲蔣經國主席親頒勳章，也曾經獲得蔣經國推薦，應美國開發總署邀請巡迴訪問美國三個月，蔣經國曾核定他擔任國劇團團長，率團至北歐、中歐、中南美洲近廿國演出四個月，從事國民外交，可見對鄭教授的肯定，教授也視為人生重要成就。

七十五歲退休後，先生受恩師李煥「夕陽無限好，彩霞尚滿天」啟發，以三年時間與丁士軒、汪雨共同完成轟動兩岸的《百年大師》，並在兩岸巡迴辦「大師講座」近百場，聽眾數萬人。

其後，鄭貞銘教授又以五年時間建構「百年系列」大師工程，為兩岸百年來各領域貢獻傑出或成就非凡的風雲人

物、風骨人物、風華人物寫傳記，期使兩岸青年蒙受啟發。他發動兩岸優秀作家、記者二十多人共襄盛舉；宏遠的構想與勤奮的精神感動了許多青年，謝孟雄教授譽為「現代司馬遷」。

鄭貞銘教授一生從事新聞教育，退休後又為近代百年成就非凡人物立傳，從外王之學至內聖之道，其實有軌跡可循。新聞學原理、傳播理論、新聞採訪與編輯等都是經世之學，但他始終以「循循善誘，教導學生立心、立命之道；發繼絕學、開太平之願」為教學核心目標。他未標榜生命教育，但課堂講學與生活言行，皆以生命教育為根本基礎，即理學大師張載「為天地立心，為生民立命，為往聖繼絕學，為萬世開太平」的生命哲學，培養學生成為兼具專業才能與準確價值觀的新聞人。

鄭教授老年後，已跨前一步，超越了過去的自己，走出經世之學，進入青年生命教育新境界。他用盡一生累積的能量，宵衣旰食記錄國家社會典範人物，誓為青年領路人，他的人生更圓滿了。

鄭貞銘教授一生最偉大的成就，是他累積半世紀的學生情，及追隨他工作夥伴的相知相惜，謹選錄他與學生、夥伴的重要談話，及學生對鄭老師理念的闡釋，應足以呈現「永遠的鄭老師」一生思想軌跡。鄭老師弟子必將追隨鄭老師理念，將他播下的種子傳遞到全世界。

鄭貞銘教授人生智慧摘錄

一、語錄

教育理念

「傳承」是中國知識分子極為重視的文化。我領受到恩師的教誨，領受到人類最大的安慰是有人能夠繼續著他的追求，讓他的理想與信念永不熄滅。「傳承」像燃燒的火，愈燒愈旺，愈熾愈烈。──《無愛不成師》

新聞事業是我一生的最愛，新聞研究是我終生不渝的信念，無論理論多麼艱難，無論世局多麼變動，中外報人所給予我的啟示，給予我的信心，已然成為我堅定不移的人格。──《無愛不成師》

社會的發展是快速的，在變化的過程中，若干價值已瀕臨崩潰的邊緣。在許多人的彷徨、無奈與浩歎聲中，我卻秉持如胡適般的自由主義者性格，只有暫時的悲觀，不曾長久的喪志，因為真正的自由主義，在性格上具有無可救藥的樂觀。我也曾如許多朋友一樣，在受了重大的挫折與失望後，經過療傷止痛的過程，又重振精神，再度出發。──《資訊‧知識‧智慧 II：愛是緣續的憑據》

好的學風，是學生主動求知、師長傾囊相授，師生間相激相盪，使這種人間至情至聖的師生關係既增進感情、也增長知識。

為青年領路

我為何要創作《百年大師》？就是——做點燈的人，引導年輕人。「年輕人怎麼可以沒有引路人？」我自己在上大學時聽的第一場演講，是胡適先生的〈談傳記文學〉。胡適先生鼓勵每個年輕人都要好好讀傳記，作為自己人生的指引。所以我決定在兩岸近百年的歷史中，找出百位大師，用他們的人生經歷，為年輕人指引未來的路。

「我從台灣和大陸分別挑了十二個學生，組成『二十四賢社』，我把自己奉行的左宗棠的話也給他們分享——發上等願，居平常屋，往高處立，向寬處行。」這「二十四賢社」，遵循人生十帖：「立志、感恩、樂觀、傳承、盡孝、行善、求知、惜時、健康、公理。」

「青年人要讀好書，中年人要做好事，老年人要做好榜樣。」如果整天低頭面對網絡，怎能看得見未來？因此，年輕人多讀好書，遇到困難要把頭抬起來，不要一味地抱怨，應該多向大師學習，正確看待時代的不足，勇於承擔時代的痛苦。

為師之愛

完全的教育家不僅要在課堂上扮演大師的權威，同時重要的，是要在生活上成為學生的摯友與學習成長的明燈。

「愛過方知情濃，疼過方知義重。」我常認為，人與人的相處，的確需要無盡的寬容，在瞭解、尊重、關懷與責任

中達成溝通的目的。如果先懷抱敵意、排斥，則心靈之隔閡厚過銅牆鐵壁，是無法體會諒解的真諦與瞭解的快樂的。

我一直認為，人生是無數的奇緣。身為教育界一分子，我認為我們有必要將愛心真誠地付給我們的孩子。「愛過方知情濃，疼過方知義重。」──《無愛不成師》

生我者父母，教我者師長，父母的生養與師長的教養合為一個人成功的關鍵所在，親子間與師生間的關係，都是一種並具倫理與感情的關係，而非利害關係。學生有敬、老師有愛，彼此自然教學相長；一個良師不僅使學生得到知識的教導與傳授，亦得到人格的感化與薰陶，此所以薰風送暑、驪歌高唱的季節，應是戀戀師恩的依依之情，這種境界自是師生關係的理想境界。

大學不在大廈，而在大師，因為大學裡的硬體設備只能滿足學生物質上的享受，但一位大師卻能給學生一輩子用不完的啟發，一位真正的大師，他為學生所作的，是一輩子地引導。

大師對於每一棵幼苗，總是不分資質高下，以無比的愛心，去呵護灌溉每一棵幼苗。

教育本是一種開礦事業，也是一種磨血事業。教育就是在開人礦，你永遠不會知道一個人的潛力在哪裡，身為一個老師，只能盡心盡力去引導學生發揮自己應有的潛能，無時

無刻不去關心學生。──《無愛不成師》

我們必須隨時更新自己的心靈。我們要的不是膽怯的心，而是剛強的心、仁愛的心、謙虛的心。

新聞教育

記者的筆，有如戰士的槍、武士的劍，它當然需要流暢與靈活自如；但最重要的，乃是劍與槍，是用來指出社會正確的方向，用來維護社會的真理與正義；而非用來做私意地攻擊與誹謗。

學生應該注重同時培養人文素養和社會科學素養，做理想「五有」新聞人：「腹中有墨，手上有藝，目中有人，心裡有愛，肩頭有擔。」

二、朋友與學生的感念

他把全部的時間投入新聞系，不但以校為家，還作到以家為校。他家亦成為學生聚會的最佳場所。

學生對他的愛戴令人羨慕又敬佩。新聞系所畢業生的成就非凡，為全校師生、社會各界所公認，讓我有以他為榮的感覺。（林秋山／前監委、文大教授）

貞銘教授是一位傳播學者，新聞界永遠的老師，他走的是一條「讀書、教書、寫書」三書的生活之路。他在南京大學為學生講課，講到新聞工作者的素質，概括五個有：「心中有愛、肩頭有擔、腹中有墨、目中有人、手上有藝」。後

來我建議再加上「胸中有識」。（裴顯生／南京大學傳播學院教授）

老師更常說的是「愛學生」，他常大聲宣揚「永遠不要對年輕人失望」，「沒有一個學生不能受教育」。（陳濤／南京大學研究生）

認識鄭老師，才知何謂「桃李滿天下」；認識鄭老師，才知何謂「如沐春風」；認識鄭老師，才知何謂「溫文儒雅」；認識鄭老師，才知何謂「長者風範」。我在國內各大學研究所授課二十餘年，曾有不少學生用此形容詞恭維我，除了令我汗顏外，都因為他們沒有見識到真正的泰山，真正的東海，鄭老師才真配受如此崇敬與讚美。（邱仲仁／駐瑞典代表）

這許多年後，在遙遠的異鄉，我時常想起老師在永和的家，中山北路的美而美，中心診所的附設西餐廳，這點點滴滴的愉悅回憶，常常在我心中淌漾過一道又一道的暖流。

這一路行來，我們這群學生總在一旁分享著他的光榮與喜悅，分擔著他的憂慮與哀傷。（楊國琪／旅美校友、事業家）

這位恩師在我們畢業多年後，如果我在工作上有甚麼變動，他常常是第一個寫信給我的人，他對學生鼓勵及關懷，以我們為榮，學生們的結婚、生子、喬遷、高陞，他就像家人一樣，與我們分享這份喜悅。（宋晶宜／前美國舊金山

《世界日報》社長）

在校時我不是好學生，沒有學到很多本科的的知識與技術，但在做人做事的基本人格和精神上，確實在是受惠於老師潛移默化最多的學生。我三生有幸，在老師那裡體會到許多超越書本的知識與智慧，能師法老師博愛無類的胸懷於萬一，也因此得以在美國順利營商過活。（吳章鎔／企業家，文大新聞系旅美校友）

鄭老師主持系務時，除了他自己不管晨昏都留在學校，主動參與學生各種活動，在我們當助教時，也希望我們留守辦公室，並要求晚上走入學生宿舍，瞭解學生的需要，早期鄭老師半夜還要到《中央日報》編輯部上班，他從來不禁止學生到《中央日報》去找他，他能做到只要學生需要他，他一定會出現在他們身邊。他這種終年無休的狀況，只有他能樂此不疲。（張靜濤／紐約《世界日報》前總經理）

這麼多年來，鄭老師送走一批批學生，他仍然心懷牽掛，萬里尋學子。如今學生散居世界各地，他每年四處旅行探訪，有如探望子女一般。

最近，有機會讀到他哀悼我們班上一位同學的文字。這位同學一年級剛入學不久因一次郊遊溺水，提早離開人間，三十多年過去了，老師還惦著這個孩子。不管孩子有多少個，任何一個孩子出事，都會讓母親心痛不已，鄭老師正如母親。

他也喜歡自比一座橋，接引學生渡橋，多少年過去了，

這座橋還在。

近些年看他的面貌從望之儼然，即之靄然，到兩鬢變白，慈眉善目，雖說他保持年輕的心，但總是有了歲月的痕跡。（鍾惠民／立緒文化總編輯）

研究所上課，有時就在老師家，接著我又要趕去中央社上晚班，老師會要太師母替我準備一些飯菜，吃了再去上班，不要讓我餓著，老師的細心我多年後才能體會。（朱麗芝／文大新聞系留美校友）

老師在課堂常提到，「無愛不成師、只認教室，不認校門」、「大學在大師，不在大廈」。他更強調，「老師的冷漠，是學生心中永遠的痛」，所以他待學生如家人。（王中民／華視新聞部編導）

不要說您是園丁、因為園丁修剪的是冗枝，而您塑造的卻是年輕人的心靈，不要說您是蠟燭，因為蠟燭照亮的只是黑暗的房間，而您指引的卻是青年的前程。也不要說您是春蠶，因為春蠶吐出來的只是蠶絲，而您奉獻的卻是美麗青春和火熱的激情。（林健禧／外甥，定居福建）

鄭貞銘老師最喜歡兩副對聯，常置於書房，足為生命軌跡的代表。

張佛千教授：

貞勵風霜貞木常綠

銘勒金石銘盤日新

高信疆先生：

老師布局，天下一輪明月；
萬里青空觸眼明，將遇良才。
學生運子，世事皆沐春風；
千尺絳帳拂面輕，馬逢伯樂。

鄭老師辭世

◎葛樹人（宬世環宇國際媒體董事長）

很不捨得的要向鄭貞銘老師的好友及子弟兵們報告一件事～

老師在一分鐘前離開了我們，他放下了所有的牽掛，離苦得樂～

鄭老師一生無私奉獻幫助學生與朋友，桃李滿天下，生病期間很多人都寄予關心。

對於這幾天來看老師的親朋好友們，家屬致以最高的謝意與感恩，特此通知諸親朋好友～

（就在徐新生學長下午離開後不久，鄭老師又血壓下降了，4：25分主治大夫曾醫生急救了半小時後問在場的家屬，老師已經沒有生命意識，是否要停止人工呼吸？老師家屬開會討論後覺得不要再讓老師痛苦，就在大家不斷地禱唸中，安詳的離開人世～

那時，醫生宣布的時間是 2018・2・19 日 16：26分。）

（編按：這是鄭貞銘老師辭世後，發布的第一則FB 訊息，特此存記）

「未完成」交響曲

◎戎撫天（《中國時報》、《旺報》總主筆）

敬愛的鄭貞銘老師今天下午四點五十分病逝。

中午到醫院探視，老師睡中醒來，看見我們，似乎想說什麼，但隔著氧氣罩，聲音全然無法辨識。

老師晚年著述極為豐富，仍然留下一些未完成的計畫，就像舒伯特第八號「未完成」交響曲，因遺憾而永遠傳世。

鄭老師喜歡書寫，近年開始以電子圖檔代替函件。這兩天找出鄭老師給我的信函，也廣泛閱讀鄭老師的著述，及他與學生互動的故事，思考鄭老師的生命軌跡。

重看李濤提供老師一段「無愛不成師，無心（誠心學習）不成徒」視頻，堅定有力的聲音，想到五十年師生情，及華岡新聞對我人生的啟蒙，幾乎落淚。

同學們為鄭老師籌備追思及紀念會，囑咐我草擬鄭老師行誼。

書寫鄭老師行誼，首先要為他一生成就定位，發現老師一生歷任多家重要媒體要職，當然是「傑出新聞工作者」，中年從政，為國民黨青年工作奉獻半生，是傑出的政治工作者，同時創辦華岡新聞系，是近六十年學生「永遠的鄭老師」；兩岸交流開放後，又與大陸新聞傳播院校系所廣泛交流、講學、授課，是「兩岸共同的鄭教授」；鄭老師新聞傳

播專業著述既多又權威，也是「華人世界的鄭教授」；晚年他以春蠶吐絲精神書寫百年系列，在完成《百年大師》、《百年風雲》後溘然長逝，謝孟雄先生稱許鄭老師書寫歷史，是「現代司馬遷」。

和鍾惠民討論，她不認為鄭老師是現代司馬遷，而是「青年生命啟蒙者」，用書寫歷史方式為青年開啟有關生命的典範、目標與意義的思考。

鄭老師生命太豐富，不容易定位，盼望校友們提供卓見，讓鄭老師豐富的生命軌跡能清晰留下來。

由「內聖」而「外王」──鄭貞銘學思之路

◎戎撫天（《中國時報》、《旺報》總主筆）

　　二月十九日，鄭老師驟然辭世，第一批趕到靈前的校友，錯愕震驚之餘，強忍悲傷，開始與家屬討論後事，並商討如何紀念大家「永遠的鄭老師」。天任校長隔洋布局，命我規劃撰寫老師行誼。

　　任務非常艱鉅，列出鄭老師一生成就、寫一些緬懷之情、感恩之意不難，維基百科就有豐富的材料，但鄭老師門生逾千，相知相惜友人故舊也不少，許多人和鄭老師半生情感緊密相連，加上遍布全世界心靈相通的讀友粉絲，要為鄭老師精采非凡的一生找到準確定位，清晰簡潔彰顯出老師的生命軌跡，並不容易。

　　花了將近一個星期時間翻閱老師的著作與視頻，盡量蒐集他與學生之間互動的故事，並徵詢幾位長期與鄭老師一起工作學長的意見，輪廓慢慢浮現。最主要論點是鍾惠民提出，她認為，鄭老師一生是由「內聖」而「外王」，六十年教學傳授「外聖之學」，退休後著書立作是「外王之道」。

　　鄭老師教授新聞學原理、傳播理論、新聞採訪與編輯等，傳授理論之餘更重視實務經驗，創辦實習報、邀請新聞界權威擔任講座、安排學生寒暑假實習等，屬於經世之學。他並未標榜生命教育，但對待學生循循善誘，課堂講學與生活言行都以生命教育為根基，用理學大師張載「為天地立

心，為生民立命」的生命哲學，培養學生成為兼具專業才能與準確價值觀的新聞人。

鄭老師特別重視新聞道德原則，強調要在新聞自由與新聞道德間取得平衡，更重視精神教育與典範學習，要求學生閱讀偉人傳記與新聞名著，開設大師講座等，屬於經世外王之學範疇。在鄭老師及其他華岡新聞恩師教誨下，培養出許許多多堅持現場主義、獨家主義與新聞專業精神的新聞人。

鄭老師退休後，又向前跨進一步，用盡一生累積能量，記錄國家社會典範人物，先後出版《百年大師》、《百年風雲》兩套巨著，《百年追夢》也接近完稿。這些著作已成為華人青年的心靈領路人，進入『為往聖繼絕學，為萬世開太平』的內聖之道範圍，鄭老師完成了由外王之學到內聖之道的人生旅程。

二月十九日鄭老師去逝當天中午，和鍾惠民、李公威等幾位同學到加護病房探視，鄭老師看到我們，眼睛立刻閃爍光芒，喉頭發出聲響，但隔著氧氣罩與鼻胃管，完全無法辨識，怕老師耗費元氣未多停留。傍晚得知老師病逝，後悔未和老師筆談，已懊悔不及。不過，我確信，老師是希望弟子們，要完成他未竟的百年系列著作，要傳承他永遠新聞人的理念。

超過半世紀的師生情，與工作夥伴的知惜恩，是老師一生最偉大的成就。鄭老師留下的智慧蹤跡，足為後世典範與學習，鄭老師的弟子會追隨他理念，把他播下的種子傳遞到全世界開花結果成林。

百年追夢——敬悼鄭貞銘教授

◎趙怡（前行政院新聞局長）

　　新聞學大師鄭貞銘博士月前於台北病逝，享壽八十二歲。鄭氏畢生奉獻教育，桃李揚芬，育才無數，連日來全球各地的門生故舊主動舉辦追思活動，並發起成立公益組織以承續其未完成之志業。

　　鄭教授出身政大新研所，早年受知於教育界前輩張其昀、謝然之，未及而立之年即任教於中國文化學院新聞系，且實際負責系務。此後繫身新聞教育逾半世紀之久，晚年足跡遍及兩岸四地，曾擔任大陸十餘所名校講座教授，獲頒香港傳播聯合會「兩岸交流特殊貢獻獎」，成為萬千華夏學子心目中「永遠的鄭老師」。繁忙的教書生涯間有餘暇，鄭貞銘亦曾於新聞機構兼任採編、主筆、總編輯等職務，其前半生的事業，涵蓋學術與業務，兼收理論與實作互濟之效。

　　近十年來，鄭教授在兩岸巡迴舉辦「大師講座」近百場，聽眾數萬人。其後，又以五年時間建構「大師工程」，為近代中國社會中成就非凡的風雲人物立書作傳，把幾已湮沒於人們記憶深處的夙昔典型，再度鮮活地映現在新世代青年學子的眼前。這部叢書內容廣博，工程浩大，全數出版後將對近代學術文化史的傳承帶來巨大影響。他曾剖析自己創作《百年大師》的初衷，「想做一個點燈的人，為年輕人指引未來的路」。

我從未正式受教於貞銘先生，但有幸與他結緣而成為忘年之交，對於他為人謙沖自牧，處事熱忱盡責和照顧、培育學生的愛心與摯誠而深感崇敬，致數十年來，不論身在國內國外，都曾追隨左右，時相往還，也因此終生受益。去年十一月底，蒙鄭老師召往小聚，席間，他針對百年叢書計畫侃侃而談，顯得神采飛揚，興致高昂，惟餐敘過程中仍偶現疲態，且不時從口袋裡取出呼吸器使用，在座諸人受到老師的情緒感染而互動熱烈，但隱隱中也察覺到他的健康惡化已導致體力不支，之所以加快腳步緊盯出書事宜，想必也與此有關。

　　鄭教授孑然一身，並無家小，窮畢生心血專注於新聞與文化教育，門下數千餘人，多從事華文傳播事業，其中不乏德望兼備的碩彥人士。學生們對昔日恩師深重的感念與依戀之情深植心底且溢於言行，連日來，大家奔相走告、迅速集結、出錢出力，定期開會辦理治喪事宜以及一場名為「吾愛吾師百年追夢」的盛大追思活動，並發起籌組大師講座與文教基金會，決心要把恩師終生奉獻教育工作的功業傳諸後世。會議中，所有撥冗參與其事者，針對每項事務，無論大小鉅細，均不憚其煩，一一反覆討論、精密分工、切實執行。從這群鄭貞銘教授的高徒身上，我第一次體會到「師恩浩蕩」的真實意義。鄭先生在《無愛不成師》一書中寫道：「傳承，是中國知識分子共同的價值，我曾領受到恩師的教誨，也要讓他的理想與信念永不熄滅。傳承，就像燃燒的火焰，愈燒愈旺、愈熾、愈烈。」

　　此刻，這位當代傑出教育家的生命已在烈焰燃燒下化為雲煙，但火盡而薪傳，綿延不絕的將是「鄭貞銘精神」，繼續為後來者照亮人生的道路！

鄭貞銘先生大愛無疆

◎周玉山（考試委員）

　　二月十四日，鄭貞銘先生在書房倒下，送往醫院急救，我趕到時，他尚能言語，虛弱稱謝，然後疲倦睡去。萬萬沒有料到，十九日下午四時五十六分，他就走了，如此匆促，留下未竟的書稿，以及海內外的震驚。

　　最震驚的一群人是學生，他們奔走相告，帶著哭音，像是述說另一位父親。父母原本無可取代，鄭先生則以五十年如一日的大愛，照顧許多學生半輩子，讓他們回到家庭，共享慈暉。慈暉逐漸向晚，從英姿煥發，到形銷骨立，終至遠離，他們頓失所依，如何安放自己的靈魂？

　　鄭先生獻身新聞教育，傳播真理與知識，只認教室，不認校門，所以桃李繽紛。台灣稍早的新聞系畢業生，若非他的門人，即為讀者，如杜甫所說，「晚有弟子傳芬芳」，在學界和業界大放異彩，風景壯麗。

　　退休後，他更傾全力於著述，盼能影響下一代，使之眼界開闊，前途寬廣。這樣的立意，造成嚴重的透支，住院前仍奮力執筆，不顧自己即將油盡燈枯。我眼見他的慘烈，內心激盪，莫可名狀。

　　鄭先生傳播的真理，為報恩主義，即報親恩、報國恩、報一切恩。張季鸞先生鼓吹從對父母與子女的感情，擴大為愛眾人的父母與子弟；從報親恩，擴大為報民族祖先之恩。

這樣的主張迂腐嗎？為什麼這麼多人懷念鄭先生？因為他窮一生之力，奉行報恩主義，無違於終食之間，早已成為習慣。可惜的是，今天的台灣，有人棄報恩主義，倡報仇主義，結果誰是贏家？

報恩主義和大愛哲學，其實密不可分。鄭先生的家教和師教，都是有愛無恨，正面看人生，所以他強調，師承是一種生命的感動，無愛不成師。

年輕時，他跑遍台灣各縣市，拜訪所有家長，使後者受寵若驚。多年後，學生在國內外熱烈接待他，答謝大半生的奉獻，說明真情就是王道。三月十日上午八時半，台北市民權東路第一殯儀館，大家送他最後一程，也是起碼的報恩了。

我並非鄭先生教室裡的學生，只因父親是他的老師，就長期照顧我們三兄弟，不遺在遠，無時或忘。三十年前，父親不幸因心臟病猝逝，他連夜趕來跪拜，淚流滿面，哀痛一如家人。十三年前，他出版回憶錄，深切懷念十位恩師，包括謝然之、王洪鈞、曾虛白、錢震、成舍我、徐佳士、周世輔、陸以正、阮毅成諸先生，以及余夢燕女士，父親是其中唯一的非新聞人，我們能不動容？

筆有千秋業，劍無萬世功。鄭先生大愛無疆，筆下除了專業的嚴謹，還流露無限的溫情，從未劍指何人，正是一代導師的典型。他的五十部著作，有待大家開卷尋路，補救這個社會的缺失，而未竟的書稿，整理的工作，捨我輩其誰！

永遠懷念鄭貞銘老師

◎蔣金龍（前政戰學校新聞系主任）

良師良友

民國五十五年，我在文化大學新聞系夜間部進修，鄭貞銘老師見到我時，對我說：「你已經有了講師資格了還來進修？」我回答說：「我永遠是學生，想聽鄭老師上課，而且夜間部授課的老師，許多都是大師級的老師，例如王洪鈞老師、徐佳士老師、李瞻老師、賴光臨老師等。」鄭老師笑著說：「金龍你太謙虛了！」

其實，我以前就認識鄭老師，因緣於福建同鄉關係，見面時談話的內容，大多是關於家鄉的回憶。另外也談起我們共同的老師謝然之主任。謝主任先後創辦了政戰學校新聞系、政治大學新聞系、文化大學新聞系，而且鄭老師還說：謝主任要學生稱他謝老師，因為系主任是有任期，老師是永遠。鄭老師還說：他喜歡學生叫他老師，叫老師比叫教授好，關於這樣稱呼，我與鄭老師都有同感！因此我們每次談話都很愉快。如今老師離我而去了，再也無法向老師請教了！

深獲學生愛戴

我於民國七十一年擔任政戰學校新聞系主任時，特別邀請鄭老師來復興崗授課，這班學生很特殊，是新聞系補修學

分班，已經畢業多年，也擔任過很多工作的學生（第一期至第七期），大部分學生都有多年的新聞工作經驗，而且很多都在現職，因此只能利用週六下午和週日上課，許多學生的年齡都比老師大，很多學生擔任過採訪主任、編輯主任、總編輯、社長。例如：葉建麗、謝天衢等學長。

鄭老師答應我他願意犧牲假日來校授課，我感激萬分，校長也非常高興，特派專車接送，授課後，鄭老師深獲這班學生愛戴！每堂下課後都不讓鄭老師馬上離開教室！

民國七十二年，本校獲准成立新聞研究所，由我負責招生事宜，鄭老師指導我很多，我都銘記在心，並請鄭老師在研究所指導研究生，研究所學生比較年輕，經常對我說，鄭老師授課，如沐春風，非常精采！如今還有許多學生和鄭老師保持聯繫，如今得悉鄭老師離開我們，都難過萬分！

愛學生如親人

民國七十五年二月十八日，我的內人不幸逝世，第二天早上鄭老師從《新生報》得悉後，立即到北投我家來安慰我，一進我家門就抱著我，我哭了，鄭老師替我擦眼淚，安慰我說：：「你不要哭，要堅強起來，你的子女需要你，你的學生也需要你，你的老師和親朋好友，都希望你能勇敢的站起來。」鄭老師眼睛紅了，對著我說：「你需要我幫忙什麼事？請儘管說。」

我正在發愁中，第一殯儀館，所有的禮儀廳都沒有空，短期內要排隊等候。我希望在一星期內把喪事辦好，一則我的小孩和我的學生都要上課，二則她能早日入土為安。鄭老師聽後，立即利用我家電話，打給當時的台北市政府社會局

長，請他設法幫助，原來局長曾經擔任過文化大學教授，和鄭老師是很要好的朋友。不到十分鐘，局長回電說：二月二十五日中午十一點至下午兩點，把殯儀館的景行廳空出來，鄭老師在電話中謝謝局長的幫助。

鄭老師太偉大了，愛護學生如愛親人一樣，真是世間少見！鄭老師的理念「無愛不成師」，這種愛的教育，使我對老師抱持著滿懷感恩的心情，我永生難忘！我跪下來感恩老師，鄭老師扶我起來，希望我和他一樣的愛護學生。我在政戰學校新聞系教了四十年，在文化大學新聞系從夜間部到日間部兼課二十五年，世界新專兼課十八年，我始終以鄭老師的「無愛不成師」的理念去教導我的學生，發揚鄭老師的新聞教育的理念，報答鄭老師對我恩情於萬一！

多年前我榮獲政戰學校傑出校友，鄭老師特地來北投復興崗，參加校長對我頒獎表揚大會，並親自登台抱著祝福我，真是使我感動，老師永遠愛護我如親人！

九校聯誼

鄭老師擔任中華民國大眾傳播教育協會秘書長期間，全國只有九所大專院校有新聞傳播學系，政戰學校新聞系在台成立最早。鄭老師非常重視，民國七十二年第一次要我舉辦九校聯誼，我秉承老師對我期望，先向本校校長報告舉辦全國新聞傳播九校聯誼的意義，並說明我的計畫內容，校長很高興，指示我要好好辦，只許成功不許失敗！

我們利用星期天全天舉行，從上午八點到晚上九點，上午有演講比賽、辯論比賽、籃球比賽、排球比賽，球類比賽分男隊和女隊。下午有九校同學聯誼座談，並舉行話劇、說

笑等比賽，晚上舉行月光晚會，各校學生代表唱歌，晚上九點本校學生人手一支火把，站在馬路兩旁列隊歡送他校同學出校門。午餐和晚餐由本校招待在聯合大餐廳用餐，有一位文化大學的學生對我說，他從來沒有見過有這麼大的餐廳！很多學生第一次到政戰學校，都覺得很新奇！

　　我陪著鄭老師全程參與，老師要離開時，拍拍我的肩膀說：「金龍不負使命！」

　　老師對我的期望，我都盡心盡力的去做。今天老師已去天國了，回憶往事，不勝噓唏！

師生情誼

　　回憶過去，鄭老師對我的恩情，無法忘懷，點滴在心頭。

　　當我工作遭遇困難時，老師幫我解難；當我家中不幸時，親自來我家安慰我，並且幫我解決問題；當我榮獲傑出校友表揚時，老師親自來復興崗祝福我，真是師恩難忘！

　　鄭老師經常對我提起謝主任然之老師的偉大，謝老師八十大壽時，鄭老師在台北舉辦祝壽大會，邀請全國新聞傳播界人士參加，並且出專書為謝老師賀壽，承蒙鄭老師提起我的名字，謝老師還記得，鄭老師要我寫一篇文章，放在專書中。我永遠記得謝主任，在每學期結束時，都會請我們這群無家可歸的窮學生在中山堂斜對面的「山西餐廳」吃飯。

　　鄭老師賜給我墨寶「良師良友」四字，每次來信時都稱我金龍兄，我曾經多次請老師不要這樣客氣稱呼我，老師認為他比我小三歲，而且我於民國五十二年起就在政戰學校新聞系任教了，老師的謙虛，讓學生無地自容！

老師在文工會兼職時，還經常召集學生去參加會議，並提供意見，這種不恥下問的精神，令我感動萬分！他曾經對我說：「老師是永遠的學生。」記得有多次，老師曾經帶我去參觀媒體機構，並且參加討論會，還要我發表意見，老師特別愛護學生如親人，我永遠感恩不盡！

　　前年三月四日，我和政戰學校幾位老師，去鄭老師家拜訪，承蒙老師熱情招待，老師請我們在當地一家餐廳吃晚餐，有說有笑，大家非常高興。去年我因出車禍，胸腔骨破裂，休養半年多，不敢告訴老師，也沒有再去看老師，想不到如今永遠見不到老師了，真是遺憾！希望老師能夠在我夢中相見！學生永遠懷念你！

永懷溫煦的鄭貞銘老師！逝者如斯夫！

◎王丰（現任《中國時報》社長）

得識鄭老師貞銘教授，是在三十五年前研究所時期。我沒有上過老師的課，但卻曾直接承蒙恩典，至今不敢或忘。那陣子，我剛辭去一份中部的工作，上台北讀研，考完某報的就業考試，等待報社逐一通知的過渡期，苦無差事以期溫飽，蒙同學之荐，去老師主持的某家雜誌社任編輯。與老師見面，看了看我，微笑之後點點頭就錄取了，不僅沒有筆試，就連口試都免了。

老師那時任職黨政高位，但他待我們這些後輩，從不疾言厲色，向來是滿臉笑容，講話也是客客氣氣，把我們這些後生小子當朋友看待。

之後，個人從媒體記者到主管，各種採訪機緣接觸鄭老師，更從先生那裡得到很多社會處世的小啟示、大道理。

個人無才無德，在媒體工作庸庸碌碌多年之後「不務正業」，開始個人筆耕當作家、上電視的「個體戶」生涯。但也因為這樣斷了和老師的聯繫。在職場上小有知名度之後，某日，澳門駐台灣的一位代表前輩，安排一個學者團到澳門及內地北京、上海等地參訪。在那趟一個禮拜緊湊的行程裡，與老師及戴瑞明大使等前輩同團。

記得，在一天的早餐會上，戴大使跟鄭老師談起我會甩手功，要我示範給大家看看，我當場獻醜表演了一套我平日

練的功法，老師還在場打趣開我玩笑。那幕情景恍如昨日，歷歷在目。

參訪行程之後，老師大概每隔個幾個月就會打電話聯繫我，約我吃飯聊聊事情，垂詢近況。事後我每每內心感到慚愧不安，怎麼我總讓長輩打電話來聯繫、請吃飯，而自己老是處於「被動」的姿態。我常想，我們這代人和下一代的年輕人，最大的問題就是「不夠周到」、「不夠溫暖」。我個人最大的毛病和缺點，也就是做人處事不夠周到圓融，對朋友的「溫度」不夠。這是我今後最該好好檢討改進的缺失。

我常想，像鄭教授這樣善待學生、照顧學生、溫煦客氣，不求回報者，眼下這種滔滔濁世，真是不多見了。

所謂經師人師，鄭教授是兼而有之，而「人師」者，尤為現實社會之難得。

於今台灣媒體圈，很多前輩都是鄭教授門生，他們之所以能在事業上頂尖拔萃，受鄭老師啟蒙者多也。聞老師仙逝，不勝感喟，緬懷這位即之也溫，循循善誘的偉大老師。

鄭老師，謝謝您。您的恩澤，學生無以為報，慚愧之至！揮淚之餘，不勝憂惶！

你來了

◎陳信夫（英文《中國郵報》〔*The China Post*〕前執行副總編輯）

「你來了」，這是我與系友趙俊邁、慶正到醫院探望時，鄭老師對我說的一句話，這句話，迄今一直縈繞腦際，難於忘懷。想到今後再也聽不到老師那熟悉、親切的話語時，心中燃起無限的哀思和萬般的不捨。

「你來了」，但老師您卻離我們而去了，這是何等難過的事實，不過我會將您生前對我講的這句話，銘記心中，我會永遠懷念您！

鄭老師擔任系主任後對華岡新聞系的貢獻是有目共睹的，他不但具有統御的能力，且把系所營造成一個大家庭的氣氛，師生間的感情融洽，關係亦師亦友。華岡新聞系能如此團結且有向心力，鄭老師付出了很多的心力，他帶領師生的方式就是以身作則，讓大家敬愛他。

另外老師的感恩教育也深深影響學生，他認為人不能忘本，要有一顆感恩的心，所以才會有感恩教育回饋給學生，這也是新聞系得以擁有凝聚力和向心力的原因。

在老師無數的桃李中，我算是一位很幸運的學子，在華岡四年，您是我的恩師，畢業後在英文《中國郵報》（*The China Post*）服務期間，您曾擔任副社長兼總編輯，再次接受您的教導，讓我獲益良多，甚感榮幸。

在《郵報》服務四十年退休時，老師曾賜文，以題〈真正君子──陳信夫君〉發表在同仁製編的特刊上，文中蒙老

師的嘉勉和肯定，鄭老師在文中說：「陳信夫先生在《郵報》服務四十年後退休，社長黃致祥頒給他一座『功在郵報』，對《郵報》而言，這真是對信夫最貼切的推崇與肯定。」

他個人當年受《郵報》創辦人黃遹霈與余夢燕之栽培，也曾在《郵報》以副社長兼總編輯名義服務一段時間，他終生感念兩位老師的提攜，也以服務《郵報》為榮。

老師說，信夫服務《郵報》受了兩位老師的感召，也表現了華岡新聞系的精神，一直忠誠不二在《郵報》服務，歷時四十年，幾乎迫近他自命終生奉獻迄今已服務社會四十七年的「老兵」。

他說，信夫至少有三點讓他欽佩的地方：

一、信夫的專業精神，功不僅在《郵報》，也在新聞界，因為他的服務，使新聞界終生奉獻的理想並非遙不可及，這對新聞界的專業，是可貴的榜樣。

二、他的飲水思源思想，顯示了他的高超的人格。他畢業於華岡新聞系，對於母系，對於當年教導他的師長，從未忘懷，時時報恩，奉行張季鸞先生「報恩主義」思想，同時堅守崗位，以實際行動證明專業教育的可能。

三、他善待家人，友愛同學。信夫有美滿的家庭，夫人陳秀玉女士也在《郵報》堅守崗位，努力不懈！而子女孝順，家庭和諧，是美滿的典範，同時他友愛同學，堅守承諾，熱心助人，是眾人口中的真正君子。

鄭老師說：我以有信夫這樣的一位學生為榮。

今天再度拜讀老師這篇賜文，內心充滿感激外，我的兩眼已被淚水模糊了……

巢剛翻修好，怎麼飛走不住了呢？

◎陳守章（文化大學新聞系第六屆校友）

二〇一六年夏季，鄭老師翻修了基隆的山居房。

期間到處借居達半年，又遇翻修工程不順遂。

已年近八十歲，老師在此流離的日子裡，對時事仍時常振筆疾書。

是年冬，翻修工程終於告一段落。

老師得意分享他那部電梯舒適的功能。

客廳大吊燈氣勢非凡，襯托著老師樸實而有歷史意義的擺飾。

餐廳飯桌有老師固定的座向，感覺老師意氣風發。

地下室書庫房，時常有聚會，感覺老師有了活水。

屋前慈母池新種了荷花蓮花，夏天就要盛開。

房外植滿了平富杜鵑，春天就要開花了。

只是幾次前往驚見老師餓肚時，吃著罐頭八寶粥，偶爾較負責的助理幫弄些剩餘菜飯，看了心酸。

老師此次下了決心，費了工夫，花了錢，備妥了可以舒適再住多年的巢，怎麼主人就飛走了呢！

善教者使人繼其志——永遠懷念的鄭老師

◎王達民（前《聯合報》編輯中心組長）

　　漢諺：「善教者使人繼其志。」

　　從事神聖的教育工作，最了不起的成就，是讓你歷代歷屆的學生得到薪傳，蟬聯你的知識與品德，對人事物的洞悉，對社會的熱心與關懷，對國家的熱愛，對民族的忠誠，師尊，不僅是傳道解惑，更在弟子人生歷程上陪伴、協助、關愛，與安慰並傾聽；正是古人所憧憬為師的最高目標——「經師」與「人師」，我們的鄭貞銘老師不但實踐這兩個目標，他還以細心、愛心、耐心這三個好心照顧年復一年的學生，成為大家永恆的一家人。

　　漢儒所期望「繼志」的嚮往，鄭老師無愧於他所熱愛不懈的教育工作，但在今世今地，鄭老師的志向並不特別力陳讓學生也成為好的教育家或偉大的學者，當然這是他教育的主軸之一部分，但是，打從我們新聞系創系以來，他恆久秉持的志業，就是要為中華民國台灣開拓中國新聞史的新紀元，他宏觀兩岸及世界的橫向寬廣及縱貫歷史古今眼光如炬，是要讓他的學生「一日新聞系，終生新聞系」，以新聞工作為終生的志業，請注意，「志業」是要有廓廓大志，胸襟要大到如文化大學校歌中，「為天地立心，為生民立命，為往聖繼絕學，為萬世開太平」，以新聞救國救社會，鞠躬盡瘁，「志業」絕不是「職業」那般狹隘，這是五十多年

來，他成千上萬學生弟子所了然與心悅誠服的。

舉例來說，我們在大學畢業，有幸成為新聞工作者一員之始，就立定了這終生志業，堂堂正正，敬業樂群，愛國愛社會，不受利誘，不為勢劫，回首前塵到如今，不論是在新聞媒體崗位上，亦或如今從新聞職業上退休，我所有深愛的鄭老師杏壇下的前後期同學，其志如一，其行如範，鮮有例外，生生世世，不忘自己的新聞志業；我可以很大聲的說，鄭老師的確是千古完人，他竭盡心力，耗盡健康，他做到了「善教者，善人使人繼其志」的教育者最高的憧憬與實踐。

敬愛與永懷的鄭貞銘老師正鳴先生，是千年天降一人的「新聞先師」；我敢這樣說。

今年初，令人痛心的深刻，慶正學弟傳來消息，鄭老師往生了！如晴天霹靂。這七、八年，敬愛的創系謝然之系主任走了，那時，我與大學長李廣淮說，天，還留給我們鄭老師，我們雖然這個年歲了，仍享受到鄭老師的關愛，這話，可以安慰同學彼此。

豈料二〇一〇年九月二日，鄭老師心臟動了八個半小時大手術，廣淮學長用 E-mail 告訴了我，我震驚對學長說，我們同學可擔不起失去鄭老師啊！

其後，鄭老師痊癒出院，遠從加拿大多倫多趕來探視老師的劉健明校友，是我同班女生，我們由第一屆大學長李廣淮載往鄭老師家探望，那是二〇一〇年十月十七日，鄭老師非常開心的說，隔天十八日，他就要重返陽明山教課了！鄭老師的志業，永遠是新聞教育，他教導的學生，不論說從事新聞教育或是成為媒體人，也都成為終生志業。

那之後，華人世界報業巨擘馬克任老師也仙逝，馬老師

是最照拂華岡新聞系的恩師與恩人，是在《聯合報》執台灣報業牛耳的時代，以總編輯的地位援引我們第一屆到第五屆同學任職，這些與鄭老師同心同德在新聞界披荊斬棘打出文化新聞系名號的早期同學，與鄭老師不止是師生，是家人，我如今的感悟，我們是新聞工作的至親夥伴，表現敬業樂群，績效卓著，正派有格調，為母校更為母系的未來同學打出江山來。馬克任老師去世，鄭老師的悲愴可知。

從李廣淮大學長載我們去探望鄭老師之後，再看見鄭老師一次，竟然是在李廣淮大學長的追思會上，那天，瘦弱悲戚的鄭老師，令我不忍相看，那以後，我也沒見過鄭老師了；既然說到了李廣淮大學長，藉此紀念文也紀念李廣淮大學長，在二〇〇九年之後的幾年，大學長對我們新聞系校友會之貢獻出錢出力，更生龍活虎的活力熱情令人激賞，秉承鄭老師的指示，為校友會做了許多工作，直到四年前，在李廣淮大學長的追思會上才聽說，原來，在大力協助創設系友會及自費為系友會設立網站之際，李廣淮已經知道罹患癌症，他利用人生最後短暫幾年為系所為鄭老師服務，發光發熱，為他輝煌的人生，畫下漂亮的句點。

紀念鄭老師，回憶裡千頭萬緒，我此生隨時喚醒我的，有鄭老師的幾句話，永遠如暮鼓晨鐘，導正我的人生

「得不到所愛的，就愛所得到的。」這是我們第三屆那班第一次上課時，鄭老師對大家的安慰與期勉。

那時候，有些同學考上新聞系並非第一志願，向老師詢問轉系，老師在課堂對大家說這話，後來，他她們接受鄭老師教育，心悅誠服，不但沒人轉系，更以身為新聞系學生為榮，這些同學都成為著名的優秀記者或報社中樞的重要經理

人。

鄭老師這格言，用在人生多個際遇與面相，都是可遵行的至理名言。

「君子立恆志，小人恆立志」。鄭老師並不掠美，他說，這是他的老師王洪鈞教授的名言，鄭老師與我們共勉。

這深深影響了我的人生，認識我的人都知道，一、我如果立定志向，那就不會更改。

二、我生平沒有發過什麼誓，發誓就永遠遵守絕不違背誓言；我只對情人我太太發過誓，國民黨入黨發過誓。

「當一個人飄飄然的時候，就是失敗的開始」。所以，大喜或狂賀狂歡，我不與。

我們系裡，鄭老師的關愛是及於每位同學的，老師對我的人生與進入報界服務，以及在需要他援手時的奧援，銘刻於心，永不敢忘。

五度翻轉我人生的一雙手

◎羅文坤（前文大廣告系主任）

　　有一雙手，在我六十多年的重要歲月中最重要的關鍵時刻，翻轉我人生，逆轉我命運，開啟新紀元，注入新希望，給我新生命！

　　一九六九年，一個懵懂無知的建中青年，手裡拿著建國補習班的繳費收據及上課通知回家，遇上手中握著五張寫滿十行紙的限時掛號信的嚴父。一心一意想再重考的建中青年，接受嚴父的剴切勸阻：「文大新聞系如此有愛心的鄭老師，肯花這麼多心思，寫這封情深意長、擲地有聲的十行信。不但鉅細靡遺地介紹系務發展與未來願景，更對你如此關懷備至，勉勵有加。你絕無理由不去報到就讀！」被感動的我，於是打消了重考念頭，毅然加入華岡新聞系，開始了多采多姿的嶄新大學生涯！鄭老師這雙手首度翻轉我的人生！

　　一九七二年，一個功課不錯的華岡新聞系大四學生，滿懷信心報考所有新聞科系學生夢寐以求的深造學校：政大新聞研究所。可惜未能如願，又適逢慈父罹癌必須臥榻休養，他想準備翌年重考，也極想陪伴父親的臨終歲月。無奈兵役科通知入伍的兵單已經寄來。唯一能夠緩期入伍的辦法，只剩下「延畢」！於是在我百般懇求之下，鄭老師將我選修的一門課成績，打了五十九分！讓我不但能夠順利延畢，能有

多一年的時間準備考研究所，也讓我多了十個月近距離陪伴父親度過臨終時光。一九七三年，雖然父親與我們永別，但我也順利考上了政大、輔大與文大三所研究所。鄭老師成為我這一生中唯一當掉我成績的老師，但是他這雙手再度翻轉我的人生！

　　一九七四年，一個研究所二年級的研究生，經由鄭老師的安排，偶然成為美籍教師在文化夜間部的隨堂助理。由於當時夜間部同學英文程度，有一門「世界新聞史」的課聘請一位美籍老師以英文上課，當時新聞系鄭貞銘系主任，就請我擔任隨堂助理幫忙翻譯。那是一門學年的課，然而那位美籍教師下學期臨時因為家庭因素返美，未克繼續任教。事出突然，鄭老師只好要我接下重擔，挑起大樑，擔任該學期後面八週左右的授課重任。這也是我首站在大學講台的珍貴經驗，對於往後教學生涯有莫大的啟發與磨練，也奠定了深厚的表達技巧與教學基礎。於是當我剛剛完成學業取得碩士學位時，鄭老師就於一九七六年正式聘我到文大夜間部新聞系擔任講師，後來也到日間部新聞系任教。鄭老師這雙手三度翻轉我的人生！

　　一九八五年，台灣經濟急速發展，廣告業也跟隨著迅猛發展。一個任職於廣告實務，又在大學教授廣告課程超過十年的廣告人，察覺到廣告教育的重要性。當時擔任文化大學社會科學院院長的鄭老師，業已體認到廣告對國家經濟的重要性，並正早已廣告學系列為籌設中新聞傳播學院的重要科系。在因緣際會之下，我何其榮幸蒙鄭老師邀集，一起籌備廣告學系的成立。於是我有機會蒐集國外廣告教育的相關資訊，配合鄭老師的規劃。一九八六年中國文化大學廣告系正

式成立，為國內廣告教育開創先河。我也隨即獲鄭老師安排邀請，正式加入文大廣告系，成為專任副教授。有幸參與籌設過程，並得以擔任教職的我，能夠因此對廣告系的課程、教學、系務發展等方面，有了深入的體認與啟發。對於日後我從事廣告教育工作，奠定了深厚的基礎。鄭老師這雙手四度翻轉我的人生！

一九八八年，蒙鄭老師的栽培提拔，我有幸繼第一任系主任潘健行學長，以及第二任系主任簡武雄學長之後，擔任第三任中國文化大學廣告系主任。我當時年輕資微，才疏學淺，何德何能擔負此重責大任？但是鄭老師一聲聲慈祥有力的鼓勵聲音不斷在我耳邊響起，時時提醒我、勉勵我、鼓舞我、安撫我，給我信心，為我打氣！回顧我過去擔任廣告系主任，前後這十七年的歲月，如果說稍有一絲堪以告慰的成績或貢獻的話，這都要歸功於鄭老師！因為這十七年的一步一腳印，要不是鄭老師在前帶領指引，在旁提攜扶持，在後奠基堅挺，我是絕對無法順利走過來的。鄭老師這雙手第五度翻轉我的人生！

人生何其短暫，我已經正式邁入老年，即將於二○一六年七月底屆齡從中國文化大學退休。回首這六十五年的歲月中，有一雙手竟然能夠五度翻轉我的人生，這不僅是一種緣分，也是一種寵賜，更是一種恩典。

鄭老師這一雙手，對於我只能用「奇蹟」兩個字才足以來詮釋！

百年恩師人格行誼　新聞教育經師典範

◎李純恩（《全球客家郵報》社長）

　　恩師鄭貞銘教授往生的半夜，是群組的菩薩傳來的訊息，或許在法鼓山工作薰陶，比別人多一層無常觀，因為年前陳信夫學長、慶正學弟，還去醫院探望鄭老師，得知病重，看完鄭老師往生噩耗，也慶幸老人家安度了一個新年。

　　半夜三點不敢再回床上，不斷思索鄭老師短短的百年，回顧在華岡求學歲月，鄭老師站在課堂，充滿熱忱、樂觀、自信寶藏，散發無比魅力，傳遞給像海綿吸水般的學子們，老師自信身影彷如昨日，受惠於您門下仍要受無常安排，不捨離開人間。

　　憶起華岡求學，新聞系三年級，同學忙碌著實習刊物《文化一周》外，還支援《華夏導報》編務，鄭老師吩咐列一份採訪綱目，我被安排人物專訪。當時很愚蠢提出訪問創辦人張其昀董事長，在訪談之前，多次在學聯會會議中，聆聽創辦人諸多辦好學校願景理想，因緣不可思議。

　　和董事長秘書作過多次請益溝通，終於完成專訪創辦人全版四千多字文章，讓華岡師生更瞭解私人辦學艱辛與不易。鄭老師拿著《華夏導報》到一、二、三年級新聞採訪理論實務課程，和同學分享訪談內容，十二個 question 和 answer，鄭老師用黃筆勾勒了三個題目：

　　一、您當過多年教育部長，卸任後創辦文化學院，有那

些動機初衷？辦校方向有那些？

　　二、華岡校園大仁館、大義館、大恩館…，大部分是海外華僑捐獻興建，除了您既有人際關係，您如何進行勸募工作？

　　三、文化學院在五〇年代、六〇年代創校同時，除了基於中國傳統倫理價值觀外，近期能帶領學校朝國際化接軌？可否詮釋「無中生有」應用在辦學的核心理念。

　　鄭老師不曾當面誇獎我相關採訪創辦人事宜，但是能和同學討論分享訪談內容，對我而言那是莫大鼓勵。

　　鄭老師除了教學、著作研究外，最大成就是關心他的學生，長達五十餘年師生感情，那是文化新聞教育最大資產，讓師生如父子般珍惜與互動，未來他在國內外新聞學術教育的門生，必定能把他一生理想和他五十年傳播思想種子發揚光大。

　　鄭老師離開人間，但是他在課堂上無數叮嚀、囑咐，相信門生定能感同身受：

一、堅持時刻學習成長：

　　知識爆炸和高科技更迭，需要全面學習，這種積極向上心態，才能趕得上現代媒體講求「效率」衝擊。他一生勉勵新聞人，走在時代前端，保持敏銳眼觸與直覺，都得不斷學習和成長。鄭老師在校園中看到學生，就常以 you are ready 問候大家，可見準備多重要。

二、堅持夢想：

鄭老師在講台上多次以華特・迪士尼所說：「你若能夢想，你就辦得到。」迪士尼從不起眼漫畫家，經歷畫卡通，與人合夥失敗拆夥，身上僅剩四十塊錢，拎了一只皮箱、一些繪圖材料，到加州再開公司以圖東山再起。二度精神崩潰，賣掉車子、抵押房子，最後開設迪士尼樂園，成為全世界最知名旅遊景點，成就一番大事業。

瑪麗・麥里歐德・白求恩（Mary McLeod Bethune）有個夢想，她要創辦一所大學，讓窮困失學青年得以求知。當她夢想發出時，手頭只有六美元，但她擁有世界最偉大財富——夢想，鞭策著她一步一步把信心、決心、恆心集結。如今白求恩庫克曼學院（Bethune-Cookman University）變成美國高等教育的名校。鄭老師提醒新聞人勇於作夢，堅持夢想，逐步實現他的夢想。

三、樹立報人風格：

很多新聞前輩不論在多變媒體，敬業數十年如一日，以國家社會為念，把傳播學知之權利發揚落實人間。鄭老師闡揚很多百年系列，例如百年大師，無非用一生行誼奉獻社會，相信門生們追隨鄭老師終生理念，定能在全球各地芽根壯碩，花開並蒂。

鄭老師一生可說是傳奇，在學術界而言，他以二十七歲年紀擔任行政秘書和講師身分，協助前輩謝然之主任，參與創建文化新聞系。在謝然之出任薩爾瓦多大使後，年僅三十三歲當上新聞系系主任，延攬很多名師進入新聞系，兼顧理論與實務，我們六○年代華岡求學期間，鄭老師還擔任華欣

文化事業中心主任，同時在不同學校，如輔大、淡大、世新、銘傳、政戰、玄奘兼課。

我們很佩服老師用不完的精力，只要他的課，一上講台就接續上個禮拜課程，銜接得如此天衣無縫，可見為人師兢兢業業。即便是二個小時課程，他同樣要花時間去準備，不辜負學生對他的期望，不愧是人師、經師。

鄭老師除了同學課業批改交章，尤其新聞理論實務，上課講完理論，下課鄭老師出個題目，下個禮拜交報告，班長收齊，鄭老師逐一看完一篇報告，加批題示與改正缺點。偶爾鄭老師也會把長篇大作影印給大家，改寫成三百字的文章，訓練同學寫作能力。

近卅年文化新聞系畢業同學，全面在電波媒體、平面媒體，甚至各大廣告公司、廣播電台，鄭老師用理論與實務相配合，把優秀傑出表現的畢業同學，邀請回系談談目前媒體生態，交換工作經驗，讓學弟妹們演繹未來就職方向，衍生出很好教學生態，開創多元又活潑教學制度。

鄭老師扮演著結合資源角色，為人師經師一天，他善盡「師」的角色，讓新聞師生脈絡形成新聞網。

我和「新聞教父」鄭貞銘老師的巧緣

◎李紀岡（復興崗新聞系友會執行副秘書長）

人生能有幾個四十年？恰似一江春水向東流。

話說民國六十八年八月某天深夜，我從南台灣的高雄岡山鎮，搭乘台鐵班車北上，次日轉乘公車來到復興崗政戰學校新聞系求學，六十八年十一月畢業，眨眼間當年穿軍裝已經是四十多年前的往事，時間過的真是飛快。

軍旅生涯二十八年，剛開始因為經驗不足，工作上難免會碰到遇到困難之處，所幸有多位老師，長官和工作夥伴，從旁的教導，和適時伸出援手，才讓我完成一件件的工作，進而成家立業，要感謝的人實在太多了！

話不多說，先談談我這兩年和鄭貞銘老師巧緣吧！

首先恭賀有「新聞教父」美譽之稱的鄭貞銘教授，他嘔心編著的《百年風雲》叢書，於民國一〇六年十二月十六日在台北市實踐大學舉行的新書發表會，第一天就熱銷兩千套。

當天出席人士，包括有國民黨主席吳敦義、前主席吳伯雄、前台灣省政府主席趙守博，國安會前秘書長胡為真、實踐大學董事長謝孟雄，團結自強協會理事長翟宗泉，救國團主任葛永光，以及文化新聞系各界校友等二百多人出席，場面熱烈。

吳伯雄榮譽主席，首先盛讚鄭貞銘教授，花了這麼多心

力，決心，出版《百年風雲》系列套書，這是非常有意義的志業。接著說，他和鄭貞銘教授有五十多年交情，他們當年都是預備軍官，而且是國軍三民主義巡迴教官，後來退伍後還組織聯誼會，前後運作數十年，大家建立了很好的友誼。

另外，吳伯雄也誇讚鄭貞銘教授，這幾十年來一直都在有計畫，有系統輔導得到中山獎學金的黨員，以及各大學的優秀青年學生，為國家，政府，培育許多人才。

鄭貞銘老師發言時強調，這幾年來，他深受史家司馬遷、司馬光古時出版史書的的啟發與影響，決心立志出版「百年系列」的叢書，核心思想是「不容青史盡成灰」。二〇〇〇年，他先出版《百年報人》，被譽為「新聞教父」；二〇一五年出版《百年大師》，是從事五十五年教職的思考，盼為青年人引路點燈。

這次最新出版的《百年風雲》上下套書，囊括兩岸百年來的百位風雲人物傳記，包括黨政〈叱吒風雲〉、軍事〈馳騁沙場〉、財經〈經世陶朱〉、外交〈縱橫國際〉、國際人士〈穿引中外〉，所謂「英雄造時勢」，勾勒百年來的兩岸歷史輪廓。

鄭貞銘老師說，《百年風雲》不只是資料整理，他曾帶四名學生，採訪一人就要兩個多小時，內容包括採訪、評論，還有新資料；另有作者為了穿引中外的國際人士，還要看五十多本書，濃縮成每人一篇四千字的文章，文字要淺顯易讀，非常辛苦繁瑣。

最後，鄭貞銘教授以兩段座右銘與友人互勉。

第一、京劇名伶顧正秋說：「自古以來多少朝代更替，多少富貴成空，但有情有義的動人故事，卻一代傳過一代，

從未消失。」

第二、清代大臣左宗棠說：「發上等願，結中等緣，享下等福；擇高處立，尋平處坐，向寬處行。」

鄭貞銘教授是民國七十二年，我讀政戰學校新聞研究所的老師，當時他開的課程是專題研究，有兩個學分。那時他是文化大學教授，國民黨中央文工會副主任，當過《中央日報》記者，後來當過《香港時報》董事長，學養和新聞實務經驗非常豐富，也是我碩士論文的三位口試委員之一。

民國七十四年我從新聞研究所畢業，分發到國防部軍聞社所屬台北總社金門，高雄，台中，和花東分社，連續服務十八年，在軍中服務二十四年，九十二年在花蓮退伍。

這段期間，我一直和鄭貞銘老師沒有工作上的接觸，也少有書信和電話連絡，說起來也真是失禮。一〇五年十月，我在台北過六十歲生日時，特別邀請一位三十多年前，同在陸軍二九二師任職的李珍璞廣西老鄉，從台南善化北上參加我的一甲子生日餐會，我幫他在台北國軍英雄館訂了一間三人房，沒想到鄭貞銘老師，剛好和他住在同間房（事後才知道，老師是因為基隆的銘軒雅舍在整修，為了怕打擾親友，才暫時在英雄館住了幾晚）。

我知道這個訊息後，晚上便到台北國軍英雄館探視鄭老師，獲知他隔天要到文化大學新聞系上課，徵求他同意後，十月五日，我專程開車，帶著珍璞兄，送鄭老師到文化新聞系上課，順便參觀文化大學新聞系的教學環境和圖書設備。

之後，因為認識文化新聞系畢業的方鵬程老師、慶正好友，首先很榮幸接受鄭老師邀請，於一〇六年三月四日，隨

同政戰新聞系的老師，一起到他整修好的銘軒雅舍新居敘舊。接著於一〇六年五月十日來到文化華岡，參加歐陽醇，樂恕人新聞先進的百歲冥誕學術研討會。更榮幸於一〇六年十二月十六日，再度接獲老師邀請，幫他的《百年風雲》新書發表會，擔任攝影紀實工作，重新締結這段失散三十多年的師生緣。

另外一段巧緣是，鄭貞銘老師是因為有感於最近社會大眾「行為平庸，是因為思想空白；思想空白，是因為典範太少」，所以才決心要出版「百年系列」叢書。

《百年風雲》套書出版之後，鄭貞銘老師民國一〇七年將繼續出版《百年風骨》、《百年風華》，以及《百年追夢》的個人傳記，預計每三個月推出一巨冊。雖然鄭老師不幸仙逝，但是文化新聞系師生，卻繼志成烈，有計畫持續出版「百年系列」叢書，相信他在九泉之下也會感到高興！

民國一〇〇年十月十日，我故意選在雙十國慶日，邀集二十多名政戰學校新聞系前後期校友，發起成立復興崗新聞系友會，並趕在民國一〇一年一月六日政戰學校六十年院慶時，回到母校成立復興崗新聞系友會。

最近七年，復興崗新聞系友會每年出版一本《復興崗新聞人》年刊，我們有計畫，有系統，從第一期大學長畢業六十年開始，介紹他們當年在軍中，公民營單位服務的時空軌跡，也依序從金門，馬祖，澎湖外島等地，再依照陸、海、空、各軍種順序，開闢單元，讓各期系友撰稿，抒懷他們當年在軍中從事新聞工作，基層連隊部隊操練，參與各項戰備訓練，實兵演習，矢勤矢勇，勵志保國衛民的往事，到民國一〇七年為止，已經連續出版了七本《復興崗新聞人》年

刊。

　　鄭貞銘老師臨終前發願出版《百年風雲》勵志叢書，我幫忙復興崗新聞系友會出版《新聞人》年刊，兩者殊途同歸，這不也是另一段巧緣嗎？

為貞銘老師記錄人生最後一程

◎李紀岡（復興崗新聞系友會執行副秘書長）

　　民國七十二年，我就讀政戰學校第一期新聞研究所時，曾經有幸上過文化大學資深傳播學者鄭貞銘教授的課程，我也在一五九期《廣西文獻》簡述和鄭老師相識，不約而同，各自編印《百年風雲》、《復興崗新聞人》、《復興崗全球會訊》的巧緣！沒想到不到三個月，鄭貞銘教授就因腎衰竭住進醫院，不幸於二月十九日下午傳出辭世噩耗，哀傷之餘，頓時也讓我感歎生命是如此脆弱，如此有限！

　　三月十日公祭當天上午一大早，我就趕到台北第一殯儀館後，先幫忙招呼復興崗新聞系友會林亦堂理事長，蔣金龍老師，方鵬程等十多位資深老師，填寫公祭單，安排他們逐一到靈堂，向鄭老師靈位，獻花，行禮致敬，隨後我步入現場，用相機記錄眾多國內政官學界，新聞從業人員，學生，依序向鄭老師遺像行禮致敬的哀傷場面。

　　當天公祭儀式，在台北第一殯儀館景行廳舉行，擔任治喪委員會榮譽主委的前總統馬英九，中國國民黨主席吳敦義，前中國國民黨主席吳伯雄、連戰，前立法院副院長曾永權，前考試院長關中等黨政要員都到場致意。

　　鄭老師曾服務國民黨二十二年，公祭儀式，首先由擔任主祭官的前監察院長錢復主持覆蓋黨旗儀式，隨即由前台灣省主席趙守博、前國安會秘書長胡為真、實踐大學董事長謝

孟雄、前行政院新聞局長趙怡四人代表覆蓋黨旗。

接著由治喪委員會主任委員吳伯雄講述鄭教授生平行誼，吳伯雄指出，鄭貞銘對人誠懇熱心，民國一○六年十二月十六日鄭貞銘還舉行了新書發表會，那天他雖然行動不便，但一上台演講時，眼睛就立刻射出光芒，而且思路清晰、口齒鏗鏘有力，讓他非常欽佩。

吳伯雄透露，鄭貞銘和國民黨有很深的淵源，一路走來都沒有改變理念，培育了很多拿到中山獎學金的優秀年輕人，今天獲得覆蓋黨旗儀式，是實至名歸、受之無愧。

鄭老師從事傳播教育五十多年，桃李滿天下，當天包括中國文化大學、國防大學復興崗政戰學院、世新大學、銘傳大學等校及中央社、《中央日報》等數十個單位，都主動派代表致祭，文化新聞系第一屆至第五十六屆系友，也到場執禮，依序行禮致敬，送他們敬愛的鄭老師人生最後一程，出席公祭儀式人數，少說超過五百人以上。

鄭貞銘病逝於民國一○七年二月十九日（農曆正月初四），享年八十二歲，靈骨安厝台北慈恩園，與慈母團圓。下午一時三十分，中國文化大學、校友總會暨新聞系所校友會，也在陽明山文大曉峰紀念圖書館音樂廳，共同舉辦追思音樂會，用優美歌聲懷念鄭老師無私無我熱愛新聞教學傳奇人生！

以下是鄭貞銘老師的生平紀要：

鄭貞銘教授是福建省林森縣（今福州市閩侯縣）人，幼年家貧，父親早逝，母親含辛茹苦撫養六子女，從小立志，

艱苦向學，以第一志願第一名成績畢業於政大新聞系所，終生著述不斷，誨人不倦，啟迪無數青年學子找到人生目標。

鄭貞銘畢業於政治大學新聞研究所，二十七歲時，就以行政秘書兼講師身分，參與創建文化大學新聞系，三十三歲時成為系主任，先後曾在輔大、淡江、世新、銘傳、國防大學、玄奘等校擔任過兼任教職。

鄭貞銘生前遍訪中國大陸百所學校，被多所大學聘為講座教授，以「終生授課」為職志，他的學術著作，包括《中國大學新聞教育之研究》、《新聞原理》、《新聞採訪的理論與實務》，至今仍被許多學校當作教科書。七十五歲退休後，鄭教授戮力完成《百年大師》，並在兩岸巡迴辦「大師講座」近百場，聽眾數萬人，其後再以五年時間建構「大師工程」，策畫「百年系列」，行文如春蠶吐絲，至死方盡，謝孟雄教授譽為「現代司馬遷」。

鄭貞銘曾剖析自己創作《百年大師》的初衷：「主要是想做一個點燈的人，為年輕人指引未來的路。」鄭貞銘教授一生最偉大成就，是他累積半世紀的師生情，及工作夥伴的相知相惜，當年國學名家張佛千曾贈詩：

貞勵風霜貞木常綠，
銘勒金石銘盤日新。

可說是貞銘老師一生最佳寫照！

感念鄭貞銘老師——
「無愛不成師、無心不成徒」新聞教育理念

◎劉添財（台灣金聯資產管理公司媒體公關經理）

哲人日已遠，典型在夙昔。

風簷展書讀，古道照顏色。

如果過去在新聞界工作二十多年，有任何一點點的心得，鄭貞銘老師是功不可沒，他在課堂上的言教身教，以及畢業後的終生「售後」服務，深深影響自己在新聞工作上的理念堅持及報導判斷。雖然目前已不在新聞界服務，但職場上仍謹記鄭老師的提醒及教誨。

我們新二十二和鄭老師有一份特殊的情緣，因為我們是他重返新聞系執教的第一屆，主要講授大眾傳播理論，課堂上闡述著他對新聞教育的使命感，深受感動而決定效法之。大一升大二更在班上宣布他受張創辦人所託，決定重掌系務擔任系主任，希望延續他在創系初期學長姐留下的優良傳統，要我們新二十二承先啟後，協助推動，鄭老師還憑著其社會上豐沛人脈，大幅調整系上師資陣容，新聞理論及實務均有大師級老師授課，讓我們上課得以如沐大師春風。

畢業後，順利在主要媒體工作，但和鄭老師並不是經常連絡，不過任何的報導都躲不過鄭老師耳目，偶有佳作即會接到他的信箋鼓勵，或是提供他的一些觀察意見，後來決定

離開易主後的《時報》時，亦曾接到鄭老師的信箋說：「在時報的同學愈來愈少，您任重道遠。」向鄭老師說明新的工作雖然不是站在新聞第一線，但仍然與新聞工作有關係後，他才釋懷。這是鄭老師對學生提供的「售後」服務，無保固期限，而是終生服務。

在鄭老師告別式上，聽吳伯雄闡述行誼時才得知鄭老師服預官役時擔任國防部三民主義巡迴教官第一期，而我是第廿九期的，原來我還是鄭老師的學弟，只是差了廿九期，這也讓我憶及學校畢業後到北投復興崗接受預官訓練，第一次放假日離開營區頂著大光頭，鄭老師邀請我和二位同學到他家吃中飯的往事。

因鄭老師的告別式，讓新聞系從第一屆的學長姐到目前五十多屆的在校學弟妹們得以集聚一堂，看到鄭老師培養的子弟兵，分散海內外，以及媒體或各行業，開枝散葉，這是鄭老師做育英才最大的成就。如今鄭老師對學生的「售後」保固服務已告中斷，但我相信他在天上一定會以另一種形式來延續對學生的「售後服務」，因為鄭老師對學生的關心是永不止息的。

吾愛吾師、吾師吾愛，鄭老師，我們永遠懷念您。

堅持

◎黃群仁（今日新聞 NOWnews 董事長）

歡樂的春節假期裡，大學系主任鄭貞銘教授離開了。快得沒時間讓人準備，彷彿不願多麻煩大家！

今天無意中在抽屜裡看見一大疊鄭老師給我的書信。很難相信一個八十二歲的大學教授，一年裡能給我十多封信件，都是親手的筆跡！我思念起這樣的緣分，複雜轉折的很難解釋……

念大學時我不喜歡老鄭。在還是警總思想檢查的年代，這位國民黨文工會高官，新聞系主任，中央委員所代表的意義，典型的威權……

所以鄭老師是我們這些新聞系異議分子，總看黨外雜誌的學生們最想擊倒的威權代表。

我曾在課堂上當面挑戰他，在校刊上搞鬼。甚至調侃他在學問上的漏失，只要讓他氣得面紅耳赤就無知地認定是以小博大，勇氣的獲勝。

出了社會，漸漸發現為人師難。知識學無止境，觀點隨人而異。更何況身教難於言教。就算只要求和顏悅色的對待身邊的人都是種難以達成的美德。

我才想起，一個大學老師大可以不必對學生這麼好。不必常常請學生吃飯，不必耳邊叮嚀，幫忙考研究所幫忙到要負責三餐家裡給學生借住，也不必把人生的大好時光放在學

生身上。

才知道系主任不一定要學問好，但要能海納百川，廣邀好老師讓學生看見典範。大學四年裡，我聽過蔣勳、陳映真、沈登恩、林懷民、李金銓、錢復……的演講。當時拿中山獎學金歸國學人回台到新聞系上課是必須的。而當年敢狂妄的地號稱我們是新聞的良知，因為敢公開課堂上討論《人間》雜誌裡社會的不公，討論許信良機場事件為何媒體一面倒的不公平……

當然，不管做了多少。權威人士還是要被罵的。

前兩年聽說老鄭生病了。同學開始組織去看他，我也在其中。老鄭瘦了蒼老了，我才發現他只是個受歲月洗禮的長輩。放下心防，他如同自己家中的親人。所以能開心的一起敘舊。同學起哄討論到底大學裡誰吃過鄭老師最多頓飯，竟然是我。過了二十多年老鄭還特別記起我在課堂上的調皮搗蛋。而說到現在換國民黨被人抄家也是雲淡風輕，笑說風水輪流轉！

走出老鄭家心中很大感概。威權消失了，或者說其實根本沒有威權。只是我們自己戴上了有色的眼鏡，挑戰一個自以為的敵人，就像青春期的父權心結。而師生關係也許就如父子，糾結的從來是自己的心！

幾個月後，老鄭找我。許願要出版《百年風雲》，讓年輕人看見典範。其中讓我寫百年裡影響兩岸巨大的外國人專輯。在這麼忙碌又出差頻繁的生活作息裡，老鄭的請求真是把我嚇壞了，當時覺得簡直強人所難……

但老鄭的多次邀約，看著一個老人這麼鍥而不捨的眼神緊盯著你，真的很不捨。只好答應。當然離開時，後悔的想

撞牆。

　　神奇的事情發生了。因為這個邀約，我開始了大量的閱讀，如同上了兩岸現代史般的精采，每個假期，出差的空檔書不離手，愛上了當記者年代寫作的熱情。空下來就思考著怎麼寫下這些已經耳熟能詳名人，能否找到不同角度來說個好故事。

　　這也成為我跟老鄭書信往來最密切的時間。

　　每一篇文稿，老鄭是第一個看見的讀者。除了第一篇文章結構上的討論外，每次收到的都是讚美，沒有任何修改都是鼓勵。他逢人就讚美，說我為了寫這書，光書籍就看了五十七本書，更不談期刊網文，把我這不成材的學生當成驕傲。隨時都給我寄來相關人物的書籍文章，一篇小小的剪報都不放過。

　　助理說老鄭對工作執著，校對稿件的精細認真讓人瞠目，四五校不嫌多，連到出版前的校對一看就到清晨五點。累倒進了加護病房，一回來又開始工作。

　　到底事什麼樣的熱情可以支撐，用生命來燃燒工作？我不知道。我卻知道我的教授，在生命最後的日子裡教導我，對堅持與責任做出最好的身教。

　　鄭老師很抱歉，我還是在學問裡做我自己的堅持。不寫季辛吉跟趙小蘭讓你失望了，因為他們沒有在兩岸土地上住過，不符合我篩選的條件所以我堅持，未來天堂裡希望有機會當面跟你致歉。

　　也很抱歉，只回請你一次飯你就回主懷抱了。加上利息可能還有個十幾次要掛帳了！

　　但謝謝你讓我們和解，用文字回報你在大學裡一切的包

容與寬恕。我會努力把書送出去，為年輕時讓愚蠢的意識形態遮蓋，看不見你溫暖的對待做點補償。也幸好有這段陪伴，讓我不因此抱憾。

　　謝謝鄭老師的照顧！

　　老師，一路好走！

找個最好的方法，懷念

◎黃群仁（今日新聞 NOWnews 董事長）

　　早晨八點，同學們一起去送鄭貞銘系主任最後一程。

　　鄭老師仙逝多日，原本以為能控制自己不感傷。

　　直到公祭最後，司儀無法處理完眾多的學生致祭單位，而邀請未致意的所有的門生都加入一起公祭。看見滿滿的學生擠滿現場，一排一排的人頭，造出了長長的人龍直到門外，滿滿的哀悼。還有已逝學姊八十多歲的爸媽親自來致意，還是讓自己感動不已。

　　相信老鄭自己會覺得，得到如此多學生從各地奔來，內心自發出的感恩與弔念。這樣的肯定遠比總統副總統蓋黨旗的榮耀，更為尊榮……

　　走出一殯，告別悲傷。雲上說要一起聊天，芒果說要曬太陽，我們就一路鬥嘴吵鬧地走向榮星花園。遠看同學一路的影子，像極了大學年代。趕緊呼喚大夥來張自拍照。走出校園多年，髮已白但情仍在，而今為了系主任聚首。此情此景，值得留念。

　　謝謝老鄭，今年我們班要開畢業三十年同學會了。謝謝你帶給我們精采的大學學習生活，你會留在我們心中。上天止了你的勞苦，留下精采的一頁。我們記住你的教誨，繼續往前走。

　　我們停下悲傷，會在自己的人生裡繼續向前，好好生

活。

　　傳承，就是好好把你愛護同學的心記著，也好好對待身邊的人；把你對工作堅持的執著留著，也身體力行影響身邊的夥伴。

　　傳承你給我們的教導，一棒一棒生生不息，就是同學們對你最好的懷念吧！

諄諄教誨　如沐春風

◎黃作炎（作家）

　　我們敬愛的鄭貞銘老師，在二〇一八年二月因為腎衰竭病逝，享壽八十二歲。老師一生無私奉獻於教育崗位上，曾經幫助無以數計的學生，桃李滿天下。個人也是在文化大學大二開始選修輔系新聞系，因為傳播理論課程，與老師結下一場師生緣。

　　選了鄭貞銘老師的課之後，才知道他在擔任文化新聞系主任時，年僅三十三歲，實屬當年青年才俊之士，親切、熱忱與學生無話不談，其著作《老師的另類情書》，是鄭老師春風化雨的心路歷程，這本書記錄他的教學理念，還有許多動人的師生故事；另一本《熱情老師　天才學生》更深入描述鄭老師筆下的學生，沒想到其中還有提到我的創作過程！

　　之後，鄭老師常鼓勵我要多讀書，因大學喜歡看電影，每年金馬獎觀摩影展成為我「必修」的課程之一，看完歐洲的影片，也會寫觀影文章，上課的作業中，還曾寫一篇法國電影大師侯麥（Eric Rohmer）的《綠光》（*Le Rayonvert*），受到老師的讚美。大二升大三，我因修了一些新聞系的課程，順利從法文系轉至新聞系。由於喜歡寫作，陸續在報章雜誌寫稿，老師也會留意我寫過的文章。至今陸續出版幾本書，現在想起來也是受到老師的鼓勵。

在生病期間，個人曾至忠孝東路上的一所醫院探望，仍不忘問我，「近來在忙什麼？」我提到「剛從伊朗回來，將出版一本《我的中東電影旅行》，他還說身體好些，希望與我一起同遊伊朗、希臘、土耳其，這些千年古文明之國！」

老師一生從事新聞教育，許多當今服務新聞界的知名人士，很多人都曾受教於他。在文大服務五十多年，前幾年退休前，曾獲校方頒發榮譽文學博士。有感於「不容青史盡成灰」，鄭老師晚年曾為「百年系列」日以繼夜奮戰。

記得某次聚餐時，他曾提到，看到這些影響兩岸百年的偉大人物不少人卻晚年淒涼，不禁感歎：「這真是國家的恥辱啊！」在《百年風雲》發表會上說，挑選百年外交人物中，從搜集資料到名單討論就花費不少功夫。他尋求過曾擔任外交部次長、陸委會主委張小月，邀請六名大使一同討論名單，不厭其煩地請教專業領域人士。

老師談起撰寫過程應具備好幾種素養，包含歷史學家素養，以求建立「信史」，這是「真」；文學家修養，增加文章可讀性、故事性、生動性，深入淺出，這是「美」；兼具新聞記者精神，以公正客觀、經得起歷史檢驗的態度，記錄人物事實，還原一個個重要的時刻與場景，這是「善」。追求真善美之外，下筆還要具備宗教家情懷。

當時還計畫出版《百年風骨》及《百年風華》、《百年追夢》四巨冊之出版。其中，《百年風骨》與《百年風華》文稿已完成百分之七十，《百年追夢》則是他個人傳記，八、九十年追溯。

他認為，新聞與歷史皆以記錄為職責，須透過探索與追求，才能以較為真實的面貌與公正的評論，除要具備劉知幾

所主張的史才、史學、史識之外，還要有章學誠所主張的史德，才能真正達到「富貴不能淫，貧賤不能移，威武不能屈」的理想境界，這也是老師認為新聞人該具備的基本也是最重要的特質。

鄭貞銘老師一生常常鼓勵年輕學子應該多讀書、多充實自己。他曾說，「一個人之所以行為平庸，是因為思想空白；思想空白是因為少讀書。」我也在多年前受到老師鼓勵，後來陸續在各大媒體工作，深感於其言出自於真正的關心，要「向第一流的人看齊，向第一流的人學習，唯有透過向第一流的人學習，才能讓自己成為第一流的人才。」

鄭老師的新聞教育理念，一生春風化雨教導兩岸無數的學生，與許許多多學生產生許多動人的師生故事，對教育界與傳播界有深遠的意義。就我個人而言，鄭老師就像一位和藹的長輩，諄諄教誨，依稀想起當年在其課堂中，我寫的那一篇關於電影《綠光》的經典名句：「我不固執，生命對我才固執。」想起課堂上，鄭老師溫文儒雅的神情，他雖然已經在天國之上，但其舉止言行仍活在我們心中。

謝謝鄭老師，因為你，才有的文化新聞回憶

◎張新偉（中央社攝影記者）

　　想起鄭老師，總是想起那段文化新聞的念書歲月，就讀二年級時，鄭老師擔任我們四十三屆 A 班的導師，上學期期中考過後，因為學校的成績預警系統會通知導師班上成績有狀況的同學，鄭老師便要求班代分批約同學吃中餐聊聊讀書近況。

　　還記得吃飯的那一天，鄭老師約大家在學校的咖啡廳，要同學輪流談談近況，當年的鄭老師，一貫的優雅，靜靜地聽大家發言，當全部說完一輪後，鄭老師才緩緩地分享起他的想法，勉勵大家不要因為一時考試不如意，放棄自己求學的態度。

　　當時的我，只覺得，鄭老師如此資深、有名望，卻也願意花時間，聽一群小毛頭闡述心聲，真的就如同老師的書一樣「無愛不成師」，老師用他的愛，照拂當年的我們，也因為老師的愛，老師才能在華岡山頭教這麼久的書。

　　畢業之後的我，因為參與系友會，而常常拍攝、記錄老師的照片，在去年（2017），第五十五屆新生入學，鄭老師也陪同到孔廟祭孔，用實際的行動，繼續守護著老師最愛的每一屆文化新聞學子，這也是我最後一次拍攝老師的身影。

　　雖然老師走了，但是，我想，老師一定也會在華岡新聞館，繼續守護他的最愛，文化新聞。

點燃新聞火苗

◎王世傑（十二賢，廣明光電消費性電子產品專案管理部專員）

　　昨天下午在高鐵上得知鄭老師離開的消息，心裡全是慚愧和遺憾，慚愧的是身為十二賢卻有好一陣子沒有去探望老師，遺憾的是新聞學界的巨擘就這樣離去。

　　在老師門下受益匪淺，尤其是如何做一個新聞人而不只是個記者、如何把新聞視為志業而不只是職業，還記得大學被選為十二賢之時，我內心充滿問號，當時並不明白老師看好我什麼，現在想想也許是初生之犢所流露對新聞的熱情吧；一路參加鄭老師的聚會，認識了不少傳播界的翹楚，後來也在鄭老師的協助下進入民視實習，雖然今天的我還不怎樣，沒辦法說出沒有鄭老師就沒有今天我之類的話，但我確定沒有鄭老師，我的人生可能更不怎樣。

　　謝謝鄭老師點燃我生命中新聞的火苗，讓它燒得更旺更有生命力，讓它今日此時還沒有一點點熄滅。

　　此篇謹紀念永遠的傳播大師，鄭貞銘老師。

那些來不及說的話

◎蔡厚瑄（十二賢，2014-2017 年新聞系助教、《自由時報》體育編輯）

　　說起來和鄭老師的緣分真是十分奇妙，明明一年級就上過老師一整年的新聞史，二年級分組晤談時，也是分配到跟鄭老師晤談，老師當時還一直試圖說服我選擇《文化一周》呢（笑），而真正跟老師熟識反倒是在讀了研究所之後的事了。研一時擔任課堂班代，也因為如此才跟老師有了交流的機會，最後也受邀成為十二賢社的其中一員。

　　剛開始對老師的印象，僅僅在佩服他對教學的熱愛。對我來說，像老師這樣年紀的長者，早就應該要待在家裡含飴弄孫，好好享受退休後的第二人生，但老師卻不辭辛苦地，每個學期頂著豔陽和寒風，千辛萬苦地在基隆和陽明山間往返奔波，只為了能把自己的人生智慧和我們分享。

　　加入十二賢社後，與老師相處的時間也更多了，因為接下協助老師家中書籍整理的工作，研一升研二的整個暑假都在老師家渡過，也就是在那個時候，我才開始認識真正的鄭老師。

　　以前總是覺得像老師這樣德高望重的教授，應該都會讓人非常有距離感，但那個暑假和老師每天相處，陪您一起吃飯、看新聞，花一整天一起整理書籍、聽您講述自己的回憶，也讓我更加瞭解了老師是個怎麼樣的人。老師對於自己

喜歡的事物，常常一下子就會無法自拔的投入，這倒也解釋了為何您對於自己熱愛的教學能夠這樣地奮不顧身。

擔任助教之後，我變得越來越忙碌，陪伴老師的時間也少了許多，這段時間老師的身體也多次亮起了紅燈，心臟、眼睛的狀況時好時壞，有一次老師出國太過勞累，一回國就馬上住院，但您一邊住院卻還是一邊掛念著系上的事，還不忘諄諄叮嚀我，一位稱職的助教對於系上來說是有多麼重要。

在我的印象中，老師做事非常謹慎、有條理，但是個性粗枝大葉的我，常常在替老師辦事的時候東漏西漏，甚至有時候根本無法完成老師交代的工作，讓老師好幾次都只能搖搖頭歎氣說：「唉喲！厚瑄妳吼！」但對我們工作態度要求甚高的您，只要在外人面前談起我，永遠都不會吝嗇對於我的稱讚，從不提我犯下的過錯，在學長姐、學弟妹和其他師長面前總是對我讚不絕口。

曾經在某一次十二賢的聚會，老師把我跟學弟們叫到跟前，一一詢問我們，若有一天他先離開了，我們該會如何紀念他，有才華的學弟們，爭相提出了許多自己的想法，有的說想為老師蓋座紀念館、有的說要為老師拍紀錄片、有的說要幫老師出攝影集，當老師問道我的時候，我思考了一下，認真地跟他說：「老師，我會永遠記得您，記得您的叮嚀和教誨，並把這些傳下去教育我的學生、後輩和晚輩。」而當時老師微笑的回應：「厚瑄是個非常善解人意、體貼的孩子。」我的詞藻、攝影、拍片能力都不如優秀的學弟們，所以我決定用我的方式，來記下對老師的感謝與思念。

親愛的老師，我想我永遠不會忘記那個暑假，我們一起

揮汗整理書、一邊聽著「傳奇」、「煙花易冷」放聲唱歌，也忘不了您看著我在您家裡爬上爬下地擦拭灰塵，又好氣卻又好笑的樣子，忘不了您平日的教誨叮嚀，忘不了您莊重尊嚴的樣子，卻也更忘不了您孩子氣的一面。如今，我們在人生的這條路上，得先暫時道別，那些來不及說的話，就留到日後相見時慢慢報告給您吧！只願來生再相見時，我還能是您的驕傲。

　　鄭老師，謝謝您，我愛您！

天心圓滿

◎慶正（《旺報》社長室主任）

師後七日

恩師鄭貞銘教授，今日頭七。

法會是昨晚二十一時至二十三時十五分，而昨天上午召開的第二次治喪籌備會議由上午十點開到下午兩點多，公決榮譽主委、榮譽副主委、主委、副主委及委員、執行小組分工，還有告別式及追思會的形式與經費等。

二十六日前，要完成治喪委員諮詢，以及訃聞（訃告、行誼、治喪委員會名單）確定和發印，然後是寄發和確定，追思會交通、布置、活動節目和程序、經費更是一個重要而需慎重處理的要務。

昨天早早就上床補眠了，今日下午去虎林街，觀看旅日膠彩畫家吳逸萱的小品展，雨天加上心事重重，離去前在店門街口拍照，新手機失手跌落，螢幕摔花了，但我無意去更換新螢幕，這裂紋，或許正顯我當下的心緒。

前往永春站，一旁雨中孤立的華山烤番薯單親媽媽顯得蕭瑟，想了想，折返：「一百元地瓜。」媽媽趕緊捉了兩包，連聲道謝，轉到騎樓，見一位老奶奶，衣著乾淨，卻在回收紙箱。我又轉身了：「阿嬤這是番麥，喔說錯了，是番薯，我有兩包，跟妳分，妳一包我一包。」老人家有些不好意思，我說：「沒關係啦，過年旺旺，趁燒吃。」阿嬤收下

蕃薯，我前往國寶禮儀公司。

老師外甥及妹夫在靈堂，妹妹及孩子後面趕到，我們談治喪，也談老師。談他的固執、堅持和生平，淚中帶笑。「怎麼都想不到，就這樣離開我們了。」按家屬的規劃，老師將與太師母，在台北慈恩園團聚。

自民國七十二年九月入學，三十五年的師生情。如今，老老師當神仙，老學生有的戴孝、有的守靈、有的來靈堂泣訴祭拜，更多的在奔走治喪。我想，大家的內心，都空了一大塊吧。

晚上七點五十二分，禮儀師入內，「可以幫你加水嗎？」我說這裡有杯水，後來才搞懂，是她要幫老師換臉盆水。「請跟老師說，請您休息。」

靈前叩拜，感謝恩師，老師您好好休息，下週再見。

掩上拉門，留一盞燈。

在您我心裡

四海知音淚九洲

母系《文化一周》訂於三月八日出版本學期第一號專刊，紀念鄭貞銘教授，眼下新五十四學妹王婉欣，還與我上網連線夜戰，因胡幼偉主任希望我能協助校閱專刊，而這確實是磨血的工程，不禁佩服恩師五十五年來的春風化雨。

三月四日是恩師二七，一早，治喪小組召開第三次會議，主要討論三月十日上午告別式和下午追思音樂會的流程。另一重點，就是訃聞的郵寄和分送。經過老師外甥刁洪智與助理曹惟理的挑燈夜戰，近四百份訃聞送交郵局，夏士芬學妹和我分送治喪委員部分，我所負責的，預計三月六日

前親交師長。

　訃聞設計很大器也典雅，原先算好合計一百八十三位委員，最後是一百八十四人。我很訝異，仔細對照後，發現是文化第一屆大學長葉乾次列名其中。葉學長本是我第一波名單，因不知如何聯繫，而新增委員不少，最後移出表單，但惟理和我前後數次修正，檔案稍有落差，所以變成一百八十四名。我說：這一定是鄭老師的決定，因為他常常感謝葉學長的報恩。

　去年年底，文大新聞系所校友會理事長趙善意因工作異動，書面請辭，院系幾波勸說，希望我接下斯職，但我想專心照顧母親，不敢應命這事，有向正鳴師報告，主任也支持讓前期學長來主持，我等後輩服務。

　如今恩師辭世，後續「百年系列」遺著出版及大師講座、巡迴講座舉辦等事務，都需接棒完成，母校及母系期盼整合校友力量，眾籌專款專用在相關事務推動上。在師長的鼓勵下，與第六屆許素美學姊聯名擔任帳戶共同管理人，另有家屬和劉安立學姊為監察人，監督專款運用。

　恩師一生未娶，太師母生前極為擔憂他的老年就養，為安慰慈母，鄭老師認養小妹鄭琴么兒偉峰為養子，改名鄭鈺麟，這次因妻子臨盆在即，無法自美返台奔喪，但老師訃聞上，有子有媳有義子，未來還有孫兒，應可告慰恩師在天之靈。

　今天老師家人齊聚靈堂，也準備拜飯，提到昨日李濤、李艷秋學長伉儷靈前叩首致祭，對文大師生情深，感動不已，這也是文大新聞校友五十五年報恩主義的總驗收吧。

　學弟張新偉，今晚陪我輪值到八點半，我們把追思會照

片分門別類，老師大外甥李克定（文化建築第八屆）和夫人林秀雲（霧峰林家宮保第後人）為我倆買便當，新偉還請我吃了霜淇淋，「鄭老師招待。」

謹以文化第六屆劉心遠學長追悼感言，致祭恩師二七：

「看了治喪委員會有這麼多人，才知道老師一生對學生的付出有多少。我開始在想，一個人怎麼有辦法，跟這麼多人都保持聯繫，又怎麼能夠把他的時間和愛，全部付給了他的朋友和學生。

我跟老師有很深的感情，但是現在才真正的瞭解：他一直像父母一樣，沒有目的愛他所有的學生，以他的學生為榮，我越來越感覺到他的偉大。

莎士比亞說，斯人之喪化做星辰，世人因而喜歡夜晚，老師你真正美麗了我們的天空，謝謝你，老師。」

兩岸共謝恩師

自二月二十日開設鄭貞銘老師靈堂，截至三月九日圓七，共計一八八人次前往靈前致祭，功德圓滿。

文化新研學弟葉陽明趕來靈前弔祭叩拜，陽明曾參與《百年報人》出版計畫，保有鄭老師許多照片，我請陽明為老師換水洗面，陽明再度跪稟，令人動容，祈祝鄭老師乘願再來。

李文舒曾是深圳大學碩士生，來文大交流一學期，撫天師受鄭師之命，要我親帶文舒在《旺報》實習，結果成績優異，隔年獲陸委會兩岸新聞報導優選獎，如今在深圳《晶報》當記者。

她曾來台駐點，我載往麗景天下見恩師，竟同時有八至

十位大陸在台研究生前來上課，當晚鄭師訂好餐宴，但文舒離台在即，要去基隆赴約，所以我贊助三千元餐費，但老師不答應，幾度推讓，後來才對助理曹惟理說，你師兄的好意，你列入帳，皆大歡喜。

文舒在深圳不克來台，但關心治喪，我當晚代行上香叩禮，圓圓滿滿，兩岸共謝恩師。

傳燈——謝謝您，鄭老師

◎慶正（《旺報》社長室主任）

詩篇 40：1-1040（大衛的詩，交與伶長。）

我曾耐心等候耶和華；他垂聽我的呼求。

他從禍坑裡，從淤泥中，把我拉上來，使我的腳立
在磐石上，使我腳步穩當。

他使我口唱新歌，就是讚美我們神的話。許多人必
看見而懼怕，並要倚靠耶和華。

那倚靠耶和華、不理會狂傲和偏向虛假之輩的，這
人便為有福！

為鄭老師安息祝禱，翻讀《聖經》篇章。

鄭貞銘教授之病，自二〇一七年十一月底以來，關關險
阻關關過。依據我過去二十年陪伴、記錄歐陽醇教授及樂恕
人教授的就醫照護經驗，我知道異常凶險，但不好明說，只
能誠心祝禱。

當趙俊邁學長二月五日在中心診所說：「吳章鎔學長要
大家有萬全之必要準備。」我仍懷抱希望，祝禱恩師能度過
難關。老師妹妹隔天返台接他回基隆麗景天下過年，對我而
言，是最好的年禮。

只是，鄭老師竟然在除夕前又住院了。助理惟理十五日下午留言：「老師突然變喘，推去照 X 光發現半邊肺部通通感染，醫生幫他換了呼吸器和抗生素，有醒來，問我說醫生有沒有說什麼，我只告訴他醫生現在幫他穩定狀況，交待回去多吃多動，沒說別的。」接下來是尿毒引發敗血症，讓人怵目驚心，這「年」，五味雜陳。

　　十八日（年初三）下午，趙俊邁學長來訊：

　　「老師二月十日回到五堵家，除夕前一天又住進加護病房，因逢春節，沒敢告訴各位，過了年初三才通知大家。嚴重肺炎，腎功能嚴重衰弱。現插鼻胃管，無法飲食、排尿。時醒時睡。想看看老鄭的，把握時間囉！中心診所 620 病床。」

　　無法再樂觀下去了，我十九日一早本依計畫就要開車北上，所以清晨發文，內心忐忑，祈祝八方師長好友能共同來祝禱護持，無奈恩師安息主懷，我這三百五十公里的長奔，竟無法見得老師最後一面，嗚乎哀哉，至痛！

　　感恩戎撫天學長、葛樹人學長、趙俊邁學長、劉安立學姊前往醫院探病。葛學長的即時訊息，讓我等弟子得見老師的音容，您們的隨侍，必讓他老人家安慰平生。

　　老鄭，是文化新聞系前期學長對他的稱呼；主任，是我輩同齡學伴的尊稱；正鳴師，是我專函的敬師語。

　　他一生未娶，許多事情遭社會評價。鄭老鄭確實一度有望結婚，可是最後破局，這事學長姐及師長都曾提過和書寫過。平心而論，他的幹才確實優異，但終究無法為當道大用，他負責中國國民黨中山獎學金專案執行多年，是許多產官學媒菁英的今世貴人。

民國九十四年十二月二十五日，先父安息主懷。在此之前，我受鄭老師之命，主編《資訊‧知識‧智慧－e世紀贏的策略》以及《愛是緣續的憑據》兩書，獲得許多支持，我自己也覺得不辱使命。

某日，師生在農安街寓所校對，深夜對話到凌晨。老師提到他的兩岸新聞薪傳使命，更說可惜缺乏有力的助理，我知老師對我有期待，可是家累在身，我不敢應命。老師又說：「命理師說我可以活到八十歲，我有信心，還有很多年可以努力。」

二○一七年十二月十六日，為新聞教育燃盡人生，照亮學生的鄭老師，繼《百年大師》之後，再擊出人生的全壘打，出版《百年風雲》，他發表「不容青史盡成灰」演說，願做現代司馬遷，為近代百年風華鞠躬盡瘁。

忝為鄭老師門生，能奉獻的也只是臨場跑腿的招呼各方，購贈套書。可惜，我無法在老師臨終前，感謝及安慰恩師，陪他走完人生最後一哩路。

歐陽老師、樂老師、鄭老師、徐佳士老師、陸鏗老師，都是畢業自政大新聞系的記者尖兵。他們像父親般的照顧我、鞭策我、提攜我，如今，天使們都在天上，守護這人間的新聞自由火炬了。

即知即行，是鄭老師一生的信念和實踐，文化新聞系永恆，屆屆傳薪火不息，點燈傳薪的他，如今安息主懷，這一永續事功，有賴門生接棒後傳。

謝謝您，鄭老師。

永遠懷念您

東向瀚海，默悼遙祝

◎許嘉璐（中國全國人大原副委員長）

許嘉璐副委員長唁電

璐與貞銘先生神交有年，欽敬久矣，惜終未得把
晤，面聆教益，長以為憾。今竟靈耗突降，哲人駕
鶴，璐復不得靈前一拜，唯東向瀚海，默悼遙祝，
此當為又一巨憾焉。敬煩撫天世仁兄代達哀慟，並
恭請親屬節哀。

許嘉璐 2018，2，24

感懷鄭教授

◎陳先元（上海交通大學媒體與設計學院教授）

　　我今天來這裡參加鄭貞銘教授追思會，心中無限感念。

　　鄭貞銘教授是我們上海交通大學媒體學院最早聘任的客座教授之一，他對我們上海交通大學新聞傳播學科的發展有諸多貢獻，他為我們學院的課程設置出謀劃策，他邀請我們交大的老師去台灣進行學術交流，他多次到交大給學生講課，他與交大老師一起著書立說等等，這些都無法逐一列舉。

　　今天，我看到了鄭貞銘教授的遺容，就像看到鄭貞銘教授本人一樣。他的言語談吐猶在耳邊，他的音容笑貌還在眼前，一幕幕的往事在我的腦中顯現。

　　我記得十八年之前，即二○○○年夏秋兩季我在台灣政治大學訪學。我在台灣近三個月的時間裡，受到了鄭教授很多關照，他帶我去了中國文化大學，在華岡和台灣的師生們進行交流，給我留下深刻印象。

　　他知道我是上海人，特意讓我在台灣感受到上海元素。我記得是二○○○年八月十六日的那天晚上，他帶我到台北的忠孝東路，特意找了一家地地道道的上海餐館請我吃飯。當時我在這家台北的餐館中，竟然聽到了非常熟悉的上海話，一種親切之情油然升起。鄭貞銘教授對我無微不至的關心，由此可見一斑。

我在台灣訪學期間買了許多的書，因為買的書太多，我發愁有什麼辦法把它們都帶回大陸去。鄭教授說：「不用你擔心，我來幫你寄過去。」我結束台灣訪學回到上海沒過多長時間，我就收到了鄭教授為我寄來的一大批書籍。

　　這些書籍，是非常有價值的資料，對於我的教學與研究都有極大意義。

　　我和鄭教授在台北、在香港、在上海有過多次的交流，深深感到他真正是我的良師益友。我從他那裡學到許多知識，也感受到一種可以說是偉大的精神。我記得他以前在上海有個家，他每次到上海來都會給我打電話，我就到他家裡去跟他聊天。每次總是感到時間太短，說也說不完，談也談不盡。每次與鄭教授聊天，我的的確確感受到一顆偉大的心，這顆偉大的心，其核心是「愛」，是充滿大愛的愛心。

　　鄭教授對我們的學生、對我的同事、對我們的社會、對我們國家甚至對整個人類，充滿了大愛。那本《無愛不成師》的書，正是他人格的寫照。這本書放在我書架上最顯眼的地方，我每次看到它，總感受到鄭教授這種大愛精神。鄭教授對於我，真可謂高山仰止，景行行止，雖不能至，心嚮往之。

　　我有幸參加了「百年系列」書籍編輯工作，也在鄭教授的指導下寫了其中的一些文章，但是我們剛剛完成了鄭教授宏大工程的一小部分，還有許許多多工作需要我們努力去做。我願盡我綿薄的力量來完成鄭教授未竟的事業，我想這是對鄭教授最好的紀念。

悼貞銘師

◎陳先元（上海交通大學媒體與設計學院教授）

噩耗驚新年，
天低雲也暗。
誰信高山崩，
豈料流水斷。
清淚掛眼邊，
思念竟達旦。
結交廿多年，
往事歷歷現。
雋語猶在耳，
笑貌彷彿見。
學高堪為師，
身正足式範。
著作富五車，
弟子千千萬。
文華遺後世，
教澤永感念。
今君駕鶴去，
同人哭兩岸。
願在天國好，
無愁無煩怨。

回憶鄭先生

◎戴元光（上海政法學院文學院院長，中國傳播學會會長上海大

　　　　學傳媒研究中心主任）

二〇一七年二月二十號，我接到電話說鄭先生過世了，後來我收到文化大學王毓莉老師的微信說：「鄭先生走了。」

英雄難過生死關。鄭先生去世是中國新聞教育界的一個重大損失.

我認識鄭先生三十多年，一九八七年在香港，我和幾位先生一起討論，想寫關於中國傳播思想史的書，也是在那時，我認識了鄭貞銘老師。一九九〇年代，我們幾乎每年都見面幾次。後來我們共同編寫了《二十世紀新聞學與傳播學》叢書，鄭先生撰寫了台灣的部分。

二〇〇七年，應文化大學邀請，我去台灣做學術交流，和鄭貞銘先生相處了幾天。他談吐文雅，知識淵博，給我的印象非常深刻。

鄭先生一生大部分時間從教，誨人不倦，愛徒無數。

去年五月我們還在上海餐敍，如今鄭貞銘先生卻走了，他永遠活在我們的心中。

鞠躬盡瘁，死而後已

◎黃瑚（復旦大學新聞學院常務副院長，中國新聞史學會副會長）

　　一九九五年，我在一個會上第一次見到風度翩翩的鄭貞銘老師。當時我還是個無名的青年教師，還不敢上前去跟鄭老師攀談，後來才比較有機會和鄭老師交流。

　　令我很感動的是，我第一次到台灣去，當時我還不是很有名氣，因此不好意思去打擾鄭老師。但是鄭老師從別人那裡聽到了我在台灣的消息，很高興地主動打電話給我，還為我設宴接風。我和鄭老師相差二十多歲，他是我的長輩。一個長輩主動照顧後輩，說實在是很少見的。鄭老師為什麼會這樣做？一是因為鄭老師平生以提攜後輩為己任，二是志在推進海峽兩岸新聞教育事業的交流與合作。因此，鄭老師身為新聞教育事業的前輩，不論是長輩還是晚輩，只要為海峽兩岸新聞教育事業有益，他都會去做。

　　鄭老師晚年雖然身體不好，出行不便，但他把更多的精力時間用在教育上、用在培育學生上。怎麼樣做一個老師？就是應該多想別人、多為學生而不是為自己。鄭老師這份愛心，這種為他人作嫁衣裳的心，這是一般人很難做到的，但是鄭老師做到了。這一點，對於同是老師的我，永遠是一個重要的告誡。

　　很感慨的是，如果他不做這麼多，他也許現在還在。這種精神可謂「鞠躬盡瘁，死而後已」。這也是值得我們敬仰

的部分。總之，鄭老師的一生，留給我們太多太多的精神財富。其中值得我們永誌不忘、值得我們終生學習的精神，我認為有兩點，一是提攜後進、為他人作嫁衣裳，另一是「鞠躬盡瘁，死而後已」。

鄭先生永遠在我們心中

◎張國良（上海交通大學特聘教授，全球傳播研究院院長）

　　說實在的，我總有一種感覺：鄭先生並沒有離開我們，或者說，他怎麼會離開我們呢？

　　鄭先生給我的印象一直是總是非常精神，非常睿智，非常樂意和我們這些朋友、學生交流；每當我們需要幫助的時候，則毫不猶豫地伸出援手。

　　回憶我最後一次見他，應該是在二○一六年的秋天，那天我和陳先元教授一起去看他，鄭先生還與我分享，說「百年系列」的反響不錯，他要繼續做下去。他當時好像是八十大壽，我還送了一幅畫給他。沒想到，從此以後就再沒有見面機會了。二○一七年的夏天，七月分，他來短信，說他要寫一本書，回憶兩岸交往的過程，讓我也寫一篇回憶文章。我就寫了一千多字寄給他，也收到了回應，轉眼，到二○一八年就聽到了先生仙逝的消息。

　　此時我不禁回想：最早是什麼時候與鄭老師見面的呢？具體時間記不清楚了，大約在二○○○年前後，我與鄭貞銘先生相差十八歲，當時他六十多歲，我四十多歲。時光飛逝，人生苦短，一晃近二十年過去了，我現在也到了鄭先生那時的年齡。當時，我們見面的機緣是，我在復旦大學新聞學院擔任教授，同時擔任副院長，分管科研與對外交流，因此，先後接待了許多台灣的知名學者，其中就包括鄭先生。

我記得，台灣的學者們，都很令人尊敬，他們的共通點是學養深厚，而且，都熱心推動兩岸交流。當然，他們也各有個性，有人爽朗，有人幽默，有人機敏，而鄭先生給我的印象是清逸，即一種清朗、飄逸的感覺。

這是最初的第一印象，後來交往多了，則越來越感覺到，他有一顆大愛之心，於是我們就成為了忘年之交。他和其他的台灣教授一起，給了我們很大的幫助，包括贈送圖書資料、邀請訪問、參加研討會以及設立獎學金等等。

從上世紀末到本世紀初，大陸的傳播學起步不久，我們可以說處在「一窮二白」的困境中。窮，是指我們的經濟條件還很差，沒經費；白，是指我們的學術基礎還很弱，沒積累。所以，那個時候，來自香港和台灣的學者朋友們的幫助，真可以說是雪中送炭。

我想，雖說人生很短，但如果是一個有理想、有抱負的人，還是可以成就很多有意義的事情，鄭先生就為我們樹立了這樣一個典範，尤其令我敬佩的是，鄭先生年過七十後，仍然老驥伏櫪，筆耕不輟，策劃「百年系列」等宏圖大計。一般人到了這個年齡，就休養生息了，但他仍然抱著一顆勇往直前、奮鬥不止的心。

我不由想起麥克阿瑟所說的「老兵不死」。我覺得，這句詞也很適合用來形容鄭先生，「老兵不死，只是凋零」，或者，換句話說，鄭先生其實沒有死，他是不會死的。因為，他的肉體雖然消失了，但是，他的愛心、他的理念、他的精神、他的靈魂，永遠地活在了我們的心中。

銘記無愛不成師

◎李彩英（上海交通大學媒體與設計學院教授，原黨委書記）

參加今天的追思會，我覺得心情非常的沉重。當上個月我聽到先生去世的噩耗，非常痛心。我覺得，先生怎麼這麼快就離開了我們？我還記得先生在閔行梯形大教室給同學們演講、在會議室裡和教師座談、我們在台灣一起參加研討會，甚至在他上海家裡一起品茶……先生的真知灼見、先生的學養、先生的儒雅，確實令我敬仰。

上海交大素以理工見長而著稱。上世紀九十年代，學校逐步向著綜合性、研究型、國際化的方向發展。學校需要大力發展人文學科，所以首先在我們人文學院成立了新聞與傳播等系所。當時我任學院書記，我們很希望能得到在新聞傳播界德高望重的大師的指導、點撥和幫助，當時我們很高興聘請到鄭貞銘教授作為我們的兼職教授，他也很高興地接受了我們的邀請。他每年到我們學校來，常向我們介紹了全球新聞傳播排名前列的學校的狀況，特別是像美國密蘇里大學傳播學院，他甚至會向我們介紹他們的課程設置、教材內容，他還介紹了台灣新聞傳播的教學情況，贈送有關書籍，為我們專業的教學、科研出謀劃策。他親自給我們上課、提供教師赴台學習和研究，培養我們的教師。

新聞傳播學科在交大得到長足的發展，二〇〇二年以新聞傳播學和設計學為基礎成立了媒體與設計學院，二〇一七

年底又成立了以新聞傳播學為主的媒體與傳播學院，而新聞傳播學科在去年全國學科評估中也位列第五，進入全國第一梯隊。這整個發展的過程當中，我覺得鄭貞銘老師為我院新聞傳播這個專業的基礎理論、教學教育、學科研究等諸方面做了許多基礎性、指導性的工作。學院學科有今天如此的發展，我們更要牢記鄭貞銘等大師所作出的努力。在這裡我真切地要好好的感謝鄭先生，從我個人也好、從我們學院也好，我們要向鄭貞銘老師致上我們深切的懷念和哀悼。

我桌上放著一本鄭貞銘老師贈予我的《無愛不成師》，我是一名教師，我要永遠把先生這本書放在我的心裡，讓它成為我做教師的一生座右銘。

願先生一路走好！

2018 年 3 月 18 日，上海

謙卑心、理解心與關懷心

◎陳昌鳳（中國新聞史學會會長，清華大學新聞與傳播學院教授、常務副院長）

尊敬的鄭教授的親屬、朋友、高足俊傑：

首先，請允許我代表中國新聞史學會的一千多位新聞學與傳播學學者，代表清華大學新聞與傳播學院和我本人，向您表示崇高的敬意，向敬愛的鄭老師表達無限的思念之情。

今天來自兩岸的我們在這裡追思敬愛的鄭教授，我們學界的前輩和楷模，鄭教授在天之靈，一定會感到欣慰。因為，他生前曾經那麼執著、那麼忘我地在兩岸之間搭建學術的橋樑、友誼的紐帶。

敬愛的鄭老師曾說過：當兩岸開始交流以來，我願以知識分子兼新聞人的雙重身分，竭盡一個國民的責任。近幾十年來，我幾乎盡瘁於斯。我的足跡，走遍大江南北，特別是中國大陸的重要學府與新聞機構。

正如復旦大學孟建教授所言，鄭老師是兩岸交流的先行者，他對兩岸學術交流的貢獻，已然載入史冊。鄭老師與中國新聞史學會早就結緣，並與眾多大陸學者結下深厚友誼。一九九五年十月十二至十六日，鄭老師等台灣學者與各國學者，受邀參加了中國新聞史學會、華中理工大學、新加坡南洋理工大學等聯合舉辦的「首屆世界華文報刊與中華文化傳播國際學術研討會」。在鄭老師等前輩的支持下，這個研討

會到去年已經成功舉辦了十屆。

多年來，鄭老師身體力行，支持大陸新聞與傳播教育事業。給大陸新聞院系寄送書籍、開設獎學金。許多大陸老師在做研究的時候，都得到過他從台灣寄來的相關書籍資料，簡直是雪中送炭之舉啊！在他的《百年報人》系列著作出版後，更是給我們許多學者寄贈。二〇〇一年，在本人當時所在的北京大學新聞與傳播學院剛一創設，他就與李瞻教授等前來訪問、扶助支持。

二〇〇七年，在鄭教授的力促之下，文化大學首批開展「大陸大眾傳播院所研究生來台實習計畫」，迄今已接待了百餘名赴台訪學的大陸新聞學子。我如今所在的清華大學就有多位學子得到交流機會，還有得到獎學金等鼓勵和支持。

就在去年六月，他還帶領一隊老人團隊到北京紀念盧溝橋事變八十周年。同時，他還專門約敘了我和北京大學程曼麗教授及獲得他爭取來的海外獎學金的學生，親自頒給北京大學和清華大學的博士生獎學金。清華的博士生 Abdul 為此十分感恩，最近他還從巴基斯坦發來了對鄭老師的紀念資訊。

鄭教授是一位有思想、有抱負的新聞教育家，他的思想惠及我們幾代學者。他曾每年年底都自出一張總結當年重要學術活動的小報，連同手書的新年問候，寄給我們這些後生，激勵了我們許多學者努力前行。

一個月前，當敬愛的鄭老師仙去的消息傳來時；一周前在台北送別鄭老師的日子裡，都有眾多大陸學者表達了悲傷、哀悼與不捨之情。在中國新聞史學會的幾個大微信群裡，許許多多學者由衷地表達了他們的敬意與思念，其中既

有年過耄耋之年的老師，也有眾多中青年才俊，無論他們是否曾與鄭老師謀面，都深深地敬愛鄭老師。鄭老師的老朋友、九十二歲的方漢奇先生也表達了他的歡惋與痛惜之情。

鄭老師心懷大愛，境界崇高。他曾說：個人生命有限，國家民族生命無窮，兩岸必須以更大的智慧解決爭議，以促進交流。雙方應以更多謙卑心、理解心與關懷心，為下一代開創光明前程。

他的心願，也是我們的心聲。

他的理想，如同一座橋，一座連接兩岸的愛之橋；
他的生命，是一盞燈，一盞點亮在我們心中的指路明燈。

鄭老師，是我們新聞與傳播學界的一座豐碑。
敬愛的鄭老師，願您在天堂安息！您是我們永遠懷念的老師、楷模！

先生的精神

◎孟建（中國高校影視學會常務副會長、中國傳播學會副會長、
　　復旦大學新聞學院教授）

　　二〇一八年的二月十四日，當人們都在迎接戊戌年春節
到來之時，鄭貞銘先生在書房中倒下了。五天後，他走了。
他的走，留下了他的摞摞文稿，留下了他的百年系列，也留
下了海內外新聞傳播界乃至文化界的驚詫；一位大師離去
了，一顆星辰隕落了。今天，我們在上海舉行先生的追思
會，緬懷大師，思緒萬千。南朝詩人「萬事無不盡，徒令存
者傷」的詩句，一直縈繞在我的心頭。

　　我按照以往的慣例，今年還是在大年初二（二月十七
日）早上給鄭先生去電話拜年的，台灣那邊的電話中依舊傳
來了鄭先生自己錄製的語音：「我是鄭貞銘，現在我不在，
請留言……」，可是，等來的不是先生的回電，而是文化大
學王毓莉教授傳來的噩耗。

　　我是一九九六年初夏認識先生的，至今已二十二年。那
時，因為「飛彈試射」，台海局勢十分緊張。也正是那時，
先生與政治大學李瞻教授衝破層層阻撓，以台灣傳播發展協
會名義，與台灣大學新聞研究所合作，邀請大陸十多所著名
高校組成「大陸新聞傳播教育訪問團」赴台參加學術研討
會，我有幸擔任該團的秘書長。

　　這一被譽為「開海峽兩岸新聞傳播學術交流先河」的破

冰之旅獲得了極大成功。爾後的二十多年中，先生始終踐行著他所宣導的「交流一小步，影響一大步」的理念，傾力攜手海峽兩岸新聞傳播界的學術交流，並成為這一領域的主要開拓者和重要推動者。也是這二十二年中，我從南京大學調任復旦大學任教，與鄭先生的交往日益增多，終成忘年交，終結摯友情。

先生知道我喜歡書法，曾讓我寫兩幅字給他。我曾經先後給先生寫過兩幅字。一幅為「耕耘」，一幅為「精神」（後來我知道，這兩幅字先生不但珍藏至今，而且在三月十日台北舉行的先生公祭儀式上還都展示出來）。這一前一後的兩幅字，卻也構成了我對先生的進一步認識。起先，我認為先生一生是在追求教學和科研領域的奮力「耕耘」，後來我才不斷體悟到先生一生是在構築一種特殊的「精神」！

我們今天追思先生，最根本的是追思先生的「精神」。先生的精神是什麼？用先生自己的表述而言，是三者的彙聚，即「飲水思源、報恩主義、學理傳承」。就我與先生的多次交往，聆聽教誨，先生的精神也許可以概括為這樣三點：

飲水思源的報恩理念

先生對家人、對師長、對友人，無不充滿著飲水思源的報恩理念。

對於家人，自不待言。先生對自己的老師，充滿著無比的赤誠和崇敬，讓我肅然起敬。譬如對他的老師曾虛白、徐佳士、王洪鈞等先生。二〇一一年七月，我的老師，曾經與我一塊多次接待過鄭先生的南京大學新聞傳播學科創始人裴

顯生教授去世，鄭先生來到大陸時，裴顯生教授的追悼會早已開過，先生得知此訊，不顧年邁體弱，不顧高溫酷暑，執意專程趕去南京弔唁，看望家屬。

古道熱腸的大愛哲學

這種「大愛」顯然是廣博的。但這種「大愛」輝煌的聚焦卻更多體現在學生身上。

九十年代，先生的母親去世。先生將三百萬的奠禮在大陸設立了學生獎學金。先生不僅對台灣的學生情誼篤深，而且對大陸的學生也厚愛有加。先生在大陸近百所所高校奔走，或是與會，或是演講，或是座談，或是問候，先生對學生傾注了無盡的愛。我的學生去台灣參訪學習，先生只要知道了，一定都要請他們一聚。

我說「先生，現在訪台的學生日益增多，您就不必這麼客氣了，您也接待不過來。」可先生說：「這怎麼行，他們來趟台灣不比你們，只要我人在台灣，只要我身體許可，我都要見見他們。那怕與他們看場電影也行。」

百年追夢的學術追求

先生一生僅出版各類著作就達五十部之多，這是何等執著的學術追求！

特別讓我們感動的是，先生在退休之後，以難以想像的氣魄和無比堅韌的毅力，啟動了新聞傳播領域多部「百年系列」的編撰，並為此嘔心瀝血。別的不說，先生為這「百年系列」給我的親筆信就有數十封之多。這些信箋，多是先生讓我幫助瞭解新聞傳播事件、人物、評價等方面的。每當我

就這些方面搜集了一些學術資料呈給先生時，他的臉上都洋溢出慈祥而又滿足的笑容。

這就是我所感悟到的鄭貞銘精神！先生的一種精神！

先生特別喜歡民俗學家林衡道的一句話：「我像垂死的的天鵝，要舞動到最後一刻。」他也喜歡大陸戲劇家曹禺的一句話：「作家應該死在書桌上。」這是多麼令人悽楚的話語，但何嘗又不是多麼令人感奮的話語呢！？

我還記得，近二十年前，先生在南京曾問及我說：「裴顯生教授所擔任『中國寫作學會會長』是個什麼樣的學術組織？」我告訴先生「這個學會可是全國的大學會，屬於國家的一級學會。裴顯生教授的前任會長，就是我國十分著名的大詩人臧克家先生。」我怕這樣講鄭先生仍然不瞭解我所提及的臧克家先生，我就告訴鄭先生說：「臧克家先生有首十分著名的詩，詩名叫〈有的人〉。這詩作開頭有這樣的詩句：『有的人活著，他已經死了；有的人死了，他還活著。』」先生聽後的神情，我至今還記得。

此時，我想用這樣的詩句來深深緬懷親愛的先生。

鄭貞銘先生，我們永遠懷念您！

2018 年 3 月 18 日

發上等願，往高處立，向寬處行

◎張明新（華中科技大學新聞與資訊傳播學院院長）

尊敬的鄭先生家人、尊敬的各位同仁、親愛的各位朋友和同學：

大家上午好！此時此刻，我們在這裡相聚，無比沉痛地追思著名的傳媒學者和教育家、社會活動家鄭貞銘先生。我們的心情，是多麼的不捨、多麼的依戀！

鄭先生是一位偉大的學者，學貫中西、著作等身。先生所著的《二十世紀中國新聞學與傳播學•台灣新聞傳播事業卷》、《中外新聞傳播教育》、《新聞原理》等許多部著作，是中華新聞傳播學術的瑰寶，啟迪了幾代學者和從業者的思想與實踐。

先生謙和儒雅、仁愛寬厚、淡泊名利，他高遠的人格境界，令我們肅然起敬。他對後輩學人的諄諄教誨與無私提攜，令我們感念終生。先生是兩岸新聞交流的先行者。連續多年來，他每年多次到大陸訪學、舉辦講座、參加學術會議，促成兩岸新聞傳播學界和業界的溝通交流。先生亦與湖北武漢、與華中科技大學新聞與資訊傳播學院有著不解之緣。

一九九五年十月，由中國新聞史學會、華中科技大學的前身華中理工大學、新加坡南洋理工大學聯合主辦的首屆「世界華文報刊與中華文化傳播國際學術研討會」在武漢舉

行。先生應我院老一輩領導吳廷俊教授、程世壽教授等邀請，欣然與會，做了主題發言，並在會後與諸多學界同仁溯江而上，興致勃勃地瀏覽了長江三峽。在我的記憶中，二〇〇九年的二月，先生應我院領導張昆教授、陳先紅教授等邀請，再度蒞臨我院做客交流指導，為師生們帶來了異常精采的學術演講。遙想當年，先生音容宛在，令人時刻難忘！

「發上等願，往高處立，向寬處行。」先生常用左宗棠的這三句話來告誡青年傳播學人、學子。我們將牢記先生的教導，不斷更新現代傳媒教育理念，承先啟後、繼往開來！

斯人已逝，精神長存。鄭先生永遠活在我們心中！願他在天堂安息。

鄭老師已遠行

◎宮蔚國（豐良國際藝術學院原院長）

　　看到鄭老師的照片，覺得他好像還在身邊，覺得他好像並沒有離我們而去；聽到《送別》這首歌，我真的覺得，鄭老師只是遠行去了，他沒有離開我們，他只是到更遠的地方去傳播他的知識、傳播他的精神去了。

　　我跟鄭老師是二〇〇六年春節的時候認識的，當時汪雨（士倫）把一位老人介紹給我認識，我的印象是，這位老人很特殊，氣質不一般。汪雨說，這位是台灣新聞學一位教父級的人物，而且曾經擔任政府高官，後來專心於學術，教出了很多學生，在世界範圍內具有一些影響力。我對鄭老師的敬意油然而生。

　　我們當時的條件非常辛苦。我們的學校在江西的一個革命老區，江西九江那個地方，那時我們吃的、住的都不是很好，我擔心一位七十歲的老人，會不會有些嫌棄。但鄭老師說，他在那裡度過了一個非常愉快的春節，當時鄭老師可以選擇到福建或是到廣州，但是他仍然選擇待在我們那裡，因為我們有很多特訓的學生。我們特訓的學生主要是藝術類的，不是鄭老師的專業，但是鄭老師在講課時，談的是做人、做事、教育的意義，所以同學們從另一個角度吸收了很多知識，更加豐富了他們的知識結構。鄭老師的講課受到了學生們熱烈的歡迎。

後來我就陪鄭老師到周邊看看，鄭老師每到一個地方，都會希望去看看當地的文化景點，他非常熱愛我們國家的文化，所以我們走了幾圈。

　　再次見到鄭老師的時候，已經是十年以後。再次見到他，我感覺到他瘦了很多，雖然在精神上依然如故，但是在形態上，他好像生了一場大病。我一問才知道，他做了一個心臟手術，我很擔心鄭老師這樣的身體還到處講課，會不會吃不消？但鄭老師說，他只要活著一天，就要盡自己一分力，到更多的學校，去講更多的學。這讓我們很多老師和同學都非常感動。

　　二〇一六年，我在安徽老家接到學生的一個電話，鄭老師到南昌來了，希望我陪他去滕王閣，看看附近的景點。那天不太巧，我的痛風發作，一路走起來很痛。鄭老師當時帶了一個助教，他說想去看滕王閣，並不是自己想去看，他主要是想要助理小楊（智閔）去看一看。小楊還是大學生，對於滕王閣的瞭解僅止於課本，沒有機會真正去看。所以當天到了滕王閣後，實際上我和鄭老師坐在一個涼蔭下，等著小楊自己去逛滕王閣。在休息期間，我看到鄭老師掏出一摞書稿修改，就他這樣一個勤奮的精神，讓我非常的感動。我說：「像你這樣不知疲憊的勞動，身體怎麼吃得消？」但他依然很樂觀，他覺得這個「百年系列」再過不久就可以出來了。

　　我們後來聊到了中國的詩歌，因為我在主編的一本詩刊已經三十多年了，他聽了我的介紹，覺得這本詩刊辦得很不錯，就提議我們再編一本「百年詩人」。我覺得這個創意非常好，我們就開始商討如何落實，但是鄭老師說詩不是他的

強項，也不是他的專業，希望我做出更多的努力。我當下答應了，但是這個大的課題不是一天兩天能完成的，我又因為忙，後來說想緩一下。鄭老師說：「沒關係，時間還很充裕。二〇一七年雖然是新詩誕生百年，但是再過幾年出，我們依然可以算是百年系列。」他說：「我在上海有個房子，我到上海也方便。你如果有時間我們到上海多聚會、多討論。」所以我就很開心、很樂意地去答應做這件事情，雖然這件事最後依然沒有落實。

二月十九號的晚上九點五十八分，我看到微信說鄭老師已經離開我們了。我非常震驚，我覺得這個工作我們還沒有去做，怎麼鄭老師已經離開我們了呢？我很悲痛，也發了一封微信，我的一些朋友也見過鄭老師，當時也在微信發了消息。

後來我和鄭老師的幾個學生餐敘，聽到他們的敘述，我才突然發覺，鄭老師原來不僅僅是到各個大學去講課，他原來影響了那麼多人，那麼多的學子都在他的薰陶之下奮發有為。鄭老師其實比我見到的更加博大，他不僅幫助了那麼多的學生、幫助了那麼多的學校，還照顧了我們更多的老師，我們老師受益，就可以讓更多的學生受益，所以老師的形象無比高大。

老師曾經送我一本書，叫《無愛不成師》，這本書對我的觸動很大。他說作為一名教師，首先是要有愛。在愛的前提下，無論你怎麼做教育，學生都容易接受；如果沒有愛，你的教育方法即便看起來很恰當，但是學生可能仍然無法接受。他的教育觀念深刻的影響了我。老師還曾經說過，只要是大學的門向他敞開，他都願意去，甚至義務的去講座。這

個精神也感染了我們很多的老師，所以至今我們老師到別的大學去講課，大多是義務的去傳播知識與想法。

現在鄭老師雖然離開我們了，但是他的精神沒有離開，他已化作我們心中的一座豐碑。感謝鄭老師，祝願鄭老師一路走好！

鄭老師的大愛

◎朱祈政（十二賢，山東大學在讀）

　　我與老師相識於二○一六年六月九日的山大校園裡，然後在後來的九月分，我有幸到老師上海的家中照顧了老師一段時間。在那段時間裡，我陪老師參加了「滬台文化聯合周」活動，活動第一天的內容我記得是參觀上海第一高樓上海大廈。

　　記得當時電梯在上升的時候，老師一直皺著眉頭看著電梯上的數字，表情是一副思考的樣子，我看著老師的樣子，開口詢問老師是否不舒服，老師搖了搖頭。直到上到大廈頂端的觀景台，老師望著黃浦江以及整個上海，臉上才露出滿意的笑容。老師的笑容我至今記憶猶新。老師那天在天台上教導我說：「你現在才大一，要加緊學習，並且要變得成熟一點。」我問老師：「成熟具體怎麼理解呢？」老師看著我說：「成熟就是你深思熟慮之後做出的事情。」這句話一直到現在都在指導著我的生活。

　　後來活動結束的那天，舉辦方邀請老師做演講，臨行前老師讓我帶上幾本《百年大師》，我當時挺納悶的，參加活動還帶什麼書啊？後來思考良久才明白老師的用意：《百年大師》是老師和眾位師兄，嘔心瀝血從心海熬出來的巨作，老師對我們這些有緣見到他的學生，可以言傳身教指導我們。但是還有更多沒有機會見到老師的年輕人，老師可以用

書籍的方式教導他們成長、成熟。我想這就是老師的大愛，讓我們永遠緬懷老師。

思念常在，感恩常在，師承常在

◎汪雨（士倫）（義子，空間藝術設計總監）

謝謝大家能來！

這次去台北送別老師，感受了老師的榮耀，感恩老師，更是受了一次教育和洗禮！關於公祭部分等會有錄影。

先看下老師的書房及最後時刻的草稿（如圖），書房：「永遠的鄭老師」，博士服與博士名譽證書，黨旗，義子們的祝福語，書桌上的百年系列書籍，藥瓶，最後的手稿書信……，二月十四日，老師倒在了書桌旁（鄭貞銘老師特別喜歡民俗家林衡道的一句話：「我像垂死的天鵝，要舞動到最後一刻。」也常引用戲劇家曹禺曾說過的：「作家應該死在書桌上。」彌留之際，病重期間，還在寫作，還在牽掛百年系列！最後留下了讀不懂的最壯美的詩篇與生命的讚歌！

我跟老師的初識正是老師兩岸交流帶來的緣分，跟老師一起收穫良多：一起去過很多地方考察交流（上海、江西、河南、湖南、海南、廣東、台灣、北京、江蘇等）；一起參加過海峽兩岸文化壇及國際學術交流活動；一起參加家庭聚會；一起編輯「大師工程」百年系列；一起組織大師講座等等。感恩老師！（老師在許多地方都留下了故事，如：貞銘湖的故事）。

他是父親一樣的老師，也是老師一樣的父親，有時候像朋友，有時候像兄弟，但作為義子，我們習慣稱他老師。跟

老師在一起經歷過很多故事。

我們思念與老師一起參與的故事：

關心學生，在復旦大學哲學學院高中生程果聽課的故事（程果現就讀於湖南理工學院）。老師後來一直和他保持聯絡，還委託我和他繼續保持聯繫，看能夠提供些什麼樣的幫助。他其實和很多的學生都保持著長期的聯繫，大家都會不定期地收到老師信件；大師講座的魅力（在江西美院被堵洗手間，學生排隊簽名）；為兩岸青年架「橋」，為青年引路，不容青史盡成灰，鞠躬盡瘁，死而後已。二〇一〇年心臟病發時，依然堅持寫作；《百年大師》新書會，為了當天的效果，全程站著，當天停服藥物；身體抱恙，依然為百年系列書稿等操心；《百年風雲》新書發表會，坐著輪椅，用盡最後的力氣，會後，依然寫作，倒在了寫作台，再也沒有醒過來。

我們思念老師堅守信念：長期傳道授業解惑，不論歲月更迭；長期筆耕不輟，不論春夏秋冬；長期感恩前行傳播大愛，不論（時光變換）身處何時何地。如清流一般，大多時候一個人領著弟子前行，再難也勇往直前，在無數個黑夜筆耕不輟，而面帶微笑。

我們思念老師的微笑：堅強的微笑（無論身體病痛，堅持寫作，面帶微笑，牽掛大家，永遠把最好的一面留給大家）；導引時代的微笑（研究典範，啟發青年，不容歷史盡成灰……）；充滿大愛的微笑（尤其關愛青年成長，走到哪聚會到哪，關懷就到哪，長期聯繫，關心青年的生活學習——聽文化大學學生講：困難的學生逢年過節輪流去老師家包餃子）。

所以說，這微笑是愛的傳奇，傳奇必將永存人間。這微笑是心的花朵，正如這初春的天地一樣，永遠給人希望！

　　今天我們在這裡還思念老師的家國情懷，思念老師的大愛精神。

　　老師常常講：師承，是一種生命的感動！顧正秋：「自古以來多少朝代更替，多少富貴成空，但有情有義的動人故事，卻一代傳過一代，從未消失。」

　　我們要完成老師未完成的心願，我們將接過歷史的棒，繼承老師的精神遺風，繼續努力前行，發揚光大，希望大家繼續支援大師工程百年系列（百年系列介紹：二〇〇一年《百年報人》發表；二〇一五年一月《百年大師》發表；二〇一七年十二月十六日《百年風雲》發表；預計：二〇一八年六月《百年追夢》發表；二〇一九年《百年風骨／風華》發表。用老師的話講：百年系列寫作人員構成三大特點：老中青，師徒，兩岸聯手，寫近一百年來的各行典範。希望大家多支持！

　　謝謝大家！

白夜思

◎孟濤（義子，中國銀行青島分行高級客戶經理）

尊敬的各位師長、前輩、朋友：

感謝各位在百忙中從各地聚集於此，一起追憶我們親愛的老師鄭貞銘教授，在此僅代表廣大地青年學子向各位表示真誠的感謝！

「為天地立心，為生民立命，為往聖繼絕學，為萬世開太平，振衣千仞崗，濯足萬里流。」

這是中國文化大學的校歌，也是您一生奉獻教育、奔波兩岸的寫照。巍巍華岡，鳳鳴清音，您秉持赤誠之心，春風化雨，躬耕杏壇，在分歧、匆忙的社會中，無視疲乏與奚落，承受著歡笑與淚水，希冀搭建一座橋，勾連著不相連的兩岸，而這座橋一頭是現實，另一頭是歷史與理想。

您常常說，愛是緣續的憑據，您奔波海峽兩岸幾十年，傳播智慧，弘揚理念，我也有幸與您接下善緣。二〇一〇年的冬季，您前往山東講學，與您在候車廳偶然相遇、相識，萍水相逢承蒙您恩惠，接納我為家人。八年的父子情緣，您言傳身教，弘揚愛的理念，教育要勤於學習，看淡物質，樹立理想，「發上等願，居平常屋，往高處立，向寬處行」，提醒要多多讀書，您告誡說：「人的平庸就在於思想蒼白，而思想蒼白就因為書讀得不夠。」

您對兩岸青年充滿了期冀與包容，您曾說「個人生命有

限，民族生命無窮，應以更多謙卑心、理解心與關懷心，為下一代開創前景。」，在七十多歲高齡著述立傳，編撰「百年系列」，期望給年輕人以指引。

您最愛的一首歌曲是《傳奇》，稱讚歌詞清靈深遠，而您的一生見證了海峽兩岸的變遷，更是入世的強者，出世的智者，您的一生本身就是一段傳奇。您言念君子，溫其如玉，無論何時何事，待人溫軟謙和，幫助學子不計回報，而對別人的饋贈感恩戴德，蕭蕭如松下之風，高而徐引，一生耕耘三尺講台，為兩岸交流和教育事業殫精竭慮，直至油盡燈枯，以畢生心血，踐行明志。

人生有情淚沾臆，江水江花豈終極！一直覺得還能陪伴您很久，未想樹欲靜而風不止，雖然您已不能在我們身邊，但是您的教誨與精神我會永遠銘記，在生活中常記「有愛無恨」、「親情沒有隔夜仇」，在人格品性要「腹中有墨、手上有藝、目中有人、心裡有愛、肩頭有擔。」

如今往事回首，您的諄諄教導、慈愛與笑容都歷歷在目，「想你時你在天邊，想你時你在眼前。」您終於卸下了重擔，像您所說，像垂死的天鵝，舞動到了最後一刻。我們會秉承您的信念，繼續您未完成的事業。

Remember me

◎李青（媒體人）

　　請記住我，Remember me，二〇一八年奧斯卡最佳動畫片 Coco（可可夜總會）的主題歌，和電影的主題一樣，告訴大家，人的生命終點不是死亡，而是失去了被思念。只要我們永遠記住老師，老師在天堂就永遠活著。今天，我把這首歌送給老師。

　　我最早知道的台灣人名字是李泰祥、侯孝賢、林青霞、李敖、余光中，還有羅大佑，他有一首歌，愛的箴言，很溫暖也很蒼涼，歌詞寫得好，我將你的背影留給我自己，卻將自己給了你。歌詞裡的我，是鄭老師，你是指我們。把這句話送給老師。

　　常常有人問我，台灣是種什麼感覺，我常常猶豫不決難下定論，後來我想到了，寬容、善意、儒雅、智慧、新思想、舊道德。是的，我的答案是，台灣，就是鄭貞銘。

追念恩師鄭貞銘先生

◎何桂華（畢業於上海交通大學媒體與設計學院，現從業於生態
　　農業領域）

今日一別，從此我憶你忘

　　二月十九號，大年初四傍晚十七時二十六分，收到鄭貞
銘教授助理曹先生微信：鄭老師於當日十六時五十六分安息
往生，哀悼！

　　那時，我在福建老家宴請賓客，準備開席，瞬間心如山
崩。若無其事招呼朋客豪飲，大醉後坐在門前淚如雨下，嚎
啕抽泣了十餘分鐘才平復。

　　我曾有七八次，在機場送別老師。前些年，只是有些眷
戀，一別之後，何時能再見？而這兩年總是有些黯然神傷，
這一別，可還有再見之時？二〇一七年五月六日，我在虹橋
一號航站樓最後一次為老師送行。

　　這些年，每次老師來上海，都會提前告訴我，我去機場
接他，有一次竟然沒接到，他手機有點問題，接不到電話，
在機場的某個角落等了我半個多小時，然後自己打車到住所
的。我愧疚了很長一段時間，那次是我晚到了一會。他在機
場出口出現的時刻，是我一直所期待的美好時刻。

　　老師在上海的日子，只要他方便，我三天兩頭就過去，
幫他處理一些小事務，也從中向他請教，有時一聊就幾個小
時，從中受到的感染教育頗多。他對社會時勢的關注，對各

種人情的牽掛，他的博學與深情，總讓人啟發和溫暖。

老師上海的房子兩房一廳，在上海的日子，他經常一個人住；我常想，老師會感到孤單麼？我從沒陪老師住過一夜，哪怕他在上海身體有時不舒服，到了晚上，我還是早早回自己的住所。當一個人到了暮年，寂寞孤單的時候，應該是很希望身邊能有人陪陪。感謝這些年陪在老師身邊的人，陪伴，是最深沉的愛，而我做不到。我對老師總懷著敬意，卻因為敬意，始終保持著距離，距離有時真不美。

二○一五年九月，我去台灣旅遊，老師帶我去他台北的工作室，之後又請我圓山飯店晚餐後，帶我去他基隆的家裡，獨棟四層的房子就他一個人居住，雖然每一層，每一個房間都擺放了很多的書籍，墨寶，物品等，但依然顯得空蕩。那天晚上我從社區一個人趕末班車回市區時，老師一直在背後默默看著。我問自己，如果我在台北或基隆生活，我會時常過去照料他嗎？

老師曾一度對我懷著期許，寄予厚望。每次見面，都帶隨手禮給我。二○○七至二○○八年，我曾幫他整理了「百位原門徒」的資料，完成得不是很好，文字上的創意不多，更主要的是寫得很慢，一年多的時間才整理了幾十篇，未能按期完成。二○一五、二○一六年，老師開始策劃《百年風雲》系列叢書，鄭教授非常希望我能擔任其中一冊的主要採編人，每次見面都跟我說起此事，我都以頸椎不適，創業及生活瑣事太雜，不想從事費心神的寫作婉拒。老師總是說沒關係，年輕人要把精力放在工作上。在我虛度放縱青春時光的時候，老師自己筆耕不輟，時時刻刻都在寫作，用他自己的話說，每天都是跟時間在賽跑。這兩件事，是我對老師最

大的虧歉。

二〇一六年九月，老師來上海，準備把上海的房子賣了，他說想把基隆的房子改造一下，安裝一個電梯，出行方便一點。又說還想在上海買一個小一點的，酒店式公寓形式的，讓我幫忙留心看看，到時讓我去打理，大陸十二賢社的後生們來上海了，就有個落腳點。當時我沒有工作，正在創業，他說需要資金跟他說，千萬別客氣。十一月，老師房子賣了，我過去收拾了一點書籍物品，寄給相關的兄長。其時挺感傷，房子都賣了，老師來大陸，來上海的機會很少了。

二〇一七年四月底，老師最後一次來上海，我們相處的最後幾日。五一期間，士倫、士軒、孟濤來滬相陪，並一起去了昆山誠品書店，那幾天老師特別的歡喜。幾位兄長走後，老師很沉默，將近一個小時一言不發。尤其是大家走的那天，老師一直在等大家的電話，我問老師是否不習慣，他說不會。那時我想，這也許是鄭老師最後一次來大陸了。

不過二〇一七年六月，老師有再來一次大陸，行程在京津冀，打了一次電話，未通。回台灣後，就沒怎麼聯繫。事實上，這些年，我跟老師的聯繫確實不多，偶爾惦念一下，也不主動聯絡。十二月，得知老師重病住院，後有好轉，並發布新書，之後有住院，病情不穩定，我只是讓助理代為問好，從未寫信或通電話。

二〇一八年二月十九日，老師與世長辭，兩岸三地無數哀傷悼念追思；三月十日，台北舉行隆重公祭；三月十八日，上海舉行追思會，大陸新聞界的眾多大佬及十二賢弟子門生從全國各地彙聚，為他送行。沒想到老師的往生，牽動了這麼多人。

老師真的離我遠去了嗎？我們還會再相見嗎？我的答案是肯定的，只要我想念，他就立馬在心頭出現。不過，我卻希望老師所有的牽念都隨生命的終止而終止。他這一生，太用情用心，每天心裡都塞滿了各方厚重的情誼，對他人和世界深沉的熱愛，如今終於可以放下一切了。

用生命在演講

◎劉琨瑛（華南師範大學教育資訊技術學院新聞傳播系教授）

今天，很榮幸有機會站在這個講台上，來追憶我與鄭老師的相識、相交的緣分。

記得我第一次見到鄭老師是一九九五年，至今已經二十三年。鄭老師當時帶領台灣的訪問團來到廣州，參加兩岸四地的第五次文化交流會。這個交流會已經持續了三十多年的時間，這個活動每隔兩年就在兩岸四地廣州、台灣、香港和澳門輪流舉辦。

我當時是一名剛從大學校園畢業的研究生、走進記者行列不久的一個菜鳥。在採訪鄭老師的時候被他淵博的學識和謙遜的談吐所吸引。我與鄭老師先後通過信件、傳真機和手機聯繫，在這二十多年的時間裡，鄭老師給了我很多幫助和啟迪，是我生命中不是親人勝似親人的良師益友，是我生命中的重要他人。

每次帶團訪問，鄭老師從不缺席，而且是台灣團永遠的團長。哪怕是他剛做完手術最虛弱的時候，他仍以驚人的毅力堅持帶著台灣訪問團到廣州參加學術交流，不辭辛勞親自帶著台灣訪問團的團員參觀黃埔軍校等地。

不認校門只認教室

鄭老師有一個讓我非常認同的理念，就是不認大學的校

門，只認教室。

鄭老師生前多次到廣州高校演講，就沒有到過廣州排名最前的中山大學和華南理工大學演講。鄭老師在廣州體育學院的第一場講座是真的用生命在演講。剛才我的研究生蔡小兵分享了她聆聽鄭老師演講的切身感受和對她的影響。如果小兵分享的是發生在演講廳前台的事情的話，我接下來想分享的是當時發生在後台鮮為人知的感人故事。

我們的記憶會模糊，但是數碼相機不會。在我調出當年拍的鄭老師第一次到廣州體育學院演講的數碼相片時，上面顯示的拍照時間是晚上七時五十五分，而鄭老師當時是提前四十分鐘到達演講現場的，並且鄭老師一向都很守時。老師的演講原定從七時半開始，發生了什麼事？

課比天大帶病演講

在大家看到的這張照片上，前來聽演講的人有的沒有位置坐，只能站著聆聽。而在前排的一個角落卻有一個空位子，這座位本來是為我預留的，原定我開場主持完了以後，就會坐到台下聆聽，留鄭老師在台上一個人演講。但這件事沒有發生和演講推遲的原因有兩個。一是由於鄭老師的到來吸引了大量的學生前來聽講座，原來預備的學術廳只能容納一百多人，不得不臨時轉場，調換到更大的禮堂，中間耽誤了一些時間。

另一個更重要的原因是，在演講開始前半個小時，鄭老師捂著胸口告訴我，他有「一點點的不舒服」，也許演講的效果不會太理想。我當時的反應是問鄭老師要不要改期，但鄭老師看著場外說：「這麼多的學生和老師都來了，我一定

要把這場演講進行下去，不要讓他們白跑一趟。」

鄭老師堅持要當天舉行講座。在開場前我收到一個小紙條，上面要求我要一直陪著鄭老師。所以當我介紹完鄭老師之後，沒有按照原定的計畫坐到台下，而是坐在舞台側邊，大概一個手臂的距離，坐在離鄭老師最近的地方。這也是唯一的一場我一邊聽老師的講座，一邊坐在老師的旁邊記筆記，這一幕令我終生難忘。

鄭老師剛開始演講的聲音還是比較慢、比較喘的，但開始講了一陣子之後，他好像換了一個人，就像打了雞血一樣。你根本想不到，眼前這一個人半個小時前心臟還有點不舒服，講到激動處自己都站起來了，我都嚇了一跳，整個講座進行了一個半小時。多年後我和廣州體育學院醫院的院長吳主任聊天，她告訴我：「你的膽子太大了！七十多歲的鄭老師，當時有嚴重的心臟病。當時醫生其實背著急救箱躲在幕布後面，準備一有狀況隨時衝上台，急救車也一直候在禮堂門口，直到講座結束，問老師要不要去醫院，後來鄭老師拒絕了救護車才開走。我們當時不敢告訴你，怕你分心。交代寫紙條給你的是我們體育學院的陳琦院長，陳院長一直在台下第一排就坐。」吳主任跟我說，老先生太拚了，他那是用生命在演講。

多年後，我與鄭老師談起這段冒險的經歷，鄭老師微笑著說，即使倒下也要倒在講台上。鄭老師這種課比天大的思想和做法給我上了生動的一課。就是憑著這種堅持和毅力，鄭老師完成了常人無法想像的工作量，數十年如一日地教書、寫書和講座等。我曾經在鄭老師演講前這樣介紹鄭「三多」：寫書多、寫信多和學生多。

暖心學生不問問題

在老師的講座結束後，有很多學生會向老師提問和要求合影，但是有一位廣州體育學院的男生，走到老師面前。他說：「我沒有要提問，也不打算要求合影，我只求陪你走一段。」他就陪著老師從禮堂的講台走到禮堂的門口。我走在他們後面，聽到一些他們講話的內容，那位學生是學運動康復的，那位學生說：「如果您為了我們考慮，下次您還來體育學院講座的話，我請求您，每天務必在晚上十一時前上床睡覺，最遲也不要超過十一時半。」

鄭老師當時對那位學生的印象很深刻，也非常感動。後來有一次，老師來到廣州，他主動點名要我安排他到廣州體育學院講座，其實我已經調離了廣州體育學院。這一場我們安排直接針對新聞學院的師生的講座，然而會場還是滿到很多學生直接就坐在地上。大家看到的這張照片是我在這場演講中抓拍的鄭老師的一張照片。每次老師講到他的恩師曾虛白先生，雖然年事已高，晚年卻仍每天堅持寫兩千字的時候，總是會有一個很俏皮的「二」的動作比出來，這是一個珍貴的瞬間。

大家看到的是在廣州圖書館的講座，小朋友們在結束後排了長長的隊伍向鄭老師提問，他很專注地聽每一個人的問題，並且回答了每一個問題。

最後我要代為轉達的是廣州市文化學會會長、廣州市政府參事、原廣州市社會科學研究院院長、原廣州市社會科學聯合會主席李明華教授對老師家屬的問候和對鄭老師的惺惺相惜之情。在我第一時間得知鄭老師仙逝的消息之後，我立

馬微信轉告李會長。

　　李會長半個小時後回復：「非常悲痛！一位誠摯、善良、勤奮的學者，一生沒有停止過追求。為鄭老師默哀！」

敢愛

◎陳濤（南京大學、上海交大，上海樂印貿易有限公司）

　　我和鄭老師初識於杭州，是浙江大學一九九七年百年校慶的時候，至今已超過二十年了。我很榮幸能夠得到鄭老師的指導以及關愛，對鄭老師和的印象一直以來都是溫文儒雅，不僅有古君子之風，也有西方紳士之範。鄭老師的形像，和二十年前大陸的師長相當的不一樣，當時見到鄭老師，我對他的好感就油然而生。

　　鄭老師一生念茲在茲，身體力行的事業，以一個字概括便是愛。我自己在這之前加了一個字，稱為「敢愛」，這完全是我個人的感受。我和鄭老師剛剛認識的時候，由於年齡、輩分、台海兩地思維等方面的差異，我一直沒想，也不敢主動去和鄭老師溝通交流。是鄭老師經常通過電話和信件和我交流，這讓我有勇氣去接受一位偉大的師友，而這段緣分成為我今生的一個部分。不顧年齡、尊卑差異、不顧空間距離，甚至不顧中國傳統文化中的師道威嚴，他就這樣直接掏出一顆火熱的赤子之心，來溫暖、感動我們。我認為在中國文化這樣一個需要內斂含蓄、相敬如賓的背景之下，真的需要很大的勇氣。

　　另外就是使命感，二〇一七年夏天，我和鄭老師最後一次會面的時候，他興致勃勃，兩眼放光的跟我分享今後五年、十年的工作規劃。八旬老人在我面前展現出如此旺盛的

企圖心和生命力，對我有一種很強烈的震動，而這種老驥伏櫪，壯心不已的背後，是一種巨大的使命感，更是對世界和生命的大愛。

現在鄭老師離我們而去了，對我而言人生的一部分也隨之結束，而這段歷程所帶給我的溫暖和感動，將給我力量，伴我一生。

與鄭老師的台灣回憶

◎成升（十二賢，武漢大學新聞與傳播學院博士生）

　　我想分享的是和老師在台灣共處的半年時光，那時我們並不算親密，但是他卻很掛念我在陌生環境下的生活，時常要給我零花錢，讓我不要在他鄉虧待自己。假期的時候更是讓我留宿家中，帶我遊覽台北，我們一起走過他成長的地方，品嘗他喜歡的味道，鄭老師跟我講故事、跟我談人生，讓我走進了他的生活。

　　老師是一個非常有生活趣味的人，會跟我分享他小時候的逆反心理，別人努力上建中，他卻去師大附中，明明能夠考上台大，偏偏又要到政大讀新聞系。老師也跟我講用家裡車庫換得鄰居免費中醫診療的趣事，看著老師略帶狡點的笑容，我感到非常的親切。還記得，在人來人往的一○一，我們坐在休憩區八卦大陸土豪買名表；路過汐止，我們一起吃臭臭鍋，順手買個大樂透還暢想著一夜暴富的日子；難得家中休息，我們一起吹冷氣吃榴槤，卻又擔心吃太多而上火。

　　雖然認識不算久，但是老師已經把我這位大陸小朋友當成了家人，他讓我一起在他家做家務。我們一起整理老師歷年獲得的獎狀、證件時，他特別珍視的是一張由當年台北扶輪社頒給他的新聞教育獎，這次獲獎鄭老師和他的老師徐佳士、成舍我、曾虛白、馬星野同台。這個獎，是對他一生志業的肯定，而他也以此終生鞭策自己。

回大陸那天，老師五點多起床，陪我從社區接駁車換捷運，直至我登上機場大巴才揮手離去。年少的我懵懂無知輕別離，不知道這揮手的分量，而今卻只能靠回憶來感念那段從師遊的珍貴時光。過年期間得知老師過世的消息時，我正準備同往常一樣通過寄信向他彙報我就讀博士半年來的情況，但這封信卻只能寄往天堂，也讓我抱憾終生。

　　老師說我是個溫和的人，所以我們投緣，因此他也認為我更適合在學校裡面工作，他通過自己的人生經歷，敦促引導我以學術做為人生的目標。老師用他的一生為師者樹立了典範，在成長的關鍵幾年裡我受他影響也在心中種下了見賢思齊的種子，暫時雖不能至，仍然要心嚮往之不斷努力。

　　在我們的忘年交中，我顯然是受益更多的一位，但每次談及，老師卻總是說我也幫他做了家務，教會了他用新手機、血糖儀，更讓他學到了年輕人的新理念。老師一生桃李滿天下，卻始終平等待人，將愛的教育貫徹人生始終，用愛感化學生，他從來不會耳提面命，有的只是春風化雨。鄭老師的愛心，改變了許許多多人的命運，但他從不求回報，而是以「橋」自比，以渡人為樂，當被學生記起，他說得最多的還是學生的孝心可嘉。

　　老師信奉人生十帖，曾特別用來教導我們十二賢，今天我也想把這十帖分享給大家——立志、感恩、盡孝、求真、健康、惜時、行善、樂觀、功力、傳承。特別是老師忽然的離去，更是讓我對盡孝感觸很深。對鄭老師的紀念會讓與他相關的回憶融入我們這些生者的性格中，而這人生十帖也是老師留給我們的無價之寶，讓我們用自己的生命來傳承吧！

百年追夢　寧靜致遠

◎蔡小兵（廣州市番禺區洛浦中心小學教師）

　　記得二〇一〇年鄭教授來廣州體育學院講學，給我們全校的師生帶來了一場豐富又精采的講座。講座的主題是「追尋大學的夢」，鄭教授圍繞大師的理想與師生的關係、文學追求，轉述了他對大學人文教育的思考與理想。他鼓勵我們學習、激勵我們對未來的嚮往，讓每一個學生的內心追求，成為現實的動力之源。

　　教授對於教育、對學生的關愛，「無愛不成師」的為師風範，給學生們留下了非常深刻的印象。我們很幸運能夠得到鄭教授的指導，不忘理想，努力前行。當時鄭教授說：「小兵，你要認真讀書，要博覽群書，這樣不僅會豐富你的生活，豐富你的人生閱歷，更能讓自己學會思考，成為一個更好的、對社會有用的人。」

　　我始終記得鄭教授說的三句話，他說：「青年人要多讀書，中年人要多做事，老年人要做好榜樣。」二〇一五年，鄭教授應廣東圖書館邀約做公益講座。那次講座，鄭教授以自己的成長故事為線索，暢談了工作學習生活中所遇見的大師，和從這些大師身上學習、領悟到的人生智慧。鄭教授說，如果二十歲之前的智慧來自於母親，那麼二十歲以後就來自於他的恩師和大師，「以天下師為志，力量自然而成」；他相信天道酬勤，疾風知勁草，路遙知馬力；他秉持

著民俗學家林衡道先生所說的：「我像垂死的天鵝，要舞動到最後一刻。」講座結束後，鄭教授還親切認真的回答了廣州圖書館一群小記者的問題，他對每一位小記者都有殷切的企盼，希望他的價值信念，伴隨著小朋友們的成長，鼓勵每一個小朋友認真學習，做一個有智慧的人。

近年，鄭教授有感於中國社會的急功近利，青年人的價值觀失落，對未來的生活迷茫，他編著的百年系列，書寫了百年來兩岸的典範，從大陸到台灣，從民初到現代，蘊含了政治、經濟、教育、考古、文學、藝術等等領域。近八年我讀了鄭教授所寫的一小部分書籍，我對有幸能結緣鄭教授而感到三生有幸，他給我樹立了讀書、工作和生活的榜樣。儘管我研究生畢業後，並未從事新聞的工作，但我現在從事的英語教學工作，也從未離開鄭教授所給予的智慧，讀好書、做好事、做榜樣。我也一直非常嚴格的要求自己，做老師們的好學生，做學生們的好老師，做學生們的好榜樣。

我將銘記鄭老師教我的所有事，感謝這些年他的教誨陪伴我成為一位好學生、好老師。

鄭老師不會孤單的

◎譚彥妮（田士勇遺孀，中南大學粉末冶金研究院副教授）

　　士勇是大陸十二賢之一，他於二〇一七年一月一日凌晨
離開了我們，享年三十四歲。

　　他跟鄭教授認識是在二〇〇三年，當時有一個兩岸學子
交流會。當時鄭老師帶台灣的學生到中南大學交流，從那時
起他們便結下了深刻的友誼。後來我跟鄭老師也見過一面，
那時他來到長沙，陪士勇和他在湖南大學的校園裡散步，鄭
老師每次到長沙，每次到大陸來，他們都有通電話，士勇無
論在哪個城市，都會盡可能的趕過去和鄭教授相聚。

　　二〇一六年的時候，鄭教授到南昌交流，因為長沙和南
昌的距離較近，士勇便開車去南昌見鄭老師。當時下雨，高
速公路又積水，他的車子失控撞上高速護欄，當時車子撞得
很嚴重但人平安，沒能和鄭老師相見。後來鄭教授來到長
沙，也有來我們家拜訪。當時我在學校上班沒有跟他見到
面，鄭老師對於士勇的幫助和影響是很大的，他是個外勤的
銷售人員，在鄭老師的影響下，他在二〇一五年的時候，報
考了中南大學的研究生。鄭老師經常鼓勵年輕人要多讀書，
剛才影片中也放到了鄭老師說手機上的東西只是一些零散的
碎片，而不是知識，要獲得知識就要多讀書。這兩三年的時
間士勇一直堅持讀書，每天都讀到很晚，並撰寫讀書筆記，
有時候讀到很有感觸的東西也會和我分享。鄭老師也將他的

著作，如《無愛不成師》、《橋》、《百年大師》等寄給士勇。

　　去年他去世以後，鄭老師還寫了一封信請人轉交給我們，信中表達了他的悲痛，也鼓勵我們堅強。現在我也是中南大學的一名老師，如今我更多地認識了鄭老師，也給我一些啟迪，如何做好一名老師。我想鄭老師現在在另外一個世界，有士勇陪伴著他，一定不會孤單。

四海追思

◎蔡志弘

　　新聞界痛失一位巨人，身為與鄭老師結緣三十幾年的老友深感不捨，願老師安息！

◎劉心遠

　　看了治喪委員會有這麼多人，才知道老師一生對學生的付出有多少。我開始在想一個人怎麼有辦法，跟這麼多人都保持聯繫，又怎麼能夠把他的時間和愛，全部付給了他的朋友和學生。

　　我跟老師有很深的感情，但是現在才真正的瞭解：他一直像父母一樣，沒有目的愛他所有的學生，以他的學生為榮，我越來越感覺到他的偉大。

　　莎士比亞說，斯人之喪化做星辰，世人因而喜歡夜晚，老師你真正美麗了我們的天空，謝謝你，老師。

◎林中正

　　恩師安息主懷，杏壇著作等身，立言傳世，確立一代宗師，典範永在，新聞六屆門生永懷念您，謝謝不倦無悔教誨

◎戎撫天

　　回想一九七九年，如果不是鄭老師破格錄取這個轉系

生，就不會有這個四十年的新聞老兵，哲人其萎，永存心中。

◎吳永乾

　　鄭老師安息！

◎彭懷恩

　　R.I.P.

◎吳奇為

　　令人感念至深的老師！

◎葉毓蘭

　　鄭教授離苦得樂，一路好走。

◎Charles C. Cheng

　　一段悲欣交集的師生情誼

◎金蜀卿

　　謝謝鄭老師對新聞傳播學的付出與貢獻，祝福安息。

◎陳美儒

　　哲人日已遠，典型在夙昔

◎羅紹和

　　鄭老師安息主懷

◎張之灣

　　吾愛吾師

◎黃瑛坡

　　第十二屆同學，對鄭教授永懷師恩。

◎胡瀛光

　　鄭教授教教授新聞系数十年，我內人吳東蘭對您推崇有加，她是文化大學新聞系畢業的。

　　如今先生蒙主寵召！相信她和您會在主的國度裡再聚首，阿門！

◎Lily Chou Loh

　　我走英文系畢業的，因早期留美並住在舊金山，鄭主任來演講那次我對他萬分尊重，因為我從事中文電視電台工作二十年，雖說不是科班出身，但經驗跟老師說的不謀而合，更有惺惺相惜之遇過之恩之感。

◎王忠孝

　　安息主懷，敬愛的老師。

◎曾建華

　　我從未上過鄭老師的課，大二進新聞系，系主任是方蘭生老師，大四沒唸畢業，大五鄭老師二度擔任系主任，但我只補修一門課，且準備研究所考試，很少在山上看到他。我看鄭老師是真心敬佩、尊敬他對新聞系的付出是一輩子沒停

過的，也造就了本系在新聞界的代代風華。近幾年，在李廣淮學長的帶領下在系友會爛芋，與鄭老師有較多的接觸，當然，與十五屆前的學長姊比較是太少了，但我對老師的尊敬是衷心且真誠的。願他老人家一路好走。

◎沈四海

梁木其頹、桃李興悲，馬帳空依、風冷杏壇……留一口氣、點一盞燈！有燈就有人！

◎郭文蕙

鄭老師！謝謝您的教導啟蒙。

◎劉漪晴

鄭老師安息

◎江珍英

猶記得民國一〇三年八月聽聞鄭老師曾在北京心臟不適緊急動手術，從鬼門關前走了一回，新二十二同學結伴到鄭老師家裡探訪，老師特意穿上群仁送給老師的新二十二逆旅班服，神采奕奕談起他的《百年大師》系列出書計畫，一輩子灌注在新聞教育的熱血熱情，在在令學生後輩為之動容！鄭老師精神長存，默哀……

◎郭學政

敬愛的鄭貞銘恩師，安息！

感佩您一生為新聞傳播教育鞠躬盡瘁，筆耕勤育無休無

止，您的治學處事態度給了我無限啟發。華岡千仞四載，感佩您孜孜不倦的提醒與勉勵！謝謝您，鄭老師。

◎Calvin Lo
主任離苦得樂

◎范賢媛
阿彌陀佛

◎黃國有
阿彌陀佛

◎蔡晉德
阿彌陀佛

◎韓維君
鄭老師已經離苦得樂，為他的靈魂虔禱

◎謝向榮
老師的大愛，學生永難忘懷，傳揚必定是責任！

◎林汎宇
鄭老師對我們學生點亮的路，總是會把我們聚集在一起，不論過往或將來。
雖然十二賢社是老師的關門學生，但就像今天追思會一位學長說的，我們要讓種子茁壯。

讓老師的愛，不會因為離開而消散在文化新聞系。

身為第一個被老師選進十二賢社的學生，我想盡一些能力，繼續把老師教育的生命延續下去。

◎鄧崴

經過了一天多，滿是慚愧。

想起大概五年前吧，才剛升大四，就提早在《壹周刊》獲得人生第一份記者工作，那時您叮嚀我：「踏入媒體染缸，可以髒了手，切勿髒了心」。

發這篇文，提醒自己，千萬別忘了老師的提醒。

鄧崴這二十七年不長不短生命，通常只負責惹毛老師，但您八十二歲的生命，卻看好了我這款孫子！

鄭老師一路好走，我真的很光榮，曾經被您選為「十二賢」。

◎歐文李

能有鄭老師如師如父的疼愛，感念不已！很多對他的感謝，謝謝老師，永懷於心。

◎王錦源

鄭老師才出新書，轉眼辭世，原來寫作一直是種使命，向鄭老師活到老寫到老的精神致敬，阿彌陀佛！

◎林意玲

鄭老師，一路好走。

◎王毓莉

　　R.I.P

◎王家慶

　　R.I.P

◎翟羣

　　誠摯祝福鄭老師一路好走、往生極樂！

◎劉根浩

　　久聞鄭老師大名，我這外人，遙祭鄭老師 R.I.P.

◎楊明智

　　未知老師住院，沒能去看他，希望出殯之日能送他一程！

◎SPKuan

　　R.I.P.

◎邱秀堂

　　鄭教授，安息

◎邱榮吉

　　一路好走

◎洪麗萍

R.I.P.

◎馬修

R.I.P.

◎吳家詮

安息，我敬愛的師長，雖未上過您的課，但是您寫的教科書，我們讀過……

◎王中言

曾經上過老師的課，願老師離苦得樂。

◎謝向榮

超難過，但老師一生功德圓滿了！

◎毛嘉慶

老師安息主懷……

◎賴祥蔚

R.I.P

◎成升

悲痛！鄭老師一路走好！

◎段鴻裕

　　阿彌陀佛！

◎謝國安

　　天哪⋯鄭老師一路好走⋯

◎蔡佩吟

　　R.I.P

◎Bert Lim

　　Deep Condorences！BERT.

◎Arren Chuang

　　我是九八年研究所畢業鄭老師的指導學生，有什麼能為老師作的任何事，有任何需要請，學長姐儘管吩咐我⋯⋯謝謝您，老師～

◎謝瓅竹

　　阿彌陀佛，離苦得樂，圓滿一生

◎王遵銘

　　老師一路走好，學生會謹記老師的教誨的！

◎趙慧容

　　老師一路好走，往生淨土！

◎沈小慧

老師安息！

◎Andy Liao

鄭老師安息！

◎崔小燕

老師，我們三個月前才在喜宴上碰面；也才看您寫了戈卿哥的文章，怎麼……

不捨！安息！

◎周怡德

謝謝鄭老師的指導

◎Dennis Huang

R.I.P……

◎馮同瑜

萬般不捨我的恩師！

◎陳凱倫

樹人，謝謝您的通知……祝福老師一路順走……不捨的！遺憾！

◎高文音

老師請安息一路好走。

◎Gloria Lin

老師，感念您的教導，一路好走～

◎Kiki Lin

鄭教授是以前在文化學分班的老師，很感謝鄭老師的教導讓我能順利考取大傳系正式生，聽到這消息真的很難過，願老師一路好走 R.I.P……

◎Mickey Yang

主的恩典隨行

◎Odie Ou

謝謝老師以前的教導，R.I.P.

◎陳美玲

老師安息

◎Albert Chiu

老師，阿彌陀佛。

◎賀靜賢

R.I.P

◎蕭承訓

永懷師恩

◎Chichi Kreim

　　謝謝老師

◎熊儒賢

　　R.I.P，老師安息！

◎洪紹欽

　　R.I.P

◎Ivy Huang

　　R.I.P

◎陳加恩

　　鄭老師，謝謝您讓我陪伴您最後的精華時光，願主紀念！

◎JuliaYen

　　阿彌陀佛 R.I.P May God richly bless

◎鄧若寧

　　願主恩永永遠遠同在

◎Candy Chen

　　祝：腳踏蓮台花開見佛

◎Philicia Lai

　　R.I.P

◎洪銘妃

　　阿彌陀佛

◎黃孟儒

　　願諸佛護持

◎歐陽元美

　　安息主懷

◎江毓婷

　　R.I.P

◎楊玉帆

　　南無第三世多杰羌佛！南無阿彌陀佛！南無觀世音菩薩！願鄭老師早登極樂！

（編按：在 FB、微信、Line 等社群蒐集各界追思悼詞，萬千感恩，迴向鄭老師，無盡相思。）

新聞教父鄭貞銘公祭　三月十日台北一殯舉行

◎慶正

　　新聞學大師鄭貞銘教授公祭，訂於三月十日上午八時三十分，在台北市第一殯儀館景行廳舉行，治喪委員會榮譽主任委員馬英九前總統將親臨致祭，前中國國民黨主席吳伯雄講述鄭教授行誼。

　　鄭教授畢生服務國民黨黨職二十二年，將由前監察院長錢復主祭，前台灣省主席趙守博、前國安會秘書長胡為真、實踐大學董事長謝孟雄、永慶慈善基金會董事長趙怡四人代表覆蓋黨旗。中國文化大學、國防大學復興崗政戰學院、世新大學、銘傳大學等校及中央社、《中央日報》等單位，都將派代表致祭，文化新聞系第一屆至第五十六屆系友，也將到場執禮，送鄭老師人生最後一程。

　　十日當天下午十三時三十分，中國文化大學、校友總會暨新聞系所校友會在陽明山文大曉峰紀念圖書館音樂廳，共同舉辦追思音樂會，文化大學師生將共同緬懷這位奉獻五十五年歲月，澆灌新聞教育成林的「鄭老師」。

　　治喪委員會特地安排交通專車，在台北火車站東三門、第一殯儀館載運各界人士，前往陽明山文化大學校本部追思致敬。

　　鄭貞銘教授，福建省林森縣（今福州市閩侯縣）人，幼年家貧，父親早逝，母親含辛茹苦撫養六子女，從小立志，

艱苦向學，以第一志願第一名成績畢業於政大新聞系所，終生著述不斷、誨人不倦，啟迪無數青年學子找到人生目標。

年僅二十七歲，以行政秘書兼講師身分，參與創建文化新聞系，三十三歲即成為當時台灣最年輕大學系主任。他延攬一流師資，開創特色教學制度，兼顧理論與實務。同時在輔大、淡大、世新、銘傳、政戰、玄奘等十餘所大學兼任教職，在香港珠海大學擔任講座教授暨新聞研究所長，春風化雨，成為所有學生「永遠的鄭老師」。

鄭貞銘教授遍訪大陸逾百所名校，舉辦大師講座、學術研討會不計其數，並被十所以上名校聘為講座教授，出版著作約近五十種。江西美術學院以萬畝湖泊命名為「貞銘湖」，浙大舉辦「鄭貞銘教授新聞教育理念與實踐」學術研討會，被譽為「兩岸交流先行者」，香港傳播聯合會頒予「文化交流貢獻獎」。

鄭貞銘教授更是當代台灣新聞傳播教育界元老，並服務中國國民黨二十二年，從事文宣、青年人才拔擢輔導、國民外交等工作，曾獲中央黨部保舉特優人員殊榮，蔣經國主席親頒勳章，教授視為人生重要成就。

七十五歲退休後，鄭教授戮力完成《百年大師》，並在兩岸巡迴辦「大師講座」近百場，聽眾數萬人，其後再以五年時間建構「大師工程」，策畫「百年系列」，行文如春蠶吐絲，至死方盡，謝孟雄教授譽為「現代司馬遷」。他曾剖析自己創作「百年大師」的初衷，「主要是想做一個點燈的人，為年輕人指引未來的路。」

他終生授課、著述不斷，前期乃經世之學，晚年昇華至生命教育，教導青年「為天地立心，為生民立命，為往聖繼

絕學，為萬世開太平」，完成外王之學至內聖之道的生命旅程。

　　鄭貞銘教授一生最偉大成就，是他累積半世紀的師生情，及工作夥伴的相知相惜，名家張佛千曾贈詩：貞勵風霜貞木常綠，銘勒金石銘盤日新。

　　文化大學新聞系第一屆校友高信疆，以「老師布局，天下一輪明月；萬里青空觸眼明，將遇良才。學生運子，世事皆沐春風；千尺絳帳拂面輕，馬逢伯樂。」頌讚鄭老師化育人生之功，堪稱是台灣師生教學相長的最佳寫照及典範。

百年追夢　大愛無涯——
鄭貞銘教授追思會三月十八日上午在上海舉行
◎丁士軒

「小小的教室是大大的世界，大大的世界是小小的教室。」

二〇一八年三月十八日上午，已故台灣「新聞教父」鄭貞銘教授追思會在上海舉行，來自兩岸的六十餘位好友、學生同鄭教授的家人一道，上了「永遠的鄭老師」的最後一堂課，共同追憶和緬懷這位德高望重、育才無數的前輩和老師。

新聞學大師鄭貞銘博士二月十九日於台北病逝，享年八十二歲。連日來，世界各地的故舊、門生主動舉辦追思活動，並發起成立公益組織以承繼其未竟的志業。此次主題為「百年追夢，大愛無涯」的上海追思會，即是由鄭教授的家人，台灣文化大學、政治大學上海校友會，以及來自大陸高校的朋友、學生們一同發起組織的。陳昌鳳、孟建、李彩英、陳先元、戴元光、黃瑚、張國良、張明新、林念生、蔣宏、宮蔚國等眾多知名學者、教授親臨現場，致以崇高敬意與深切哀思。

中國新聞史學會會長、清華大學新聞與傳播學院常務副院長陳昌鳳教授，參加完廣州的學術活動之後，連夜趕到上海出席第二天的追思會。現場，她深情回顧了鄭貞銘教授為

兩岸新聞傳播學術交流事業所付出的心血和做出的貢獻，稱譽他為「學界的前輩和楷模」、「兩岸新聞傳播學界的一座豐碑」。陳昌鳳教授動容地說道：「他的理想如同一座橋，一座連接兩岸的愛之橋；他的生命是一盞燈，一盞點亮在我們心中的指路明燈。」

中國高校影視學會常務副會長、中國傳播學會副會長、復旦大學新聞學院孟建教授曾稱鄭貞銘教授為「兩岸新聞傳播學術交流的先行者」，追思會現場，他不禁感慨道：「一位大師離去了，一顆星辰隕落了。」一九九六年夏，在台海局勢十分緊張的時刻，鄭貞銘教授、李瞻教授等人克服重重困難，力邀大陸十多所著名高校組成「大陸新聞傳播教育訪問團」赴台參加學術研討會，堪稱「開海峽兩岸新聞傳播學術交流先河」的「破冰之旅」。當時擔任該團秘書長的孟建教授，與鄭貞銘教授一見如故，成為忘年交，孟建教授曾贈送「耕耘」和「精神」兩幅書法作品給他。在追思會上，他概括總結了鄭貞銘教授的「精神」，即是飲水思源的報恩理念、古道熱腸的大愛哲學及百年追夢的學術追求的三者的彙聚。

上海交通大學媒體與設計學院原黨委書記李彩英教授談及，二十多年前上海交大發展文科，率先在人文學院成立新聞傳播系，當時有幸邀請到鄭貞銘教授作引路指導。鄭貞銘教授十分熱情地介紹了世界上成熟的新聞傳播學院系的相關學科建設、課程設置及教學科研等情況，並以兼職教授身分上課，協助培育師資。正是在鄭貞銘教授的全力支持下，上海交大的新聞傳播學科發展很快，二〇〇二年拓展為媒體與藝術學院，李彩英教授感念不已。鄭貞銘教授七十歲時，曾

贈送她自傳體回憶錄《無愛不成師》，李彩英教授深情地說道，同樣身為一名老師，「我要將這本書一直放在我的心裡，『無愛不成師』也將我一生銘記於心的座右銘。」

作為兩岸學術與文化交流的主要開拓者和重要推動者，早在一九九四年初，鄭貞銘教授即受邀訪問大陸重要新聞機構和新聞學府，此後幾乎每年，他都要到大陸各地訪學或交流，足跡遍布全國各地的近百所新聞傳播院系，將極大的心力奉獻給兩岸新聞傳播教育界的交流事業，成為與大陸新聞傳播學界關係最密切的台灣知名新聞學者之一。

每到一所大陸新聞院系，在參加學術會議或講學之餘，鄭貞銘教授總是不辭勞苦從台灣帶來大量自己的新書或相關學術資料饋贈給這些院系作參考。許多大陸新聞師生接觸的台灣新聞傳播學術著作，不少是他介紹進來的。鄭貞銘教授曾先後出任過北京廣播學院（中國傳媒大學前身）、杭州大學（浙江大學前身之一）、南京大學、上海交大、西安大學、北師大、湖南大學、南京大學、中南大學、福建師大、中國地質大學等多所高校的客座教授或高級研究員。二〇〇一年六月，他與台灣政治大學李瞻教授一道，被敦聘為中國人民大學新聞與社會發展研究中心學術委員。

近年來，已是耄耋之年的鄭貞銘教授不辭辛勞，發起成立銘軒工作室，搭建「大師工程」，策劃推出「百年系列」叢書，將闡揚大師典範作為一項長期而系統的事業和工程，「主要是想做一個點燈的人，為年輕人指引未來的路。」

三年來，他不顧身體病痛，樂此不疲地奔波於兩岸，舉辦「大師講座」大小場次近百場，直接受眾數萬人，包括學生、教師、社會青年、企事業單位領導員工等。所到之處，

鄭貞銘教授無不被聽課的熱情包圍，其中有一場是在江西美院，單場受眾人數達四千餘人。講座結束後，學生們排隊購買其撰寫的《百年大師》，索要他的簽名，有的乾脆把漂亮的衣角拉到面前請其簽名，有的沒排上隊就乾脆堵在洗手間門口等他。

鄭貞銘教授生前始終秉持「交流一小步，影響一大步」的理念，以強烈的使命感和責任感搭建兩岸學術與文化交流的橋樑和紐帶。二〇〇四年十一月，他曾率領台灣新聞界高階訪問團訪問北京，在與大陸官方座談時，鄭貞銘教授曾說：「個人生命有限，國家民族生命無窮，兩岸必須以更大的智慧解決爭議，以促進交流。雙方應以更多謙卑心、理解心與關懷心，為下一代開創光明前程。」

誠哉斯言！哲人其萎，斯人已逝，肺腑之言，催人警醒。

快訊／「新聞教父」教授鄭貞銘病逝享壽 82 歲　葛樹人 FB 證實

◎ETtoday 新聞雲記者董美琪／綜合報導

教育出許多優秀新聞人的「新聞教父」鄭貞銘，驚傳 19 日下午因腎衰竭急救無效病逝，享壽 82 歲。投身新聞教育半世紀的文化大學名譽博士鄭貞銘，被喻為現代新聞教父，許多新聞媒體界人都曾被他教過。資深媒體人葛樹人 19 日在臉書貼文證實這消息，深表難過之意。

鄭貞銘教授小年夜因腎衰竭住進醫院，院方今天下午兩度搶救，一度回復呼吸，但之後病況再度告急，於下午 4 時 56 分辭世。

葛樹人在臉書寫道，「很不捨得向鄭貞銘老師的子弟兵們報告一件事～老師在一分鐘前離開了我們，他放下了所有的牽掛，離苦得樂～鄭老師一生無私奉獻幫助學生與朋友，桃李滿天下，生病期間很多人都寄予關心。」

鄭貞銘生於 1936 年 5 月 15 日，福建省林森縣（今福州市閩侯縣）人，筆名正鳴，國立政治大學新聞學系學士畢業、國立政治大學新聞學研究所碩士畢業。曾任中國文化大學社會學院院長、中國文化大學新聞學系及研究所專任教授，兼任香港珠海學院新聞暨傳播研究所所長。

鄭貞銘學術著作包括《中國大學新聞教育之研究》、《新聞原理》、《新聞採訪的理論與實務》，目前仍是許多

新聞傳播系使用教科書。鄭貞銘生前獲獎無數，曾榮獲中國文藝協會「五四文藝散文獎」、香港文教傳播聯會「傳記文學獎」等殊榮。

https://www.ettoday.net/news/20180219/1116040.htm#ixzz5ZGltR5Vn

新聞耆老鄭貞銘教授今下午病逝

◎2018 年 02 月 19 日 18：30 旺報呂承哲、丁世傑

　　被喻為現代「新聞教父」的鄭貞銘教授，於今日下午病逝，享壽 82 歲（1936 年 5 月 15 日－2018 年 2 月 19 日），親友與學生們紛紛致上最大敬意，對於鄭老師逝世深感哀戚。鄭貞銘夕前一天因腎衰竭住進醫院，今天急救無效，於下午 4 時 56 分辭世。

　　資深媒體人葛樹人在臉書貼文，寫道：「很不捨得向鄭貞銘老師的子弟兵們報告一件事～老師在一分鐘前離開了我們，他放下了所有的牽掛，離苦得樂～鄭老師一生無私奉獻幫助學生與朋友，桃李滿天下，生病期間很多人都寄予關心。」

　　鄭貞銘為福建省林森縣（今福州市閩侯縣）人，國立政治大學新聞學系學士畢業、國立政治大學新聞學研究所碩士畢業。鄭貞銘 33 歲就接下文化大學新聞系主任，並曾任中國文化大學社會學院院長，以及兼任香港珠海學院新聞暨傳播研究所所長等職位。

　　鄭貞銘曾於去年底舉行新書《百年風雲》發表會，邀請國民黨主席吳敦義及榮譽主席吳伯雄等貴賓致詞。鄭貞銘當時還計畫出版《百年風骨》及《百年風華》等書，希望為讀者在閱讀歷史人物時能有更精采的文字篇章。

傳播學者鄭貞銘辭世　享壽 82 歲

◎2018-02-1919：03 聯合報記者賴昭穎／即時報導

　　資深傳播學者鄭貞銘今天因病辭世，享壽 82 歲；文化大學方面已證實相關消息。中央社報導，媒體人葛樹人證實鄭貞銘農曆年前因腎衰竭住進醫院，今天急救無效，於下午 4 時 56 分辭世。葛樹人表示，鄭貞銘教授除夕前一天住院，今天下午院方兩度搶救，曾一度恢復呼吸，但隨後狀況告急，最後急救無效，離開人世。

　　葛樹人說，鄭貞銘教授桃李滿天下，對學生無私奉獻，將愛都分享給學生，因此贏得學生的尊重與仰望。葛樹人表示，目前正協助家屬安排治喪事宜，已邀請文化大學董事長張鏡湖擔任治喪委員會主委。

　　鄭貞銘畢業於政治大學新聞研究所，早在民國 52 年、文化大學新聞系創系時，就受邀擔任執行秘書，隔年代理新聞系主任時，年僅 33 歲，服務文大超過 50 多個年頭。

　　鄭貞銘學術著作包括《中國大學新聞教育之研究》、《新聞原理》、《新聞採訪的理論與實務》，至今仍被許多學校當作教科書。他在文學創作也有不錯表現，曾得到中國文藝協會「五四文藝散文獎」、香港文教傳播聯會「傳記文學獎」。

地球上又少了一個溫暖的智者
——紀念鄭貞銘教授

◎大愛人文講堂

　　人文講堂團隊聽到一個不捨的消息：新聞學大佬鄭貞銘教授於 2／19 下午辭世。在小編印象中的這位令人敬佩的長輩，做事總是非常講究品質與速度，雖 82 歲高齡，卻始終孜孜不倦於教學與寫作。

　　從 2014 年開始，鄭老師擔任人文講堂的顧問，做百年系列的演講 12 場策展，身為後進晚輩的講堂工作人員，有榮幸接觸這位新聞教父，他透過一貫對國家的樂觀、熱情，燃起大眾對這些思想前輩們的興趣，並獲激勵。鄭教授位於承先啟後的年代，將他曾經歷的大師年代，分享給妳我，他更親上舞台，分享眼中的老師們：王雲五先生、曾虛白先生，即使在床榻也不放下手中的筆⋯⋯，指出學者對學術、對社會的關心。

　　雖然口中說的都是胡適院長、王雲五先生們的精神與過往，但小編感受到，這些都是鄭老師一生奉行的心得與價值觀⋯⋯。少了一個溫柔對待台灣的人，我們能不能給出更多的溫暖，讓這裡更好呢？

南加僑學媒體界緬懷鄭貞銘

◎http://dailynews.sina.com/bg/2018 年 03 月 03 日 06：59 中國日報

　　（記者榮欣／洛杉磯報導）南加州僑學媒體界代表昨日下午在洛橋文化中心行緬懷新聞之父鄭貞銘座談會，由南加州傳播媒體工作者協會、美國台灣旅美鄉親聯誼會和南加州鄭貞銘師生代表聯合主辦鄭貞銘著作暨對中華民國傳播教育的貢獻座談會。

　　昨日媒體界人士共同緬懷默哀后，活動召集人陳貴東用「四年受業、百年受益、師恩永懷、深情永在」這 16 個字緬懷恩師鄭貞銘，並贈送給洛橋文化中心鄭貞銘的著作「百年報人」系列叢書六冊，主要記述着百年來國內外知名傳播界人物的事跡與風範，他們一生如何堅守工作崗位，為竭盡社會責任而奮力不懈的優良事跡，該系列著作為海峽二岸四地港台澳中傳播科系教科書。

　　新聞界院大正表示，百年報人系列對當今傳播界有指標性的作用，更使有志新聞傳播的新生一代能從中獲得啟示與鼓舞，得到新的力量與信心，他強調鄭貞銘常以「讀好書，行善事，孝父母」九字來勉勵學生，鄭先生做人處事謙和圓融，對他的恩師謝然之先生始終尊崇如一。

　　蔣天鐸表示，民國六十年，中華民國退出聯合國、中央成立一個對國際宣傳小組，鄭貞銘是我們小組的指導老師，追隨鄭先生 25 年，從來沒有見過他大聲説過話，和他一起

工作感覺如沐春風，他對社會、教育甚至國家都有着巨大的
貢獻。

紀念鄭貞銘　新州華人推介「百年風雲」

◎【新澤西州訊】2018 年 08 月 24 日 06：00

　　為緬懷 2 月去世的「台灣新聞教父」鄭貞銘，北美中文傳媒學會（紐約）創辦人劉雯、蔡同瑜之女蔡珠如等，日前於新澤西州推介其《百年風雲》上下冊著作，並宣布年度「紀念劉明德新聞攝影獎學金」名單。

　　會中嘉賓包括王熙先、柳鍾坦、孫迪生、董德瑜、邵毓琪、葉懿芝等。年度得獎者為台灣大學國際企業系楊智閔、北京大學新聞傳播學院方曉恬、北京清華大學新聞傳播學院查漢（Abdul Chhachhar），每人獲 1000 元獎學金。

　　《百年風雲》介紹兩岸百年來風雲人物，鄭貞銘帶領兩岸教授、記者、作家以三年時間，務求有「史學的求真，新聞學的公正客觀，文學的素養」記錄兩岸歷史。全書共五部分：「叱吒風雲」（黨政）主編陳介元，「馳騁沙場」（軍事）主編方鵬程、「經世陶朱」（財政金融）主編虞煥榮、「縱橫國際」（外交）主編潘家鑫、「穿引中外」（外國人）主編黃群仁。其中黨政人物是該書重點篇章，記載人物包含毛澤東、鄧小平、朱德、周恩來、蔣經國、李登輝、馬英九、吳敦義等。

緬懷鄭貞銘教授　文化大學舉辦音樂追思會

◎（民視新聞／林姍亭、郭南宏台北報導）2018/03/10 17:27:32

　　文化大學新聞系教授鄭貞銘年前因病過世，享壽八十二歲，今天（3月10日）舉辦告別式，包括前總統馬英九，前副總統吳敦義等人都到場致意，除了政界重要人士，不少他教過的學生，也都前來送鄭教授最後一程。

　　文化大學新聞系教授、名譽文學博士鄭貞銘，上個月19日因病過世，享壽八十二歲，10日舉辦告別式，政界、學界大老齊聚，一起送現代新聞學大師最後一程。

　　前總統馬英九、前副總統吳敦義等人到場致意，前監察院長錢復主祭，替鄭貞銘教授覆蓋國民黨黨旗，擔任引述人的國民黨榮譽黨主席吳伯雄，尤其無限感慨：「我相信他這兩個月，他是在拚命，他在趕時間，我可以想像他的個性，一定是在身體很艱困的時候，他還是盡量把握每一分每一秒在趕他的完成，計畫的完成，可以說是鞠躬盡瘁。」

　　一生都是新聞人，鄭貞銘的確把一生都奉獻給了新聞，從二十七歲開始，就在文化大學以行政秘書兼講師身分，參與創建文化新聞系，三十三歲就成為當時台灣最年輕大學系主任，期間也在輔大、銘傳等十多所大學兼任教職，更到香港珠海大學擔任新聞研究所長，學生遍及海內外。

　　文化大學的追思音樂會上，華岡合唱團和演奏家一起演繹，一首一首都是鄭教授生前喜歡的歌曲，用音樂，讓師生共同緬懷這作育無數傳播英才的新聞學之父。

一生貢獻新傳　精神「新」火相傳

◎文化一周

　　【高展楊/報導】前文大新聞系主任鄭貞銘教授，不幸在農曆大年初四病逝台北中心醫院，各界極感震驚哀痛，校方及文大新聞系所校友會已籌組治喪委員會，協助家屬辦理治喪事宜。

　　系所校友會副理事長、治喪會副總幹事慶正指出，鄭貞銘教授告別式，訂於本月 10 日上午 8 時 30 分，在台北市第一殯儀館景行廳舉行公祭。隨後發引火化，靈骨安厝台北慈恩園。

　　當日下午 1 時 30 分至 4 時，文大在陽明山校本部曉峰紀念圖書館音樂廳舉行「吾愛吾師 百年追夢」-- 鄭貞銘教授追思音樂會，畢業校友及在校生齊聚一堂， 一起上鄭老師人生的最後一課。

　　文大新聞系創立於 1963 年，鄭教授在其掌舵期間，漸漸奠定文化新聞的核心價值。更在新傳學院創辦「新聞傳播與人文社會大師講座」。

　　慶正表示，鄭教授視學生如己出，都會很主動的幫學生改稿。英文《中國郵報》（*The China Post*）前執行副總編輯兼編輯主任陳信夫說，鄭教授具有統御的能力，且把系所營造成一個大家庭的氣氛，更形容他是位傳奇性人物

　　文大新聞系第六屆系友劉心遠發表追悼感言，表示看到

老師的治喪委員會有眾人參與，才知道老師對學生們付出多少，並說：「鄭老師一直像父母一樣，沒有目的愛他所有的學生，以他的學生為榮，我越來越感覺到他的偉大。」

http://weekly.jou.pccu.edu.tw/files/16-1198-64349.php?Lang=zh-tw

作育英才　以學生為榮
以愛傳授華岡質樸堅毅精神

◎文化一周

　　【王婉欣/報導】鄭貞銘教授從事教育行業過半世紀，傳道授業無數。他逝世消息曝光後，學生們紛紛發表緬懷言論。文化大學新聞系第一屆系友，名作家劉菊英（筆名：六月）於臉書提筆：「鄭老師這一生真是可以『鞠躬盡瘁 死而後已』概括定論。」

熱愛教育　重視學生

　　鄭老師不時邀請學生參加座談會或到家中聚餐，邀學生共談新聞大小事，旨在訓練學生溝通及表達能力。

　　劉菊英憶述，去年曾與六位同班同學（徐桂生、高富美、曾瑞慶、洪安峰、張景照與我）在老師家的銘軒講堂開講，講的已經不再是採訪編輯學，而是上至天文地理，下至歷史逸事，無所不談。

　　除外，鄭老師與學生接觸頻繁，勤於做日記，日記本裏都記著學生對老師的提問。即使未能與學生面談，亦會以書信方式回應學生，日以繼夜，從不歇息。

深厚緣分　感恩栽培

　　第三屆文大新聞系系友，英文《中國郵報》（*The China*

Post）前執行副總編兼編輯主任陳信夫是鄭老師信賴的學生之一，他表示與老師是「亦師亦友」的關係，更感恩老師以愛的教育栽培，會效彷其華岡精神並盡力傳遞下去。

　　鄭老師曾任《郵報》副社長兼總編是陳信夫的主管。兩人既是師生，也是同事，結下了「亦師亦友」的深厚緣分，他說：「非常感謝老師當年邀請《郵報》創辦人黃通霈、余夢燕夫婦來授課，讓我認識了《郵報》，畢業後就到《郵報》服務，一做就 40 年了。」

華岡精神　盼能彰顯

　　鄭老師常在課堂中強調華岡精神，這個精神包含了操守、敬業及感恩，他認為人不能忘本要有一顆感恩的心，所以才有感恩教育回饋學生。而且要緊守工作崗位，堅持不懈，永不放棄。

　　現任三立新聞主播鄧崴，回想老師在他獲得人生第一份記者工作時的叮嚀：「踏入媒體染缸，可以髒了手，切勿髒了心。」

http://weekly.jou.pccu